城厢年鉴

CHENGXIANG YEARBOOK 2022

中共莆田市城厢区委党史和地方志研究室 编

方志出版社
Publishing House of Local Records

图书在版编目（CIP）数据

城厢年鉴．2022 / 中共莆田市城厢区委党史和地方志研究室编．—北京：方志出版社，2022.12
ISBN 978-7-5144-5495-6

Ⅰ．①城… Ⅱ．①中… Ⅲ．①区（城市）－莆田－2022－年鉴 Ⅳ．①Z525.74

中国版本图书馆 CIP 数据核字（2022）第 242352 号

责任编辑：王娜
责任校对：刘玉霞
责任印制：梅中英
出 版 者：方志出版社
地　　址：北京市朝阳区潘家园东里 9 号（国家方志馆 4 层）
邮　　编：100021
网　　址：http：//www.zgfzcb.cn
发　　行：方志出版社图书营销中心（010-67110500）
印　　刷：福州报业鸿升印刷有限责任公司
开　　本：889 毫米 ×1194 毫米　1/16
印　　张：22.25 印张　前彩：1.75 印张　地图：1 幅
字　　数：631 千字
版　　次：2022 年 12 月第 1 版
印　　次：2022 年 12 月第 1 次印刷
定　　价：280.00 元

《城厢年鉴》编辑部

编辑说明

一、《城厢年鉴（2022）》以马克思列宁主义、毛泽东思想、邓小平理论、“三个代表”重要思想、科学发展观、习近平新时代中国特色社会主义思想为指导，坚持辩证唯物主义和历史唯物主义的立场、观点和方法，全面、客观、翔实、系统地记载2021年城厢区政治、经济、文化、社会、生态等方面的基本情况，突出反映各行各业、各条战线的新发展、新成就、新经验。

二、《城厢年鉴（2022）》原则上记载城厢区2021年度资料，记事时限为2021年1月1日至2021年12月31日。年鉴内容分为三大版块，卷首设图片、专记、大事记、区情概貌；内文（主体部分）以概况、职能、工作条目、综合记事条目及年度动态等各类条目为主要信息和基本撰稿内容；卷末设人物、名录、附录等。

三、本年鉴框架设计上采用类目、分目、条目三级结构，除专记收录综合性文章外，内文（主体部分）采用综合年鉴规范性记述，以条目为基本单元和主要表现形式。

四、《城厢年鉴（2022）》采用记述体为主兼具说明体，文字、标点符号、计量单位均以国家现行规范为准。附录等部分内容基于习惯，保留使用计量单位“亩”“公里”“公斤”。文中凡简称“党员”除“民主党派”部分外，其余均指中国共产党党员，“省、全省”均指福建省，“市、全市”均指莆田市，“区、全区”均指城厢区。

五、《城厢年鉴（2022）》所有资料均由各有关单位提供并审核，作者署名。相关统计数据，均以区统计局公布统计资料为准，统计局统计范围之外的数据，由各主管部门提供。由于统计口径不同，个别数据在不同条目中不尽相同，使用时请注意出处。

城厢区地图

比例尺1:170 000

编制单位：福建省地图出版社 审图号：莆S〔2022〕30号

资料截至2021年12月

数字城厢2021年

总面积	505平方千米	林业产值	0.77亿元
地区生产总值	538.76亿元	牧业产值	10.77亿元
第一产业增加值	10.41亿元	渔业产值	3.87亿元
第二产业增加值	200.62亿元	粮食产量	12221吨
第三产业增加值	327.72亿元	肉类产量	33649吨
三次产业结构	1.9：37.3：60.8	水产品产量	59039吨
常住人口	54.9万人	规模以上工业产值	461.31亿元
农林牧渔总产值	21.02亿元	规模以上工业增加值	126.99亿元
种植业产值	3.86亿元	建筑企业完成产值	161.69亿元

社会消费品零售总额	627.79亿元
限上消费品零售额	292.77亿元
限上批发零售业销售额	698.40亿元
限上住宿餐饮业营业额	13.23亿元
利用外资总额	17007万元
接待旅游人数	443.92万人次
旅游收入	31.98亿元
公路运输总周转量	86889万吨千米

居民人均可支配收入	44182元
农村居民人均可支配收入	25444元
城镇居民人均可支配收入	50854元
居民人均消费支出	27296元
农村居民人均消费支出	19209元
城镇居民人均消费支出	30526元
学校	159所
在校中小学生	94495名

2021 年 12 月 23—26 日，莆田市城厢区第十届人民代表大会第一次会议召开，图为会议现场

（许金珊 摄）

2021年12月22—24日，中国人民政治协商会议第九届莆田市城厢区委员会第一次会议召开，图为会议现场
（许金珊 摄）

①

④

⑤

①2021 年 4 月 21 日，华亭镇第一中心小学开展“重走长征路”活动　（区委文明办 供）

②2021 年 6 月 5 日，城厢区霞林学校举行“童心向党·争当时代好少年”庆祝建党 100 周年演讲比赛　（区委文明办 供）

③2021 年 5 月 30 日，城厢区举办“红心向党迎百年 同心筑梦新时代”庆祝中国共产党成立 100 周年文艺展演　（区委文明办 供）

④2021 年，城厢区教育系统举办中国共产党成立 100 周年系列活动，图为该系列活动大型摄影展在南门学校巡回展出　（许金珊 摄）

⑤2021 年 6 月 25 日，常太镇举办庆祝中国共产党成立 100 周年摄影展　（许金珊 摄）

⑥2021 年，城厢区在绶溪公园举办庆祝中国共产党成立 100 周年活动　（陈福珍 摄）

⑦2021 年 11 月 14 日，城厢区华林学校举办中国共产党成立 100 周年庆祝活动　（许金珊 摄）

②

③

⑥

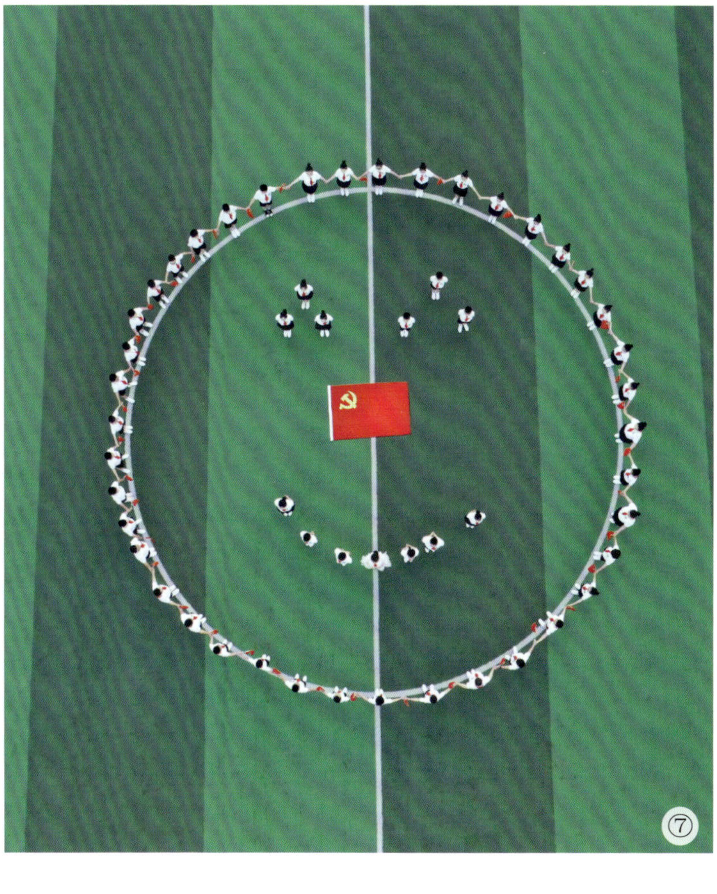
⑦

2021年，博物馆之夜　　（陈超 摄）

2021 年，金海湾立交桥 （许金珊 摄）

2021 年，莆田国际油画城 （蔡昊 摄）

2021 年，莆田西高速路口 （曾炳麟 摄）

2021 年，绶溪之夜 （林震扬 摄）

2021 年，在建中的绥溪公园状元阁一角　（林震扬 摄）

2021 年 12 月 22 日，灵川镇灵华线项目施工现场，工人在焊接钢筋笼　（路刚 摄）

2021 年，南山广化寺　（陈良锦 摄）

2021 年，钟潭噌响　（许金珊 摄）

2021 年，龟山古刹 （蔡立宇 摄）

2021 年，石室藏烟　　（陈继鸿 摄）

2021年，绥溪古桥　　（黄玉英 摄）

2021 年，泗华古陂　　（方奋强 摄）

2021 年，九龙谷晨曦　　（黄玉英 摄）

2021 年，梅寺晨钟　　（黄玉英 摄）

2021 年，木兰春涨　　（曾炳麟 摄）

2021 年，乡村书屋一角
（林元景 摄）

2021 年，乡村夜市　（陈丹 摄）

2021 年，城厢名果——枇杷
（曾炳麟 摄）

2021 年 5 月 29 日，振兴中的乡村一角　　（许金珊 摄）

2021 年 11 月 10 日，灵川镇福厦客专项目安置房　　（林伟清 摄）

2021 年 11 月 24 日，灵川镇现代智能化蛋鸡项目厂房（刘一薪 摄）

2021 年 9 月 12 日，因莆田突发新冠肺炎疫情，莆田本土车辆一律不出莆田。图为莆永高速莆田西入口处　　（许金珊 摄）

2021 年 9 月 13 日，莆田五中高三师生进行第一轮全员核酸检测　　（许金珊 摄）

2021 年 9 月 17 日，城厢区进行第二轮全民核酸检测。图为北磨社区逸夫实验小学采样点　　（许金珊 摄）

2021 年 9 月 19 日，为支持抗击新冠肺炎疫情，上海城厢商会捐赠月饼 1475 件，价值 1084125 元　　　（许金珊 摄）

2021 年 9 月 29 日，抗击新冠肺炎疫情党员志愿者在莆田市委党校卡口进行疫情管控　　　（许金珊 摄）

2021 年 9 月 30 日，城厢区政府欢送三明市援莆田抗疫医疗队　　　（许金珊 摄）

2021 年 10 月 11 日上午，莆田文献中学举行复学升国旗仪式　　　（许金珊 摄）

2021 年，绥溪公园一角　　（曾炳麟 摄）

2021 年，城厢区第一实验小学校园一角　　（许金珊 摄）

2021 年，九龙谷竹漂
（杨志琼 摄）

▲ 2021 年，市民在公园晨练　（李立群 摄）

▼ 2021 年 6 月 9 日，绥溪晨练（区委宣传部 供）

2021 年，市民在绥溪垂钓　（曾炳麟 摄）

2021年10月20日，城厢区皮划艇训练进行中（林碧 摄）

2021年10月30日，城厢区在南湖公园举办时装秀（肖德梅 摄）

2021年11月25日，城厢区顶墩实验学校举行第一届学校运动会（许金珊 摄）

2021年10月26日，逸夫实验小学学生在进行午餐（许金珊 摄）

目录

专　记

大事记

区情概貌

自然资源管理

生态环境

中共莆田市城厢区委员会

莆田市城厢区人民代表大会

莆田市城厢区人民政府

政协莆田市城厢区委员会

纪检　监察

民主党派

群众团体

法　治

军 事

外事 侨务 台港澳事务

应急管理

经济管理

市场监督

财政　税务

金　融

城乡建设与管理

农业　农村

工业 商贸

交通 邮政 通信

教 育

社会民生

镇（街道）

人　物

名　录

附　录

索　引

专记

百年党史砺初心 踔厉奋发新征程

——城厢区深入扎实开展党史学习教育综述

自2021年3月份以来，城厢区委坚持把党史学习教育作为重大政治任务，认真贯彻党中央和省委、市委部署，结合开展“再学习、再调研、再落实”活动，聚焦学史明理、学史增信、学史崇德、学史力行的要求，全区各级党组织精心组织、创新方法，开展一系列主题鲜明、形式多样的活动，扎实推进“我为群众办实事”实践活动，高标准、高质量完成各项任务，广大党员干部历史自信更加坚定，理论自觉明显提高，政治意识不断强化，宗旨意识持续增强，革命精神大力弘扬，发展本领得到提升，达到学党史、悟思想、办实事、开新局的目的。

一、谋篇布局“学党史”，推进学习教育

城厢区委坚决扛起政治责任，按照上级关于党史学习教育的部署要求，坚持“规定动作做到位、自选动作做出彩”的工作思路，建立多形式、分层次、全覆盖、融学思践悟于一体的党史学习教育体系，教育引导全区广大党员干部统一思想、凝聚共识，增强学习的自觉性和紧迫性。

1. 坚持统筹谋划学。城厢区委主要领导亲自抓，主持召开区委常委会研究制定全区党史学习教育实施方案、听取党史学习教育推进情况汇报，研究相关议题，并作出批示、提出要求，及时协调解决推进过程中遇到的具体问题；成立党史学习教育领导小组，下设办公室，内设协调组、材料组、宣传组、和实践活动组4个工作小组，制定出台《区委党史学习教育领导小组办公室组成、内设机构及

2021年3月24日，区四套班子领导参观闽中游击队洋边革命展览馆，开展现场学习

（陈丽君 摄）

工作规则》。细化落实各阶段目标任务，实行“一周一提醒”“一周一调度”，对标对表抓好细化落实，推动各项工作有序运转；分阶段召开全区党史学习教育动员大会、推进会、专题研讨会、专题读书班、区委巡回指导组及宣讲团培训、总结大会等会议，以严实的作风推动党史学习教育各项工作走深走实。

2. 广泛宣传宣讲学。坚持“端、网、微、屏”全渠道发力，“文、图、音、视”全媒体发声，通过“今日城厢”App、微信公众号等平台，开设“党史百年·红色城厢”“党史百年天天读”“主播带你学党史”“我为群众办实事”“百炼成钢”专栏，刊播相关信息3150条（篇），阅读量达3500万人次，其中人民日报、新华网、福建日报客户端等中央、省级媒体转发、刊发900余条。开展“党史上的今天”万屏联动宣传活动，充分利用大型LED（发光二极管）屏、视频等进行播放，扩大知晓率，得到省委宣传部通报表扬；在全市率先推行“党史学习教育进影院”。精心谋划布置党史、习近平总书记“七一”重要讲话精神、中共十九届六中全会精神、省第十一次党代会精神专题宣传宣讲活动，组建区委宣讲团，分赴各镇（街道）、开发区及区直各系统党委开展集中宣讲68场，受众达5560余人次，实现对各领域、各群体、各层级的全覆盖；组建宣讲小分队11支，依托“党建+”邻里中心、新时代文明实践中心等载体，深入社区、农村、园区等一线，开展基层分众化、对象化、互动化宣讲179场次，受众7360余人；举办百场宣讲“云端”网络直播活动，推动学习全覆盖，累计收听收看群众达10万余人，全区上下迅速掀起知史爱党、知史爱国的新热潮，推动党史学习教育深入人心、落地生根。

3. 用好红色资源学。依托全区现有的34个革命遗址遗迹，深入挖掘党史资源内涵，组织编印《城厢区革命老区发展史》、红色旅游手绘地图，策划建成马院村革命遗址、闽中游击区革命史纪念馆、莆旅马院红色文化研学基地、红色记忆档案渡里展示馆等红色文化项目，开展活动689场次，参与干部9.2万余人次；2021年3月22日，市四套班子领导到城厢区常太镇马院村闽中游击区革命纪念馆开展集体现场学习；2021年3月24日，区级党员领导干部到闽中游击队洋边革命展览馆重温入党誓词，接受党史教育、初心洗礼；各级党组织通过集体现场聆听、学习等，广泛开展革命传统教育、先进典型教育，赓续红色血脉，充分调动党员干部的参与热情，切实增强学习教育的针对性、实效性和感染力。组织退役军人、老红军后代、退休老教师等“老党员”，就近负责辖区内的8个党史学习教育参观点、21个主题党日教育基地，现场讲述红色故事，传播党的声音；录制本地话音频作品，通过“村村通”广播向基层群众讲述“叔公侄女护送电台”“牛栏脱险”等革命故事，生动鲜活开展党史学习教育；搭建首座红色有声图书馆，云端收藏党史等书籍1.5万余本，群众利用手机扫码听读党章党规、榜样故事等党建学习资源，做到红色知识随听随学。

4. 强化督促指导学。省委、市委指导组严谨务实的工作作风、严明有序的工作纪律、严肃认真的工作态度，为全区党史学习教育的顺利开展提供巨大的帮助。市委第三指导组全程介入，每周向区委党史学习教育办发送《工作提醒单》，先后4次深入村居一线、项目一线，涉及48个基层党支部，严格把关区处级领导干部党课提纲、调研报告、民主生活会发言提纲、相互批评材料等400多篇次。区委派出7个指导组，坚持每周一提醒汇总，及时纠正改进不足或偏差，帮助派驻单位完成好规定动作，调阅把关动员讲话76篇，责令修改完善各类方案、情况报告等452份次，纠正改进工作不足或偏差124个。各镇（街道）党委（党工委）依托包片“两委”、包村工作队、党建指导员等，与区委派出的指导组同步开展指导督导工作，落实村（社区）党组织“七个一”工作。

二、原著原文“悟思想”，掀起学习热潮

紧扣上级部署要求，牢牢把握党史学习教育主要任务，坚持以学为先，始终把读原著学原文悟原理贯穿于学习全过程，着力抓紧抓实学习文章，在感悟思想伟力、强化理论武装上下功夫、见实效。

1. 在学习研讨中深化认识。坚持把学习习近平新时代中国特色社会主义思想作为首要政治任务，围绕习近平总书记在党的十九届六中全会、党史学习教育动员大会、庆祝中国共产党成立100周年大会上的重要讲话精神以及习近平总书记来闽考察重要讲话精神等，采取理论中心组学习、专题研讨、专题学习班、专家辅导等方式，一体学习领会，融会贯通落实，以“关键少数”带动“绝大多数”。制定《区委常委会开展党史学习教育计划表》，提出27项任务清单，通过个人自学和集体学习相结合，抓紧抓好集中学习研讨，累计开展理论学习40次，研讨交流14次，区委全会、区第十次党代会，对学习贯彻习近平新时代中国特色社会主义思想、推动党史学习教育走深走实作出部署；全区各级党组织通过理论中心组学习、主题党日等活动，采取讲党课、看红色影片、听专题讲座、知识竞赛等形式，组织党员干部进一步学懂弄通做实习近平新时代中国特色社会主义思想，精研细读深学党的百年奋斗历程、重大成就、历史经验和创新理论成果等，持续兴起“大学习”热潮，把党史学习教育引向深入。

2. 在学思践悟中坚定信仰。区委常委以身作则，发挥示范带动作用，全面学习贯彻党的十九届六中全会精神和省、市、区党代会精神，带头到基层党支部联系点上专题党课，深入企业、农村、社区等基层一线开展宣讲、调研、倾听意见建议、了解社情民意，找准影响基层科学发展的症结所在，有力带动各级党组织抓好抓实党史学习教育；通过党史学习教育，有力引导广大党员干部坚定理想信念，以更加强烈的政治责任感和使命感投身到党史学习教育中来，深刻领悟“两个确立”的决定性意义，不断增强“四个意识”、坚定“四个自信”、做到“两个维护”，从党史学习教育中激发信仰、获得启发、汲取力量，以强烈的历史主动精神在新时代新征程上展现新气象新作为。

3. 在对标对表中查找不足。大力发扬自我革命精神，以正视问题的自觉和刀刃向内的勇气，找准差距不足，深刻剖析根源。区四套领导班子主动深入挂钩镇（街道）、分管部门单位，示范带动村（社区）、非公企业、学校、医院等基层党组织主动接地气、察民情、听民意。全区663个基层党组织召开专题组织生活会，党员领导干部带头以普通党员身份参加所在党支部专题组织生活会，坚持把自己摆进去、把职责摆进去、把工作摆进去，全面查摆问题1815个，并已完成整改并长期坚持。采取个别访谈、召开座谈会、设立意见箱、发放征求意见表、新媒体留言等多种方式，结合自己找、集体议、上级点、指导组谈等方式，召开专题民主生活会会前征求意见座谈会302场，开展谈心谈话1306人次，收集意见建议963条。对在学习研讨中查摆的问题、调研发现的问题、群众反映的问题、谈心谈话指出的问题、上级党组织在巡视巡察、干部考察、工作考核中所反馈的问题和所指出的意见，以及落实意识形态责任制等方面问题，领导班子和党员领导干部坚持把自己摆进去、把职责摆进去、把工作摆进去，列出问题清单2158条。

三、改进作风“办实事”，彰显为民初心

坚持学习实践同步推进，以推动区委中心工作、解决群众急难愁盼问题为出发点和落脚点，精心谋划梳理“我为群众办实事”实践活动项目清单863个，其中处级领导挂钩重点项目57项，均100%办结，取得积极成果。

1. 聚焦民生领域突出问题。实施幼儿园和中小学学位扩容工程，6个新改扩建学校项目已全面投入使用，新增学位6790个；实施老旧小区改造工程，龙桥石顶安置区、新季小区等10个老旧小区已全部开工，其中7个小区已完工，完工率63.6%，超序时13.6个百分点；实施交通微循环改造工程，新改建市政道路3千米，新建地下通廊1个、人行天桥4座、停车泊位900个；实施职业技术提升工程，发放补贴资金673.82万元，完成补贴性职业技能提升培训4349人。

2. 聚焦打赢疫情防控歼灭战。2021年9月，全市新冠肺炎疫情发生以来，全区在坚决打赢疫情防控歼灭战中深入推进“我为群众办实事”实践活动，着力在统筹做好疫情防控、服务管理隔离人员、关心关怀防控一线人员、疫情防控宣传引导和企业稳工稳产等方面下功夫、办实事。全区组织党员志愿者6700余人，一线组建临时党支部48个，党员突击队、服务队、攻坚小组218支，设立党员先锋岗789个，覆盖到284个疫情防控卡点和24个集中隔离点，完成为民办实事项目141个。

3. 聚焦基层社会服务和治理能力提升。深化15个“党建+”邻里中心、10个“综治+”社区治理中心建设，开展医保事项办理下沉、基层平安联创、社区服务联建等服务项目，持续完善群众需求清单、部门资源清单、共建服务清单等“三张清单”常态化运行机制。借助闽善行平台创新打造“线上+线下”15分钟便民服务圈，发动义工协会、志愿者协会等社会组织深入社区开展免费理发、护学岗等各类志愿服务3万多人次。一大批涉及群众生产生活的难题得到解决，广大党员干部宗旨意识和以人民为中心的发展思想树得更牢，群众立场站得更稳，群众路线走得更好，民生福祉谋得更实，党群、干群关系更加融洽。

四、发展超越“开新局”，巩固学习成效

坚持把开展党史学习教育同全方位推进高质量发展超越、建设“山水格局·人文宜居”新城厢的奋斗目标结合起来，切实做到学习教育和中心工作“两手抓、两促进”。

1. 经济运行稳中向好。2021年城厢区生产总值完成538.76亿元，同比增长7.7%；财政总收入36.26亿元，增长5.9%；固定资产投资同比增长10.2%，高于全市平均水平8.3个百分点，增幅位次全市第一；规模以上工业增加值同比增长9.6%，高于全市平均水平2.6个百分点，增幅位次全市第二；社会消费品零售总额627.8亿元，同比增长15.2%，高于全市平均水平6.9个百分点，增幅位次全市第一；全体居民人均可支配收入44182元，增长9.3%。

2. 项目建设成效明显。坚持项目带动、开放招商，实现发展后劲再增强。全年实施重点项目375个，其中46个省市重点项目完成投资130亿元。“五个一批（谋划一批、签约一批、开工一批、投产一批、增资一批）”项目综合考评稳居全市前列，新增亿元以上项目55个，总投资500亿元。全年开工棚改安置房8230套，实现13个安置房项目3881套回迁。沟头片区地块二、华龙标准化厂

2021年12月30日，城厢区灵华线进行修筑挡土墙、径里大桥铺筑梁片、灵川大桥铺筑路基

（路刚 摄）

房等78个项目顺利开工，华源纺织城一期、坂头东安置房等52个项目竣工。创新项目招引方式，中电科创城先导区签约入驻上下游企业18家；签约落地产业类项目15个，总投资75亿元。

3. 乡村振兴稳步推进。深化乡村振兴试点建设，莒溪片区获批省级移民后扶项目示范区，蛤老大、天桂2家农业龙头企业获评省级星创天地。持续推进农村人居环境整治五年提升行动，完成户厕改造2200户，裸房整治1062栋，新改建农村公路9千米。启动4个镇城乡供水一体化建设，“绿盈乡村”占比90.3%，农村建设品质稳步提升。

（区委党史学习教育办公室）

庆祝中国共产党成立100周年系列活动

2021年是中国共产党成立100周年，城厢区紧跟党中央决策部署，践行初心使命，传承红色基因，通过讲活历史故事、用活红色资源、搞活教育形式，唱响爱党爱国爱社会主义的红色主旋律。

1. 开展“讲党史、悟思想”主题宣讲　2021年4月上旬，城厢区委组建党史学习教育区委宣讲团，开展集中宣讲34场，受众达6000多人次；发挥宣讲小分队作用，开展基层分众化、对象化、互动化宣讲285场次，受众34万人。

2. 庆祝中国共产党成立100周年“十个百”系列活动　结合党史学习教育，城厢区举行百题知识竞赛、征集百篇党史征文、举办百幅书法展览、同唱百首红色歌曲、共绘百米党史长卷、推出百节党史课堂、选展百幅摄影作品、选树百个先进典型、举办百人师德演讲、开展百场主题教育等活动。

3. “不忘初心　牢记使命，庆祝中国共产党成立100周年”征文活动　城厢区组织开展“不忘初心　牢记使命，庆祝中国共产党成立100周年”征

2021年4月23日，城厢区逸夫实验小学举行庆祝建党100周年活动　（区委文明办　供）

2021 年 5 月 28 日，城厢区教育系统举行“重温百年党史 传承红色基因”党史知识竞赛

（区教育局 供）

2021 年 7 月 4 日，城厢区筱塘小学学生聆听革命前辈讲述党的故事（谢彬 摄）

文活动、“征集庆祝中国共产党成立 100 周年暨学习贯彻习近平总书记‘七一’重要讲话精神理论调研文章”活动；并积极参与市级“不忘初心 牢记使命，庆祝中国共产党成立 100 周年”征文活动征文评选，荣获市级一等奖、三等奖各 1 篇。

4.“党史上的今天”万屏联动宣传　城厢区整合辖区大型 LED（发光二极管）屏、视频、抖音等资源，进行播放“党史上的今天”。在全市率先推行“党史学习教育进影院”，万达、绶溪影城等在电影片头播出约 3 分钟的百年党史简介教育短片。

5. 开展主题展览　城厢区举办“永远的旗帜——庆祝中国共产党成立 100 周年”主题系列展览、“丹青歌百年 翰墨颂辉煌”书画作品展、“建党百年”主题油画作品展、“我心永向党 建设新城厢”摄影作品展、“红心颂党恩 筑梦新时代”主题摄影展等，展示党的百年光辉历程和城厢经济建设、社会事业发展的巨大成就。

（唐敏）

城厢区抗击新冠肺炎疫情专辑

2021 年，城厢区委区政府始终严格落实属地责任，坚定不移贯彻落实习近平总书记关于应对新型冠状病毒感染的肺炎疫情（以下简称新冠肺炎疫情）的一系列重要讲话和指示批示精神，认真贯彻落实党中央、国务院和省市有关疫情防控要求，切实把疫情防控工作作为当前压倒一切的重要政治任务，外防输入、内防扩散，全力以赴做好疫情防控各项工作，毫不懈怠抓紧抓实抓细常态化疫情防控工作。

一、健全指挥体系，完善运行机制

区委、区政府始终绷紧疫情防控这根弦，慎终如始抓紧抓实疫情防控各项工作。围绕“上下协同、高效联动”工作要求，研究出台《城厢区常态化疫情防控体系工作方案》，细化明确常态化疫情防控区指挥部、镇（街道、园区、区直部门）、村（社区）、网格、小单元等“三级五层”防控队伍和指挥体系。一是强化平战结合。常态化下区疫情防控办设置“五组四专班”，即常态化疫情防控办公室，内设综合协调组、监测预警组、重点人员管控组、社区防控和消毒组、隔离转运组五个工作组集中办公；外设流调溯源专班、医疗救治专班、物资保障专班、督导检查专班四个专班挂靠牵头部门，通过日常会商、工作推进等，对国内外疫情发展趋势形势进行分析研判；应急指挥体系下设立十个工作组，一旦发生疫情，常态化各工作组（办公室）并入各应急指挥体系下工作组，确保立即激活应急指挥体系，建立高效衔接的平急结合运转机制。严格落实24值班值守，确保指挥体系始终保持应急激活状态。二是强化防控队伍。选派7名科级干部担任镇（街道）防疫专职副书记，专职负责疫情防控及公共卫生工作；按人口规模配备镇（街道、园区）防疫专干66名，集中办公；村居配置防疫专员177名，由村居计生管理员或“两委”干部兼任；配备238名网格防疫信息员；选配1316名村民小组长、物业管理人员、楼栋长、企业负责人等担任防疫单元长，努力打通防控“最后一米”。三是强化会商研判。区指挥部在认真贯彻落实省、市每日视频会商会精神的基础上，结合工作实际，定期进行会商研判，针对性提出工作措施，确保重点环节、重点任务、重点问题及时跟进落实。区指挥部每周召开工作例会，盘点工作落实情况，通报点评问题风险，协调解决存在问题。四是强化培训提升。针对村级换届后人员变动多的具体情况，多次邀请市指挥部专家对全区村（社区）党支部书记、村委会主任进行全面培训。1月15日由区指挥部围绕应急预案、排查管控、核酸检测等，对镇（街道、园区）、村（社区）两委、防疫专干、网格信息员、单元防疫长进行再培训再提升。同时，制发《新型冠状病毒肺炎防控工作手册》等，组织开展物业小区、文旅、商贸、交通、园区企业及信息化建设、消毒消杀、流调溯源等多场次、分行业、分类别业务和技能培训活动，建立分系统、分行业、多层级的疫情防控培训机制。

二、抓实重点对象，完善闭环机制

区指挥部专门设立重点人群管控组，制定出台《关于进一步严格规范“3+1”重点人群（病人、疑似病人、密切接触者、境外来的回国人员）防控工作机制的通知》，严格落实工作机制，24小时跟进、督促镇街、园区开展排查工作。

（一）国内重点地区人员摸排管控。制定出台《关于印发城厢区疫情防控中高风险人员管控工作方案的通知》等文件，加强人员宣传、排查、登记、管控等全流程管理，实时更新国内高中风险地区，按照常住人口、流动人口和重点人员等分类管理，依托大数据平台，由区委政法委、区公安警务中心、卫健等部门人员组成工作专班，精准推送至各镇街、园区、村居，加强信息核实查验。同时，强化落实属地责任，实行镇（街道）“五包一”、村（社区）“七包一”责任制，压实村（社区）防控主体责任，应用“大数据 + 网格化”工作平台，全面调动镇街村居包片干部、网格员、老协会、党员志愿者等队伍，通过广泛宣传、通知公告、有奖举报、楼幢清查等多形式、多渠道、全方位加强对各类信息、各类人群的排查登记、信息比对、分类对接、健康管理等，确保精准摸排到位，确保常态化防控不放空、不留漏洞。

（二）境外人员摸排管控。一是严格境外入区闭管理，从区直相关部门抽调责任心强、作风扎实的干部成立接送专班，建立境外人员返（入）区闭环衔接工作群，专门负责境外从福州、厦门、晋江等三个机场及动车工作组返莆人员对接工作，全程跟踪落实境外入区人员的对接、转运、隔离情况，确保闭环管理、隔离到位。2021年4月25日、7月6日、12月30日成功处置3起境外输入性阳性病例，均做到闭环管理和零密接，工作得到市疫情防控指挥部的肯定，并将相关做法以简报（指挥部简报2021年第104期、莆疫防指〔2021〕26号）印发全市。二是重点防范非法入境风险，构建立体化巡逻防控体系，由区公安分局与海警、海事等部门协作配合，组织民警、村居干部、网格员以及群发群治队伍等强化岸线巡逻，充分应用海防视频、无人机等开展不间断巡查，筑牢海陆空坚实防线；加强渔船、渔民走访摸排，严格日常动态管理和信息登记备案，严防发生船舶参与或被用于偷（私）渡等违法犯罪行为；广泛宣传防疫管理规定、出入境管理法律政策以及有奖举报制度，形成人人参与的浓厚氛围。

（三）加强哨点监测预警。区卫健、市场监管、民政、公安等进一步加强对辖区内医疗机构、重点单位、社区（村居）、流动人口、零售药店等监测预警，落实退热止咳信息登记制度，做好辖区药店疫情防控摸排，发挥药店疫情防控的“前哨”作用。

三、紧盯重点环节，推进精准防控

（一）严格社区和物业小区防控。强化物业小区出入管理，在出入口设置检测点，落实“健康码”查看、体温检测、信息登记等常态化管理机制；在电梯、地下停车场所等人群密集或空气流动性的场所，张贴提醒告示，提醒群众自觉全程佩戴口罩，提高自我防护意识。

（二）严格医疗机构防控。通过健康宝、微信公众号等，推广分时段预约诊疗、预防接种。严格医院发热门诊管理，按照规范要求独立设置，规划独立通道，并安排医护人员实时引导。规范预检分诊设置，安排专业医生与护士对就诊患者进行分诊，所有进入医疗机构就诊的患者及其家属全程科学佩戴口罩，查看健康码、测量体温，询问症状与流行病学史，并按规定进行登记分流；对有可疑人员，立即安排进入隔离室并转送定点医疗机构进一步排查。严格做好入（住）院患者及探视和陪护管理，落实核酸检测，严格活动区域和路线，最大限度减少病区人员聚集。

（三）严格校园防控工作。一是有序推进复学复课，在开学前全面摸排、厘清每一位师生的假期去向及身体健康状况，做到底数清、情况明。组织模拟应急演练，完善复学复课管理预案、应急处置预案等。二是严格校园管理，严格落实外来人员进入校园，测体温、核验身份、查验八闽健康码、闽政通亮码、扫码通行等手续，坚持人物同防，多病共防，校外无关人员一律不准进入校园，师生员工进校门一律核验身份和检测体温。加强饮食饮水卫生，做好饮水设备、洗手设施、餐车和餐具等物品的清洁消毒。定期开展对校门口、食堂、厕所、教室、宿舍等重点区域、重点岗位、重点环节的巡查和自纠，发现潜在风险并及时通报和督促整改。做好校园内教室、食堂、宿舍、图书馆等学生重要聚集场所和洗手间、洗漱间的保洁和消毒，加强物体的表面清洁消毒。三是严格健康管理，严格执行“日报告”“零报告”制度，逐日登记全区全体教职员工和学生的健康情况管理，建立健康状况台账；落实教职员工和重点学生人群核酸检测“应检尽检”。

（四）严格公共场所防控工作。一是按照“谁主管、谁审批、谁负责”的原则，对公共场所进行责任细化，全面分解细化公共场所行业主管部门监管责任，全面落实镇街、村居属地责任及机关企业等用人单位的主体责任，对照《全国不同风险地区企事业单位复工复产疫情防控措施指南》《新冠疫情流行期间办公场所和公共场所空调通风系统运行管理指南》等相关公共场所防控指南，组织指导做好园区、场站码头、公共交通工具、宾馆、商超、楼宇、食堂等公共场所的空气流通、日常清洁、消毒等相关防护管理，落实公共场所的常态化防控，织密织牢公共场所防控网。多途径发布健康提示、宣传教育，印发《关于进一步严格落实大型聚集活动报备制度的通知》，引导公众减少非必要的聚集性活动，减少参加聚集性活动的人员，自觉保持1米以上社交距离。

四、落实核酸检测，提升检测能力

（一）重点人群“应检尽检”。对中高风险地区入莆人员、密切接触者、境外入莆人员、发热门诊患者、入（住）院患者及陪护人员、医疗机构工作人员、学校教职员工、公共场所服务人员和社会福利养老机构工作人员等重点人群，全面落实行业主管部门监管责任、镇街村居属地责任、用人单位主体责任，做到应检尽检。

（二）行业人员“适时抽检”。组织开展银行工作人员、母婴服务人员、物业安保人员、各类公共交通从业人员、社区疫情防控工作人员和志愿者等7类人员适时抽检和其他4类场所（城市污水、公厕、商超、酒店餐饮场所）的外环境监测。

（三）提升区内核酸检测能力。全力提升区内核酸检测能力，辖区内现有5家核酸检测机构（市第一医院、城厢区医院、城厢区疾控中心、安泰医学检验实验室、博奥医学检验实验室）。区医院、区疾控中心分别配备普通实时荧光定量PCR、核酸提取仪各3套，区医院、区疾控各配备快检设备一套。

五、盯紧冷链防控，完善人物同防

（一）明确责任分工。依照《进口冷链食品新冠肺炎疫情防控部门责任工作要求》，对涉及进口冷链食品的市场监督、商务、工信、交通、交警、农业农村、卫健等部门职责及属地镇街、园区的责任要求进行再明确、再具体、再分工，努力做到各司其职、协同推进。

（二）全面排查检测。围绕运输、贮存、流通、市场、零售等一条线，对辖区内冷链运输车辆、食品生产经营企业、市场、商超、餐饮企业、冷冻冷藏库房等进行全面摸底排查，全面登记造册，建立健全冷链食品台账。严格推进涉及进口冷链食品一

9月13日，各地集结东海镇抗疫一线医护人员在蔡襄文化广场举行誓师仪式　（黄益彬　摄）

条线从业人员、食品、外环境、内外包装等核酸检测工作。

（三）落实防控措施。围绕全批次核酸检测、全过程溯源监管、全过程闭环消毒、全员核酸检测、全面健康宣教的责任要求，指导、督促冷链食品经营单位建立实名制从业人员台账，落实进货查验、索证索票制度以及销售登记等食品追溯制度，督促落实环境、设施设备及冷链食品全面预防性消毒措施。

六、统筹疫苗接种，建立免疫屏障

充分发挥部门间的协调联动作用，明确镇街、园区属地主体责任及重点行业主管部门责任，督促符合接种条件的市民及时接种新冠疫苗，尽快建立全民免疫屏障。同时，高度重视疫苗接种安全保障，对各接种点的工作人员进行多轮专业培训，并对各接种点的急救设备和急救药品进行多轮督查指导，确保接种工作安全、有序进行。2021年6月24日，市疫情防控指挥部将全区推进疫苗接种工作经验做法以简报（指挥部简报2021年第105期）印发全市学习借鉴。为方便老年人接种，全区各镇（街道）组织安排老年人“爱心接送专车”、私家车上门接送做好老年人接种服务；全区各接种点全面开通老年人接种绿色通道，配备空调、风扇等防暑降温设施，提供饮用水等个性化服务，并根据天气变化合理安排老年人预约接种时间，组织志愿者帮助填单建档，提供温馨便利服务，切实保障老年人接种工作安全、高效、有序进行。引导市民在疫苗接种后仍要做好戴口罩、保持社交距离、勤洗手、勤通风等防护措施。

七、开展爱卫运动，推进环境整治

（一）开展以“文明健康　绿色环保”为主题的第33个爱国卫生运动。活动期间，通过制作横幅标语、印发各种宣传资料等措施，努力营造社会关心、支持和参与爱国卫生运动舆论氛围，进一步提升全区居民的卫生健康意识。各镇（街道）积极发动群众投工投劳，全面清扫沿线路面、清理阴沟暗渠、清除室内外、路面、背街小巷、卫生死角，

以及“四害”滋生场所积存的垃圾、杂草、污水、污物等，城乡环境卫生面貌得到明显改观。

（二）开展农贸市场环境卫生专项整治。落实“一日一清洗、一周一消毒、一月一休市”制度，整治市场内及周边区域的杂物、垃圾等环境卫生脏乱差等问题，彻底清除卫生死角及“四害（苍蝇、蚊子、老鼠、蟑螂）”滋生场所。完善市场内公厕的洗手、冲水的设施，开展蹲位、便器、地面、墙壁的清洁工作，保持良好的卫生状况。累计整治农贸市场20个、清理卫生死角及“四害”滋生地663多处，清运垃圾920多吨。

（三）开展城乡统一除“四害”活动。在全区范围内全面开展“城乡环境卫生综合整治+清除四害”为主要内容的爱国卫生活动，采取以环境治理为主，化学、物理等手段为辅的综合防治措施，结合全区疫情防控应急储备物资轮换处置机制，向各镇街、村居、学校、医疗机构、重点场所等累计发放84消毒液、75%精消毒液两项品种消毒用品9984瓶，进一步加强对重点场所、重点部位的消毒消杀。进一步加大“四害”施药消杀力度，全区投入资金近83.17万元，完成三轮大规模城乡统一的施药消杀活动，累计出动专兼职消杀人员1630余人次，消杀器械1570余台次；累计投放灭鼠毒饵4.8吨、杀虫剂原药7700公斤，灭蟑药品12万包，有效控制“四害”病媒密度，全区城乡环境卫生面貌得到明显改观。

八、普及防疫知识，倡导健康生活

（一）突出主流媒体引领作用。在《今日城厢》等新媒体平台开设专栏，及时准确宣传中央、省、市相关部署，第一时间报道全区疫情和防治、处置等防控情况，发布权威信息，最大程度将广大群众统一到抗击疫情的战线上。2021年，人民日报客户端刊发新闻74条，新华网刊发66条，央视3次连线报道现场核酸采样点，学习强国平台刊播短视频2个，《今日城厢》浏览量超过1035万。同时，依法依规做好疫情防控，累计处置涉疫负面舆情39条，累计办结人民网领导留言板诉求件62件、群众涉疫信访244件。

（二）扩大社会宣传覆盖范围。在村居主干道主要路口、小区门口悬挂气拱门横幅，发放告知书，制作普通话和莆仙方言视频和音频，发挥好农村广播“村村响”、流动宣传车和乡村“大喇叭”的作用，做到120个村（居）流动宣传车、乡村大喇叭全覆盖不间断。充分发动全区各镇（街道）、各单位整合酒店、商场、超市、沿街店铺、大型LED（发光二极管）等公共媒体资源，持续滚动播放防控宣语、视频，依托微信群、朋友圈、横幅、告知书、流动宣传车等线上线下方式积极转发宣传防控措施、防范知识等，累计制作横幅、宣传海报等23400条（张），设置户外广告牌109块，出动无人机宣传120架次，短信发送137万余条。

（三）普及健康文明生活方式。着重宣传医疗卫生、生活习惯相关科普知识，组织开展多种形式的身体健康、心理健康等知识普及活动，制作微信、抖音短视频300余条，累计浏览量超过108万，积极倡导公众养成“一米线”、“勤洗手”、戴口罩、用公筷、少聚集、不扎堆等卫生习惯和生活方式。

（黄萍萍）

木兰溪生态文明建设实践

城厢区深入贯彻落实习近平来闽重要讲话精神，努力践行习近平总书记治理木兰溪的重要理念，以水生态文明建设为总揽，以水生态保护与修复为重点，以示范工程和重点项目为抓手，全力做好全流域综合整治，统筹推进水资源、水生态、水环境、水灾害系统治理，着力构建“山水格局·人文宜居”的新城厢。

一、全力推进木兰溪流域治理项目

1. 木兰溪支流（延寿溪）河道生态修复综合整治工程。完成溪北溪、莒溪河道治理工程和洋西溪段补水工程。

2. 城乡供水一体化工程。城厢区积极配合市水务集团推进城乡供水一体化工程，主要涉及常太、华亭、灵川、东海四镇。其中城厢区常太片区供水工程（总投资8082.15万元）：一标段莒溪及党城片完成项目进度90%。二标段配套4座水厂建设项目，完成项目批复；华亭镇一户一表改造工程（总投资8082.15万元）完成项目进度46%；东海镇一户一表改造项目（总投资6231.18万元）完成项目进度26%；灵川镇一户一表改造项目（总投资9466.54万元）截至年底完成项目进度19%。

3. 东圳水利枢纽引水配套工程。城厢区积极协调做好征迁工作，1号支洞口：常太松峰村39户地灾户征迁到位，施工单位于3月份进场动工。2号支洞口：截至2021年底北磨社区、涉及与龙桥居委会交接处完成丈量工作，等待市水务集团确认。3号支洞口：涉及施工的征迁工作全部完成，施工单位于3月份进场施工。4号支洞口：因征地范围与木兰溪世遗公园存在交叉，正在和业主对接相关征迁工作。

4. 木兰溪流域森林生态修复。项目提前完成年度任务，完成木兰溪流域森林抚育305.73公顷（年度计划173.33公顷），完成封山育林300公顷（年度计划200公顷），完成赎买55.07公顷（年度计划53.33公顷）。

5. 绶溪公园片区开发建设。绶溪片区总征迁面积47.7万平方米，完成丈量面积47.3万平方米，完成丈量率99.16%。截至年底882户，完成签约880户，完成签约率的99.66%；坟墓552个，迁移549个，房屋拆除由市园林集团负责，大部分予以保留。

6. 城镇污水管网一体化工程。完成9.66千米。其中莆田市三所一中心一场排水工程（5.4千米），后山路污水管道改造工程（0.2千米），城厢区河滨路周边小区污水管网改造项目（0.44千米），华林开发区竹林路（快乐农庄段）工程（0.6千米）延寿路（荔城南大道－学园南街）（0.5千米），北磨片区雨污水管改造工程（0.12千米），福兴小区周边道路雨污水改造项目（0.35千米），下磨溪污水管上岸（0.65千米），北渠截污管改线工程（1.4千米）。

7. 木兰陂世遗公园工程（二期）、省水利博物馆工程两个项目。扎实推进木兰陂世遗公园工程（二期）、省水利博物馆工程建设，木兰陂水利风景区总体规划（修编）方案于2021年12月10日批复，报备业主上案。1. 安置区地块。征迁涉及3家企业4.5公顷土地，长安实业形成评估报告并通过专家评审；佳华运输初步达成补偿意见并完成评估初稿。2. 平衡地块。糖厂地块系荔城商业集团所有，经评定，为历史建筑；风达预制厂地块因土地性质变更问题，正在抓紧协调；沈塘地块完成净地，可招拍挂。

8. 延寿溪（思水桥—东圳水库）河岸生态整治项目。总投资5420万元，业主为市园林集团有限公司。该项目上游连接东圳水库保护区，下游至泗水桥，上至东圳管理局。河道河岸生态整治约26.8公顷，涉及河道长度约1.1千米，以及东圳水库管理局周边环境整治。完成泗华郊野公园方案设计，并通过专家评审会，完成可行性研究报告编制及备案，及初步设计初稿等前期工作。

9. 双溪口至东圳水库引水工程、木兰溪下游水生态综合治理与修复等2个项目。截至2021年底2个项目都处于前期，城厢区积极配合牵头单位开展前期工作。

二、突出河湖系统化治理

（一）注重水资源保护。完善供水计量管理，全区工业用水计量率达100%。落实“三同时”节水制度，全区新建、改建、扩建的公共建筑节水型用水器具普及率达到100%。提高供水管网查漏、堵漏水平，全区公共供水管网漏损率为11.94%。全面推广节水器具，全区政府机关、公共机构节水型单位建成率达到100%。提升水资源利用效率，全区农业高效节水灌溉面积近400公顷。区水利局联合市水利局等部门在万辉国际城，共同开展以“深入贯彻新发展理念，推进水资源集约安全利用”为主题的“世界水日”“中国水周”普法进社区宣传活动。

（二）注重水污染防治。加大日常执法巡查力度，防止超规划水产养殖反弹。2021年开展打击非法电鱼执法活动40场次，查获非法电鱼案件3宗，涉案人员4人，全部办结。开展地下水点位信息核实工作，地下水Ⅴ类水比例无增加。畜禽粪污资源化利用率提高到95.2%，规模养殖场粪污处理设施装备配套率达到100%，化肥农药使用量比上年减少2%以上。完成常太镇长基村、岭下村、南川村、洋边村等4个“污水零直排区”试点村创建。在2020年基本完成全区93个村生活污水治理工作的基础上，再次完成23个村（市级下达任务15个）生活污水提升治理工作，全区“三根管”接管率51.35%，位居全市前列。根据省生态环境部门每季度水质检测结果，龙桥溪、下磨溪水质均达到合格标准，两条黑臭水体均在“全国城市黑臭水体整治监管平台”中上报“长治久清”并完成省级审核；完成市生态环境局下达的消除20%黑臭水体的年度任务，年度内消除华亭镇霞皋内沟黑臭水体，2021年无新增农村黑臭水体。2021年城区污水配套管网建设任务9.5千米，城厢区结合老旧小区改造，大力推进雨污分流工作，完成污水管网建设10.08千米。

（三）注重水环境治理。深入开展“清四乱”专项整治行动，2021年发现问题91处，全部清理到位，清理占用河道建筑210平方米，清理河道（河岸）种植约5200平方米，清理倾倒垃圾渣土垃圾杂物350立方米，清理占用河道水域滩地50平方米。持续开展入河排水口、“散乱污”企业、涉水工业企业、餐饮业、洗涤业、医院等四大类排水单位专项排查整治行动，全区重要江河湖泊水功能区水质达标率为100%，主要流域水质优良率为85.7%，县级及以上集中式饮用水水源水质达标率为100%，农村“千吨万人”集中式饮用水水源保护区全部完成划定。全区2500多个排污（雨）口全部完成整治，基本信息全部录入数据库，实行动态管理。多次组织渔业工作者与执法人员前往养殖场开展尾水专项整治活动，指导养殖场探索更专业科学的尾水处理模式，提高经济效益，保护生态环境。辖区内规模以上养殖主体有一家，为福建省中灵农业发展有限公司，现进入验收阶段。四是注重水生态修复。持续推进安全生态水系建设，桂山溪安全生态水系工程将于月底开标。完成莒溪、溪北溪中小河流3千米整治。洋西溪生态补水工程从延寿溪抽水，通过管道输水至洋西溪进行生态补水，并同步完成洋西溪1千米河道综合整治，现主体工程基本完工。开展水土流失治理，完成常太镇渡里村、东海镇上图村水土保持生态村项目治理任务。持续做好森林生态保护修复，全区完成造林绿化221.6公顷，占市对区下达造林绿化任务166公顷的133%，完成森林抚育408.87公顷，占市对区下达森林抚育任务400公顷的102%，完成封山育林449.53公顷，占市对区下达封山育林任务200公顷的225%。在木兰溪支流延寿溪泗华段开展以“加强生物多样性助力幸福河湖建设”为主题的增殖放流活动，放流淡水滤食性鲢鱼苗约65万尾、鳙鱼苗约21万尾，增加流域生物多样性，改善生态环境。

三、创新幸福河湖

创新幸福河湖“三率一感”，打造常太莒溪、华亭长岭溪幸福河湖示范点。

（一）提升群众知晓率。以“共建幸福河、同享城厢美”“主播带您游幸福河”等为主题，不断创新宣传载体，丰富宣传形式，通过“新闻媒介”“短信宣传”“微视频宣传”“抖音”等，营造浓厚的宣传氛围。

（二）提升群众参与率。通过开展“河长制知识”网络有奖问答活动、网络征集群众对创建“幸福河湖”的意见建议、开展“幸福河湖”网络投票评选等活动，广泛发动群众参与。同时，通过设立华亭镇校园河长，龙桥街道巾帼护河队、霞林街道党员志愿者等民间河长队伍，带动社会力量参与治水工作，使全社会自觉参与到河长制和保护生态环境工作中来。

（三）提升群众满意率。高度重视“12345”等投诉举报平台涉及河长制工作的意见建议，及时跟踪解决、及时合理答复。全面更新河湖长公示牌，公开河湖长受理电话，方便群众反映问题，及时解决问题。完善巡河护河机制，及时通报、督导、整改、反馈巡河中发现的问题；严厉打击非法侵占水域岸线、非法采砂、擅自取水排污等破坏河湖生态的违法行为，深入开展河湖“清四乱”和“畜禽养殖”等专项整治，不断增强群众的认可度和满意率。

（四）提升群众幸福感。充分利用水资源，打造水景观，彰显水文化，谋求水经济。全力推进河湖沿岸休闲娱乐亲水便民设施建设。结合安全生态水系建设，充分发挥河湖景观资源，突出生态观光，把休闲娱乐、观赏游憩、文化交流等功能结合起来，合理布建慢行步道，科学设置遮阳避雨、照明、公厕等公共基础设施，打造沿河沿湖岸线生态休闲亲水空间，提升人民群众的幸福感和获得感。全力挖掘河湖沿岸特色水文化。结合地域风貌、历史记忆、文化脉络等，彰显河湖文化，提升亲水景观，全力打造地域韵味彰显、记得住乡愁的特色河湖。全力带动水经济发展。通过水环境的修复与改善，整体提升水生态景观功能和水环境质量，进一步改善城乡居住环境和生活条件。深挖地域特色水文化，融入旅游产业链，大力发展水文化旅游经济。

（区水利局 供稿）

非物质文化遗产项目

2021年，城厢区国家级非物质文化遗产代表性项目1项、省级非物质文化遗产代表性项目4项、市级非物质文化遗产代表性项目38项、区级非物质文化遗产代表性项目122项，新增非遗项目保护单位2个。省级代表性传承人4人、市级代表性传承人28人，区级代表性传承人59人。中国工艺美术大师郑春辉大型木雕的作品《清明上河图》是莆田市唯一一位在非物质文化遗产传统技艺类获得吉尼斯世界纪录者。有传承基地9处：留青竹刻传承基地、闽台送王船传习所、复茂饼家制作技艺传承基地、莆田木雕（郑春辉）传承基地、莆田南少林武术传承基地、老蒲鲜传承基地，华艺雕刻传习所、庄严苑传承基地、金沙宫上元祈福传承基地。

2021年，城厢区开展第三批城厢区非物质文化遗产代表性项目申报工作，收到申报文本材料18项，专家论证评选区级非遗项目16选。从16个项目中在选送5个项目参加第八批市级非物质文化遗产代表性项目评选工作。年内有桂圆干传统烘焙技艺、郑氏山水木雕圆浮雕技艺、唐式佛像彩绘、贴金和莆田传统美食烹饪技艺4个项目申报第七批福建省非物质文化遗产代表性项目。

2021年，振兴传统工艺国家级项目——竹刻（莆田留青竹刻）被列为资金补助范围。组织非遗小吃商家们参加第二届莆田市非遗小吃商家评选活动。8月，新增莆田小吃制作技艺（焖豆腐制作技艺）、莆田蛤露制作技艺和莆田海产品传统加工技艺（东海海产干品制作技艺）3个项目为市级非物质文化遗产代表性项目。

城厢区国家级、省级和市级非遗代表性项目汇总表

表1

序号	类别	项目名称	级别（批次）	保护单位
1	传统美术	竹刻（莆田留青竹刻）	国家级 第二批	莆田市云起香材有限公司
2	民俗	闽台送王船	省级 第二批	灵川镇东汾五帝祖庙董事会
3	传统美术	留青竹刻	省级 第二批	莆田市云起香材有限公司
4	传统技艺	复茂饼家制作技艺	省级 第三批	福建复茂食品有限公司
5	传统体育	南少林武术（莆田）	省级 第四批	莆田南少林武术协会
6	民间文学	小五哥传说	市级 第二批	城厢区文化馆
7	民间文学	龙眼的传说	市级 第二批	城厢区文化馆
8	民间文学	龟山茶的传说	市级 第二批	城厢区文化馆
9	民间文学	黄濂起义歌	市级 第三批	城厢区文化馆
10	传统舞蹈	南门棕轿舞	市级 第二批	凤凰山街道南门社区居委会
11	传统舞蹈	皂隶舞（东汾五帝庙）	市级 第二批扩展	东汾五帝庙管委会
12	传统戏剧	莆仙戏“净、末”	市级 第二批	莆田市艺术研究所
13	传统戏剧	木偶戏（东海西厝）	市级第三批扩展	城厢区文化馆
		木偶戏（许氏俏皮木偶戏）	市级第八批	莆田神众木偶剧团
14	曲艺	俚歌（常太山歌－俚歌）	市级第一批扩展	城厢区文化馆
15	传统美术	刘氏竹雕	市级 第一批	莆田市云起香材有限公司
16	传统技艺	复茂饼家制作技艺	市级 第一批	福建复茂食品有限公司
17	传统技艺	莆田柯氏藤编传统技艺	市级 第二批	柯国华藤编工艺所
18	传统技艺	方氏家酿枇杷酒工艺	市级 第二批	城厢区天妃红酒业有限公司
19	传统美术	郑氏沉香雕	市级 第四批	城厢区文化馆
20	传统技艺	郑氏山水木雕圆浮雕技艺	市级 第四批	城厢区腾晖工艺厂
21	传统技艺	莆田传统美食烹饪技艺	市级 第五批	城厢区老蒲鲜海鲜楼
22	传统技艺	龟山茶制作技艺	市级 第五批	三紫有机茶叶有限公司
23	传统技艺	龟山茶制作技艺	市级 第八批	莆田龟山月中香禅茶研究所

续表 1

序号	类别	项目名称	级别（批次）	保护单位
24	传统医药	郑氏传统跌打伤科	市级 第四批	城厢区郑氏传统拳医研究院
25	民俗	东汾端午节化龙船	市级 第一批	灵川镇东汾五帝祖庙董事会
26	传统体育	南少林三十六宝传统拳术	市级 第二批	莆田南少林武术协会
27	传统体育	戴氏南少林鸣鹤二十八宿	市级 第二批	莆田南少林武术协会
28	传统体育	南少林桂麟拳	市级 第二批	莆田南少林武术协会
29	传统体育	南少林韦陀拳	市级 第二批	莆田南少林武术协会
30	传统体育	南少林韦陀扁担法	市级 第三批	莆田南少林武术协会
31	传统体育	南少林五雷拳	市级 第三批	莆田南少林武术协会
32	传统体育	南少林白鹤拳	市级 第三批	莆田市非物质文化遗产学会
33	传统体育	南少林佛祖棍法	市级 第四批	莆田南少林武术协会
34	传统体育	南少林青龙大刀	市级 第四批	莆田南少林武术协会
35	传统体育	南少林候拳	市级 第三批	莆田南少林武术协会
36	传统体育	南少林老鹰披翅拳	市级 第四批	莆田南少林武术协会
37	传统技艺	东沙村油纸灯笼制作技艺	市级 第六批	东海镇东沙村委会
38	民俗	东海镇金沙宫上元祈福习俗	市级 第六批	东海东沙金沙宫
39	传统医药	余氏传统消痛配方	市级 第六批	莆田国医堂民间秘方研究所
40	传统技艺	唐式佛像彩绘、贴金	市级 第六批	庄严苑工艺品有限公司
41	传统技艺	桂圆干传统烘焙技艺	市级 第七批	莆田市大同医药有限公司
42	传统技艺	莆田海产品传统加工技艺	市级 第八批	莆田市世源农业科技有限公司
43	传统技艺	莆田小吃制作技艺	市级 第八批	城厢区娘妈餐饮店
44	传统技艺	莆田蛤露制作技艺	市级 第八批	蛤老大（福建）食品有限公司

（廖娴娴、林志远、吴青青、林金海、林逢春）

城厢区省级、市级非遗代表性传承人汇总表

表 2

序号	类别	项目名称	传承人	批次 / 级别	主要传承地
1	民俗	闽台送王船	林玉坤	第二批省级	闽台送王船传习所
2	传统技艺	复茂饼家制作技艺	郭继光	第三批省级	福建复茂食品有限公司
3		郑氏山水木雕圆浮雕技艺	郑春辉	第三批省级	城厢区腾晖工艺厂
4	传统体育	南少林武术（莆田）	洪光荣	第四批省级	莆田市南少林武术协会
5	民俗	闽台送王船	林庆森	第四批市级	闽台送王船传习所
6		东海镇金沙宫上元祈福习俗	蔡美林	第五批市级	东海东沙金沙宫
7			蔡玉应		
8			蔡海儿		
9	传统技艺	刘氏竹雕	刘志高	第二批市级	云起香材有限公司
10		莆田柯氏藤编传统技艺	柯国华	第三批市级	柯国华藤编工艺所
11		留青竹刻	刘建新	第四批市级	云起香材有限公司
12		莆田传统美食烹饪技艺	陈伟军	第四批市级	莆田市城厢区老蒲鲜海鲜楼
13		龟山茶制作技艺	郑亦新	第四批市级	福建省三紫有机茶叶有限公司
14	传统美术	郑氏沉香雕	郑云鹏	第四批市级	城厢区文化馆
15	传统体育、游艺与杂技	南少林“三十六宝” 拳术	洪光荣	第三批市级	莆田市南少林武术协会
16		南少林老鹞批翅拳	郑瑞凿	第四批市级	莆田市南少林武术协会
17		南少林深山猿猴拳	朱圣熙		
18		南少林韦陀拳术	陈玉樵		
19		南少林佛祖棍法	吴 鹤		
20		南少林白鹤拳	吴锦春		
21		戴氏南少林鸣鹤二十八宿	戴义龙		
22	传统体育、游艺与杂技	莆田南少林武术（韦陀拳）	陈玉樵	第五批市级	莆田市南少林武术协会
23		莆田南少林武术（桂麟拳）	蔡永希		
24		莆田南少林武术（青龙大刀）	林国森		
25		莆田南少林武术（五雷拳）	陈绍俊		
26		莆田南少林武术（护院单刀）	唐家辉		
27	传统技艺	黄氏果膏系列配方	黄建森	第六批市级	莆田市大同医药有限公司
		莆田留青竹刻	裘海松	第六批市级	莆田市云起香材有限公司

（廖娴娴、林志远、吴青青、林金海、林逢春）

大事记

1 月

5 日，由省委宣传部、省广播电视局、省广播影视集团、市委宣传部协助拍摄，福建电视台综合频道承制的纪录片《记住乡愁——莆田兴化古城：妈祖故里挑山担海》下集，在央视中文国际频道《记住乡愁》栏目首播。

同日，莆田市第一医院骨科主任许斌来城厢区医院主刀开展右内外踝 + 右趾骨骨折切开复位内固定术，填补该院骨科内固定手术业务的空白。

7 日，城厢区税务局召开增值税专用发票电子化试点工作推进部署会，推进专票电子化试点工作落细、落实。

9 日，市委书记刘建洋、市长李建辉深入城厢区开展“三看两评”活动，并先后察看龙德井片区改造、霞林地块七安置房、沟头片区、木兰铁岭片区、坂头西片区、坂头东二三四地块安置房、三利谱偏光片项目、大唐网络东南运营总部项目等。

19 日，城厢区确定 2021 年 11 件惠民实事，包括中小学和幼儿园学位扩容工程、安防保障提升、道路交通文明畅通提升、口袋公园建设、食品安全、农村公路安全生命防护工程、妇女之家儿童之家和社区家长学校建设、城厢反恐应急处突预备队组织建设、龙桥街道下磨兴安万辉社区“党建 +”邻里中心、职业技能提升、全民健身场地设施建设等。

同日，省总工会党组书记、副主席丁文清一行 8 人前往郑春辉劳模工作室进行调研，郑春辉劳模工作室被授予“全国示范性劳模和工匠人才创新工作室”称号，丁文清为其授牌。

同日，城厢区生态环境局联合区执法局、区住建局开展扬尘污染专项整治行动，强化建筑工地扬尘综合治理，共同保护好“莆田蓝”。

22 日，城厢区妇联在常太学校举行“把爱带回家让爱不孤单”2021 年城厢区寒假儿童关爱活动。

23 日，城厢区医院为 77 岁高龄老年患者施行人工股骨头置换术，该项手术系该院首次开展。患者并发症复杂，经多科室专家会诊研判手术风险，决定为其实施人工股骨头置换手术。该手术等级为Ⅲ级，由市一医院骨科专家林峰主任主刀、超声引导神经阻滞专家林良青主任实施麻醉。该患者在术后第 4 天可进行床边站立和利用助行器辅助行走。

同日，城厢区医院急诊科接到腹痛患者，经急诊医生首诊、市一医院专家会诊，决定为其实施腹腔镜下肠粘连松解 + 阑尾切除术，该手术种类为该院首例。

26 日，城厢区召开中电光谷集团一行到莆田对接项目座谈会。

同日，新办企业莆田市城厢区销信信息咨询中心财务人员到城厢区税务局办税大厅申请领用增值税电子专用发票，莆田市城厢区铕信信息咨询中心成为城厢首家申领增值税电子专用发票的企业。

27日，团区委组织返乡大学生开展2021年“青春暖冬 爱在邻里”活动。

同日，城厢区木兰溪畔志愿红系列活动暨城厢区便民“15分钟”志愿服务点在霞林街道九龙社区举行揭牌仪式。

同日，城厢区召开新冠肺炎疫情防控推演暨工作推进会，以桌面推演的形式开展新冠肺炎疫情防控应急演练，进一步增强防控处置实战能力，筑牢“外防输入、内防反弹”的坚固防线。

同日，城厢区交通运输局、区运管所、区交通执法、区交警大队、区法院等部门，联合在华亭快乐农庄段开展“2021年春运启动日”活动。

同日，城厢区司法局联合霞林司法所，组织志愿者开展仿冒鞋专项整治宣传活动，严厉打击“仿冒鞋”等违法行为。

29日，城厢区委书记、区应对新冠肺炎疫情工作指挥部指挥长王文才带领区卫健局、区商务局、区市场监管局等区直有关单位负责人，到华亭镇、华林经济开发区实地调研督导新冠肺炎疫情防控工作落实情况。

同日，2021年城厢区文化、科技、卫生“三下乡”分散服务活动在常太镇东青村启动。

2月

1日，城厢区组织干部进行任前法律知识考试，29名拟提拔干部参加考试。

3日，城厢区常太镇县道X203应声大桥桥面改造工程顺利通过交通局、应急局、交警等部门联合验收，并正式投入使用。

3—4日，团区委组织返乡大学生到各镇街、华林经济开发区、安福电商城等开展“青春正能量真情暖寒冬”系列活动。

4日，在新春佳节即将来临之际，城厢区委书记王文才带领区委组织部、区发改局、区农业农村局等有关部门负责人，走访慰问老干部和困难群体，为他们提前送上新春的祝福和组织的关怀，并送上慰问金。

5日，城厢区凤凰山街道南门社区慈善服务中心举办困难扶助金发放仪式，向辖区60户困难家庭发放扶助金19.9万元。这是该中心第九年为社区困难户发放扶助金，60名社区困难居民分别领到2000—10000元不等的扶助款。

7日，中共城厢区纪委九届六次全会召开，会议深入学习贯彻习近平新时代中国特色社会主义思想和中共十九届五中全会精神，全面贯彻落实十九届中央纪委五次全会、省纪委十届六次全会和市纪委七届六次全会部署，谋划全区全面从严治党工作。

8日，2020年度城厢区委领导班子及其成员民主生活会召开。会议以“认真学习贯彻习近平新时代中国特色社会主义思想，加强政治建设，提高政治能力，坚守人民情怀，夺取决胜全面建成小康社会、实现第一个百年奋斗目标的伟大胜利，开启全面建设社会主义现代化国家新征程”为主题，班子成员联系实际，认真对照检查突出问题，深入剖析产生问题根源，严肃开展批评与自我批评，明确努力方向和整改措施。市委副书记、市长李建辉到会指导，区委书记王文才主持会议。

同日，城厢区召开基层党委（党工委）书记抓基层党建工作述职评议会议。区委书记王文才主持会议并讲话，区领导吴文恩、肖志雄、郑松青等出席。

同日，城厢区区长吴文恩参加并指导凤凰山街道领导班子民主生活。

9日，在新春佳节即将到来之际，城厢区委书记王文才、区长吴文恩，带领区总工会、区交警大队、区环卫处等有关部门负责人，到凤凰山广场、南湖公园等现场看望慰问工作一线工作人员。

同日，城厢区委书记王文才参加并指导霞林街道领导班子民主生活会。

同日，城厢区司法局2021年“三下乡”活动在荔景广场开展，活动包括法治文化宣讲、法律咨询，活动现场赠送法治图书和法治纪念品。

20日，城厢区委书记王文才带队到华林经济开发区，调研督导重点项目、重点企业复工复产等情况，走访慰问企业家及一线员工，并结合“再学习、再调研、再落实”活动，贯彻落实省委“五促一保一防一控”要求，一线解难题、促进度。

21日，莆田市“把爱带回家·新春温暖行”关爱留莆女工元宵慰问活动在福建新路体育用品有限公司举行。

24日，市委书记刘建洋带队调研重大基础设施项目，察看灵华线羊角寨隧道建设工程。

28日，华润集团一行到莆田交流，先后察看万达南片区、木兰铁岭片区、坂头西片区。

2月，莆田市对区党政主要领导2020年度履行教育职责督导评估，城厢区名列全市第一名。

2月，城厢区住建局牵头的“办理建筑许可”“获得用水用气”方面的评估结果位居全市第一。

3月

1日，城厢区文献北片区改造项目启动房屋拆除工作，对旧青少年宫体委楼以及市农业农村局公产及农三站进行精准破拆。

同日，城厢区委书记王文才带领区自然资源局、区住建局等有关部门负责人，赴重点项目一线，实地调研“双轮”驱动工作情况，扎实推进省委“五促一保一防一控”工作部署落实。

3日，城厢区召开全区党史学习教育动员大会。会议深入学习贯彻习近平总书记在党史学习教育动员大会上的重要讲话精神，按照中央、省、市党史学习教育动员大会精神，对全区开展党史学习教育进行动员部署。

4日，城厢区区长吴文恩带队到文献北片区项目一线实地督导强产业、兴城市“双轮”驱动工作，现场看进度、解难题、抓落实，指导推动城市更新有序高效推进。

5日，城厢区2021年“童心向党薪火相传”争做新时代好少年活动暨“3•5”学雷锋志愿服务活动进校园，在顶墩实验学校举行启动。活动围绕担责任、守初心、传精神、悟思想、办实事、开新局、记使命七个环节展开。

9日，城厢区委书记王文才带领区工信局等有关部门负责人，到华林经济开发区实地调研“五促一保一防一控”工作部署落实情况。

10日，中国关心下一代委员会主任顾秀莲到下黄邻里中心调研，肯定下黄社区党委带关工委工作，并给林国栋颁发“全国关工委先进工作者”荣誉奖牌和证书。

同日，团省委到城厢区调研莆田五中、南门学校、莆田公安局城厢分局“一站式”中心、大调解中心调研团建、少先队工作。

同日，城厢区2021年春季定兵工作会议召开，会议通报2021年春季定兵工作情况，并正式确定新兵入伍人数。

同日，城厢区发改局牵头下发《关于下达2021年城厢区国民经济和社会发展计划的通知》。

12日，城厢区区长吴文恩到市“12345”便民服务平台，现场接听群众来电，解决群众诉求。

15日，城厢区政法队伍教育整顿动员部署会召开。省政法队伍教育整顿第六指导组副组长叶孝祖出席并讲话，区委书记、区政法队伍教育整顿领导小组组长王文才出席并作部署讲话．

同日，由莆田市美术家协会、莆田国家油画城管委会主办，城厢区文化馆、霞林街道综合文化站承办的“上元邀月”画展在霞林街道综合文化站展出。

同日，城厢区卫健局组织对灵川镇中心卫生院东海分院的数字化预防接种门诊进行考核验收，17日正式批复同意该院开展预防接种服务，接种疫苗范围含一类、二类疫苗。

16日，城厢区召开区委编委会2021年第一次会议，研究事业单位设立和更名、编制调整、“三定”事项及人事调动等问题。

同日，城厢区检察院检察官驿站在龙桥街道社区“党建+”邻里中心揭牌成立。

同日，城厢区2021年春季新兵欢送大会举行。

17日，省巡察办主任游美萍带队到华亭镇五云村生态环保工作监督调研。

18日，城厢区2021年学雷锋月大型健康义诊活动在龙桥社区“党建+”邻里中心举行。城厢区卫健局联合莆田市第一医院、城厢区医院、城厢区妇幼保健所、龙桥街道社区卫生服务中心等，邀请医疗专家团队为社区居民送去医疗义诊帮扶和健康素养知识。

同日，城厢区金融纠纷诉非联动中心在区法院揭牌成立。

19日，城厢区召开组织、宣传、统战、政法、对台工作暨区委农村工作会议。

20日，城厢区“学习雷锋扬新风，垃圾分类我先行”志愿宣传活动在绶溪公园举行。

22日，市委书记刘建洋、市长李建辉等市领导到闽中游击区革命纪念馆重温入党誓词，集体现场学习。

24日，城厢区委书记王文才，区委副书记、区长吴文恩等区领导到闽中游击队洋边革命展览馆，开展集体现场学习，重温入党誓词，追寻革命先辈的历史足迹，接受革命精神洗礼。

同日，城厢区委书记、区委党史学习教育领导小组组长王文才主持召开区委党史学习教育领导小组第一次会议，传达学习上级党史学习教育领导小组第一次会议精神，研究《中共城厢区委关于开展党史学习教育的实施方案》、区委党史学习教育领导小组及其办公室工作规则等，部署相关工作。

同日，东海镇举行蔡襄文化园基地项目签约仪式，签约方为东海镇人民政府、福建省蔡襄文化投资有限公司，签约项目总投资为1.68亿元。

同日，城厢区依法治区办、城厢区司法局、城厢区教育局联合在莆田第十二中学开展2021年“法治进校园”巡讲活动启动仪式暨“学思研读民法典·争做时代好少年”首场宣讲，开展以《〈民法典〉与我们的青春环环相扣》为题的法治讲座。

25日，城厢区委书记王文才带领区自然资源局、区住建局等区直有关部门负责人，到龙桥街道、霞林街道、凤凰山街道，实地调研督导“双轮”驱动推进情况。

同日，城厢区区长吴文恩带领区直有关部门负责人走访企业，开展促外贸发展及平台企业调研，召开现场办公会，协调解决具体问题，推进“五促一保一防一控”工作落实落细落到位。

同日，城厢区府办党支部召开组织生活会，区长吴文恩以普通党员身份参加，与其他党员交流谈心。

26日，城厢区委书记、区政法队伍教育整顿领导小组组长王文才以“全面落实政法队伍教育整顿要求，以城厢政法队伍的新面貌新业绩庆祝中国共产党成立100周年”为主题，向全区政法干警讲授一堂生动的专题党课。

同日，市委党校（行政学院）“闽中游击区革命纪念馆”现场教学基地揭牌仪式在城厢区常太镇马院村举行。

同日，城厢区法院走访华亭镇五云村、华亭社区和莆田市三威鞋业有限公司，联合开展诉讼服务进乡村、社区、园区活动，并在城厢区华亭镇五云村“党建+”邻里中心揭牌成立“莆田市城厢区人民法院邻里解纷中心”。

29日，城厢区召开换届考察工作动员会。

30日，城厢区委书记王文才带领区商务局、区招商局、安福电商管委会等区直有关部门负责人，到龙桥街道、霞林街道，调研“双轮”驱动工作，实地察看电商产业发展和中电科创城先导区建设情况。

30日，城厢区区长吴文恩带队深入挂钩联系小区党支部指导党建工作，调研“党建+”邻里中心建设，现场协调解决具体问题。

4月

6日，省政法队伍教育整顿指导组副组长傅岚到区检察院开展队伍教育整顿学习教育环节评估验收工作。

7日，城厢区法院刑事审判庭法官前往南门学校开展“杜绝校园欺凌，走好青春每一步”主题法律教育讲座，为近4000名学生开展反诈骗、预防校园欺凌专题宣传。

8日，市委书记刘建洋带队调研政法队伍教育整顿工作，并先后在霞林街道下黄社区听取“网格+政法队伍教育整顿”工作情况汇报、在区法院诉讼服务中心听取区法院“我为群众办实事”实践活动情况汇报。

同日，城厢区融志愿·闽善行便民“15分钟”志愿服务点揭牌仪式在万辉国际城小区举行。

9日，市委书记刘建洋带队调研棚户区改造工作。

同日，党史学习教育市委宣讲团宣讲报告会举行。市委宣讲团成员、莆田学院党委委员、莆田学院党委理论讲师团常务副团长、教授徐国喜作宣讲报告。区委书记王文才主持并讲话，吴文恩、肖志雄、郑松青等出席会议。

同日，城厢区召开党史学习教育区委宣讲团动员会议。会议就区委宣讲团党史专题宣讲工作进行部署。

同日，城厢区常太镇开启“党建引领砥砺耕耘”乡村振兴嘉年华暨第23届枇杷文化节，主会场莒溪“党建+”乡村邻里中心的“云上枇杷文化节”和分会场松峰村半浮生文创园的首届“慢生活”休闲产业文化节线上销售火爆，线下人气旺盛。

16日，城厢区“我心向党·巾帼添彩”主题演讲比赛在区进修学校举办。来自区直机关各系统党委选派的17名参赛选手，充分利用PPT和背景音乐，紧扣演讲主题，结合自身工作和生活实际，深情重温党的光辉历程，歌颂党的伟大成就。

17日，由城厢区妇联主办，龙桥社区“党建+”邻里中心协办，莆田市阳光家庭服务中心承办的“学党史悟真理阅幸福”在龙桥社区“党建+”邻里中心一层阅读室举行，68岁的越战老兵、龙桥街道宣讲小分队成员阮冰现场讲党史伟业，传播红色文化，吸引30余名社区儿童及家长参加。

19日，城厢区结合党史学习教育，举办“学党史、强信念、跟党走”百场宣讲网络直播“云端”启动仪式。

20日，城厢区区长吴文恩带队前往市美术馆检查指导第十五届艺博会城厢区分会场筹备工作，现场听汇报、提意见、督落实、促提升，确保高标准、高质量完成活动各项准备工作。

同日，团区委在莆田市科技职业技术学校开展“青春向党匠心筑梦”城厢区庆祝中国共产党成立100周年暨入团仪式。

22日，城厢区发改局牵头印发《莆田市城厢区人民政府关于印发莆田市城厢区国民经济和社会发展第十四个五年规划和二〇三五年远景目标纲要的通知》。

24日，城厢区医院成功开展首例腰椎骨折切开复位椎弓根系统内固定术，该手术由市一医院骨科专家现场指导，取得良好效果，填补了区医院在该技术领域的空白。

27日，省卫健委授予城厢区“省级慢性非传染性疾病综合防控示范区”荣誉称号。

同日，城厢区文献北片区改造项目（二期）动员大会召开。

28日，省委常委周联清、省总工会党组书记、副主席丁文清在城市更新项目（沟头）现场慰问建筑工人。

同日，城厢区人大常委会组织召开区公检法司“四长”依法履职座谈会。

同日，城厢区“青春心向党建功新时代”五四系列主题活动暨城厢区“乡村振兴青年先行”启动仪式举行。并举行小圳“青年之家”揭牌仪式，发布共青团城厢区委吉祥物“城小团”“厢小青”。

29日至5月5日，由城厢区人民政府主办，城厢区工业和信息化局、莆田市国际油画城管理委员会等协办以“匠心莆艺·画意城厢”为主题的第十五届中国（莆田）海峡工艺品博览会在莆田市美术馆分会场亮相。

30日，城厢区委书记王文才到项目工地看望慰问坚守岗位的一线工人，并通过他们向全区各行各业劳动者们致以诚挚的问候和崇高的敬意。

30日，城厢区融志愿·闽善行便民“15分钟”志愿服务点在圳湖华苑小区举行揭牌仪式。

同日，城厢区霞林街道顶墩一下黄安置区9号、19号楼

268 套安置房交付使用。

同日，城厢区常太镇在马院村闽中游击区革命纪念馆举行云上党史学习教育直播，此次直播主题为“闽昌莆玛山海情红色文化润边疆”，由莆田援疆指挥部宣传组组织，常太镇积极配合并安排专业讲解员现场讲解，以抖音直播的方式将闽中革命精神传到新疆。

同日，城厢区法院联合城厢分局交警大队、逸夫小学、中特小学在北磨快处中心设立“逸夫小学交通安全教育基地”“南门中特小学交通安全教育基地”，引导学生遵守交通法规，构建和谐道交环境。

同日，城厢区住建局到城厢区太湖园区华源工贸有限公司 4 号厂房（全区首家）开展“验登合一”。

5 月

“五一”国际劳动节假期，城厢区接待游客量约 80 万人次，门票收入为 72 万元，旅游总收入为 5.2 亿元，比 2019 年分别增长 5.26%、6.95% 和 8.33%。

1 日，城厢区霞林街道沟头片区改造项目安置房建设全面开工建设，将新建安置房 4100 多套。

同日，城厢区医院名医“师带徒”工作室揭牌仪式举行。该院内分泌科和口腔科分别与福建省立医院温俊平教授团队和福建医科大学附属口腔医院副教授苏柏华团队成立名医“师带徒”工作室。

7 日，省法院党组书记、院长吴偕林一行到城厢区法院调研指导，并进行座谈交流。

8 日，城厢区卫健局、区计生协会联合区儿童早期发展指导中心等，在霞林街道下黄社区“党建 +”邻里中心，开展以“感念母爱扬美德 · 饮水思源颂党恩”为主题的献礼中国共产党成立 100 周年亲子活动。

8 日，莆田市不动产登记交易中心、城厢区自然资源局在东海镇国土所，为 30 户享受易地扶贫搬迁政策的贫困户颁发不动产权证书，让搬迁群众吃下“定心丸”。

11 日，城厢区妇联、城厢区妇儿工委办在华亭镇涧口社区家长学校举行城厢区首个家庭教育宣传周启动仪式，结合“万家学党史 · 永远跟党走”家庭教育“十个百”系列实践活动，将党史学习教育融入家庭教育，引领广大家庭铭记党史党恩，传承红色家风，弘扬家国情怀。

同日，城厢区党史学习教育宣讲进基层活动在华亭镇涧口社区举办，福建省“五好文明家庭”蒋维坤、谢亚顺用快板说唱形式，为该社区居民开展“学红色党史传文明家风”主题宣讲。

13 日，结合党史学习教育和“再学习、再调研、再落实”活动，城厢区区长吴文恩带领区直有关部门负责人到一线实地督导“三看两评”（指看新不看旧、看大不看小、看特不看平；市领导及市直相关部门领导对县区推进工作成效进行考评，市领导及县区对市直部门及垂直单位服务保障质效进行评价）项目，召开现场办公会，指导推动文献北片区项目征迁工作，协调解决具体问题。

14 日，城厢区法院与莆田学院马克思主义学院举行共建大会，签订《共建协议书》，成立“莆田市城厢区人民法院思想政治教育实践基地”“莆田学院马克思主义学院社会实践基地”。

同日，城厢区住建局启动 2021 年公租房轮候家庭的申请工作。

同日，城厢区在华亭镇园头村举行“倾情相助爱满城厢”第三十一次全国助残日暨“我为群众办实事”新时代文明实践活动启动仪式。

16 日，城厢区司法局灵川司法所邀请联合信实律师事务所律师李萍在东进村开展“法律明白人”民法典主题培训会暨“美好生活 · 民法典相伴”主题宣传活动。

同日，城厢区凤凰山街道筱塘社区股份经济合作社为 272 名 59 周岁（含 59 周岁）居民发放“长者股民津贴”。

17 日，党史学习教育市委第三巡回指导组巡回指导城厢见面座谈会召开。党史学习教育市委第三巡回指导组组长许金良，副组长陈金贤、蔡伊文等到会指导。

区委书记、区委党史学习教育领导小组组长王文才主持并汇报。

22日，城厢区举办基层新冠肺炎疫情防控培训班，邀请市疾控中心主任凌龙美为基层干部授课。

26日，城厢区召开党史学习教育区委巡回指导组培训会，党史学习教育市委第三巡回指导组组长许金良、副组长陈金贤等到会指导。

27日，城厢区华亭镇、常太镇、灵川镇、东海镇4个镇分别召开党员代表大会，选举产生新一届党委班子、纪委班子和出席区第十次党代会代表，为顺利完成城厢区“十四五”规划目标任务和二〇三五年远景目标，实施强产业、兴城市“双轮”驱动，全方位推进高质量发展超越提供坚强组织保证。

28日，“我为群众办实事”新时代文明实践活动暨2021年城厢区乡村学校少年宫文艺展演活动，在华亭第一中心小学举办。

同日，城厢区检察院走进南门学校举办2021年“检爱同行 共护未来”检察开放日活动。

30日，东海镇笏枫路东沙中学路口安装该镇首个交通信号灯。

6月

1日，市委书记刘建洋带队调研政法队伍教育整顿工作，先后察看龙桥综治+社区治理中心、区公安分局政法队伍教育整顿及“科技强警”工作情况。

同日，城厢区区长吴文恩带领区教育局、区妇联等部门负责人，开展“六一”国际儿童节慰问活动，给孩子们送上节日的祝福。

同日，城厢区召开全区安全生产及卫片整治工作推进会。会议通报当前安全生产隐患问题，部署具体隐患排查、整治及全区卫片执法工作。

2日，市老年大学厅级班到城厢开展“再学习、再调研、再落实”活动调研，并先后察看龙德井片区棚改项目、沟头片区棚改项目。

同日，城厢区委政法委召开队伍教育整顿专题民主生活会，进一步扎实稳妥推进政法队伍教育整顿查纠整改环节。省第六指导组综合协调组组长杨代传，区纪委监委、区委组织部派人到会指导。

同日，城厢区“永远跟党走”主题教育暨2021年中华优秀传统文化传承展示“我们的节日——端午”系列活动在莆田十八中举行。

同日，城厢区委网信办组织召开新媒体管理工作会议，邀请辖区12家新媒体负责人参加会议。

同日，城厢区总工会在喜盈门物业运营管理有限公司举办2021年莆田城厢区星级导购技能竞赛，25名导购员工参加竞赛活动。

4日，城厢区“党建+”邻里中心党史学习教育推进会召开。区委常委、宣传部部长，区委党史学习教育领导小组副组长、办公室主任苏德权出席并讲话。

5日，城厢区常太镇莒溪“党建+”乡村邻里中心开展“百年征程 童心向党”党史学习主题活动。

6日，团区委在东沙中学、华林学校、文献中学和园头学校开展“轻松备考12355与你同行”青春护航行动。

同日，以“我心永向党”为主题的书法笔会在城厢区常太镇文化站举行，10多名书法家和书法爱好者现场挥毫泼墨，以精彩匠心之作庆祝中国共产党成立100周年。

7日，城厢区霞林街道联合城厢区城市更新项目，在莆田第一中学高考点设立“助力莆田学子为群众办实事”高考志愿服务点，开展多样化服务助力高考活动，为考生加油鼓劲。

9日，由城厢区妇联主办，筱塘社区家长学校协办，莆田市阳光家庭服务中心承办的“党史宣讲进邻里传播红色正能量”活动在筱塘社区“党建+”邻里中心举行。

10日，由城厢区委宣传部、区委文明办主办，霞林街道党工委、办事处承办的“永远跟党走 共享端午情”主题文艺会演在霞林街道综合文化站举行。

同日，城厢区2021年“未

成年人保护法”主题宣传月启动仪式在城厢区筱塘社区“党建 +”邻里中心二楼启动。

11 日，莆田市、城厢区两级妇女联合会主办，莆田市妇女儿童活动中心、凤凰山街道和筱塘社区两级妇女联合会、筱塘社区“党建 +”邻里中心联合承办，城厢区宗匠职业技能培训学校协办的“粽叶飘香迎端午 • 传统佳节暖意浓”端午节活动，在凤凰山街道筱塘社区“党建 +”邻里中心举行。

12 日，由城厢区华亭镇新时代文明实践所、霞皋村主办的庆祝中国共产党成立 100 周年群众文艺会演在霞皋村举行。

16 日，城厢区教育系统“红心颂党恩筑梦新时代”摄影作品展，在区政府办公楼一楼大厅举行。

同日，2021 年安全生产月咨询日活动在莆田市城厢区万达广场举行。活动采用“线上线下”相结合的方式，首次聘请主播，通过“移动 5G+”网络直播，将实况全程展现给公众。

17 日，“颂歌献给党”——莆田市庆祝中国共产党成立 100 周年歌咏比赛决赛在莆仙大剧院举行，区委副书记、区长吴文恩及部分区领导参加演唱。经过激烈角逐，城厢区代表队演唱的《百年守望》以优异成绩荣获金奖。

21 日，城厢区召开庆祝中国共产党成立 100 周年宣传工作暨党史学习教育推进会，学习贯彻习近平总书记重要讲话精神和党中央、省委、市委部署，贯彻落实省、市会议精神，进一步研究布置全区庆祝中国共产党成立 100 周年宣传工作和党史学习教育。

同日，以“光辉历程 • 翰墨飘香”为主题的莆田市妈祖文化周两岸书画精品联展在三清殿开展。展览现场邀请两岸名家或画或写，用书画艺术创作的形式，将两岸同根同源的文化传承脉络一一呈现出来。

同日，城厢区召开侨界人士庆祝中国共产党成立 100 周年“侨心向党”座谈会，海外重点侨领、侨资企业代表、归侨侨眷代表等 30 余人参加座谈会。

22 日，城厢区法院举办“法院开放日”活动，邀请莆田学院马克思主义学院师生走进法院，通过旁听庭审、防电信诈骗宣传、介绍法院文化标识、参观诉讼服务中心等，了解法院的日常审判工作。

24 日，党史学习教育省委第五巡回指导组组长马照南一行深入城厢区调研指导党史学习教育相关工作。

同日，市委书记刘建洋带队到城厢区走访慰问困难党员徐玉水，走访慰问市人大离休党员干部武可信，颁发“光荣在党 50 年”纪念章，走访慰问困难党员沈汉灼，颁发“光荣在党 50 年”纪念章。

25 日，新一届城厢区委书记王文才和区委副书记王文晖看望慰问部分老干部，并开展“七一”走访慰问、颁发“光荣在党 50 年”纪念章活动，为他们送去节日的祝福，带去党和政府的关怀和温暖。

27 日，城厢区管干部学习贯彻习近平总书记来闽考察重要讲话精神专题研讨班暨区级领导班子党史学习教育专题读书班开班。

28 日，城厢区在市博物馆开展区管领导干部学习贯彻习近平总书记来闽考察重要讲话精神专题研讨班暨区级领导班子党史学习教育专题读书班现场教学活动。

同日，城厢区委书记王文才带队到龙桥街道万辉社区，开展党史学习教育工作暨基层党支部联系点调研，并为支部党员上党课。

同日，常太镇举行庆祝中国共产党成立 100 周年“我心永向党 • 奋进新征程”主题文艺会演活动。

同日，城厢区医院与福建省人民医院、厦门大学附属中山医院、莆田市第一医院等大型三甲医院建立医联体，正式挂牌“莆田市第一医院医疗集团城厢区医院”。

29 日，城厢区法院发布专属吉祥物“獬豸”，并设计一系列周边产品。

同日，城厢区灵川镇在东进村举办“奋斗百年路 启航新征程”庆祝中国共产党成立 100 周年文艺会演，用歌舞、朗诵、情景剧等方式为党送上生日祝福。

30日，城厢区召开区委九届十五次全体会议。全会听取和讨论王文才受区委常委会委托作的工作报告，审议通过《中共莆田市城厢区委关于学习贯彻习近平总书记来闽考察重要讲话精神，为谱写全面建设社会主义现代化国家福建篇章作出城厢贡献的实施意见》。

同日，城厢区“两优一先”表彰大会召开，热烈庆祝中国共产党成立100周年，表彰全区优秀共产党员、优秀党务工作者、先进基层党组织，并为“光荣在党50周年”老党员代表颁发纪念章。

同日，城厢区委副书记、代区长王文晖带队到基层党支部联系点龙桥街道荔溪小区调研指导，并为支部党员上党课。

同日，城厢区召开“大棚房”问题专项清理整治行动“回头看”推进会。会议通报全面核查已整治的“大棚房”问题、设施农业项目实施情况，部署排查整治范围、尽快恢复耕地生产功能及完善常态长效监管机制等工作。

同日，中央广播电视总台CCTV-12《社会与法》栏目报道区法院在传票上附带二维码“智慧名片”的创新举措。

7月

1日，城厢区各级党组织党员干部认真收听收看庆祝中国共产党成立100周年大会盛况，共同感受振奋人心的时刻，衷心祝愿伟大、光荣、正确的中国共产党青春永驻。

7日，城厢区住建局办结莆田市第一张由“智助”审批系统出具的“建筑起重机械使用登记证书”。

9日，城厢区认真学习贯彻习近平总书记在庆祝中国共产党成立100周年大会上的重要讲话精神座谈会召开。

同日，党史学习教育市委第三巡回指导组组长许金良一行深入城厢区常太镇、农业农村局调研指导。

10日，城厢区华亭镇后枫村木兰大道一期工程安置区回迁工作正式启动。

12日，城厢区“青春扬帆正启航，奋楫笃行新征程”大学生实习活动启动仪式在木兰陂公园举行。

15日，省委拉练项目活动一行到跨境电商监管中心、大唐5G项目开展活动。

同日，城厢区2021年老年健康宣传周在龙桥街道荔城北大道万辉口腔医院启动。

16日，福建省工业和信息化厅发布第二批22家福建省工业现有龙头企业和189家福建省工业龙头培育企业名单，城厢有5家企业入选。这5家分别是莆田市华源工贸有限公司、溢通环保科技（莆田）有限公司、福建省莆田市荔城纸业有限公司、福建省莆田市华都饲料有限公司、郭氏（福建）鞋业有限公司入围，涉及现代纺织服装行业的纺织（棉纺）、石油化工行业的专用化学品等多个细分行业。

17日，以“魅力城厢美荔同行”为主题的2021城厢区荔枝文化节暨农特产品展销会，在凤凰山街道南门社区荔枝公园上百棵古荔枝树环绕中开幕。

18日，城厢区召开区委务虚会。会议听取各镇街（园区）、区直有关部门、公检法主要领导及区四套班子领导“十四五”发展基本思路汇报，研究部署下一步工作。

23日，城厢区召开中共城厢区纪委九届七次全会。

26日，城厢区委书记王文才、代区长王文晖带队先后慰问预备役高炮三团、莆田武警支队、武警第二机动总队机动第五支队、莆田市消防救援支队、解放军第九〇〇医院莆田医疗区、莆田军分区等驻地部队，并到市中医院检查征兵体检工作。

同日，城厢区2021年残疾人农村实用技术培训班在金海湾酒店会议室正式开班，确保75名残疾人掌握1—2项农村实用技能，提高自我发展和增收能力。

28日，中国共产党莆田市城厢区第十次代表大会开幕，王文才代表中国共产党莆田市城厢区第九届委员会作题为《加快实施“双轮”驱动全面推动提质升级为建设“山水格局·人文宜居”新城厢而努力奋斗》的报告。

同日，莆田市产融对接暨百

项重点技改项目融资专场对接活动现场，城厢区有20多家企业积极参与融资对接活动。

30日，城厢区召开区委十届一次全体会议和区纪委十届一次全体会议。

7月底，城厢区依照标准足额核定全区公办中小学教职工编制，完成公办中小学教职工重新核定工作。

7—8月，团区委落实团省委“扬帆计划”，发起“城厢区大学生扬帆计划”，吸纳89名大学生，完成率达107%。暑假期间，开展助力新冠肺炎疫苗接种志愿服务、“童心筑梦爱在邻里”第六届暑期夏令营、“你我同心，普法同行”平安入户、“清风破大暑城厢在行动”夏日送清凉、“青青寸草心情暖建军节”庆“八一”主题大学生等志愿服务行动。

8月

3日，省农业农村厅农作物种质资源普查与收集工作指导组深入城厢区，调研指导种质资源组织机构运行、普查总体方案、目标管理和过程管理、资源收集进展、普查表录入等工作。

5日，城厢区召开全区政法队伍教育整顿总结大会，全面总结全区政法队伍教育整顿工作，部署下一阶段工作。

同日，省工信厅和省文旅厅联合公布2021年省级工业旅游试点企业名单，城厢区福建腾晖工艺有限公司、才子股份有限公司2家企业入选，这也是莆田市仅有的2家入选企业。

6日，市委书记刘建洋、代市长林旭阳带队调研防御台风暴雨工作，并先后察看田尾圆圈建设路口、学园南街城厢法院路段、华林工业园区内涝积水情况。

9日，城厢区委书记王文才、区委副书记朱建阳、区委常委黄美光等区领导，以普通党员身份参加区委办公室党支部党史学习教育专题组织生活会。党史学习教育市委第三巡回指导组组长许金良到会指导。

10日，城厢区召开永久基本农田核实整改调整补足工作汇报会以及听取月塘南、坂头西片区规划设计汇报会。

12日，城厢区委书记王文才主持召开村级组织换届工作座谈会，分析当前村级组织换届选举工作存在的问题，明确下一步思路举措，为高质量、高标准完成村级组织换届打下坚实基础。

13日，城厢区委书记王文才主持召开全区上半年经济分析会暨开放招商领导小组会议，传达学习中央政治局会议精神和省、市上半年经济会议精神，结合贯彻落实区第十次党代会精神，分析上半年经济形势，研究部署下半年经济工作。

13日，城厢区政府领导班子成员王文晖、郭健明、蒋万顺、何辉、王刚、张伟国、陈丽萍以普通党员身份参加所在党支部专题组织生活会，与党员共同学习交流。市委第三巡回指导组副组长陈金贤等到会指导。

16日，城厢区召开区委审计委员会第六次会议、区委书记专题会暨区委巡察工作领导小组会议。

17日，城厢区委副书记、代区长王文晖带队赴街道，召开老旧小区改造项目现场推进会，指导推进项目提速度、增品质、见实效。

19日，省委党校（行政学院）常务副校院长胡忠昭、副校院长陈雪梅等一行赴城厢区调研东圳水库展览馆、常太马院村闽中游击区革命纪念馆等红色教学基地。

同日，城厢区在东海镇蔡襄文化中心召开农村建设品质提升暨农村人居环境整治提升工作现场推进会。

20日，城厢区委书记王文才带领区委组织部、区民政局等区直部门负责人，带头到挂钩村华亭镇隆兴村，实地调研指导村级组织换届工作。

同日，城厢区举办“扬帆计划”大学生实习结业典礼。

同日，城厢区“爱在城厢·倾情相助”融志愿服务活动暨第一批新时代文明实践点揭牌授牌仪式在霞林街道下黄社区正鼎日出小区举行。城厢区委常委、宣传部部长苏德权为正鼎日出小区融志愿服务点揭牌，并分别为联创广场、澄湖小区、壶兰七境苑、富邦学苑、幸福家园5个融志愿服务点授牌。

21日，城厢区委副书记、代区长王文晖带队赴龙桥街道、霞林街道、华亭镇，实地督导安置房建设项目，现场协调解决具体问题。

23日，2021年莆田市工业龙头企业（119家）公布，城厢区有莆田三利谱光电科技有限公司、大唐智创（福建）科技有限公司等20家企业入选。

同日，城厢区霞林学校三期扩建主体工程完工，该工程投入使用后，学生宿舍可以满足600人入住，学生食堂可以满足600人同时就餐。新增图书馆面积1900平方米，新增室内体育馆面积1900平方米。预计增加30个班级学位，其中小学部学位850个，中学部学位650个。

同日，城厢区华亭镇2019年度和2020年度29个村的农村生活污水项目顺利通过省、市级专家组验收。此次验收依据《福建省农村环境连片整治示范工作考核验收办法》，验收组成员专项复核工程量、资金投入等方面，至此，该镇的为民办实事——农村生活污水项目全部通过验收。

24日，全市首家依托企业建成的残疾人日间照料服务中心在位于东海镇的莆田市城厢区珍中工贸有限公司揭牌成立。

25日，城厢区召开区委编委会2021年第二次会议，会上学习《机构编制报告制度实施办法（试行）》，审议《福建莆田华林经济开发区管理委员会职能配置、机构设置和人员编制规定》，研究事业单位设立、整合、编制调整及人事调动等问题。

26日，莆田市及城厢区水产技术推广站普查人员赴城厢区贝类育苗企业中灵农业、冰海农业公司开展水产养殖种质资源普查工作，标志着城厢区第一次水产养殖种质资源实质性普查工作全面启动。

27日，城厢区大规模人群核酸检测应急演练在东海镇蔡襄文化广场举行。

30日，城厢区华亭镇西湖村党支部委员会举行换届选举党员大会，顺利选举产生新一届村党支部委员会委员、书记。这标志着该村作为全区村（社区）“两委”换届选举试点村，完成党组织“领头雁”的选配和“接力棒”的交接。

31日，省工信厅对三利谱固定资产投资项目开展现场节能监察，三利谱项目节能报告通过省工信厅审查。

同日，城厢区委副书记、代区长王文晖带领区农业农村局、区文旅局等部门负责人，到常太镇开展巩固拓展脱贫攻坚成果同乡村振兴有效衔接工作。

9月

1日，城厢区筱塘小学以“传承航天精神，追逐强国梦想”为主题举行开学典礼，勉励学生们弘扬航天精神，塑造顽强品格，努力实现人生梦想。城厢区教师进修学校附属兴安小学举行以“兴学尚行明礼安德”为主题的思政教育第一课暨开学典礼。

同日，城厢区召开党史学习教育暨巡回指导组工作交流推进会，市委第三巡回指导组到会指导。

5日，为期两天的莆田市第五届运动会首场比赛——武术散打比赛在莆田体育运动学校圆满收官。城厢区11名运动员参加该项比赛，经激烈角逐，区青少年组武术散打队获四金三银四铜的好成绩。其中，莆田十八中运动员黄毅南获得男子甲组48千克级别比赛金牌，原华林学校现为莆田体育运动学校运动员方乐晨获得男子甲组56千克级别比赛金牌，埔柳学校运动员李翼桥获得男子乙组60千克级别比赛金牌，霞林学校运动员李雅静获得女子乙组48千克级别比赛金牌。

7日，城厢区、同心县2021年闽宁协作结对帮扶座谈会召开。宁夏同心县委副书记、代县长杨春燕等，城厢区领导王文晖、朱建阳、谢长征、何辉等出席座谈会。

同日，第二十一届中国国际投资贸易洽谈会莆田市分团项目签约仪式举行，城厢区太平集成电子生产项目、天怡现代农业增资项目、杰木科技股权并购项目、科里思特生物科技项目、消防靴开发生产项目5个项目上台签约，投资总额11100万美元，利用外资5400万美元。

8日，第二十一届中国国际投资贸易洽谈会在厦门开幕，城厢区引进、洽谈外资项目11个，投资总额13930万美元，利用外资8230万美元。

9日，省委编办副主任赵志强、处长叶华一行到城厢区开展依标足额核定公办中小学教职工编制工作调研座谈会。

同日，城厢区召开2021年秋季定兵工作会议，会议通报2021年秋季定兵工作情况，并对体检、政治考核“双合格”应征青年逐个进行唱审、定兵。

同日，城厢区乡村振兴局挂牌成立。

同日，城厢区学前、小学、初中和高中三个学段分别荣获“莆田市教育教学优质管理县区”称号。

10日，以“莆桂飘香·助农振兴”为主题的城厢区首届龙眼文化节暨农业战线专场招商活动在华亭镇举行。

13日，国务院督导组到莆田指导到城厢区医院现场指导基层医院防控工作。

同日，城厢区紧急部署，迅速集结成第二批支援仙游核酸检测队伍200名，组成“城厢驰援队”，火速驰援仙游。

同日，城厢区应对新冠肺炎疫情工作指挥部指挥长、区委书记王文才带领区纪委监委、区委组织部、区卫健局等区直部门负责人，到龙桥街道、霞林街道、凤凰山街道等一线督导检查新冠肺炎疫情防控工作。

13日至10月初，团区委第一时间发布“抗击疫情·志愿者在行动”招募令，累计组建区、镇（街）两级青年突击队30余支，青年志愿者服务群30余个，团员团干、青年志愿者1500余人参与抗击新冠肺炎疫情一线，充当核酸检测员、信息录入员、维护秩序员、卡口检测员、排查登记员、便民服务员、防护宣传员等。

14日，城厢区组织开展第一轮全员核酸检测。

15日，城厢区应对新冠肺炎疫情工作指挥部发出通知，紧急集结30名工作人员入驻一新隔离点。

16日，城厢区委副书记、代区长王文晖带领区卫健、疾控、公安等部门负责人，赴一线实地督导检查新冠肺炎疫情防控工作，看望慰问一线工作人员。

17日，城厢区组织开展第二轮全员核酸检测。

18日，城厢区召开新冠肺炎疫情防控社区管控工作部署会，传达学习上级有关会议精神，对社区新冠肺炎疫情防控工作再动员、再部署、再推进，进一步扎牢社区新冠肺炎疫情防控防线。

22日，城厢区启动龙桥街道、霞林街道、凤凰山街道，以及灵川镇、东海镇、华林园区第三轮全员核酸检测工作，全区设置133个核酸采样点。

19日，中建五局总承包公司福建经理部莆田城厢区城市更新项目第一时间主动请战参与援建医护人员临时休息点任务，并捐赠1000张床铺及相关配套用品，全力支援莆田新冠肺炎疫情防控工作。

27日，城厢区组织欢送24名来自重庆民众医疗队和上海宏康医疗队的医疗骨干。

30日，城厢区区镇两级人大换届选举工作视频会议召开。

9月，城厢区法院推出全市首个“人民法院二维码智慧名片”。

10月

11日，城厢区首批130名集中隔离人员在集中医学观察、体温监测正常、连续十多天核酸检测确认无异常，符合解除隔离标准后，解除集中医学观察。

同日，作为莆田市村（居）委员会换届选举试点村，城厢区华亭镇西湖村率先顺利完成第十四届村委会换届选举工作，成功选举出新一届村委会成员，标志着全市首个村民委员会选举试点工作取得圆满成功。

同日，城厢区高三、九年级学生有序复课。

14日，“我为群众办实事”新时代文明实践活动暨“永远跟党走 九九话重阳”主题活动在城厢区华亭镇埔柳村、后塘村新时代文明实践站举行。

15日，为期7天的城厢区首届直播电商节在百盛跨境电商中心直播展厅启动。

16日，凤凰山街道启动夜间巡逻，采取步行＋车巡的方式，开启辖区主要街道、重点区域、重点地段、重要路口、背街小巷等夜间联防联控巡逻。

18日，城厢区各中小学、幼儿园在新冠肺炎疫情防控常态化下全面复学。

19日，国家卫生健康委、全国老龄办对凤凰山街道南门社区“全国示范型老年友好社区”进行命名表彰（全市仅两家），创建工作在《福建省“全国示范性老年友好型社区”创建案例展播》专栏进行专题展播。

20日，城厢区人武部召开宣布命令大会。莆田军分区党委书记、政治委员许晓轫宣读中央军委国防动员部命令和军分区党内任职通知，任命刘庆煌为城厢区人武部部长、党委副书记。

同日，城厢区环卫处联合区妇联在常太镇开展城厢区“垃圾分类新时尚、巾帼行动展风采”主题宣传活动，推动提升农村家庭生活垃圾分类意识。

22日，党史学习教育市委第三巡回指导组组长许金良一行来城厢区调研指导党史学习教育工作。

24日，农工党城厢支部召开第六次党员大会召开，会议宣读农工党莆田市委会批复文件；听取并审议农工党城厢支部第五届委员会工作报告；选举产生城厢支部第六届委员会委员；并召开农工党城厢支部第六届委员会第一次会议，选举产生农工民主党城厢支部主委、副主委。

26日，城厢区举行“建设‘山水格局·人文宜居’新城厢，塑造‘践行使命·环卫担当’新形象”环卫工人节庆祝活动，通过技能比武、点亮微心愿、送温暖等营造推行垃圾分类、关爱环卫工人的良好氛围。

同日，城厢区龙桥街道辖区内11个无障碍停车位规划和无障碍标识牌全部完工，用“温情”加强街道精细化管理，助力全国文明城市创建。

27日，城厢区安置房建设及回迁情况座谈会召开，会议听取区政府、区住建局、区自然资源局、区发改局、区财政局，以及龙桥街道、霞林街道、凤凰山街道、华亭镇关于安置房建设、回迁、办证及剩余安置房处置情况汇报。

28日，城厢区在常太镇召开农村生活垃圾分类试点总结推广现场会，对全域化推进农村生活垃圾分类工作进行部署。

30日，城厢区召开2022年重点项目策划申报汇报会，会议通报全区2022年省、市、区重点项目策划申报情况及存在的问题，各镇（街道）、园区汇报各自辖区2022年重点项目策划情况等。

31日，城厢区全面启动3—11岁人群新冠病毒疫苗免费接种工作，首站设在灵川中心小学，为灵川片区符合接种条件的7169名适龄儿童接种新冠疫苗，完成接种4094人。

同日，城厢区霞林街道在新时代文明实践所举行新冠肺炎疫情防控志愿者荣誉证书颁发仪式，为参与新冠肺炎疫情防控志愿服务的志愿者们颁发“最美抗疫志愿者”荣誉证书和纪念品。

10月底，在全国第十一届残疾人运动会暨第八届特殊奥林匹克运动会上，城厢区灵川籍盲人运动员詹智峰代表福建省参赛，获得男子800米铜牌（第三名）、T13级10000米第四名及5000米第六名。

11月

2日，城厢区召开全区镇街（管委会）党政主要负责人座谈会，全面落实省、市相关会议精神，总结盘点前三季度全区经济运行情况，研究部署下一步工作。

3日，城厢区与同心县对口协作工作推进视频会召开，深入学习贯彻习近平总书记对深化东西部协作和定点帮扶工作作出的重要指示精神，进一步谋划和对接对口协作结对帮扶工作及下一步推进意见。

4日，泉州市德化县委书记黄文捷、县长方俊钦带队到城厢考察，并先后察看木兰陂公园和沟头棚户区改造项目。

5日，省委常委周联清调研南湖公园。

同日，城厢区召开区委书记专题会暨区委巡察工作领导小组会议。

同日，莆田市学习贯彻中央人才工作会议精神暨人才政策宣讲活动在城厢举行，城厢区委人才工作领导小组成员单位、乡镇（街道）、园区、重点企业、医院、学校的100余名人才工作者参加。

同日，城厢区巩固拓展脱贫攻坚成果同乡村振兴有效衔接暨农村建设品质提升现场推进会在华亭镇召开。

6日，落户城厢区的省重点项目中电科创城先导区通过验收。

7日，城厢区122个村（社区）圆满完成党组织换届选举工作。其中，93名村党组织书记平均年龄42.3岁，较上届下降8.3岁；大专以上学历47人，占比50.5%，较上届上升32.9%。29名社区党组织书记平均年龄40.4岁，较上届下降13.4岁；大专以上学历25人，占比86.2%，较上届上升61.2%。村（社区）党组织队伍结构进一步优化，一大批“双好双强”干部进入新一届村（社区）党组织班子，较好实现年龄、学历“一降一升”。

10日，省妇联党组书记、主席林叶萍一行深入城厢区调研妇女就业创业、基层组织建设、家庭教育、美丽庭院创建等工作。

同日，城厢区政协调研组到百盛跨境电商中心、网军跨境电商公司（莆田西）、跨境通公司，开展“推进城厢区跨境电商综合试验区建设”专项调研。

同日，“城厢文脉”文艺采风活动在龙桥街道泗华村启动。此次采风活动，城厢区委宣传部、区文联将组织20多名文艺家和文艺工作者，采取集中和分散的方式，先后赴龙桥、霞林和凤凰山3个街道28个村（居），深入挖掘当地自然景观和文化遗存，留住“记忆中的乡愁”。

同日，全市首家“爱心助残驿站”（全省试点）在城厢区华亭镇云峰村正式成立。

12日，城厢区义务教育阶段实现中心城区、集镇、基层小学课后服务全覆盖。

同日，城厢区召开城厢区“攻坚两个月、奋战六十天”第一次汇报会，听取项目攻坚、服务企业、消费促进、矛盾纠纷化解等四个专项行动进展情况汇报，对下一步工作进行再研究、再部署、再推进。

15日，城厢区妇联、华亭镇妇联共同来到华亭镇涧口社区和埔柳村，为获评2021年省、市级“美丽庭院”示范户家庭授牌。

16日，城厢区领导王文才、王文晖、肖志雄、朱建阳等分别参加所在的选区投票站投票，选举区、镇两级人大代表。

同日，城厢区各小学相关年级音乐学科教师，在路西小学参加小学音乐送教下乡活动。活动分为课堂教学观摩和评课研讨交流两个环节，旨在推进城乡义务教育均衡发展，发挥城区学校优秀教师的示范辐射作用，帮助农村学校不断提高教研水平，构建城乡教师间相互学习、借鉴、交流的平台。

17日，城厢区委统战部、区侨联在华亭镇开展侨法宣传月暨“侨爱心、进侨企、进社区”活动。

同日，城厢区委副书记、代区长王文晖带队到一线开展“攻坚两个月、奋战六十天”工作调研，督导重点项目、安全生产及林长制工作。

17—18日，城厢区选派5人组成协作交流组，到德化县开展干部与人才交流活动，促进观念互通、思想互动、技术互学、作风互建，共同推进山海协作。

17—19日，城厢区组织区直部门、事业单位主要负责人，参加“莆田市县区（管委会）直属部门主要负责人培训班”培训，进一步贯彻落实习近平总书记关于“新时代基层干部主题培训行动计划”。培训采取“线上+线下”的形式进行，设置专题授课、集体研讨、现场教学、线上自学、撰写心得五大学习模块。其中，专题授课邀请福建省委党校、行政学院马克思主义研究院原院长杨小东等3名专家学者，进行专题授课。

18日，城厢区2021年高素质农民果蔬种植培训班在华亭镇举办。来自华亭镇、凤凰山街道的从事或有意愿从事农业生产、经营和服务的农民，以及返乡入乡创新创业者 150 人参加培训。

18 日，东海镇与宁夏同心县预旺镇及马高庄乡举行视频连线会议，探讨如何进一步加强闽宁协作乡镇结对、村村结对，初步建立交流沟通机制及举措。

19 日，闽宁协作——城厢区·同心县送温暖公益活动在新路体育用品公司举行，新路体育用品公司现场捐赠自有品牌运动鞋 300 双。

21 日，全省 GE 首家早期肺癌低剂量 CT 筛查合作中心在城厢区医院正式揭牌，并顺利开展“早期肺癌低剂量 CT 筛查”省级专家基层行动，为患者群众提供义诊。

25 日，城厢区·同心县村企结对、村社结对视频连线签约。签约会上，区工信局、区民政局分别介绍 20 家结对企业、3 个社会组织情况，同心县介绍结对村基本情况及需求。郭氏（福建）鞋业有限公司、福建复茂食品有限公司、福建省亚明食品有限公司等 20 家企业，分别与王团镇沟南村、下马关镇平远村、河西镇上河湾村等同心县 20 个村结对；城厢区宏峰扶贫基金会、城厢区电子商务联合会等 3 个社会组织，分别与河西镇旱天岭村、河西镇菊花台村等 3 个村结对，优化对接帮扶协作。

26 日，城厢区霞林街道邀请“银发先锋”红色宣讲团成员谢金坤，在霞林街道新时代文明实践所开展中共十九届六中全会精神“进社区”宣讲活动，来自该社区的党员干部及群众聆听宣讲。

27 日，城厢区常太镇在莒溪“党建+”乡村邻里中心举行“晒家训、谈家风、促和谐”家庭教育进基层主题活动。

28 日，致公党城厢区支部第六次党员大会召开，会议听取并审议致公党城厢区第五届委员会工作报告；选举产生致公党城厢区第六届委员会委员。

28 日，城厢区龙桥街道泗华村村民委员会换届选举大会顺利落幕，成为在全区率先全面完成村（居）委会换届选举工作的街道。

29 日，城厢区开启闽宁教育交流合作项目暨跟岗实践新模式。此次跟岗实践活动为期 5 天，16 名跟岗教师将深入莆田第三中学、南门学校、文献中学跟岗学校听课备课教研，参与班主任例会、教研例会、学科组教学质量分析会等一系列跟岗研修活动；通过交流学习、管理研讨、结对帮扶等方式，探讨“双减”政策、校园文化建设、教育教学管理，交流互通有无、凝聚思想共识，促进两地教育事业高质量发展。同时，以跟岗研修、返岗实践等形式，扎实开展教学共研、资源共享、教师结对帮扶等活动，建立起良好的帮扶机制。

同日，城厢区总工会联合区疾控中心、凤凰山街道工会联合会等单位职工志愿者，在凤凰山街道筱塘社区“党建+”邻里中心举办第 34 个世界艾滋病日主题宣传系列活动。

同日，作为城厢区“攻坚两个月，奋战六十天”项目攻坚专项行动的一个重点民生工程，灵川镇中心卫生院综合大楼项目正式开工建设。

11 月，城厢区开工建设荔城南大道商检路段、科技学校段、第二实验小学段和跨境电商中心门口段 4 座人行天桥。

12 月

1 日，城厢区社会科学普及宣传活动周系列活动在区政府机关大院一楼启动，拉开序幕。活动以“永远跟党走谱写新篇章”为主题，展出体现中国共产党成立 100 周年来奋斗历程的油画作品 30 幅，以生动的形式创新党史学习教育载体。

2 日，最高人民法院与中国残疾人联合会共同发布残疾人权益保护十大典型案例，城厢区“卢某某申请人身安全保护令案”案例入选，是全省唯一入选案例。

3 日，城厢区 2021 年新一届村（社区）党组织书记培训班开班。区委书记王文才作开班动员讲话，区委常委、组织部部长刘大鹏主持开班式。全区 7 个镇（街道）党委（党工委）书记、组织委员，122 名村（社区）党组织书记、28 名省市区第六批驻村任职第一书记参加培训。

同日，城厢区司法局联合莆田市委依法治市办、莆田市教育局、莆田市司法局、城厢区委依法治区办、城厢区教育局前往顶墩实验学校举行城厢区“12·4”国家宪法日暨全国法制宣传日活动并进行全程直播。

4 日，城厢区环卫处在顶墩社区澄湖小区开展“人人知法守法、家家垃圾分类”餐厨垃圾收运管理宣传活动。

5 日，城厢区在南湖公园举办第 36 个国际志愿者日活动，区领导共同按亮启动球启动第 36 个国际志愿者日活动，并为第二批新时代文明实践点（融志愿服务点）授牌，表彰在融志愿服务工作中表现突出的志愿服务组织。

5—11 日，城厢区农业农村局、区委党校联合举办“闽宁协作乡村振兴、行政审批（城厢）培训班”，培训 49 人，努力打造闽宁对口帮扶协作新局面。

7 日，省委常委、市委书记刘建洋带队开展宣讲省第十一次党代会精神暨“党建 +”邻里中心建设工作调研，察看下黄社区“党建 +”邻里中心，并向基层党员、群众代表宣讲省第十一次党代会精神。

同日，城厢区组织收听收看全国、全省、全市新冠肺炎疫情防控工作电视电话会议。在收听收看结束后，区委副书记、代区长王文晖召开部署会，迅速贯彻落实会议精神，就抓紧抓实全区新冠肺炎疫情防控工作进行再部署、再落实、再推进。

同日，学习贯彻中共十九届六中全会精神市委宣讲团报告会在城厢区举行。市委宣讲团成员、市委宣传部副部长、市社科联主席张元坤作报告，区委书记王文才主持报告会，区领导王文晖、肖志雄、陈四海、朱建阳等参加。

8 日，城厢区召开农村宅基地及建房协调会暨农村宅基地纠纷排查化解研判会。

9 日，城厢区召开学习贯彻中共十九届六中全会精神区委宣讲团动员会暨全区理论骨干学习培训会，传达学习贯彻上级中共十九届六中全会精神培训班精神，并就宣讲工作进行部署。

同日，城厢区召开统计业务专题培训会，邀请市统计局二级调研员黄光华授课。

10 日，共青团城厢区第十三次代表大会召开。区委书记王文才在会上讲话，团市委副书记郭艳到会指导。区领导王文晖、肖志雄、陈四海、朱建阳、刘大鹏、肖娴、黄斌华等出席会议。

14 日，市委书记付朝阳、市长林旭阳带队调研防范风险及严守底线工作，并在莆田市（城厢区）大调解中心察看社会矛盾纠纷化解工作情况。

17 日，省百场社会科学专题报告会（城厢专场）开讲。报告会邀请市委宣传部副部长、市社科联主席张元坤，作“党员干部应对意识形态风险能力建设”专题报告。

同日，城厢区总工会联合区公安分局、区交警大队、区交通运输局、区商务局等，在凤凰山街道筱塘社区“党建 +”邻里中心举行城厢区新就业形态劳动者集中入会暨工会进万家·新就业形态劳动者温暖行动启动仪式。

18 日，城厢区在莆田国际油画城举办“中华妈祖情两岸一家亲”主题油画、木雕工艺精品展。该主题展展出油画作品 28 幅，木雕、玉雕、景泰蓝等作品 130 件，中国画 10 多幅，妈祖系列文创作品 30 多件。

19 日，城厢区委书记王文才带队前往华亭镇，检查 2020 年度全面从严治党主体责任落实情况，并召开集体约谈会。

同日，城厢区委书记、区第一河长王文才带头履行河长责任，带领区水利局、区生态环境局、区农业农村局、区住建局等区直部门负责人，到华亭镇开展“河长日”活动，调研巩固脱贫攻坚成果同乡村振兴有效衔接工作。

19 日，上跨沈海高速的灵华线灵川大桥顺利合龙，为灵华线 2022 年底全线通车打下坚实基础。

20 日，城厢区纪委监委邀请中共莆田市委党校、莆田市行政学院党史党建教研室主任、党建副教授林亚兴，围绕学习贯彻中共十九届六中全会精神作专题辅导报告。

同日，城厢区民政局、龙桥街道办事处携手莆田市阳光青少年事务服务中心、龙桥社区“党建+”邻里中心“长者之家”、莆田学院工艺美术学院青年志愿者服务队，在龙桥街道儿童关爱基地开展“乐享童趣，情满泗水”——宣扬民族文化活动。

22日，中国人民政治协商会议第九届莆田市城厢区委员会第一次会议开幕，来自全区各行各业、各条战线的政协委员，肩负使命齐聚一堂，共商发展大计，共谋发展良策。

同日，城厢区召开农机安全生产专题会议。会议传达贯彻落实近期一系列有关安全生产文件精神，分析全区农机安全生产形势，肯定一年来农机安全生产工作取得的成效，并对2022年农机安全生产工作提出要求。

23日，城厢区十届人大一次会议在东方国际大酒店开幕。来自全区各条战线的区人大代表，肩负着全区人民的重托，精神饱满地出席盛会，他们将履行宪法赋予的神圣职权，围绕“山水格局·人文宜居”新城厢建设积极建言献策，为城厢发展再绘蓝图。

25日，城厢区举办第九届工会职工趣味运动会，设置插秧、运球接力跑、拔河和飞镖4个比赛项目，全区200多名职工群众参加。

24日，城厢区东海镇举行结对帮扶同心县预旺镇、马高庄乡帮扶物资捐赠仪式。才子服饰股份有限公司、协顺鞋业有限公司分别向宁夏同心县预旺镇、马高庄乡捐赠200件才子羽绒服（价值259800元）、180双鞋子（价值36000元）；海头社区、大埔村向所挂钩帮扶的马高庄村、向阳洼村分别捐赠才子休闲裤100条（价值29900元）。

27日，学习贯彻省第十一次党代会精神市委宣讲团宣讲报告会城厢区专场举行。市委宣讲团成员、市委办公室室务会议成员、市委改革办副主任、政研室副主任黄清华作宣讲报告。区领导王文才、王文晖、肖志雄、陈四海、朱建阳等出席报告会。

27日，城厢区第25期中青年干部培训班开班，全区37名年轻干部参加开班仪式。

28日，中伟体育公司委托灵川镇，向宁夏结对镇王团镇捐赠200双安踏运动鞋（价值79800元）。

29日，城厢区常太镇莒溪片区乡村振兴暨省级移民后扶示范区建设（一期）项目开工仪式在下莒村举行。

30日，城厢区2021年巩固拓展脱贫攻坚成果同乡村振兴有效衔接暨迎接实施乡村振兴战略实绩考核工作推进会召开。

31日，城厢区住建局负责的城厢区文献北片区城市更新建设项目一期被福建省住房和城乡建设厅认定为“2021年度全省和谐征收示范项目”。

12月底，城厢区完成第二次全区机构编制核查工作。

12月底，城厢区完成138座城乡垃圾分类屋（亭）建设任务，并投入使用。

截至2021年12月31日，全区空气质量有效监测天数357天，超标8天，空气质量达标天数比例为97.76%，比上年同期上升3.63%，达到2021年党政领导环保目标责任书下达的优良天数比例94.7%，突破近五年优良天数比例最高值。

至2021年底，城厢区累计创建“绿盈乡村”84个，完成率为90.3%，占比居全市第一，超额完成省、市下达的70%的任务目标。

自然环境

【地理位置】 城厢区地处福建省“黄金海岸”中部，位于北纬25° 15′ 34″—25° 35′ 14″，东经118° 49′ 13″—119° 02′ 48″。西与仙游县、泉港区相邻，北接涵江区，东连荔城区，南为秀屿区。北距省会福州市108千米，南距厦门经济特区190千米，与台湾隔海相望，距台中港仅133.35千米，是全市承北接南、推进与“南北两州”(福州和泉州)、“南北两角”（“珠三角”和“长三角”）、“东西两岸”（台湾和内陆地区）对接工作的重要阵地。全区东西宽约20千米，南北长36千米，全区土地总面积505平方千米，其中市区面积13.5平方千米，域内山、海、田兼备。

（陈琪）

【地质地貌】 城厢区地处福建沿海中部低山丘陵区，由低山、丘陵和平原组成。境内山脉纵横，丘陵起伏，河谷错综其间，地形较复杂，山脉属闽中戴云山脉向东延伸的支脉。境内地势西北高东南低，区内为树枝状水系，主要河流为木兰溪。木兰溪从西向东贯穿中部，延寿溪从西北向南流经东部、北部，全市最大的东圳水库坐落于境内。最南端的灵川、东海2个镇临界于“世界少有、中国不多”的优良港湾湄洲湾，滩涂和浅海面积较大，适宜发展滩涂和浅海养殖，是本区主要的海产品养殖基地。沿海岸有成片围海农田、水产养殖区及盐场，胜利围垦的耕地面积1006.67公顷，为境内最大的围垦耕地。境内地层分布广，出露地面约430平方千米，占全区面积的85.1%。有上侏罗长林组（J3c）、南园组（J3n）和第四系（Q）。南园组占绝对优势，呈大面积分布。第四系仅分布在木兰溪两岸、沿海地区山间盆地，长林组仅见于常太镇至候山一带，面积4平方千米。南园组分为第一段(J3n1)、第二段(J3n2)、第三段（J3n3）、第四段（J3n4）4个岩性段。以第二、第三段为主，第四段次之，第一段仅在东海镇上炉一带，面积3.5平方千米，第四系根据成因类型分为更新洪冲积层（Q3pal）、全新统洪冲积层（Q4pal）和海积层（Q4m）。

（陈琪）

【气候特征】 2021年全区年平均气温为22.1℃，较常年平均气温高1.4℃，属异常偏高，年均气温历史最高。极端最高气温出现在7月下旬的高温过程中，以7月25日的38.0℃为全年最高，年极端最低气温出现在1月中旬的冷空气过程中，以1月13日的2.2℃为全年最低。全区平均年降水量1678.1毫米，较常年多126.5毫米（8%），属正常。全区平均年日照时数1996.2小时，较常年多141.3小时，属正常。

全年全区高温及干旱过程多，夏季旱情较重，汛期雨涝强度中等，台风影响较轻，综合气候年景中等。年内经历1次冬季寒潮过程、3场气象干旱、3次持续性高温、9场暴雨、23次强对流、3个台风。四季气温除秋季正常外，其余季节偏高或显著偏高。冬春季降水持续偏少，春旱严重，此后旱情继续发展，至4月22日全区各镇均达到特旱标准。台风季降水偏多且月份分布不均，旱涝急转明显，其中7月28日至8月6日季风辐合带与台风“卢碧”先后影响城厢区，出现持续性暴雨天气，8月4—6日暴雨范围广且强度强，涝灾严重，日最大降水量132.9毫米出现在8月6日。夏季高温日数多，历史排第一，年内的3次持续性高温天气过程1次出现在6月，2次出现在7月。

（陈俊伟）

自然资源

【土地资源】 城厢区域境内不仅拥有部分市区，还有山区、低山丘陵区（由低山、丘陵、草地和平原组成），以及浅海面积较大的滩涂。土地类型较齐全，自然资源丰富，根据第三次全国土地调查，全区土地总面积50506.94公顷。其中，农用地面积39200.08公顷，占土地总面积的77.61%；建设用地面积7970.08公顷，占土地总面积的15.78%；其他土地面积3336.78公顷，占土地总面积的6.61%。全区耕地面积2661.93公顷，占土地总面积的5.27%。全区园地面积11935.16公顷，占土地总面积的23.63%。林地面积21780.48公顷，占土地总面积的43.12%。其他农用地面积2822.51公顷，占土地总面积的5.59%。湿地总面积2407.36公顷，占土地总面积的4.77%。

【矿产资源】 城厢区已发现矿产20种，其中金属矿产有铁、铬、铜、铅、铅锌、多金属、镍、金8种；非金属矿产有滑石、蛇纹石、高岭土、叶蜡石、水晶、黄铁矿、饰面石材、建筑石料、建筑用砂、砖瓦黏土10种；能源矿产有泥煤、地热水2种。其中，铁矿点3处，分别分布于常太镇的新厝山、印斗山和莒溪；铬矿化点1处，在常太长基；铜矿化点1处，在常太长基；铅矿化点1处，在灵川何寨；铅锌矿点1处，在常太长基；多金属矿点1处，在常太白硎；镍中型矿床1处，在常太长基；金矿点1处，在东海坪洋金矿化点。从总体上看，城厢区矿产矿种少，且以非金属矿建筑用石料和石材为主。建筑用石料资源非常丰富，饰面用石材储量也较为丰富，主要品种有“华亭青”（石英闪长岩）等。金属矿产少，仅镍矿有一定的储量规模，能源矿产仅有地下热水，储量较丰富，开发利用前景良好。探明资源储量居全省第一位的常太长基镍矿、滑石、化肥用蛇纹石中型矿床，因位于东圳水库边，属禁采区，故而无法开发利用。

【生物资源】 城厢区海水养殖品种主要有牡蛎、花蛤、缢蛏、梭子蟹、青蟹、泥蚶、欧洲鳗、真鲷、大黄鱼、鮸鱼、鲈鱼、石斑鱼、海参、麒麟藻、龙须菜、硬壳蛤等。2021年渔业总产量60089吨，总产值3.84亿元。花蛤苗是城厢区特色优势养殖品种，苗种除供本地养殖外，还远销全国各地。淡水鱼类有81种，隶属21科，以鲤科种类最多，有43种，经济价值较大的有草鱼、鲢鱼、鳙、鲤、鲫、鲮、鲴、倒刺鲃、鲇鱼、黄颡鱼、鲈鱼、月鳢、鲻、鲚、鳗鲡、罗非鱼等。

【森林资源】 2021年底，城厢区有林地面积3.33万公顷，生态公益林面积1.45万公顷，占林地面积的43.5%。全区森林覆盖率达65.9%，森林蓄积量138.17万立方米。辖区内森林公园2个，分别为福建九龙谷国家森林公园（以下简称九龙谷森林公园）和莆田天马山省级森林公园（以下简称天马山森林公园）。其中九龙谷森林公园位于莆田市城厢区常太镇溪南村，距离莆田市区32千米，总面积1054.66公顷，在城厢区界内有917.2公顷，森林覆盖率95%以上，素有莆田

"后花园"之称，与风景名胜区九鲤湖接壤，俗称"下九鲤"，于2006年被评为国家级森林公园。天马山森林公园2006年经福建省林业厅批准成立，位于莆田城厢区龙桥社区，紧邻莆田城区，南面与莆田市政府相接，背面是东圳水库，西面是凤凰山风景区，面积217.76公顷。

【海洋资源】 城厢区海域面积约3300公顷，大陆海岸线全长24.03千米，其中人工岸线24千米（渔业岸线15.04千米，工业岸线1.36千米，造地工程岸线7.6千米），河口岸线0.04千米。海洋资源开发以渔业为主要产业，其次还有港口，用于渔船停泊与避风以及渔业运输。区内缺乏深水岸线资源，但有浅水岸线多处，地处内湾避风条件好，已在东海镇东海村南岸建一座东港陆岛交通码头，灵川镇下尾村海岸修建一座渔港。临海乡镇有灵川和东海2个镇，12个渔业村，全区渔业人口11712人，全区已开发利用海洋养殖面积约0.17万公顷。

（陈琪）

【旅游资源】 城厢辖区内的千年古刹广化寺是福建"四大禅林"之一，又是福建十佳风景名胜区之一。莆田新旧"二十四"景中的"木兰春涨""石室藏烟""梅寺晨钟""绶溪钓艇""三紫凌云""钟潭噌响""龙谷奔泉""圳湖映碧""龟洋积雾"等盛景名闻遐迩；省级风景名胜区——凤凰山风景如画；木兰溪畔春光无限；延寿溪畔绿树成荫；全国农业旅游示范点和国家森林公园九龙谷、省级森林公园天马山、石梯寺、龟山寺游人如织。古建筑、古遗址、古墓葬、摩崖石刻、出土文物、馆藏图书等遗存丰赡、保存完好。有国家级森林公园（九龙谷森林公园）和省级森林公园（天马山森林公园）各1个、全国农业旅游示范点1个（九龙谷景区）、省级风景名胜区1个（凤凰山公园）。城厢区物华天宝，盛产莆田四大名果——荔枝、龙眼、枇杷、橄榄，拥有"中国枇杷第一乡"称号的常太镇盛产优质"解放钟"枇杷。景区有国家级AAAA旅游景区九龙谷景区、绶溪公园，国家AAA级旅游景区（御庄园温泉度假村、岭下美丽乡村、红色马院人家）。

（廖娴娴、林志远、吴青青、林金海、林逢春）

人文地理

【人口】 2021年度，全区常住人口54.9万人，出生率为8.03‰，死亡率为6.37‰，人口自然增长率为1.66‰。

（黄裕模）

【民族宗教】 城厢区属于少数民族散居地区，民族成份构成多样。截至2021年11月29日，全区现有少数民族3408人，主要集中分布在常太镇和霞林街道。辖区有佛教、道教、基督教三大宗教，还有妈祖、"三一教"等民间信仰。纳入登记的各类宗教活动场所107处（其中佛教82处、道教9处、基督教16处），较大的寺院有梅峰寺、龟山寺、石室岩寺、石梯寺等。民政部门批准登记的宗教团体2个，有区佛教协会和区道教协会，信教群众在全区7个镇（街道）均有分布。

（佘梅珍）

【名胜古迹】 城厢区拥有全国重点文物保护单位宋代大型水利工程木兰陂，可与都江堰相媲美；全国重点文物保护单位广化寺释迦文佛塔结构雄伟，造型精美。有省级文物保护单位5个（石室岩砖塔、延寿桥、林兆恩墓、李富墓、东汾五帝庙），有55处市、区文物保护单位。辖区内有广化寺、梅峰寺、龟山寺、东汾五帝庙、石梯寺等宗教文化资源。

（廖娴娴、林志远、吴青青、林金海、林逢春）

建置区划

【建置沿革】 1984年，析莆田县的城厢镇和城郊公社设立城厢区，为县级建制，直属莆田市；

5月25日，成立中共城厢区委员会，组建城厢区人民政府。6月1日，正式对外办公。10月，城郊公社改为城郊乡，城厢镇改为荔城街道办事处。2002年2月1日，莆田市区划调整；5月，常太镇、华亭镇、灵川镇、东海镇划归城厢区。至2021年12月，城厢区下辖龙桥、凤凰山、霞林3个街道办事处和常太、华亭、灵川、东海4个镇。

【行政区划】 置区之前，城厢是莆田县境域的组成部分，其行政区划隶属沿革随莆田县。

南朝陈光大二年（568），析南安郡东北部地置莆田县，县治在延陵里，隶属丰州（州治在今福州）南安郡；不久县废，地还属南安郡。隋开皇九年（589），改丰州为泉州（州治在今福州），析南安县地再置莆田县属之；大业三年（607）撤销莆田县建置，其地归建安郡（郡治在今福州）南安县。唐武德五年（622），析南安县置丰州（州治在今泉州），复置莆田县属丰州。圣历二年（699），置武荣州，析莆田西部地置清源县（后改名仙游县），莆田、清源两县同属之。景云二年（711），武荣州改名泉州，莆田县属之。天宝元年（742），升泉州为清源郡，莆田县属之。后汉乾祐二年（949），升泉州为清源军，莆田县属之。宋乾德三年（965），改清源军为平海军，莆田县属之。太平兴国四年（979），析莆田、仙游、福清、永福（今永泰）山区接合部之地置兴化县，县治设在今仙游游洋，同时建太平军领之；不久，改太平军为兴化军。太平兴国五年（980），莆田县改隶兴化军。太平兴国八年（983），兴化军治所从游洋迁莆田县公廨里，并筑军城，隶属不变。南宋景炎二年（1277），升兴化军为兴安州，莆田县属之。同年十月，元军占领莆田，改兴安州为兴化路，莆田县属之。元至正二十年（1360），置兴化路分省，莆田县属之。明洪武元年（1368），改兴化路为兴化府，莆田县属之。正统十三年（1448），撤销兴化县，以武化、长乐二乡的6个里并为广业里，划归莆田县。清沿明制，废兴化、平海二卫。直至清宣统三年（1911），莆田县均隶属兴化府。

民国2年（1913），撤销府建制，福建设省、道、县三级地方政权。全省划分为东路、西路、南路、北路四道，莆田县属南路道。民国3年（1914），南路道改称厦门道，莆田县属厦门道。民国15年（1926），道废，莆田县直属福建省政府管辖。民国22年（1933）11月，国民革命军第十九路军在福建成立中华共和国人民革命政府，莆田县隶属兴泉省。次年1月，“闽变”失败，国民党南京政府恢复统治，莆田县隶属第四行政督察区。

1949年8月21日莆田县解放。1949年10月1日中华人民共和国成立，福建省划分为8个专区及福州、厦门两市。莆田县成立人民政府，隶属福建省第五行政督察专员公署（驻泉州）。1950年4月起，第五行政督察专员公署先后更名为“晋江行政督察专员公署”和“晋江地区专员公署”（简称“晋江专署”），莆田县隶属不变。1955年12月，莆田县人民政府改称莆田县人民委员会，仍隶属晋江专署。1967年7月，成立莆田县军事管制委员会（简称“军管会”），隶属晋江专区军事管制委员会。1968年9月，撤销“军管会”，成立莆田县革命委员会，隶属晋江专区革命委员会。1970年2月17日，经国务院批准，莆田县由晋江专区划属闽侯专区；专区革委会机关由闽侯螺洲迁至莆田县城厢镇。1971年4月13日，改闽侯专区为莆田专区。同年5月，改莆田专区为莆田地区，莆田县隶属莆田地区。1979年1月，莆田地区革命委员会改称莆田地区行政公署。1980年12月，莆田县革命委员会改称莆田县人民政府，隶属不变。1983年5月，撤销莆田地区，成立莆田市筹备组；9月9日，经国务院批准，建立莆田市，为省辖地级市，下辖莆田、仙游2个县和涵江、城厢2个区。5月25日，中国共产党莆田市城厢区委员会成立。6月1日，莆田市城厢区人民政府正式挂牌办公。

（区委史志室）

精神文明建设

2021 年 12 月 26 日，城厢区南门学校组织学生前往革命老区仙游鲤南镇的祥林茶庄，开展“寻访红色印记 传承劳动精神”主题研学活动 （区委文明办 供）

【概况】 2021 年，中共莆田市城厢区委精神文明建设指导委员会办公室（以下简称“区委文明办”）以提升公民文明素质，加强未成年人思想道德教育，创建志愿服务品牌，深入开展群众性精神文明创建活动，全面拓展新时代文明实践中心（所、站）建设，深化全国文明城市和省级文明城区创建，努力推动全区精神文明建设上新台阶，促进经济、政治、文化、社会和生态文明建设协调发展。

【精神文明创建】 2021 年，区委文明办完善常态化创建工作领导小组，印发《城厢区 2021—2023 年度常态化创城工作方案》，滚动式推动创城督查，扎牢文明城区“六连冠”和全国文明城市“三连冠”坚实基础，常态化推进创城工作。组织精神文明各类先进申报评选工作，39 家单位获省级精神文明荣誉称号，113 家单位获市级精神文明荣誉称号，81 家单位获区级精神文明荣誉称号，申报新一届全国、省、市、区级各类精神文明先进单位分别为 6 家、70 家、138 家、70 家。

【道德实践教育】 2021 年，区委文明办持续开展典型人物评选推荐活动，俞美凤等 5 人先后入选“福建好人”候选人，林金星上榜 6 月诚实守信类别“福建好人”，林毅、欧文利的先进事迹以“中国好人”海报形式进行宣传。以庆祝中国共产党成立 100 周年为主线，以“永远跟党走”为主题，以传统节日为载体，与多家单位联合开展文艺、文化宣传教育十余场次，推动中华优秀传统文化教育。发挥新时代文明实践中心（所、站）平台作用，组织形式多样的群众性文化活动。建立党史学习教育驿站 45

2021 年 4 月 13 日，区委文明办组织小学生聆听老党员卓金龙讲述党史、革命史活动 （区委文明办 供）

个，成立“新时代宣讲师”志愿服务小分队37支，开展“我为群众办实事”文明实践志愿服务活动600余场次，受益群众6万余人。举办第36个国际志愿者日活动暨第二批新时代文明实践点揭授牌仪式，新建闽善行“线上+线下”15分钟便民服务圈20个，开展“爱在城厢”“美在城厢”等系列活动50余场。

2021年12月26日，城厢区常太学校组织学生参加田间劳动

（区委文明办 供）

【移风易俗】 2021年，区委文明办坚持移风易俗工作与农村精神文明创建、爱国卫生运动、疫情防控、“我们的节日”主题教育实践活动、文明餐桌行动等结合，广泛除陋习、讲文明、树新风，不断提升群众精神风貌。践行“红事”停办、“白事”从简，推动多部门联合创建移风易俗文明户，多角度提升群众文明素质。用好《莆田市移风易俗问题线索移送暂行办法》的有关规定，把“天价茶”整治问题纳入移风易俗专项整治内容，将收集到的有关问题移送至相关部门处理，纳入各类文明先进考评测评体系。

【诚信建设】 2021年，区委文明办建立诚信工作机制，制定《城厢区诚信领域意识形态问题清单移送办法》，将诚信意识形态领域工作纳入各级文明单位考评的重要内容。开展诚信示范街区、诚信经营示范店、诚信行业、诚信单位等主题实践活动，构筑良好诚信经营环境。梅园西路商业街被评为省级“诚信经营示范街”。

【未成年人思想道德建设】 2021年，区委文明办紧扣庆祝中国共产党成立100周年活动，以“扣好人生第一粒扣子”主题教育实践为抓手，全面提升未成年人思想道德素养。按照“六个好”（领导班子建设好、思想道德教育好、活动阵地好、教师队伍好、校园文化好、校园环境好）标准要求，组建专班整治校园环境，推动思政教育改革，着力文化品牌打造，提升文明校园内涵，推荐莆田五中为第六届全国文明先进校园，全区文明校园申报率100%。乡村学校少年宫、图书馆、文化馆、“儿童之家”、校外体育活动中心、社区文化活动中心以及研学基地等课外活动场所逐日健全，为未成年人提供广阔课服空间。学习种植、红领巾开心农场等项目入选福建省第三批劳动教育实践特色项目，走进马院闽中革命史纪念馆等红色基地研学上百余场次，顺利举办乡村学校少年宫展示展演1场。5个微视频在“学习强国”平台展播，2名同学入选莆田市新时代好少年，举办5场区级专题展示展演。

（李立群）

自然资源管理

综　述

【概况】　2021年，莆田市城厢区自然资源局（以下简称“城厢区自然资源局”）以抓好要素保障、规划审批为主线，全力服务强产业、兴城市“双轮”驱动。全年出让经营性土地5宗，成交金额20.30亿元，致力保护资源，建设生态文明新形象，完成造林绿化和森林经营面积1080公顷，筑牢法治思维，规范资源管理秩序。

【自然资源确权登记管理】 2021年，城厢区自然资源局开展自然资源统一确权登记，完成凤凰山风景名胜区、木兰溪城厢段权属调查数据库建设工作。完成农村地籍与房屋调查工作，调查94个行政村（居），面积30.93平方千米。开展森林督查和年度更新工作，完成47块图斑督查工作，涉及总面积77.44公顷。正式公布城厢区第一批一般湿地名录，面积3424.89公顷。完成林木种质资源外业普查，普查线路长度40.19千米。

2021年3月31日，城厢区自然资源局在常太镇开展“文明祭扫 平安清明”暨森林防火宣传活动　　（陈琪　摄）

【地质灾害防治】　2021年，城厢区自然资源局对4个地质灾害隐患点和63个高陡边坡点加强巡查，并全面落实地灾监测人和责任人，全年未发生重大地质灾害事件。开展防灾减灾、渔业安全生产宣传活动，发放防范海啸、海浪、台风、风暴潮和赤潮等海洋自然灾害宣传资料200多本，张贴宣传标语10多份，悬挂宣传条幅5条。

国土资源管理

【规划编制】　2021年，城厢

2021年5月28日，城厢区自然资源局机关委员会组织全体党员到仙游钟山麦斜岩108团红军旧址开展“追寻红色足迹 弘扬革命精神”主题党史践学活动　（陈琪 摄）

区自然资源局开展国土空间总体规划编制，完成城厢区发展战略研究、生态保护红线评估调整、自然保护地整合优化、城镇开发边界划定等工作。补齐城市规划编制短板，完成龙德井、沟头、文献北、万达南、月塘南、坂头西、木兰铁岭7个“兴城市”片区和华林工业园片区、樟林片区、西许片区、太湖园区4个“强产业”基本单元控规编制，并获市政府批复。深化村庄规划编制，批复39个村庄规划编制，其中常太镇马院、岭下、溪南和华亭镇油潭村4个村庄规划列入省自然资源厅评选的村庄规划典型案例汇编集。

【供地保障】 2021年，城厢区自然资源局围绕强产业、兴城市“双轮”驱动，坚持以项目为驱动，以用地为支撑，多措并举，聚力项目用地保障，梳理开放招商用地目录，推动项目快速落地，完成4个项目82554.14平方米国有土地收储手续报批。全年6个批次农转用与征收和1个跨省域增减挂钩建新方案通过省厅审批、1个农村住宅小区项目通过市政府审批，批准用地44.82公顷，其中耕地11.03公顷。完成6个土地征收成片开发方案编制并通过省政府审批，总面积315.33公顷，其中农用地210.43公顷。出让经营性土地5宗，成交金额20.3亿元。

【耕地保护】 2021年，城厢区自然资源局开展永久基本农田核实整改补足工作，核实整改补足划定拟上报的永久基本农田面积2183.56公顷，异地购买增减挂钩指标16.67公顷。推动新增农村乱占耕地建房问题整治，处置到位66宗，处置率98.51%。推进2021年部卫生执法整改工作，消除违法图斑面积6.59公顷，其中耕地5.13公顷。“天地网”动态执法整改核查疑似违法图斑2621宗，核查率100%。开展“两违”清理整治，全区拆除违建313宗，面积约7.6万平方米。完成2019年耕地保护专项督察反馈问题整改。

森林资源管理

【森林保护】 2021年，城厢区自然资源局落实保护优先发展战略，新增植树造林221.73公顷，森林抚育408.87公顷，封山育林449.53公顷，全区森林覆盖率达71.28%。完成全区2021年松林改造方案编制和“十四五”期间松林改造方案编制工作，落实改造地块100.93公顷；完成林业违法图斑查处。松墨天牛综合防控措施有效落实，完成诱捕器挂设530套，以菌治虫666.67公顷、防治性采伐改造73.2公顷，清理1.5万株松枯死木和套袋。

【林长制建设】 2021年，城厢区自然资源局全面推进林长制建设，印发《莆田市城厢区全面推行林长制实施方案》（莆城委办发〔2021〕2号）；完成省林长

2021年6月29日，莆田市城厢区自然资源局举行庆祝中国共产党100周年华诞活动 （陈琪 摄）

制智慧管理平台护林员全员信息录入和管护责任区域划分103个，森林网络化管护覆盖率达100%；出台5项配套制度和《2021年城厢区林长制工作考核实施细则》，并做到制度上墙，严格落实；落实信息公开制度，利用通过媒体向社会公告林长名单，区镇村三级全面设立林长公示牌。

矿产海洋资源管理

【矿产资源管理】 2021年，全区没有持证矿山企业，已取缔、关闭采矿点没有发现“死灰复燃”现象，未发现无证非法采矿和越界违法采矿情况，未发生因非法违法采矿造成死亡等矿山安全生产事故。

【海洋资源管理】 2021年，城厢区自然资源局办理临时海域使用审批1项，发证1本，总面积0.85公顷；全面开展入海排污源摸底排查及入海排放口监测整治，经排查监测，全区40多个排污源均未发现尾水排放超标现象。推进海上养殖转型升级工作，出台《城厢区海上养殖转型升级行动方案》，完成传统养殖渔排任务改造60口；筏式养殖泡沫浮球改造82公顷。严厉打击渔船违法行为，检查停船点35个次，检查渔业船舶110余艘次，开展岸线执法巡查66次，出动执法人员184人次，开展“封港清查”行动12次，辖区内未发现涉渔“三无”［为单位、企业、个人拥有或经营的无船名号、无船舶证书（登记）、无船籍港］船舶。

（陈琪）

生态环境

综　述

【概况】　2021年，莆田市城厢生态环境局（以下简称“城厢生态环境局”）全面落实习近平生态文明思想和治理木兰溪的重要理念，紧紧围绕党政领导生态环境保护目标责任书，坚决打好污染防治攻坚战，扎实解决突出生态环境问题，统筹推进生态环境保护工作。全区空气质量有效监测，空气质量达标天数比例为97.76%，主要流域7个省控及以上断面水质优良比例为85.7%，5个重要江河湖泊水功能区水质达标率为100%，渡里溪口省控小流域断面水质为Ⅱ类，东圳集中式生活饮用水水源地（湖库）水质及6个乡镇级饮用水源地水质达标率达100%。

【专项执法行动】　2021年，城厢生态环境局开展执法大练兵、“清水蓝天”、中督件反弹督查巡查、“静夜守护”行动等专项执法行动，出动1420人次，排查企业710家次，立案查处25起，查封扣押11起，处罚金额约178.7万元；发放《倡议书》180余份，与20余家建筑工地签订《施工噪声控制承诺书》。专项监督检查工作开展以来，涉及建筑工地整改15家次，立案处罚5家，KTV等娱乐场所整改18家次，噪声投诉件逐月大幅度下降；落实生态损害赔偿制度，对1家生态损害赔偿进行磋商，启动损害赔偿。

生态环境督察

【环保督察反馈问题整改】　2021年，城厢生态环境局按照“有部署、有方案、有推进、有成效”的要求，加快推进中央、省环保督察反馈问题整改。第一轮中央环保督察信访件26件、中央环保督察反馈问题16个全部整改到位，省环保督察反馈24个问题全部完成整改。

【第二轮中央生态环保督察】　2021年，城厢生态环境局扎实做好中央生态环境保护督察交办信访件整改销号工作。其中第二轮中央生态环境保护督察交办城厢区信访件28批57件，完成整改并验收销号；第二轮中央环保督察反馈问题9个，完成整改2个（水产养殖管理、能耗总量控制问题），7个立行立改长期坚持。

土地环境保护

【“守护净土”专项排查整治】　2021年，城厢生态环境局开展“守护净土”专项排查整治，完成7家地块的土壤污染调查评审工作，加强土壤污染重点监管单位环境监管，完成相关4家企业开展土壤污染隐患排查工作。

【重金属行业企业巡查】 2021年，城厢生态环境局采取查看内业资料及现场检查方式，开展涉镉等重金属行业企业的日常巡查工作，督导检查责任落实、任务推进、问题处理，涉及整改的莆田和兴五金表面处理有限公司完成整改。

水环境保护

【木兰溪流域水质提升】 2021年，城厢生态环境局推进“智慧木兰溪”建设，完成木兰溪流域主要支流河口和乡镇交界断面水质3座简易自动监测站建设，新建成濑溪水质自动监测站。开展入河排污口排查整治，木兰溪全流域巡查整改期间发现新增或反弹15个入河排污口完成整治。完成常太镇长基村、岭下村、南川村、洋边村4个“污水零直排区”试点村创建，该工作做法在《湄洲日报》中报道。

【农村水环境治理】 2021年，城厢生态环境局开展饮用水水源地整治，全区1个“千人以上万人以下”农村饮用水源地保护区警示牌、标识牌、界标、界桩完成设置。加强辖区内饮用水水源地环境问题排查，对发现的问题立即督促属地乡镇开展整治工作全部完成整改。在全市率先出台并实施农村生活污水运维管理方案和实施农村生活污水运维管理考核方案，保障农村生活污水治理项目长效运行，助力木兰溪流域城厢段水质提升。根据省、市农村生活污水提升治理五年行动计划要求，大力提升农村生活污水治理工作，全年完成提升治理22个村，超额完成市级下达的15个村的任务。加强农村黑臭水体治理，霞皋沟、霞皋内沟消除黑臭；完成全年农村黑臭水体摸排工作，结果通过省市审核，全区暂无新增农村黑臭水体。

大气环境保护

【大气污染治理】 2021年，城厢生态环境局加大挥发性有机物（VOCs）整治力度，进一步规范挥发性有机物治理工作，辖区内涉VOCs免错峰企业163家全部完成复核。

【柴油气整治】 2021年，城厢生态环境局开展柴油货车路检路测和入户抽测及非道路移动机械排气抽测，完成柴油货车路检和入户抽测360辆次，非道路移动机械120辆次。

【在建工地、道路扬尘管控】 2021年，城厢生态环境局强化工地扬尘管控，联合住建、城管执法局对工地进行联合检查，成立拆迁工地扬尘整治专班小组，不定期地对辖区正在拆迁的工地扬尘防治工作落实情况进行督导7次，出动42人次。

【碳达峰碳中和工作】 2021年，莆田市下达城厢区的单位GDP二氧化碳排放降低目标任务是累计完成的19.5%，该区累计完成情况69.71%；采取发放低碳倡议书、环保宣传手册、LED（发光二极管）显示屏等多种形式开展“全国低碳日”宣传，到莆田市腾安建材有限公司等企业进行企业宣传，详细介绍碳达峰碳中和的目标和挑战及福建省碳排放交易市场的具体情况；开展低碳社区试点工作，“低碳社区”试点创建实施方案通过专家组验收评审。

海洋环境保护

【海漂垃圾综合治理】 2021年，城厢生态环境局组织开展存量海漂垃圾清理，清理既有存量垃圾海岸线24.03千米，清理海漂垃圾38.4吨，完成存量垃圾全面排查清理。由区城投集团与市环境集团签订协议，组建海上环卫队伍，完成海漂垃圾上岸暂存点建设，逐步推进整个海岸线海域的综合治理。组织灵川太湖村开展渔业区海漂垃圾整治1次，清理岸边垃圾10多吨（牡蛎壳），清洁岸线近2千米，悬挂横幅2条，向群众分发宣传单500多张，设立宣传标语栏5个。开展渔业集中养殖区垃圾清理工作，组织开展渔业集中养殖区垃圾清理活动2次，累计清理801平方米25吨。

【入海排污源管控】 2021年，城厢生态环境局完成入海排污口排查监测工作，督促灵川镇、东海镇开展对70个入海排污口整治工作，超前完成47个入海排污口整治，23条入海溪流（沟渠）全部消除劣V类。

危险废物管理

【危险化学品管理】 2021年，城厢生态环境局加强危险化学品安全生产工作，与城厢区应急管理局建立危险废物监管联动工作机制，定期联合对辖区内共同监管范围内企业进行监督管理。加强医疗废物交接电子联单管理，44家医疗机构中全部完成注册并运行系统。开展煤焦油类危险废物专项排查整治工作，全区未发现产生此类危险废物的工业企业。

【固体废物管理】 2021年，城厢生态环境局开展废铅蓄电池排查整治工作，排查汽车维修企业、摩托车电动车维修点等废铅蓄电池产生点106家。开展化学品国际公约管控物质统计调查，未发现汞和汞化合物企业及调查名单内的其他持久性污染物。对全区的4家重点企业及7家一般产废企业进行危险废物规范化环境管理评估，达标率为100%。

环境安全建设

【完善信访工作网络】 2021年，城厢生态环境局强化环境信访投诉件处理，组织执法人员24小时值班，坚持做到有警必接，接警必出。实行专人办理汇总，按期办结，维护社会稳定，处理各类投诉件2071件，办结数2071件，办结率100%。

【企业环境风险排查】 2021年，城厢生态环境局对36家环境安全重点管理企业开展环境风险隐患排查，发现隐患数22个，限期整改22家次，约谈责任人2家次，存在问题全部完成整改。有10家企事业单位开展突发环境事件预案修编工作，并于亲清服务平台备案。完成突发环境事件应急演练8场；加强辐射安全监管，对辖区内现有的16家有放射性同位素与射线装置的企事业单位开展日常监管工作，在检查中发现存在不规范行为要求限期整改。

（唐澍芬）

中共莆田市城厢区委员会

综　述

【概况】　2021年，中共莆田市城厢区委员会（以下简称“城厢区委”）统筹推进新冠肺炎疫情防控和经济社会发展，统筹发展与安全，全方位推进高质量发展超越，全区经济、政治、文化、社会、生态文明和党的建设等各项事业取得新的成效。全年主要指标增速保持全市前列，其中，全区GDP增长7.7%，固定资产投资增长10.2%，规模以上工业增加值增长9.6%，社会消费品零售总额增长15.2%，财政总收入增长5.9%，居民人均可支配收入增长9.3%，4个主要指标位居全市第一、3个主要指标位居全市第二、3个指标位居全市第三。同时，实现省级双拥模范城区“四连冠”，荣获平安建设考评、省级文明城区“五连冠”。

【经济运行】　2021年，城厢区委融入新发展格局，克服新冠肺炎疫情影响，做好“五促一保一防一控”（促生产、促消费、促项目建设、促外经贸发展、促旅游，保基本，防风险，控疫情）工作，全力保主体、激活力，扩投资、促消费，累计兑现惠企政策资金超6800万元，为企业减费贴息超亿元，争取地方债48.3亿元，额度全市第一，有力保障经济平稳健康发展。特别是紧扣市委提出“攻坚两个月、奋战六十天”部署要求，全力推进项目攻坚、企业服务、消费复苏、矛盾纠纷化解“四大专项行动”，46个省市重点项目完成投资130亿元，超序时20个百分点，提前一季度超额完成年度投资任务，“五个一批”（谋划一批、签约一批、开工一批、投产一批、增资一批）阶段项目综合考评持续位居全市前列。

【理论武装】　2021年，城厢区委坚持把学懂弄通做实习近平新时代中国特色社会主义思想和中共十九届六中全会精神作为首要政治任务，引领推动广大党员干部读原著、学原文、悟原理，准确把握科学内涵、核心要义、实践要求，先后召开区委中心组学习、专题研讨等52场次。同时，区委领导班子带头深入基层宣讲宣传习近平总书记“七一”重要讲话精神、中共十九届六中全会精神、习近平总书记来闽考察重要讲话精神、习近平总书记在福建工作时开创的重要理念和重大实践以及省、市、区党代会精神等，引领推动开展各类集中宣讲活动等34场次，持续掀起“大学习”热潮。

【能力建设】　2021年，城厢区委聚焦习近平总书记对福建工作的一系列重要讲话重要指示精神，围绕“四个更大要求”（在加快建设现代化经济体系上取得更大进步，在服务和融入新发展格局上展现更大作为，在探索海峡两岸融合发展新路上迈出更大步伐，在创造高品质生活上实现更大突破）和“四项重点任务”（坚定不移推动高质量发展、加快推进乡村振兴、着力提高人民生活品质、在党史学习教育中做到学史明理），召开城厢区委九届十五次全会审议通过实施意见，推动落实落地见效。特别是，全面贯彻落实习近平总书记治理木兰溪的重要理念，以木兰溪综合治理写入国家“十四五”规划和2035年远景目标纲要为契机，深入开展木兰溪全流域综合治理，完成区水利改革发展“十四五”规划编制，实施15个重点项目，完成投资12.2亿元，全市率先实行农村生活污水治理项目运行维护管理工作考核，农村污水治理经验受省市推广，木兰溪流域水环境考评稳居全市前列。

重要会议及活动

【第十次党代会】 7月27—30日，中国共产党莆田市城厢区第十次代表大会在东方国际大酒店召开，区委副书记、代区长王文晖致开幕词，区委书记王文才代表区九届委员会作报告，区委常委、纪委书记、监委代主任许琦阳代表区九届纪委作工作报告。大会选举产生王文才、王文晖、朱建阳、黄美光、邵长平、苏德权、许琦阳、刘大鹏、欧国民、谢长征、郭健明、于迎伟、肖志雄、陈四海、林福全、许玉树、蒋万顺、何辉、曾奋乐、王刚、林少雄、曾锋、陈元兴、蔡辉彬、苏顺琪、沈海霞、刘都峰、张飞虎、蔡建志、陈开水、林晓伟、俞学军、黄鹏远、谢芳菁等当选为区委委员，李德奋、沈国发、陈攀、许志勇、林的华、陈旭清等当选为候补委员。

【区委九届十四次、十五次全会】 4月19日，城厢区召开区委九届十四次全体会议。会议表决通过《关于召开中国共产党莆田市城厢区第十次代表大会的决议》。

6月30日，城厢区召开中共莆田市城厢区委九届十五次全体会议。全会由区委常委会主持，区委书记王文才作报告。全会听取和讨论王文才受区委常委会委托作的工作报告，审议通过《中共莆田市城厢区委关于学习贯彻习近平总书记来闽考察重要讲话精神，为谱写全面建设社会主义现代化国家福建篇章作出城厢贡献的实施意见》。

【区委十届一次全会】 7月30日，区委十届一次全体会议在东方国际大酒店附属楼一楼会见厅召开，会议通过《选举办法（草案）》，酝酿讨论区委常委、书记、副书记候选人预备人选名单，选举产生区委常委、副书记、书记，王文才当选区委书记，王文晖、朱建阳当选区委副书记，陈洪武、余丽红、陆建琪、吴建銮、孙伟、林荣斌、陈庆王、肖志雄当选区委常委；通过区纪委九届一次全会选举产生的纪委常委、书记、副书记。

【全区党史学习教育动员大会】 3月3日，城厢区召开全区党史学习教育动员大会。会议深入学习贯彻习近平总书记在党史学习教育动员大会上的重要讲话精神，按照中央、省、市党史学习教育动员大会精神，对全区开展党史学习教育进行动员部署。区四套班子领导，公检法主要领导，区直有关单位主要领导，区人大、区政协内设委（室）主任，各镇（街道）党政主要领导，华林经济开发区负责人，太湖工业园主任参加会议。

【庆祝中国共产党成立100周年座谈会】 7月9日，城厢区召开认真学习贯彻习近平总书记在庆祝中国共产党成立100周年大会上的重要讲话精神座谈会。区委书记王文才在会上讲话，区委副书记、代区长王文晖主持。区委常委、区人大、区政协主要领导，担任过区委副书记以上职务的区级老领导，区直有关部门主要领导，各民主党派、工商联主要领导，无党派人士代表，全国全省全市优秀共产党员、优秀党务工作者、先进基层党组织代表，党史社科领域、全国全省全市脱贫攻坚先进典型、全国全省全市劳动模范、基层党员、青年团员学生代表等参加会议。

【“两优一先”表彰大会】 6月30日，城厢区召开“两优一先”（优秀共产党员、优秀党务工作者，先进基层党组织）表彰大会暨“光荣在党50年”纪念章颁发仪式。区委书记王文才出席会议并讲话，区委副书记、代区长王文晖主持会议。区四套班子领导，公检法主要领导，区党建工作领导小组成员单位，各镇（街道）党委（党工委）书记、组织委员，华林经济开发区负责人、太湖工业园主任，区直机关九个系统党委书记，“光荣在党50年”纪念章获得者、区委“两优一先”表彰对象代表参加会议。

【专题读书班】 6月27日，城厢区管干部学习贯彻习近平总书记来闽考察重要讲话精神专题研讨班暨区级领导班子党史学习教育专题读书班开班。区委书记王文才在开班式上作动员讲话，党史学习教育市委第三巡回指导组组长许金良等到会指导。28日下午，在市博物馆开展区管领导干部学习贯彻习近平总书记来闽考察重要讲话精神专题研讨班暨区级领导班子党史学习教育专题读书班现场教学活动，区四套班子领导参加活动。28日晚上，区委书记王文才主持召开区管干部学习贯彻习近平总书记来闽考察重要讲话精神专题研讨班暨区级领导班子党史学习教育专题读书班研讨交流会。党史学习教育市委第三巡回指导组组长许金良到会指导。

【区委务虚会】 7月18日，城厢区召开区委务虚会。会议听取各镇街（园区）、区直有关部门、公检法主要领导及区四套班子领导“十四五”发展基本思路汇报，研究部署下一步工作。区委书记王文才主持会议并讲话，区四套班子领导、区公检法主要领导出席会议，区直有关部门，各镇（街道）党政主要领导，华林经济开发区负责人、太湖工业园主任参加会议。

【农村工作会议】 3月19日，城厢区召开区委农村工作会议，会议深入学习贯彻习近平总书记关于农业农村重要讲话重要指示批示精神，按照中央和省委、市委农村工作会议的部署要求，总结并部署2021年工作。区委、区政府领导，区人大常委会主任、区政协主席，区公检法主要领导，区直有关部门主要领导，各镇（街道）党政主要领导，华林经济开发区负责人，太湖工业园主任参加会议。

重点工作

【乡村振兴】 2021年，城厢区委持续巩固拓展脱贫攻坚成果，严格落实“四个不摘”（摘帽不摘责任、摘帽不摘政策、摘帽不摘帮扶和摘帽不摘监管），建档立卡脱贫户731户2176人收入增长幅度连续五年超过当地农民收入增长率。开展农村人居环境整治提升五年行动，深化“1+8+6”（1个特色乡镇、8个省级试点村、6个市级试点村）乡村振兴试点建设，全力打造沿木兰大道花果蔬菜产业区、环东圳水库生态休闲区、滨海民俗文化体验区。加快特色现代农业发展，建设现代农业重点项目8个，培育农业产业化龙头企业省级1家、市级4家，省级乡村振兴实绩突出村2个。开展与宁夏同心县、泉州德化县对口帮扶协作。

【污染防治】 2021年，城厢区委持续推进蓝天、碧水、碧海、净土保卫战，扎实开展木兰溪全流域、城市黑臭水体、饮用水源地等综合治理，创新幸福河湖“三率一感”（群众知晓率、参与率、满意率，幸福感），完成22个村生活污水提升治理工作，主要流域省控断面水质优良比例、东圳水库集中式生活饮用水水源地水质达标率均为100%。持续实施大气污染治理，大力推进碳达峰碳中和工作，空气质量达标天数比例达97.63%，达到近三年优良天数比例最高值，单位GDP二氧化碳排放降低达到预期目标。加强近岸海域污染防治，完成入海排污口整治47个。

【疫情防控】 2021年，自9月10日仙游枫亭新冠肺炎疫情发生以后，城厢区委迅速转换平战工作模式、激活指挥系统，全员发动、全力以赴，启动东海、灵川等临界封控，处置万达广场、霞皋村一品卤料店、东海鞋厂务工人员等密接事件，坚决打好打赢新冠肺炎疫情防控主城保卫战，取得新冠肺炎疫情“零输入”的重要成果，并为仙游、秀屿腾出隔离场所24处2400多个床位，为全市疫情防控大局作出城厢贡献。新冠肺炎疫情好转后，探索健全新冠肺炎疫情防控“平急战”转换机制，建立“三级五层”防控体系（区镇村“三级”和区级、镇街、村级、网格、楼栋单元小单元“五层”），落实专班专干专员专人，推动各项常态化防控举措落实到位。

【统筹发展】 2021年，城厢区委贯彻落实总体国家安全观，坚持把政治安全摆在首要位置，统筹做好各领域国家安全工作。防范化解金融风险，企业信贷不良率稳控在1%以内。围绕提升基层社会治理能力，全市率先推进10个“综治+”社区治理中心建设，“六联”（联勤、联防、联管、联控、联打、联宣）工作模式受到省市肯定。深化“警用无人机”应用，“空中督查”经验做法获公安部推广。常态化推进扫黑除恶专项斗争，严厉打击治理电信网络诈骗犯罪，深入开展矛盾纠纷大排查大化解大整治“百日攻坚”，集中攻坚信访积案和历史遗留问题，创新工作机制，扎实推进安全生产专项整治三年行动，深入开展房屋结构安全、景区和非景区景点等领域安全生产百日攻坚，安全生产和消防责任制考评连续两年全市第一，社会大局持续保持安定稳定。

【民生福祉】 2021年，城厢区委深入践行以人民为中心的发展思想，大力推行“马上就办、真抓实干”，用心用情用力解决好群众“急难愁盼”问题。扎实开展“我为群众办实事”实践活动，谋划推进民生实事项目863项，办结831项。坚持量力而行、尽力而为，办好11件年度惠民实事。大力推进教育、医疗、交通、社会保障“四大民生工程”，优先发展教育事业，改扩建九华学校、科技校等教育类项目9个、新增学位1.28万个，为全市唯一高中、初中、小学、学前教育全部获评优质管理县区，县区党政主要领导履行教育职责督导评估连续两年全市第一。推进健康城厢建设，建成区医院病房大楼、急救站点，在华亭镇卫生院、灵川镇中心卫生院领办医养中心。畅通城市内外循环，新改建市政道路3千米，新建地下通廊1个、人行天桥4座、停车泊位900个。加快完善社会保障体系，城镇登记失业率控制在3%以内，城乡居民养老保险参保率超98%，居全市第一。

【夯实基层基础】 2021年，城厢区委完成村（社区）换届工作，配齐配强镇（街道）班子成员，顺利召开区第十次党代会，选出新一届中共莆田市城厢区委员会和区纪律检查委员会，实现绘出好蓝图、选出好干部、配出好班子、树立好导向、形成好气象和组织满意、群众满意的“五好两满意”目标。认真贯彻落实《中国共产党组织工作条例》精神，以全面提升组织力为重点，深入实施小区党建两年攻坚行动，培育小区党建示范点18个，实现组织覆盖率达95%，稳步推进全区基层党建工作全面进步、全面过硬。持续选派第六批28名驻村第一书记，深入推进抓党建促乡村振兴、共同富裕。突出用人导向，注重在项目攻坚、开放招商、安定稳定、疫情防控等“四个一线”选拔使用实绩突出、作风过硬的优秀干部，一线提拔干部占比超80%。深入贯彻落实中央人才工作会议精神，持续推进招才引智，通过“壶兰计划”人才认定133人。

深化改革

【创新驱动】 2021年，城厢区委围绕产业链部署创新链、围绕创新链布局产业链，深入实施创新驱动发展战略，厚植创新发展沃土，强化企业在创新中的主体地位，激发创新创业活力。全社会研发经费支出增长35.6%，占GDP的1.91%，指导和参与制定国家标准、行业标准等11项，新增国家高新技术企业21家、工信部“专精特新”“小巨人”企业2家、省级众创空间3家。

【产业升级】 2021年，城厢区委坚持把发展经济的着力点放在实体经济上，加快传统产业转型升级，提质升级鞋服、食品、工艺美术三大传统产业，实施19个省市级技改项目，鞋服产值突破240亿元。加快新兴产业发展，中电科创城先导区投入使用，三利谱、华源纺织等项目加快推进、竣工投产。培育发展数字经济、海洋经济、绿色经济和文旅经济新动能，8个项目被列入第四届数字中国峰会项目库，旅游业实现新突破，绶溪公园晋升国家AAAA级旅游景区，常太镇获批全省“全域生态旅游小镇”。重点提质升级现代服务业，新增限额以上商贸企业120家，总数突破700家。加快发展直播经济等新业态，成功举办首届电商直播节，426家限额以上电商企业销售额超420亿元，占全市比重超七成，莆田国际油画城荣获“全国版权示范园区”称号，安福电商城产业转型经验做法入选商务部国家电子商务示范基地建设案例集。

【城市功能建设】 2021年，城厢区委通过旧城更新、老旧小区改造、新区建设“三管齐下”，聚焦“一溪两岸”（木兰溪两岸）、“连片发展”和“一主两副”（“一主”即以文献路为主轴线，加快推进文献北、龙德井片区综合改造；“两副”即沿荔城大道和学园路两侧周边，有序推进重点棚户区组团开发）、“组团更新”，按照“快征迁、快扫尾、快建设、快出让”原则，高标准实施城市提升项目40个，基本完成7个大片区征迁，出让经营性土地5宗10.47公顷20亿元。棚改安置房开工8230套，完成年度计划的148%，任务数、开工率均居全市第一，实现13个安置房项目3881套回迁。加快推进8个老旧小区改造，配套建设一批市政道路、污水管网等补短板项目，中心城区的首位度集聚度美誉度不断提升。

【深化改革】 2021年，城厢区委坚持以改革开放为动力，不断提高谋划、推进、落实改革开放的能力和水平。持续深化重点领域改革，谋划经济、党建等九大类23项改革事项，以改革赋能城市建设管理、产业转型升级和社会服务治理等。持续深化“放管服”改革，推进“全程网办、一网通办、掌上可办”审批制度改革，全市率先推行智能化审批、跨区域通办，网上办事预审、受理、办结“三个及时率”100%，“减事项、减材料、减时限”均居全市前列，企业和群众办事法治化、便利化水平不断提高。改革重组区属国有企业，整合形成三大集团（莆田市城厢区国有资产投资集团有限公司、莆田市城厢区城乡建设投资集团有限公司、莆田市城厢区经济发展集团有限公司），城投集团通过AA信用评级，投融资能力和综合竞争力显著增强。深化园区体制机制改革，推行“管委会+第三方”管理平台改革，华林经济开发区综合发展水平排名大幅提升39位。持续推动对外开放，上线跨境电商出口大数据平台，通关包裹数、出口额同比均增长20倍以上。

综合党务工作

【概况】 2021年，中共莆田市城厢区委办公室（以下简称“城厢区委办”）紧紧围绕区委中心工作，自觉服务大局，深入践行“五个坚持”（坚持绝对忠诚的政治品格、高度自觉的大局意识、极端负责的工作作风、无怨无悔的奉献精神、廉洁自律的道德操守），不断提升“三服务”（为上级党委服务、为同级党委服务、为基层群众服务）水平，切实为区委站好岗、放好哨，有力保障区委各项工作的平稳高效运行。

【综合文稿】 2021年，城厢区

委办强化精品意识和效率意识，注重提升各类综合文稿的政策性、指导性和针对性，力求政策清楚、主题突出、观点正确、格式规范、逻辑严谨、准确及时。全年高质量、高标准起草区第十次党代会报告、区委十届二次全会等区委文件以及领导讲话、汇报交流等各类文字材料360多篇，较好发挥以文辅政参谋助手作用。

【办文办会】 2021年，城厢区委办在公文处理上，坚持质量优先、强化审核把关、提高办理效率、确保保密安全，持续提升公文质量和处理水平。在会议和活动保障上，做到“高站位”与“先谋划”相结合，“重统筹”与“抓重点”，“守规则”与“求创新”相结合，承办各类会议、安排领导调研、接待上级领导检查等工作。深入开展“文山会海”整治活动，严格贯彻落实上级及区委的有关文件要求，严控会议数量规模、严把发文关口，全年会议、文件精简任务均达到省市要求。

【督查督办】 2021年，城厢区委办围绕区委中心工作、重大决策、各级领导批示件以及事关群众切身利益的社会热点、焦点问题，严督细查。对重大决策、重要工作部署、重点项目和领导批示，采取专项查办、重点交办、明察暗访、通报约谈等措施，不断增强督查实效。全年办理上级督查件90件，均按办理时限和办理要求办结，办结率100%；区级督查件32件，均能够及时反馈并及时报告区委主要领导。

【信息报送】 2021年，城厢区委办坚持围绕中心、服务大局，以“三个第一”（第一手情况、第一道研判、第一时间报送）为目标，快速、畅通、准确、全面抓好紧急突发事件的信息处理工作，全年紧急信息处理基本平稳；持续提升信息收集、综合和反馈水平，实现由收信息向谋信息、编信息向写信息、报信息向点信息“三个转变”，并及时向省市报送反映城厢社会经济发展中的新成果、新情况、新问题。全年编辑《城厢信息》26期，增刊28期，舆情专报件23期，部委动态22期。累计上报省、市信息1630多条，其中省委办公厅采用25条（2篇获省领导批示）、市委办采用114条。

【后勤保障】 2021年，城厢区委办注重机关财务管理，严格执行预决算制度，加强公务用车使用管理，做到规范、安全、节约、高效。严格执行领导干部带班和24小时值班制度，认真做好重大节日、重要节点值班工作，切实履行好上情下达、下情上报、协调左右的职能，确保区委工作正常运转。进一步严肃财经纪律，严格控制“三公”〔因公出国（境）费用、公务接待费、公务用车购置和运行维护费〕经费支出，加强办公室财务管理。

【机要保密】 2021年，在新冠肺炎疫情防控特殊时期，以及中共十九届六中全会、中央经济工作会议、中央农村工作会议等重大活动期间，城厢区委办高质高效地完成通信保障任务，通过畅通的政令传递，助力新冠肺炎疫情攻坚战的全面胜利以及全区各项重点任务的完成。严格按照上级部门的统一部署以及区委领导的指示要求，积极开展全区保密宣传教育，建立健全保密工作的各项规章制度，强化计算机及涉密移动存储介质保密管理，加大计算机信息系统、涉密办公自动化设备、文件资料保密管理情况等专项检查力度，确保各级党委政府指示政令的安全、畅通。

（陈超）

组织工作

【概况】 2021年，城厢区组织工作认真贯彻落实新时代党的组织路线和省、市组织部长会议精神，以集中换届之年为契机，扎实推进干部队伍建设、基层组织建设、人才工作等，为建设“山水格局·人文宜居”新城厢提供坚强组织保障。

【干部队伍建设】 2021年，中共莆田市城厢区委组织部（以下简称“城厢区委组织部”）高标准高质量完成区、镇、村各级换届工作，同时做好人大、政协、群团组织等换届有关人事安排工作。其中，在42名新进镇街班子干部中，选拔自基层一线31名，占比达73.8%；大学及以上学历72名，占比93.5%；35岁以下干部39名，占比50.6%；女干部14名，实现结构更优、功能更强的党委意图。结合新时代基层干部主题培训行动计划，扎实办好镇（街道）党（工）委书记培训班、镇（街道）科级干部培训班等，以集中培训、辅导讲座、在线学习、研讨交流等方式，带动全区干部学在先、做在前，并依托“送教下乡”“镇街夜校”等活动不断拓宽轮训对象和学习群体。突出干部梯队建设，坚持平时择优补缺和动态持续补充两者有机结合，探索单位推荐+专题调研、实践锻炼+专业训练、量化考核+专类建档、动态跟踪+专项配备等“4个+”培养使用模式，完善建立预警、评估、调度、监督4项机制。不断加强改进选调生工作，同步加强女干部、少数民族干部、党外干部日常培养、战略培养。

【基层组织建设】 2021年，城厢区委组织部稳步推进村（社区）“两委”换届，12月26日全面完成村（社区）“两委”换届选举，较好实现年龄、学历“一降一升”目标，并抓好换届后半篇文章，深入实施“导师帮带制”助力新任干部加速成长。扎实开展庆祝中国共产党成立100周年系列活动，精心组织“光荣在党50年”纪念章颁发、“两优一先”（优秀共产党员、优秀党务工作者，先进基层党组织）评选表彰、重温入党誓词、节日走访慰问等。在巩固提升2020年建成的6个社区、2个乡村“党建+”邻里中心基础上，新建龙桥街道泗华片区、兴安社区、下磨社区，霞林街道九龙片区，凤凰山街道南门社区等社区邻里中心5个，华林智慧等园区邻里中心1个，华亭镇埔柳村、灵川镇云庄村、东海镇蔡亭村等乡村邻里中心3个。实施小区党建两年攻坚行动计划，培育小区党建示范点18个，全区小区党组织覆盖率达95%以上。延续中心村党委等党建经验做法，因村制宜选派省、市、区级驻村党员干部28名，推进巩固拓展脱贫攻坚成果同乡村振兴有效衔接。结合区域产业优势，建立鞋服、食品、油画3个产业党建联盟，涵盖产业链上下游企业68家，形成联建联享的非公有制党建工作新局面。疫情防控期间在小区、卡口等关键岗位设立临时党支部72个，组建党员突击队、服务队、攻坚小组等218支，发动党员干部近2万人次下沉一线认领岗位，为疫情防控提供坚强组织保证。

【人才工作】 2021年，城厢区委组织部积极开展人才项目申报工作，申报福建省“雏鹰计划”青年拔尖人才、省高层次B类人才、福建省中小学教师名师各1人，通过“壶兰计划”人才认定133人。加强高层次创新型科技人才队伍建设，新认定国家级“专精特新”“小巨人”企业2家，省级企业技术中心2家、制造业单项冠军企业1家、“专精特新”中小企业3家，亚明食品被授予2021年“福建省工业龙头培育企业”称号。开展各类人才活动，举办全市首个大型5D全息展会，组织企业参加“莆田工匠”职业技能大赛等各类线上线下活动。持续深化台籍人才交流平台，依托百盛跨境电商平台，台壹购等项目先后落地台湾青年创业园，共享直播间、直播培训、网红（主播）育成等系列服务同步完善提升。

【老干部工作】 2021年，城厢区委组织部坚持思想上关心、生活上照顾、精神上关怀，精准精细、用心用情做好离退休干部服务管理工作。结合党史学习教育和“再学习、再调研、再落实”活动，多形式、多渠道开展政治理论学习，确保党员学习“不漏人”“不缺课”“不掉队”。持续加强离退休干部党组织建设，严格落实离退休干部党组织工作经费保障机制，组织老党员主动参与调解矛盾、宣传教育、志愿服务等活动。不断加强与老干部及其家属的联系，认真落实老干部各项待遇，在春节、“七一”中国共产党建党节、中秋、重阳等重要节假日活动期间，走访看望离退休老干部等150余人次，为他们带去党和政府的关心，帮助协调解决问题20余个，切实提升老干部的获得感、幸福感和安全感。

（李玲）

宣传工作

【概况】 2021年，城厢区宣传思想文化战线切实担好举旗帜、聚民心、育新人、兴文化、展形象的使命任务，紧紧围绕“十四五”开局，紧扣建党百年宣传教育、党史学习教育等主题主线，守正创新、勇毅前行，为加快实施强产业、兴城市“双轮”驱动，全面推动提质升级，建设“山水格局·人文宜居”新城厢提供坚强思想保证和强大精神动力。

【党史学习教育】 2021年，中共莆田市城厢区委宣传部（以下简称“城厢区委宣传部”）履行全区党史学习教育牵头责任，结合“再学习、再调研、再落实”活动，召开习近平总书记“七一”重要讲话精神等理论学习21次，研讨交流9次，开展集中宣讲17场、分众化主题宣讲273场次，“老党员”宣讲628场次。挖掘利用本地红色教育资源，组织编印《城厢区革命老区发展史》、红色旅游手绘地图，策划建成马院村革命遗址、闽中游击区革命史纪念馆等多个红色文化项目，搭建的首座红色学习资源有声图书馆得到省委巡回指导组马照南组长的充分肯定，常太镇马院“闽中革命司令部”遗址入选省级党史学习教育点，全区863项“我为群众办实事”项目全部办结，党史学习教育工作相关经验做法在《八闽快讯》、“学习强国”等平台上刊登。

2021年1月28日，城厢区木兰溪畔志愿红系列活动暨城厢区便民“15分钟”志愿服务点举行揭牌仪式（许颖 摄）

【理论武装】 2021年，城厢区委宣传部印发《2021年区委理论学习中心组学习计划》，全面深入学习宣传贯彻习近平新时代中国特色社会主义思想和中共十九届六中全会精神、省第十一次党代会、市第八次党代会和区第十次党代会精神，学习习近平总书记系列讲话重要指示批示精神，学好用好《习近平在福建》《习近平新时代中国特色社会主义思想学习问答》《习近平谈治国理政》《论中国共产党历史》等学习读本，传达学习习近平总书记重要讲话重要指示精神以及中央、省委、市委相关工作会议精神。协助召开区委中心组学习39场，专题研讨13次。

【新闻宣传】 2021年，城厢区委宣传部对接东南网（莆田站），全新改版升级“今日城厢”新闻客户端，与莆田学院文化与传播学院携手打造院地共建新型主流媒体新路径，加大与《福建日报》、东南网、《湄洲日报》等中央、省、市主流媒体的沟通联系力度。在“今日城厢”微信公众号、应用程序上开设“学党史悟思想办实事开新局”“学习贯彻习近平总书记‘七一’重要讲话精神”“学习贯彻中共十九届六中全会精神”“再学习、再调研、再落实”“奋斗百年路 启航新征程”“攻坚两个月奋战六十天确保完成全年目标任务”等18个时政、民生类专栏，全年微信公众号推送发布新闻819次3850篇，阅读总量379万余人次，粉丝数10万余人；新闻客户端发布新闻4049条，累计下载量19万余人次；累计在“学习强国”、《人民日报》、新华网、《福建日报》、《湄洲日报》等媒体平台上刊发体现城厢发展得好稿要稿3988篇。

2021年5月1—7日，城厢区“丹青歌百年，翰墨颂辉煌”书画作品展览在莆田市群众艺术馆举办 （林劲松 摄）

【意识形态工作】 2021年，城厢区委宣传部调整充实区委宣传思想工作领导小组（意识形态工作领导小组），重新修订有关实施意见，组织开展2021年度意识形态工作责任制专项督查。

【网信工作】 2021年，城厢区委宣传部结合“清朗”系列专项行动，开展“城厢区网络安全危机管控”专项调研，组织召开全区新媒体管理工作会议、加强网络平台管理座谈会，联合开展庆祝中国共产党成立100周年网络安全检查2次、等级保护安全检查2次，行政执法检查5次，组织开展网络工作群专项清理行动，组建、充实网络安全和信息化工作专班，严厉打击各类非法出版物和非法卫星地面接收设施。全年编制舆情专报45期。

【文化文艺】 2021年，城厢区委宣传部开展文化、科技、卫生“三下乡”等文化惠民活动，聚焦庆祝中国共产党成立100周年主线，举办以“手绘百年党史，追寻历史初心”为主题的白T彩绘比赛、“丹青歌百年，翰墨颂辉煌”庆祝中国共产党成立100周年书画作品展览、“童心向党”庆祝中国共产党成立100周年少儿美术作品展、“红心颂党恩·筑梦新时代”摄影作品巡回展、“千年古韵，舞动莆阳”——莆田市博物馆场景演艺讲解线上展播、《不忘初心》、手语颂党恩——《党是太阳我是花》MV拍摄等各类群众性文化文艺活动。组织文艺工作者进行书法、摄影、画作等抗疫主题文艺创作，并在人民号、新福建等省市相关平台展出；区美协会员林伟立作品《又一曲》入选第十一届全国工笔画作品展，获评“优秀传承作品”。开展“城厢文脉”文艺采风活动，深入龙桥挖掘自然景观、文化遗产资源。修建修缮马院闽中革命游击队旧址群，推进半浮生文创园综合业态项目、中国莆田艺术小镇建设和妈祖动漫《林默》摄制。组织欧雅艺术、腾辉木雕等文化企业参加市级文艺精品创作扶持申报和文化产业发展专项资金评审，开展挂钩帮扶“百家”民营文化企业专项行动，组织挂钩帮扶责任人对6家文化企业定点开展帮扶服务。

【疫情防控】 2021年，城厢区委宣传部担好新闻舆论宣传职责，设立工作专班。9月10日至10月11日，依托“今日城厢”微信公众号、App推送涉疫新闻1032条，发布抖音、微信短视频366条，在中央媒体平台刊发206条，配合做好央视在城厢区的4次直播连线采访。加大社会宣传力度，建立区、镇街、村居三级宣传体系，整合全区公共LED显示屏、横幅、流动宣传车、无人机等载体资源，全覆盖宣传防控知识，提高群众防控意识。联合媒体单位推出《战“疫”相信莆田》等2个防疫宣传短视频，播放量达133万人次，并在“学习强国”学习平台刊播。

（唐敏）

统战工作

【概况】 2021年，中共城厢区委统战部（以下简称“城厢区委统战部”）围绕中心、服务大局，凝心聚力、担当作为，扎实推进统一战线各领域工作，为打造“山水格局·人文宜居”新城厢贡献统战力量。常务副部长、民宗局局长黄锦南获得全省民族团结进步模范个人称号，区贸促会获得全省贸促系统先进集体称号，区贸促会干部郑继涌获得全省贸促系统先进工作者称号。在港澳专项工作中，市委统战部对区委常委、统战部长欧国民，区委统战部部务会成员、四级调研员黄国祥，区海联会干部林风高等3人给予通报表扬。

【统战工作会议】 3月19日，城厢区召开统战、民族宗教工作会议，区委常委、统战部部长陈洪武总结通报2020年全区统战、民族宗教工作情况，部署2021年工作任务，区委书记王文才作强调讲话。

【贯彻落实工作条例】 3月2日和6月28日，城厢区委中心组分别学习传达《中国共产党统一战线工作条例》和省委贯彻《中国共产党统一战线工作条例》实施意见。城厢区委统战部细化措施，创新方式，充分调动各方宣传力量，深入学习贯彻《中国共产党统一战线工作条例》。5月24日，城厢区民宗局在石室岩寺为该区宗教人士进行《中国共产党统一战线工作条例》专题讲授，对《中国共产党统一战线工作条例》中涉及宗教工作的相关条目进行分析解读。6月，区各民主党派、新阶联通过“以会代训”形式，引导各自成员统一思想，整合力量，结合城厢实际，发挥自身优势，围绕乡村振兴、“双轮”驱动等中心工作，开展调查研究和社会实践活动。区侨联、侨务办组织海外重点侨领、侨资企业代表、归侨侨眷代表召开庆祝中国共产党成立100周年“侨心向党”座谈会，对《中国共产党统一战线工作条例》进行宣讲。城厢区委统战部邀请市委党校教授为区直统战系统单位干部职工上学习《中国共产党统一战线工作条例》辅导讲座，不断增强贯彻执行的思想自觉、政治自觉、行动自觉，努力推动《中国共产党统一战线工作条例》各项规定在城厢落地生根。

【构建大统战工作格局】 8月20日，城厢区调整充实区委统一战线工作领导小组成员单位，制定下发《关于区委统一战线工作领导小组成员单位职责分工的意见（试行）》，对各成员单位的职责清单逐一明确细化，明确工作职责，健全协作机制，努力构建“大统战”工作格局。区委统战部认真履行区委统一战线工作领导小组办公室职责，在市委统一战线工作领导小组领导下，进一步完善相关工作机制，发挥领导小组专题会议制度作用，督促相关单位落实领导小组的部署要求。

【举办书画精品联展】 6月18—20日，城厢区委统战部协助市台联在全国重点文物保护单位三清殿举办庆祝中国共产党成立100周年“光辉历程·翰墨飘香”两岸妈祖书画精品联展，促进海峡两岸民间文化艺术交流，展出两岸书画精品260幅，增强海峡两岸同根同源、同文同种的文化认同，意义深远。人民网、新华网、东南网、《福建日报》、《湄洲日报》给予专题报道。

【同心·义诊挂钩慰问活动】 6月19日，城厢区委统战部、区九三学社、区农工党、区新阶联在灵川镇云庄村联合开展“我为群众办实事”——同心·义诊挂钩慰问活动。活动现场，九三学社、农工党的医生护士在云庄村综合服务站门口为群众开展测血压、血糖、诊疗等健康服务，并根据诊疗情况免费发放药品。新阶联代表还向群众发放米、油等慰问物品。

【召开“侨心向党”座谈会】6月21日，城厢区召开侨界人士庆祝中国共产党成立100周年“侨心向党”座谈会，海外重点侨领、侨资企业代表、归侨侨眷代表等30余人参加座谈会。会议听取和审议区侨联五届二次全委会工作报告和2021年下半年工作计划，组织学习新修订《中国共产党统一战线工作条例》、“侨心向党”迎“七一”宣讲报告会。

【民进城厢区支部第二次会员大会召开】 11月14日，民进城厢区支部第二次会员大会召开。会议听取并审议民进城厢区支部第一届委员会工作报告；选举产生民进城厢支部第二届委员会，陈旭当选为支部主任委员、柯福星当选为支部副主任委员。

【宗教调研】 11月4日，城厢区政协副主席黄斌华带队，组织部分政协委员对城厢区宗教事务工作开展情况、存在问题及下一步工作措施进行调研。

【收留抚养孤弃儿童管理工作】2021年，城厢区排查34个宗教活动场所，收留抚养79个孤弃儿童。该79名儿童全部为女童，全部签订代收养协议，所有儿童均正常就学，未发现辍学情况。

【宗教活动场所疫情防控】2021年，城厢区加强对宗教（民间信仰）活动场所常态化疫情防控工作的全覆盖检查和监督巡查，落实落细各项防控措施，排查风险点和薄弱环节。按照“外防输入、内防反弹”等一系列要求，健全疫情防控制度、完善工作预案。

（黄卫军）

机构编制

【概况】 2021年，中共莆田市城厢区委机构编制委员会办公室（以下简称“城厢区委编办”）及时核定区纪委监委驻区法院纪检监察组、驻区检察院纪检监察组行政编制各3名，加强纪委监委派驻机构建设，推进派驻监督全覆盖。撤销区亚行办机构，人员编制并入区农业机械管理站。调整扶贫开发机构设置，在区农业农村局加挂“莆田市城厢区乡村振兴局”牌子，调整其下属事业单位名称及职责。重新制定开发区管委会、贸促会“三定”规定。设立自然资源规划编制、土地储备、消防服务、婚姻登记、党员信息服务等事业机构。增加食品安全信息中心、政协文史室等机构编制。理顺招商服务中心、城管执法局管理体制。优化农税征收中心编制使用，盘活用好机构编制资源。重新设置莆田市城厢区产业规划发展中心、莆田市城厢区产城融合服务中心、莆田市城厢区滨海工业服务中心3个事业机构，经费形式财政核拨，为区政府直属公益一类事业单位，归口华林经济开发区管委会管理，分别核定事业编制20名、16名、16名，机构规格、领导职数按权限报市委编委会审批。开展第二次全国机构编制核查，按照单位自查、群众监督、数据比对、实地核实、数据更新等5个环节推进，完善实名制人员信息，补办5名应核减人员手续，梳理出超编单位、提前退休人员等方面存在的问题。将编外用工纳入城厢区机构编制实名制系统，实行实名登记、动态管理，做好实时更新，实现编外用工管理的信息化和精准化，汇总统计出全区编外聘用人员2457人。

【党政机构改革】 2021年，城厢区党政工作部门机构改革后，设置党政机构33个，党委机构10个，其中纪检机关1个，工作机关9个，政府工作部门23个。严格按规定权限和程序设置开发区管理机构，撤销福建莆田华林经济开发区管委会、太湖工业园区管委会2个事业机构，重新设置福建莆田华林经济开发区管委会，为区政府派出机构，正科级。核定开发区管委会行政编制5名，设管委会主任1名（正科级）、副主任2名（副科级）。

【重点领域机构编制保障】2021年，按照省委编办“公办中小学教职工定编标准”，市区两级上下联动，在非常有限的存量空编内统筹区直部门、镇街所属事业单位事业编制20名，不足部分向上级请求通过“区域统筹”的办法解决，市级统筹下达周转事业编制243名，实现依标足额核定工作。为推进卫生健康领域综合执法队伍改革，将区卫健局所属的“区卫生局卫生监督所”“区流动人口计划生育管理站”2个参公事业单位，整合撤并为“莆田市城厢区卫生健康监督所”，将“区人口计划生育执法队”机构撤销，人员编制并入“区卫生应急中心”，避免职能交叉重叠现象。

【事业单位登记管理】2021年，城厢区调整不规范的事业单位名称，将事业单位名称含有“委、办、局”或“管理、监督、督查”等进行更名，并逐步规范其主要职责，完成莆田市城厢区运输管理所等10家区直部门科级事业单位名称变更，全年规范更名事业单位17家。事业单位法人登记与改革同步进行，全面梳理登记管理数据库，同步完成17家事业单位名称变更。简化注销登记程序，推行简易注销，清理应注销未注销的事业单位法人26家。针对区镇换届人员变动较大，相应做好机关统一信用代码证和事业单位法人证书相关事项的变更。扎实做好年度报告公示和抽查监管，完成事业单位年检258家，对7家未年检的事业单位发出列入异常名录告知书，对9家因机构改革撤并等原因要注销的事业单位予以冻结。完成“互联网＋监管”事项认领，梳理检查实施清单，加强事业单位监管，随机抽取13家事业单位法人进行“双随机”抽查，发放整改通知书4份，并要求限期整改到位。

（唐铭衍）

党校教育

【概况】2021年，中共莆田市城厢区委党校（以下简称“城厢区委党校”）认真贯彻落实《中国共产党党校（行政学院）工作条例》，坚持党校姓党，坚持围绕大局，聚焦主责主业，努力发挥理论宣传主阵地、干部培训主渠道、党性锻炼大熔炉作用，为全区干部教育培训作出贡献。

【干部教育培训】2021年，城厢区委党校紧紧围绕学习宣传贯彻习近平新时代中国特色社会主义思想、中共十九大精神和十九届历次全会精神的总体要求，统筹做好疫情防控和干部教育培训工作，举办各类培训班8场，培训人员达4356人。举办城厢区（镇街）科级干部培训班，培训约100人。举办“城厢区2021年新一届村（社区）党组织书记培训班”，培训150人，进一步帮助村（社区）党组织书记尽快适应角色、跑好接力棒，全力以赴做好经济社会发展和党的建设各项工作。举办“闽宁协作乡村振兴、行政审批（城厢）培训班”，培训49人，打造闽宁对口帮扶协作新局面。举办“城厢区第25期

2021年6月3日，城厢区委党校教职工参加校院系统庆祝中国共产党建党100周年“奋斗百年路 启航新征程”主题文艺会演

（俞雪茹 摄）

中青年干部培训班”，参训中青年干部39人，进一步提升中青年干部的思想理论水平和政治素养。依托“福建干部网络学院”平台开展“城厢区党员干部学习贯彻中共十九届五中全会精神专题培训班”“学习习近平总书记来闽考察重要讲话精神”“农村基层干部乡村振兴”“城市基层干部党建引领基层治理”等班次，组织全区各级干部参加在线学习。同时协助好区委做好省管领导干部学习贯彻习近平总书记来闽考察重要讲话精神专题研讨班暨省级领导班子党史学习教育专题读书班以及省管领导干部学习贯彻中共十九届六中全会精神专题研讨班等2个班的分会场学习管理工作，以及协助办好区管干部学习贯彻习近平总书记来闽考察重要讲话精神专题研讨班暨区级领导班子党史学习教育专题读书班。扎实推进干部网络培训工作，组织全区各级干部参加“福建干部网络学院”在线学习。

【理论宣讲活动】 2021年，城厢区委党校组织骨干教师下基层宣讲全会精神，深入区直系统党委、镇街、工业园区、村（社区）等单位开展党史学习教育专题讲座8场、学习贯彻中共十九届六中全会精神专题报告会4场，确保党的最新理论创新成果走进党员、走进群众，凝聚党心民心，扩大社会共识。

（吴淑香）

史志研究

【概况】 2021年，中共莆田市城厢区委党史和地方志研究室（以下简称“区委史志室”）坚持“党史姓党”大原则大方针，紧扣“以史鉴今、资政育人”根本任务，坚持围绕中心、服务大局，开拓创新，务实工作，较好地完成各项工作任务。

【综合年鉴编纂】 2021年，区委史志室树立“精品年鉴”意识，增设专题栏目，提高年鉴内容的丰富性，完成一年一鉴的年鉴编写工作。新出版的《城厢年鉴（2020）》内文全彩，增加内容的丰富性，一改过去内文单色的单调性，获得福建省优秀年鉴（2020卷）三等奖。

【党史刊物出版】 2021年，区委史志室内部编辑出版《中共城厢区党史资料（人物卷）》。全书22万余字，收录1984年6月建区以来在城厢区行政事业单位担任过副科级（实职）以上职务的领导干部1100多人，资料保存完整，激励教育后人，起到存史、资政、育人作用。

【收集编辑资料】 2021年，区委史志室根据工作需要，收集9月莆田新冠肺炎疫情发生以来，城厢区各行各业开展疫情防控大事记，于10月初前报送市委党史方志室。组织人员搜集全区经济建设、政治建设、文化建设、社会建设、生态文明建设等方面的史实资料，收录1979年以来至2020年12月间城厢区委、区政府关于全面建设小康社会的重大决策部署、经济社会发展情况、获得的国家级荣誉等大事条目261余条，形成《城厢区全面建成小康社会大事记》，按时报送区委宣传部汇总上传市级“记录小康工作”数据库。

【党史学习教育】 2021年，区委史志室以全区开展党史学习教育为契机，依托现有的34个革命遗址遗迹，公布8个城厢区党史学习教育参观点，在党史学习教育中用活红色资源平台。联合区委组织部、宣传部举办“学党史、强信念、跟党走”百场宣讲“云端”网络直播活动。树立“即时存史”的理念，收集和整理区第十次党代会相关资料，夯实党史研究的资料基础。用好党史教育基地维护补助经费，补助常太渡里雷光熙故居布展史料和展陈方案的征编费用。

信访工作

【概况】 2021年，全区信访工作在深入学习贯彻习近平总书记关于加强和改进人民信访工作的重要思想和习近平总书记关于信访工作的重要批示指示精神，以开展党史学习教育、“再学习、再调研、再落实”教育活动为契机，围绕“降总量、减存量、防变量”为目标，创新信访工作，实现全区信访态势平稳向好。

【畅通信访渠道】 2021年，莆田市城厢区人民政府信访局（以下简称“城厢区信访局”）落实首办责任，加强初信初访跟踪督导，接访窗口和办信部门坚持按照“初信初访分析和首办责任机制”要求，按照来访必登、认真接谈做好记录、准确甄别不予（再）受理事项，对不受理的要指明路径，让群众少跑冤枉路。明确管辖、及时转送交办、督查督办，进一步提升初信初访一次性办结率。2021年受理登记初信初访2794件，及时受理率、按期办结率100%。同时，加大推动群众满意度评价工作力度，及时主动动员引导群众网上满意度评价，群众对信访机构和有权机关满意度大幅度提高。

【规范办理信访事项】 2021年，城厢区信访局严格分类处理信访诉求，按照“法定途径优先”“诉访分离”的原则，建立法定途径分类处理信访投诉请求清单，成熟运用信访信息系统，区直56个部门、7个镇（街道）全部对接福建省信访信息系统并实际应用，实现信访事项网上流转“不过日”、落地受理“不过5日”、办结“不过15日”及网上投、办、督、评一体化功能。依据“谁主管、谁负责”原则，加大督查督办力度，督促责任主体及时告知受理；对受理的尽快调查处理。在程序上，查看处理意见书是否规范，是否告知信访人复查的权利，是否有信访人签收；在实体上，查看调查是否到位，定性是否准确、适用的政策法律法规是否正确、处理意见是否恰当并落实到位，进一步提高群众的满意率。

【创新信访机制体制】 2021年，城厢区信访局建立健全长效机制，抓好抓实信访工作，建立健全“四门四访”（开门接访、进门约访、登门走访、上门回访）常态化机制，深化区党政主要领导每月15日带头接待来访群众，确保能在第一时间快捷高效处理信访问题。2021年，党政主要领导接待群众来访32批35人次，化解29件；对省市区交办的信访积案，区镇（街道）包案领导按照“四门四访”要求，综合运用行政、政策、法律等方式方法，推动51件积案化解，其中10年以上信访积案3件、5年以上10年以下信访积案6件、5年以下信访积案39件。建立健全信访工作量化考评机制，根据中央、省、市信访工作要求，适时调整完善信访考评方案和评分细则，把信访工作纳入区绩效、平安单位和城厢区“当表率作示范”考评内容，进一步激发各责任单位做好信访工作的紧迫感和责任感。建立健全矛盾纠纷多元化解常态化机制。全力推进区、镇（街道）、村（居）“信访评理室”建设，完善“访调对接”平台，实现区、镇（街）、村（社区）三级全覆盖，培育“名人评理室”示范点2个，通过政府救助、社会救助、民间互助、情感互通相结合方式，促进信访事项评理化解。2021年，区、镇（街道）、村（居）三级开展信访评理175件，化解160件。

【化解信访积案】 2021年，城厢区信访局围绕“三到位一处理（群众诉求合理的解决问题到位、诉求无理的思想教育到位、生活困难的帮扶救助到位、行为违法的依法处理）”工作要求，在全区范围内集中开展信访积案和历史遗留问题攻坚行动，全力做到“问题清仓，积案见底”。把治重化积工作与“解难题、化积案”领导包案结合起来，明确责任领导、责任人员、化解措施、化解时限，强化责任落实，促进攻坚化解。2021年，上级交办全区第一批“治重化积”案件和省市区交办信访积案化解245件。

（陈蜜云）

机关党建

【概况】 2021年，中共莆田市城厢区委区直机关工作委员会

（以下简称“城厢区直机关党工委”）坚持围绕中心、建设队伍、服务群众，统筹推进以政治建设为统领的机关党的各项建设，建设让党中央放心、让人民群众满意的模范机关，为实施“双轮”驱动、全方位推动高质量发展超越提供坚强保证。

【党史学习教育】 2021年，城厢区直机关党工委按照中央、省委、市委、区委统一部署，深入开展党史学习教育，巩固深化“不忘初心、牢记使命”主题教育成果，开展好专题学习、专题党课、专题组织生活会，用好用活木兰溪治理展示馆、闽中革命纪念馆等党史学习教育参观学习点，做到学史明理、学史增信、学史崇德、学史力行。把“我为群众办实事”作为党史学习教育的重要内容，广泛开展“党课开讲啦”等系列教育实践活动，征集“发现榜样”“我来讲党课”等微视频，引导党员、干部牢记初心使命、矢志不渝奋斗。

【“再学习、再调研、再落实”活动】 2021年，城厢区直机关党工委建立“再学习”长效机制，学习领会《习近平谈治国理政》第一卷、第二卷、第三卷和中共十九届五中全会精神，学习领会习近平总书记在福建工作期间开创的一系列科学理念、重要部署、宝贵经验，贯彻落实关于治理木兰溪、保护好湄洲岛等重要指示要求，坚持用习近平新时代中国特色社会主义思想武装头脑、指导实践、推动工作。组织动员党员干部深入基层开展调查研究，把学习成果转化为解决实际问题、推动工作落实的本领。

【政治机关建设】 2021年，城厢区直机关党工委深入贯彻《中共中央关于加强党的政治建设的意见》《中共福建省委关于加强和改进新时代机关党的建设的意见》等文件精神和市委区委具体措施，结合部门实际，推动党中央决策部署和习近平总书记重要指示批示精神有效落实。加强政治机关意识教育，树牢区直机关首先是政治机关的意识，深化模范机关建设。

【党内政治生活】 2021年，城厢区直机关党工委严格落实“三会一课”（支部党员大会、支部委员会、党小组会，党课）、民主评议党员、领导干部双重组织生活、谈心谈话等基本制度，切实提高党内组织生活的质量，拓展提升每月15日相对固定的“三会一课+主题党日”模式，党员领导干部、党组织书记全年至少讲1次党课，坚持和完善新党员入党宣誓、重温入党誓词、过集体“政治生日”等政治仪式，发展积极健康的党内政治文化。

【党内评选表彰工作】 2021年，城厢区直机关党工委配合中央、省委、市委、区委做好“光荣在党50年”纪念章颁发和全国、全省、全市、全区“两优一先”（优秀共产党员、优秀党务工作者，先进基层党组织）表彰对象推荐工作。开展区直机关“两优一先”评选表彰工作，表彰一批先进基层党组织、优秀共产党员和优秀党务工作者。“七一”中国共产党建党节前组织走访慰问生活困难党员。大力宣传优秀共产党员先进事迹，充分发挥典型示范引领作用，激励广大党员干部担当作为，砥砺奋进。

【开展系列庆祝活动】 2021年，城厢区直机关党工委认真学习贯彻习近平总书记在庆祝中国共产党成立100周年大会上的重要讲话精神，组织开展“党旗在基层一线高高飘扬”活动，激励动员基层党组织和广大党员不忘初心、牢记使命，奋力开新局、奋进新征程。机关各级党组织结合实际开展木兰溪骑行等主题鲜明、群众广泛参与的体育活动，围绕党史重要事件、重要活动和重要遗址旧址等组织开展丰富多彩的庆祝活动。

【基层党组织建设】 2021年，城厢区直机关党工委认真贯彻落实《党和国家机关基层组织工作条例》，持续优化党组织设置，推行常态化“党建体检”，积极探索部门联合建、领域联动建、行业连管建等模式，着力解决

"灯下黑""两张皮"问题，大力推进党支部标准化规范化，建设模范机关。深入推动支部主题党日党建品牌建设，持续开展党组织"达标创星"活动，健全党支部联系点制度，推动基层支部创先争优。发掘、培树和宣传区直机关各级党组织身边的先进典型，积极发挥典型示范引领作用，适时召开党建工作现场观摩会，促进开创机关党建工作新局面。

【党员队伍建设】 2021年，城厢区直机关党工委按照控制总量、优化结构、提高质量、发挥作用的总要求，坚持把政治标准放在首位，认真落实发展党员指导性计划，进一步提质扩面，确保发展党员有增量、有质量。推动党员分类管理，严格落实"三会一课+主题党日"、集中培训等基本制度。深化在职党员"双亮双领"（亮身份、亮承诺，认领村居志愿服务岗、认领邻里创城微心愿）活动，组织发动机关党员干部到邻里中心报到、参与志愿服务的常态化机制，深入推进"党建+"邻里中心建设。

【强化日常督查】 2021年，城厢区直机关党工委配合纪检组，做实做细日常监督，健全完善谈心谈话制度，健全完善机关党建提醒约谈机制，加强对机关党员干部特别是各级党组织主要负责人的监督。

【机关廉政文化建设】 2021年，城厢区直机关党工委充分发挥廉政文化潜移默化的引导作用，依托优秀传统文化，传承优秀传统家风家训，挖掘民间特色资源。突出党章党规党纪加强经常性纪律教育，配合纪检机关定期开展廉政宣传教育，引领带动区直机关廉政文化建设的全面深入开展。

【机关精神文明创建】 2021年，城厢区直机关党工委扎实推进精神文明建设，打造机关党员志愿服务品牌。充分发挥区直机关行业特点优势，深度开展党员志愿服务活动，以项目化运作推动机关党员志愿服务，推动活动品牌化。定期或不定期地开展各类健康向上、形式多样的文体活动，提升机关文化品位，不断增强机关的凝聚力和向心力。认真落实平安创建各项措施，开展平安志愿活动，按照要求，进村入户进行宣传落实，着力推进平安城厢建设上新台阶。

【党的群团工作】 2021年，城厢区直机关党工委坚持和完善党建带群建工作机制。健全机构改革后的工、青、妇等群团组织建设。强化思想政治引领，广泛开展岗位练兵、技能竞赛、巾帼建功，以工人先锋号、青年文明号、青年岗位能手、"最美家庭"、巾帼文明岗等创建活动为平台，鼓励和指导机关各单位依托工青妇组织，开展全民健身运动、劳动技能竞赛、交友联谊等文体活动，陶冶党员干部情操，活跃机关氛围。

（吴国晖）

莆田市城厢区人民代表大会

综　述

【概况】　2021年，城厢区人大常委会围绕中心，服务大局，坚持依法履职，为建设“山水格局·人文宜居”新城厢作出积极贡献。年内，城厢区人大常委会召开常委会会议8次、主任会议13次，听取和审议“一府两院”工作报告9项，开展执法检查5次、专题调研8次、跟踪调研1次、视察调查5次，作出决定决议11项。

【区镇人大换届选举】　2021年是区、镇两级人大代表的换届选举年。城厢区人大常委会全面贯彻落实选举法和代表法，正确把握换届选举工作法律法规和纪律要求，确保全过程人民民主。11月16日，全区89个区代表选区选出区十届人大代表206名；华亭、常太、灵川、东海4个镇191个镇代表选区选出镇人大代表366名；4个镇分别召开新一届人大一次会议，完成镇国家机关领导人员的换届任务。

【人事任免】　2021年，城厢区人大常委会依法任命国家工作人员29人次，其中区人大常委会工作人员9人次，区人民政府工作人员14人次，区监委工作人员3人次，区人民法院工作人员3人次。

重要会议

【概况】　2021年，城厢区九届人大常委会召开第三十二次至第三十九次会议，听取和审议区政府关于城厢区基层公共卫生服务体系建设情况的报告、关于2021年度环境状况和环境保护目标完成情况的报告等，并审议通过人事任免事项。召开区十届人大一次会议，听取和审议城厢区人民政府《政府工作报告》，选举产生区十届人大常委会主任、副主任，区人民政府区长、副区长，区监察委员会主任、区人民法院院长和区人民检察院检察长。

【区十届人大一次会议】　2021年12月23—26日，城厢区第十届人民代表大会第一次会议在东方国际大酒店召开。大会应出席代表206名，出席会议代表193名，出席区政协九届一次会议的全体委员和区政府组成人员、市直属有关部门、区直有关部门和单位负责人列席大会。会议听取和审议城厢区人民政府代区长王文晖作的《政府工作报告》、书面听取区发展和改革局《关于城厢区2021年国民经济和社会发展计划执行情况及2022年国民经济和社会发展计划草案的报告》和区财政局局长林春生《关于城厢区2021年预算执行情况及2022年预算草案的报告》，听取区九届人大常委会主任王国太作的《城厢区人民代表大会常务委员会工作报告》、区人民法院院长曾奋乐作的《城厢区人民法院工作报告》、区人民检察院检察长林少雄作的《城厢区人民检察院工作报告》，并作出相应的决议。大会选举肖志雄为区十届人大常委会主任，林晋居、王乌妹、陈颖珊、林俊杰为区十届人大常委会副主任；方明星、许志勇等24人为区人大常委会委员；选举王文晖为区人民政府区长，郭健明、林福全、许玉树、蒋万顺、肖娴、何辉、王刚为副区长，许琦阳为区监察委员会主任，曾奋乐为区人民法院院长，林少雄为区人民检察院检察长、（经报莆田市人民检察院检察长提请莆田市人民代表大会常务委员会批准），城厢区出席莆田市第八届人民代表大会代表50名。大会决定设立区十届人大财政经济委员会、监察和司法委员会、社会建设委员会，表决通过其组成人员人选。

【区九届人大常委会会议】 2月25日，城厢区九届人大常委会第三十二次会议召开，会期半天。会议听取和审议区政府关于城厢区基层公共卫生服务体系建设情况的报告；审议通过人事任免事项，接受杨智伟辞去区九届人大常委会委员及人大代表职务的请求。

4月28日，城厢区九届人大常委会第三十三次会议召开，会期半天。会议听取和审议区人大常委会执法检查组关于城厢区贯彻实施《中华人民共和国海洋环境保护法》情况的检查报告；审议通过人事任免事项，接受陈旭清辞去区九届人大常委会委员及人大代表职务的请求。

2021年12月25日，新一届人大常委会组成人员集体宪法宣誓

（关铖 摄）

6月29日，城厢区九届人大常委会第三十四次会议召开，会期半天。会议听取和审议区政府关于2021年度环境状况和环境保护目标完成情况的报告；审议通过关于各镇人民代表大会名额的决定；审议通过人事任免事项，会议决定任命王文晖为莆田市城厢区人民政府副区长，决定免去莫彩华的莆田市城厢区人民政府副区长职务，会议接受吴文恩辞去莆田市城厢区人民政府区长职务的请求，决定王文晖代理莆田市城厢区人民政府区长职务；接受余丽红辞去莆田市城厢区监察委员会主任职务请求的决定，任命许琦阳为莆田市城厢区监察委员会副主任，决定许琦阳代理莆田市城厢区监察委员会主任职务；接受林鸿伟、柳军勇辞去区九届人大常委会委员及人大代表职务的请求。

8月31日，城厢区九届人大常委会第三十五次召开，会期半天。会议听取和审议区政府关于2020年本级财政决算的报告、2020年本级预算执行和其他财政收支的审计工作报告；听取和审议区政府关于城厢区2021年上半年预算执行情况的报告、关于城厢区2021年上半年计划执行情况及重点项目建设情况的报告；听取和审议区人大常委会执法检查组关于城厢区贯彻实施《莆田市东圳库区水环境保护条例》情况的检查报告；审议通过人事任免事项，决定任命许玉树、蒋万顺为莆田市城厢区人民政府副区长，决定免去肖志雄、杨碧静的莆田市城厢区人民政府副区长职务，接受林少敏辞去莆田市城厢区人大常委会副主任职务的请求。

9 月 27 日，城厢区九届人大常委会第三十六次会议召开，会期半天。会议审议通过 2021 年城厢区区、镇两级人民代表大会换届选举工作方案；审议通过关于城厢区区、镇两级人民代表大会代表换届选举日的决定；作出关于设立区和镇选举委员会及办公室、办事处的决定；审议通过关于莆田市城厢区第十届人民代表大会代表名额分配的决定；审议通过人事任免事项，决定任命肖娴、何辉为莆田市城厢区人民政府副区长，决定免去郭国辉、陈国忠的莆田市城厢区人民政府副区长职务。

10 月 29 日，城厢区九届人大常委会第三十七次会议召开，会期半天。会议听取和审议区政府关于 2021 年区本级预算调整的议案；听取和审议区政府关于城厢区国有资产管理情况的综合报告；听取和审议区人大常委会执法检查组关于城厢区贯彻实施《中华人民共和国消防法》及《福建省消防条例》情况的检查报告；听取和审议区政府关于区九届人大五次会议代表建议办理情况的报告；作出关于召开区十届人大一次会议的决定；审议通过人事任免事项，决定任命郭健明、王刚为莆田市城厢区人民政府副区长。

12 月 10 日，城厢区九届人大常委会第三十八次会议召开，会期半天。会议听取区政府关于"七五"普法规划实施情况和"八五"普法规划编制意见的报告，审议通过《城厢区人大常委会关于开展第八个五年法治宣传教育的决议》；作出关于表彰城厢区九届人大五次会议代表建议办理工作先进单位的决定；审议通过城厢区第九届人民代表大会常务委员会代表资格审查委员会关于城厢区第十届人民代表大会代表资格的审查报告；作出关于调整区十届人大一次会议会期的决定；审议通过人事任免事项；书面听取区政府关于 2021 年为民办实事项目落实情况的报告。

12 月 17 日，城厢区九届人大常委会第三十九次会议召开，会期半天。会议初审区人大常委会工作报告，审议通过区十届人大一次会议有关事项；审议通过人事任免事项。

监督调研

【概况】 2021 年，城厢区人大常委会开展执法检查 5 次、专题调研 8 次、跟踪调研 1 次、视察调查 5 次，作出决定决议 11 项，形成审议意见 10 项，听取和审议"一府两院"工作报告 9 项，促进"一府两院"依法行政、公正司法。

【执法检查】 2021 年，城厢区人大常委会先后对海洋环境保护、东圳库区水环境保护、基层公共卫生工作情况等进行执法检查。

3 月 16 日，城厢区人大常委会组织对贯彻实施《中华人民共和国海洋环境保护法》情况进行执法检查。指出存在入海污染物防治力度不够、海上突发性污染事故应急处理能力有待加强等问题，建议区政府要加大海洋环境保护力度，落实源头管控，严防污染入海，强化协同共治，持续改善海洋生态环境质量。

7 月 16 日，城厢区人大常委会组织对城厢区贯彻实施《莆田市东圳库区水环境保护条例》情况进行执法检查，指出区政府存在普法宣传不够深入、部门工作合力不强、生态补偿机制尚需完善等问题，建议区政府要深化思想认识，严格落实责任，加大宣传力度，认真贯彻实施《条例》，提高水库水源依法治理的能力和水平，以实际行动推动"山水格局·人文宜居"新城厢建设。

10 月 8 日，城厢区人大常委会组织对贯彻落实《中华人民共和国消防法》及《福建省消防条例》情况进行执法检查。指出区政府存在针对消防普法尚未深入人心、消防安全管理还不够到位、消防配套设施仍有缺口及消防队伍建设有待加强等问题，提出要加强宣传引导，强化消防安全管理，夯实消防基础设施，进一步优化队伍建设，提高应急救援能力等建议。

【视察调查】 2021年，城厢区人大常委会先后对基层公共卫生工作情况、环境状况和环境保护目标完成情况、2021年上半年国民经济和社会发展计划执行及重点项目建设等情况进行视察调查。

2月4日，城厢区人大常委会组织对城厢区基层公共卫生工作情况进行视察调查，针对基层医护人才及基层医疗资源短缺、技术储备不足、公众疾病预防意识有待进一步提升等问题，建议区政府要加大医疗卫生安全宣传教育，做好新冠肺炎疫情常态化防控和应急演练，优化医疗体制机制和配套设施、加强高素质卫生人才招录引进到基层等意见建议，促进政府及其有关职能部门强化责任意识，进一步提升城厢区基层公共卫生服务水平。

5月27日，城厢区人大常委会组织对区政府关于2020年度环境状况和环境保护目标完成情况进行视察调查。针对环保认识不够到位、环境形势严峻、污染防治存在薄弱环节及工作合力尚需提升等问题，建议区政府及相关职能部门要牢固树立绿色发展理念，围绕建设生态优美，宜居宜业的目标，把环境保护工作融入建设生态文明城厢的各项工作中，打造生态清新的绿色家园。

8月5日，城厢区人大常委会组成以常委会副主任林晋居为组长的视察调查组，对城厢区2021年上半年国民经济和社会发展计划执行及重点项目建设情况进行视察调查。视察组听取区政府的汇报并进行座谈，指出城厢区的经济发展仍然存在一些不可忽视的困难和问题，如部分主要指标未达过半目标；工业经济效益不佳，工业负增长面较大，减停产企业数仍然较多；服务业发展质量不高，旅游市场仍处低谷；受新冠肺炎疫情减税降费等因素影响，税收收入增幅乏力，财政支出刚性增长，收支矛盾较为突出；固定资产投资新增项目规模偏小，大项目支撑不足，部分片区改造土地出让进度缓慢，房地产投资存量不足等，督促区政府要精准发力，强化责任落实；突出重点，加快项目落地；科学谋划，提升产业层次；多措并举，促进产业繁荣，确保全年计划目标的顺利完成。

8月5日，城厢区人大常委会组成以常委会副主任林晋居为组长的视察调查组，对城厢区2021年上半年预算执行情况进行视察调查。视察组分别听取区财政局、区税务局单位关于2021年上半年预算执行情况及上半年税收征管情况汇报，召开九届人大财政经济委员会会议进行审议。视察组指出，该区预算执行中还存在着一些困难和问题，主要有：受新冠肺炎疫情、大宗商品涨价等影响，规模以上工业企业减停产数达25家，落实新冠肺炎疫情减税降费政策，工业税收增长乏力；企业产业结构调整升级缓慢，自主创新能力不足，财政持续增收基础薄弱；工业企业融资难融资贵仍然存在，企业经营困难，效益下降，欠税金额仍较大；增加财政性教育经费、医疗卫生及养老保险制度改革、政府性安置房保障房建设、“美丽莆田”重点攻坚项目建设、新冠肺炎疫情防控及应急物资保障、“三大攻坚战”（防范和化解重大风险、精准脱贫、污染防治）等政策措施，财政支出刚性增长，收支矛盾极为突出。建议区政府围绕预算收入目标，加大依法监管力度；注重项目带动，品牌带动，加大财源培植力度；严格支出预算管理，继续优化支出结构，深化财源培植，加强预算管理。

9月15日，城厢区人大常委会组成以常委会副主任林晋居为组长的视察调查组，对区九届人大五次会议代表建议办理情况进行视察调查。视察调查组通过查阅资料、实地查看、交流座谈等方式，了解区政府及相关部门对区九届人大五次会议代表建议的办理情况，指出区政府及其相关部门存在思想重视程度不够高、协调办理机制不顺畅、解决问题力度不够大等问题，督促区政府要强化履职担当、提升办理实效，坚持问题导向、突击重点难点，持续跟踪督办、加快办理进度，增强工作合力、提高办理质量，促进代表建议办理工作上新台阶。

10月13日，城厢区人大常委会组成以常委会副主任林晋居为组长的视察调查组，对城厢区贯彻落实国有企业经营和国有资产管理情况进行视察调查。视察组分别听取区政府关于城厢区国有企业经营管理及国有资产管理情况的汇报、区财政局关于行政事业性国有资产管理情况的汇报、区自然资源局关于国有自然资源管理情况的汇报，并与区科技局，区住建局、区交通运输局、区国投集团、区城投集团、区经发集团等部门单位领导进行座谈，全面了解该区国有资产管理情况。针对国有企业竞争力不强、行政事业性资产管理基础工作还不够扎实、国有自然资源利用及管理仍需加强等问题，视察组建议区政府要摸清底数、健全台账，有效运作，做大做强，强化监管、防范风险，分类考评，有效激励，促进国有资产长期、持续保值增值。

【专题调研】 2021年，城厢区人大常委会先后对区法院落实生态司法保护工作、职业技能提升工作、归侨侨眷权益保护法等情况进行专题调研。

3月30日，城厢区人大常委会副主任黄光明组织对区法院落实生态司法保护工作情况进行专题调研，提出意见建议。

5月13日，城厢区人大常委会副主任王乌妹组织对城厢区职业技能提升工作情况进行专题调研，提出意见建议。

5月14日，城厢区人大常委会副主任王乌妹组织对区归侨侨眷权益保护法情况进行专题调研，提出意见建议。

6月25日，城厢区人大常委会副主任林少敏组织对城厢区乡村产业发展情况进行专题调研，提出意见建议。

7月8日，城厢区人大常委会副主任王乌妹组织对城厢区贯彻落实《莆田市中小学校幼儿园规划建设条例》情况进行专题调研，提出意见建议。

10月27日，城厢区人大常委会党组成员林俊杰组织对城厢区安置房建设、回迁、办证及剩余安置房处置情况进行专题调研，针对安置房项目逾期多、前期手续办理不规范、剩余安置房管理不够到位等问题，督促区政府要积极服务项目报批主动作为，做好安置房回迁和不动产权登记工作解决历史遗留办证问题、解决易地扶贫搬迁不动产登记问题，要求各相关单位要加强与镇街相关指挥部配合，为安置房回迁和不动产产权证登记扫清障碍，推动有关问题解决，努力促进城厢区安置房建设和后续管理更加规范。

代表工作

【概况】 2021年，城厢区人大常委会拓宽渠道，注重联系，强化培训，加强代表队伍建设；优化代表分组，持续开展“代表日活动”等，创建代表履职平台；以“代表满意、群众满意”为目标，不断创新工作机制，加强代表建议办理。

【代表履职保障】 2021年，城厢区人大常委会进一步拓宽代表履职渠道，邀请代表列席常委会会议，有计划安排代表参加执法检查、视察调查和专题调研等活动，拓展代表知情知政渠道；开展常委会组成人员联系代表活动，充分听取代表意见和建议，帮助代表解决履职过程中遇到的困难和问题。加强人大代表和人大干部履职培训，为代表订阅《中国人大》《人民政坛》等学习资料，提升代表履职能力。认真做好全国、省、市人大代表在城厢区视察调研的服务保障和协调联系工作，为代表履职创造条件。注重加强代表队伍建设，有4名代表因工作变动等原因辞去或自行终止代表职务。

【代表履职平台】 2021年，城厢区人大常委会优化代表分组，将该区的市、区、镇三级人大代表编成25个代表小组，加强代

2021年12月26日，莆田市城厢区第十届人民代表大会第一次会议召开，会议举行颁发办理代表建议先进单位牌匾仪式

（陈建国 摄）

表履职活动室建设，完善代表小组活动制度。加强对代表小组活动的指导，适时总结推广镇（街道）经验做法，进一步丰富代表活动的内容和形式，增强代表小组活动实效。持续开展“代表日活动”，为代表依法履职创新载体。建立并完善代表履职网络平台，认真做好代表信息的征集和录入工作，组织协调落实，确保平台推进的进度和质量。

【建议办理】 城厢区九届人大五次会议期间，交办代表建议45件，涉及公路建设方面5件、规划建设方面8件、社会管理方面9件、财经方面2件、交通管理方面7件、教育卫生方面6件、农业水利方面4件、环境保护方面2件、其他方面2件，并确定其中6件进行重点督办。在区政府及各承办单位的共同努力下，45件人大代表建议均答复代表，其中办结或基本办结24件，占总数的53.33%；正在办理9件，占总数的20%；向代表解释说明12件，占总数的26.67%。从总体上看，代表对建议办理情况比较满意。

（谢晓涵、陈建国）

莆田市城厢区人民政府

综　述

【概况】　2021年，面对新冠肺炎疫情和经济下行压力加大的严峻挑战，莆田市城厢区人民政府（以下简称“城厢区政府”）贯彻新发展理念，扎实做好“六稳”（稳就业、稳金融、稳外贸、稳外资、稳投资、稳预期）工作、全面落实“六保”（保居民就业、保基本民生、保市场主体、保粮食能源安全、保产业链供应链稳定、保基层运转）任务，推进“五促一保一防一控”（促生产、促消费、促项目建设、促外经贸发展、促旅游，保基本，防风险，控疫情），全方位推进高质量发展超越。全区生产总值完成538.76亿元，增长8.2%，三次产业比例调整为1.9∶37.3∶60.8。农林牧渔业总产值完成21.02亿元，增长3%；规模以上工业产值461.31亿元，增长15.6%，规模以上工业增加值增长11%。固定资产投资增长10%。财政总收入完成35.5亿元，增长3.7%；其中地方级财政收入25.3亿元，增长0.9%。社会消费品零售总额完成610亿元，增长13%。实际利用外资完成1.7亿元。外贸出口总额70亿元，增长13%。全体居民人均可支配收入43600元，增长8%。年内，该区获得莆田市第十五届文明单位、莆田市第七届人民代表大会代表建议办理先进单位等称号。

【城乡建设】　2021年，城厢区政府围绕建设“山水格局·人文宜居”新城厢战略目标，在“软硬件”上同步发力，全方位提升城市品质、农村环境和服务水平，着力打造舒适宜居、高效便利的发展环境，城乡建设品质提升综合考评居全市优秀等次。在城市发展上，以木兰溪发展为主轴，大力实施“跨溪南进”战略，通过旧城更新、老旧小区改造、新区建设“三管齐下”，聚焦“一溪两岸、连片发展”和“一主两副”（“一主”即以文献路为主轴线，加快推进文献北、龙德井片区综合改造；“两副”即沿荔城大道和学园路两侧周边，有序推进重点棚户区组团开发）、“组团更新”，高标准实施40个城市提升项目，基本完成7大片区征迁，建成区面积扩大到25平方千米，打造一批彰显自然人文特色与创新活力的亮点区片，文献北一期被省住建厅评为“2021年度全省和谐征收示范项目”，荔溪小区改造被列为省级样板工程。同步推进一批口袋公园、老旧小区、市政道路、污水管网等补短板项目建设，中心城区首位度集聚度美誉度进一步提升。在乡村建设上，全面推进乡村振兴，深入实施设施、服务、产业、品质、治理“五大提升行动”，重点打造“三大乡村振兴带”（木兰大道花果蔬菜产业区、环东圳水库生态休闲区、滨海民俗文化体验区），推动“城市美”向“全域美”跨越。莒溪片区获批省级移民后扶项目示范区，蛤老大、天桂2家农业龙头企业获评省级星创天地。持续改善农村人居环境，完成户厕改造2200户，裸房整治1062栋，创建“绿盈乡村”84个，占比90.3%，居全市前列。新改建农村公路9千米，“四好农村路”（建设好、管理好、养护好、运营好的农村公路）建设成效全市第一。巩固拓展脱贫攻坚成果，到对口宁夏同心县、泉州德化县考察，进一步推进闽宁协作、山海协作结对帮扶全面开展。

【生态环境】 2021年，城厢区政府坚持生态优先，深入践行习近平治理木兰溪的重要理念，严格落实河长职责。实施“四治”（治水、治气、治土、治废）工程，创新幸福河湖“三率一感”（群众知晓率、参与率、满意率，幸福感），开展木兰溪全流域、城市黑臭水体、饮用水源地等综合治理，完成10条内河41.2千米水质整治提升及4条河道安全生态建设，主要流域省控断面水质优良比例达100%。健全完善农村生活污水治理运维机制，实现农村污水收集处理全覆盖，获批市级农村生活污水提升治理试点。全面推行林长制，造林绿化22公顷，森林抚育、封山育林853公顷，森林覆盖率达71.28%。响应双碳政策，有序推进节能降耗，规模以上工业单位增加值能耗同比下降7.1%，上年空气质量优良天数比例达到97.6%。党政领导生态环境保护目标责任书考评、河湖长制考评稳居全市前列。

【民生事业】 2021年，城厢区政府全部落实11件年度惠民实事，新增城镇就业6700人，城镇登记失业率控制在3%以内，全年救助帮扶困难群众超10万人次。安置房建设方面，大力开展“安置房提速增效”专项行动，下大力气推进安置房“三促一抓”（促开工、促建设、促回迁，抓处置），每周一协调、每月一调度，推动坂头东地块二安置房实现全市首个“验登合一”（在联合验收的同时申请不动产首次登记），开工棚改项目8230套，居全市第一，实现安置房回迁项目10个。医疗方面，深化“三医联动”（医疗、医保、医药改革联动），推进分级诊疗，建成投用区医院病房大楼、急救站点，农村远程视频诊疗信息平台联网市第一医院。教育方面，积极落实“双减”（有效减轻义务教育阶段学生过重作业负担和校外培训负担）政策，建成投用9个教育类项目，新增各级学位1.28万个，教育督导评估连续两年全市第一，成为全市唯一高中、初中、小学、学前教育全部获评优质管理县区。就业方面，广开就业渠道，建设2个市级人才驿站，投入使用华林园区省级职业技能提升中心，全市首家举行企业新型学徒制培训。养老方面，积极应对人口老龄化，城乡居民养老保险参保率超98%，新改建村（社区）长者食堂10个、邻里中心长者之家11个，长者食堂“公建民营”模式入选省养老服务改革创新案例。文体方面，完成区图书馆改造升级，实现与市图书馆、莆阳书房互通互联；新建群众健身场所20处，体育健儿在第五届市运会上取得建区以来最佳成绩，包揽现场比赛金牌数等四项全市第一。

【社会治理】 2021年，城厢区政府切实履行综治维稳政府第一责任人责任，着力提升基层社会治理能力，组建全市第一支“3+3+N”（3名民警、3名辅警和N个民间无人机团队+N名兼职“飞手”组成的无限循环模式）警用专业无人机战队，探索无人机广泛应用于侦查破案、环境保护、交通整治、应急救援等领域；常态化开展扫黑除恶专项斗争，强力整治电信网络诈骗等突出问题，平安建设考评连续四年位列全市第一。开展矛盾纠纷大排查大化解大整治“百日攻坚”行动，集中攻坚信访积案和历史遗留问题，全年化解信访积案66件。严格落实安全生产责任制，创新安全生产履职登记、“安全生产日”活动等工作机制，扎实推进安全生产专项整治三年行动，深入开展7个领域百日攻坚，安全生产形势保持平稳，责任制考评连续两年全市第一。社会治理方面，提升基层社会治理能力，全面完成村级组织换届，建成“党建+”邻里中心7个、“综治+”社区治理中心10个，华亭镇埔柳村列入“全国乡村治理示范村”名单。

【为民办实事】 2021年，城厢区委、区政府继续将为民办实事作为全年工作的重点之一，兴办11件惠民实事，即中小学和幼儿园学位扩容、安防保障提升、道路交通文明畅通提升、口袋公园建设、食品安全、农村公路安全生命防护、妇女之家儿童之家和社区家长学校建设、反恐应急处突预备队（辅警）组织建设、龙桥街道下磨兴安万辉社区“党建+”邻里中心、职业技能提升、全民健身场地设施建设等；含18个子项目，即荔景小学新校区建设、荔景幼儿园装修改造、霞林学校三期扩建、过保视频探头维护及光纤专线联网、10X Wi-Fi探针设备维保、道路交通安全隐患整治、中心城区道路停车整治设施建设、交通安全教育基地建设、事故隐患路段区间测速卡口建设、口袋公园建设、治理“餐桌污染”建设“食品放心工程”、“互联网+明厨亮灶”建设、农村公路安全生命防护、妇女之家儿童之家和社区家长学校建设、反恐应急处突预备队（辅警）组织建设、龙桥街道下磨兴安万辉社区“党建+”邻里中心、职业技能提升、全民健身场地设施建设等。在区委的正确领导和区政府的高度重视下，各责任单位精心实施，有力推进，项目总体完成较好。至2021年12月20日，完成任务子项目16个，剩余子项目2个基本完成。

重要会议

【概况】 2021年，城厢区召开区政府全体会议1次，召开18次区政府常务会议。1—6月，区长吴文恩主持9次区政府常务会议。6—12月，区长王文晖主持9次区政府常务会议。

【区政府全体会议】 12月26日，城厢区人民政府区长王文晖主持区政府全体会议。会议总结2021年全区工作情况，并对2022年政府工作进行全面部署。区领导黄美光、郭健明、林福全、许玉树、蒋万顺、肖娴、何辉、王刚、张伟国、陈丽萍，各镇（街道）、区直部门负责人等参加会议。

【区政府常务会议】 2021年，城厢区召开18次区政府常务会议，研究全区相关工作。1—6月，区长吴文恩主持9次区政府常务会议，6—12月，区长王文晖主持9次政府常务会议。

2021年城厢区人民政府常务会议纪要汇总表

表3

会议名称	会议内容	会议时间
第八十七次常务会议	研究城厢区龙兴塑胶有限公司企业资产评估结果及天怡（福建）现代农业发展有限公司历史遗留有关事宜，研究确认城厢区樟林投资实业有限公司所有位于城厢区凤凰山街道筱塘南街732号、736号的房地产征收评估结果有关事宜，研究调整城厢区参军入伍大学生奖励金事宜，研究城厢区保障2021年“两节”期间生产稳定运行促进良好开局若干措施	2021年1月18日
第八十八次常务会议	研究万达南片区无房户过渡、莆田西村集体厂房置换有关问题，研究城厢区剩余安置房源处置管理暂行办法，研究城厢区城市和农村建设工作实施方案，研究城厢区进口冷链食品集中监管仓工作方案，关于走访慰问服现役义务兵家庭有关情况的汇报，听取妇女儿童发展纲要终期评估工作汇报	2021年2月2日

续表 3

会议名称	会议内容	会议时间
第八十九次常务会议	传达学习省管干部学习贯彻中共十九届五中全会精神研讨班暨省委开展“再学习、再调研、再落实”活动动员会上的讲话及市区贯彻会议精神，集体研究“汽车运输公司房地产”位于月塘南片区改造项目征收范围内的房地产市场价值征收估价问题	2021 年 2 月 22 日
第九十次常务会议	研究增强粮食应急供应保障能力、成立雅颂居社区居委会、落实 2020 年度党政领导生态环境保护目标责任书存在问题整改工作等问题	2021 年 3 月 15 日
第九十一次常务会议	传达学习了习近平总书记来闽考察重要讲话、全省领导干部大会、市委常委会（扩大）会议、市政府常务会议、区委理论学习中心组学习（扩大）会议精神及区政府贯彻意见，集体研究区政府领导班子 2016 年换届以来述职报告、申报“后山法林寺”“彭韶墓”两处为城厢区第五批文物保护单位，区公安分局借用区法院旧办公楼等问题	2021 年 3 月 29 日
第九十二次常务会议	研究政治监督谈话反馈问题整改任务分解方案、区网格化队伍使用劳务派遣服务、莆田供电公司异地置换幸福家园相关房产、《关于进一步加强“12345”热线诉求件办理工作的通知（送审稿）》、《城厢区 2021 年农村建设品质提升实施方案（送审稿）》等问题，听取防电信诈骗工作开展情况汇报并研究进一步加强电信网络诈骗违法犯罪宣防保障工作	2021 年 4 月 20 日
第九十三次常务会议	研究 2020 年保障性安居工程资金投入和使用绩效审计反馈问题任务分解方案等问题	2021 年 4 月 27 日
第九十四次常务会议	研究区农产品质量安全村级协管员工作补助经费保障、《城厢区 2021 年农村人居环境整治提升工作要点（送审稿）》、《城厢区木兰溪流域系统治理和片区开发建设 2021 年行动计划（送审稿）》、《城厢区关于进一步规范政府投资项目招投标活动的若干规定（修订稿）》、现代智能化蛋鸡项目公共配套设施费用等问题	2021 年 5 月 11 日
第九十五次常务会议	研究城厢区樟林投资实业有限公司所持有的莆田杰木科技有限公司股权转让、2021 年乡村振兴试点示范专项资金（省级、市级、区级）分配方案、“大棚房”专项清理整治行动“回头看”和卫片执法检查整改工作等问题，传达学习深化闽宁协作发展交流座谈会精神及研究城厢区贯彻意见	2021 年 5 月 25 日
第九十六次常务会议	研究《城厢区 2021 年畜禽粪污资源化利用提升工程（整区推进）项目实施方案（送审稿）》、《关于健全完善防止返贫动态监测和帮扶机制的工作方案（送审稿）》、《关于稳定发展粮食生产七条措施（送审稿）》及发放 2020 年度城厢区自主就业退役士兵地方经济补助金等问题	2021 年 7 月 20 日
第九十七次常务会议	研究《全面推进乡村振兴战略行动方案（送审稿）》《2021 年城厢区实施乡村振兴战略十大行动重点任务（送审稿）》等问题	2021 年 8 月 3 日
第九十八次常务会议	研究《城厢区全面推行林长制实施方案（送审稿）》、《城厢区企业国有资产管理暂行规定（送审稿）》、《关于规范国有企业重大事项管理的通知》、月塘南地块二公开出让及房产整体回购方案、龙德井地块 B 公开出让及房产整体回购方案、赛博思大厦办公点续租、《“健康城厢”行动实施方案（送审稿）》等问题	2021 年 8 月 17 日
第九十九次常务会议	研究 2019—2020 年度区级精神文明各类先进表彰、城厢区新时代文明实践中心、《莆田市城厢区海上养殖转型升级行动方案（送审稿）》、《2021 年城厢区治理“餐桌污染”建设“食品放心工程”工作方案（送审稿）》等问题	2021 年 8 月 31 日

续表 3

会议名称	会议内容	会议时间
第一百次常务会议	研究《城厢区2021年闽宁协作重点工作任务分工方案（送审稿）》、《城厢区人民政府关于深化标准化工作改革推动高质量发展的实施意见（送审稿）》、《城厢区农村生活污水治理项目运行维护管理工作考核方案（试行）（送审稿）》、霞林派出所和凤凰山派出所装修改造工程项目、莆田市鸿业温泉大酒店有限公司部分企业资产评估结果确认等问题	2021年10月3日
第一百零一次常务会议	研究月塘南片区地块出让、《2021年“全闽乐购·富美城厢”促消费活动实施方案（送审稿）》等问题	2021年10月11日
第一百零二次常务会议	传达学习习近平总书记关于巡视工作重要论述、国家粮食安全系列重要讲话、指示批示及重要论述等精神并研究部署配合专项巡察工作的具体安排，集体研究《钟潭片区综合开发项目合作协议书（送审稿）》《龙德井危旧房沟头城市更新改造项目融资贷款增信合作协议（送审稿）》《2021年度区本级预算调整方案（草案）》《莆田市城厢区文献北片区城市更新改造项目房屋征收补偿方案（送审稿）》《莆田市城厢区人民政府关于2021年市委全面从严治党主体责任落实情况检查反馈意见整改任务分解的通知（送审稿）》等问题	2021年10月18日
第一百零三次常务会议	传达学习市第八次党代会精神，并部署区政府贯彻落实意见；传达学习省工信厅、发改委、生态环境厅《关于开展坚决遏制“两高”项目盲目发展专项整治落实2021年度能耗双控目标任务的通知》（闽工信明电〔2021〕19号）文件精神，听取全区能耗双控及遏制“双高”项目盲目发展工作情况汇报；集体研究《关于进一步规范政府投资项目招投标活动的若干规定（试行）（送审稿）》、评选2020年度区级平安单位、平安和谐村（社区）、通报奖励城厢区政法先进典型、《2020年度绩效考评情况的通报和2021年度绩效管理工作方案（送审稿）》等问题	2021年10月26日
第一百零四次常务会议	研究作出文献北片区城市更新建设项目征收决定等问题	2021年11月9日
第一百零五次常务会议	听取城厢区2021年度上级下达各项目标任务中滞后项目清单及2021年度1—9月省对市和市对区绩效考核指标落实情况的通报，集体研究《莆田市城厢区关于构建现代环境治理体系的实施方案（送审稿）》、《莆田市城厢区关于进一步规范片区改造涉及应评估土地及地面物征收管理的通知（送审稿）》、鼓励第三方服务机构孵化限上（规上）商贸服务企业、龙德井片区小学挂牌筱塘小学龙德井校区、《2021年度城厢区符合政府安排工作退役士兵安置方案（送审稿）》等问题	2021年11月16日
第一百零六次常务会议	听取安全生产七个专项整治百日攻坚行动进展情况汇报，集体研究《城厢区水利改革发展“十四五”规划（送审稿）》《莆田市木兰陂水利风景区总体规划（修编）（送审稿）》等问题	2021年11月30日
第一百零七次常务会议	研究《政府工作报告（送审稿）》、《关于城厢区2021年国民经济和社会发展计划执行情况及2022年国民经济和社会发展计划草案的报告（送审稿）》、2022年区委、区政府为民办实事项目、《关于在全区开展法治宣传教育的第八个五年规划（2021—2025年）（送审稿）》、2022年初财政收支预算工作及《关于城厢区2021年预算执行情况和2022年预算草案的报告（送审稿）》，消防指战员住房困难群体保障等问题	2021年12月13日

政务协调保障

【概况】 2021年，莆田市城厢区人民政府办公室（以下简称“城厢区府办”）发挥政府办公室统合服务、参谋助手、统筹协调、督促检查和后勤保障等职能，创新机制，扎实工作，有力保证和促进各项工作高效运转。2021年城厢区府办获“全省信息报送先进单位”“区人大建议办理先进单位”等称号。

【文秘工作】 2021年，城厢区府办从简务实办会，认真做好会前通知、会中服务、会后情况收集上报等工作，加强议题议程的协调把关和各个环节的服务，切实做好区政府全体成员会议、常务会议、区长办公会议、党组会议等重要会议的承办工作。加强收发文统筹工作，严格审核把关，规范格式、控制篇幅，全面落实电子公文交换，确保公文流转及时、准确、安全。自2007年市政府实行文件错情通报制度以来，城厢区是全市唯一一个未被通报的县区。

【综合文稿】 2021年，城厢区府办坚持把参谋辅政贯穿办公室工作全过程，注重质量与实效，高质量起草文稿，高标准办理文件，较好发挥以文辅政作用。年内先后完成各类区政府重要会议领导讲话、省市发言材料、专题材料汇报等综合材料500余篇，其中政府工作报告、经济工作会议讲话等文稿，较好把握当前实际，发挥推进工作、加快发展的积极作用。

【电子政务服务】 2021年，城厢区府办持续升级完善政府网站系统，整合网上审批平台、“12345”政务服务平台等，按照信息公开、办事服务、政民互动及政策解读四大功能对网站的内容进行重新组织，整理充实互动知识库，梳理、归纳、统计和汇编各类常见问题、热点问题、电子文件资料等，为公众提供智能化服务。以网站调查和民意征集的形式对13件政府决策向公众征集意见和建议，开展领导在线访谈12次。截至年底，网站信息平均日更新量50条，日均访问量3000多人次，在全省政府门户网站绩效考核中排名全市前列。

【督查督办】 2021年，城厢区府办严格按照年度督查检查考核年度计划，突出问题导向，紧扣区委、区政府重大决策部署、领导交办的具体任务，聚焦政策执行、营商环境、群众办事等领导关注、群众关心的重点领域，对线索明确或群众反映强烈的效能问题开展督查，运用模拟办事、远程视频监督等方式，加大跟踪督办和责任追究力度。2021年，予以效能问责58人次，其中诫勉教育32人次、通报批评22人次、效能告诫4人次，力促机关作风转变。抓好11件惠民实事的专项督查，实行每月一督查一通报制度，各项民生实事均有序完成。抓好人大代表建议和政协委员提案的办理工作。2021年办理人大代表建议议案45件、政协提案77件，切实解决代表委员关注的一批重点难点问题，助力区政府2021年被市人大评为“市人大代表建议办理先进单位”。

【信息采编】 2021年，城厢区府办不断提高信息工作的主动性，深挖总结各级各部门工作亮点、特色经验、先进做法，为领导决策提供全方位的信息服务。2021年，区政府办公室上报信息采用200条，获国办采用27条、福建信息采用59条，被评为全省信息报送优秀单位，为全市政务信息工作作出积极贡献。其中，《莆田市反映关于双创主体融通发展情况》等12条信息还获得国务院领导批示。

【后勤保障】 2021年，城厢区府办强化办公用房管理，成立专项督查领导小组，落实上级各项制度精神，做细做好督查工作。全年组织开展公房专项督查行动13次，随机抽查区直各单位及各镇（街道）30多家，未发现有关问题。规范公车出行，落实城厢区公务车辆定点维修、定点加油、定点停放和统一保险的“三定一统”工作，充分满足城厢区的公务用车需求，加强公车监管，全程跟踪管理及督查，杜绝违规用车。为改善干部职工生活后勤保障条件，不断强化机关大院食堂管理队伍建设，精心编制菜单，不断提高后勤服务水平，食堂运营得到领导和机关干部的高度认可。

【机关效能建设】 2021年，城厢区府办深化“马上就办”，全面推行“一窗受理、集成服务”和“互联网+政务服务”，创新“自己批、网上办”审批服务新模式，“证照同办”“多证合一”改革走在全国前列，群众办事更加便利。建立园区“行政审批服务中心”，实现现场办理、全程代办、政策宣传、综合协调等服务，为企业提供快速便捷的家门口服务。督促“12345”承办单位严格按照规范流程办理诉求件，对不及时查阅件和即将逾期办理件进行提醒预警，督促联动单位及时查阅受理、按时办结群众诉求件。全区受理“12345”诉求件34917件，及时回复率100%，及时查阅率100%，提前回复率37.67%，网评满意率99.52%。

（张剑煌）

行政服务

【概况】 2021年，城厢区行政服务中心聚焦“放管服”改革重点领域，深化审批服务便民化改革，持续推进关键性措施落实，政务服务环境呈现巩固加强、持续改进、作风转变、不断优化的良好局面。1—12月，进驻中心各窗口收件161091件，办结161031件，办结率为99.96%。全区审批事项各指标均取得较好成绩，其中“全程网办”达95.21%、“减材料”“减环节”等工作，均居全市第一；“一趟不用跑”达98.99%，居全市第一；“减时限”达93.02%，居全市第二；“即办件”达86.05%，居全市第三。13名窗口工作人员被评为“年度先进个人”，1名党员被评为“市级优秀共产党员”，1名党员被评为“城厢区担当作为好青年”，区行政服务中心还被评为“省级巾帼文明岗”和区级“三八红旗集体”。

【行政审批】 2021年，全区企业设立登记再提速，城厢区市场监管局在2020年依托市级实行企业开办“1+X”套餐服务模式的基础上，继续推进企业开办时间从6个工作日压缩至1个工作日。城厢区市场监管局进一步压缩企业开办时间，全年实现办件8375件。开通2个企业设立网上预审直通窗口，凡是网上预审通过的设立件，提交的申请材料与预审信息一致且齐全，符合法定形式，给予当场办结并发照。2021年1—11月，有9000家企业享受直通车即办服务，新增市场主体32278户，增量位居全市第二。

城厢区行政服务中心持续推进“一事联办”和工程建设项目审批改革，实施业务流程、申请材料进行优化再造和调整去重，提供跨部门、跨层级、跨地区的集成服务，全区“一件事”套餐办件4812件；工程建设项目大幅度提速增效，其中，建筑许可事项由改革前的18个手续、158天压缩到9个手续、35天，真正做到“便民惠企”。市委县区联动巡察三组对城厢区2020年市巡办反馈的“放管服”改革专项巡察146个问题进行再检查、再评估，完成整改144个，基本完成整改2个，整改率98.6%。

【创新服务】 2021年，根据省、市工作要求，城厢区大力推广电子证照应用，凡可从电子证照库共享查询的证照或批文，不再要求提交，大幅减少各类证照纸质复印件收取，电子证照应用率达99.93%，“一趟不用跑”事项有1981个，占全部审批事项的71.65%。区行政服务中心围绕服务评价、差评核实、整改反馈等环节，构建闭环工作流程，真正将人民群众市场主体感受作为评判改革成效的标准，全区政务服务“好差评”中好评率达100%，其中主动评价率95.17%，非常满意占比99.91%。创新“智能化”审批，城厢区行政服务中心联合区住建局在全市率先深入推行智

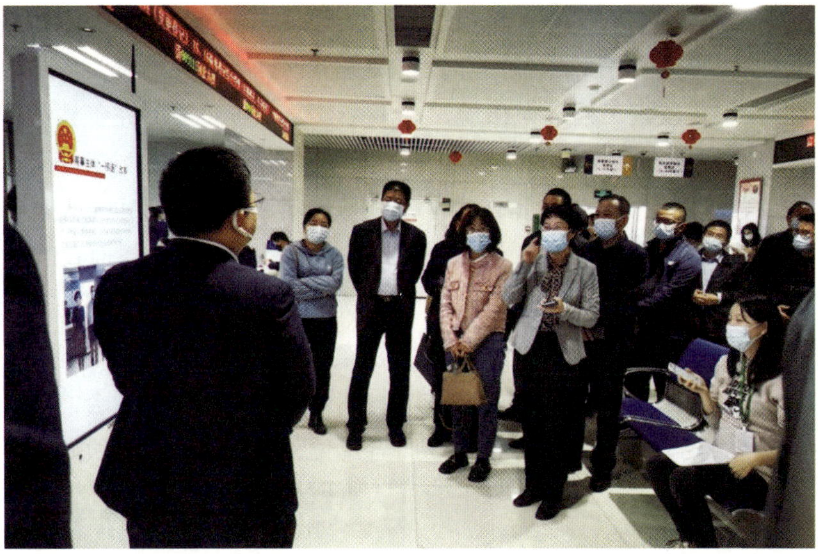

2021 年 12 月 8 日，区行政服务中心召开“放管服”改革专项巡察“回头看”整改评估工作部署会，接待闽宁协作结对帮扶乡村振兴团队到中心考察（林赛平 摄）

能化审批，并在卫健局、教育局、生态环境局、民政局、执法局等部门同步推进。截至年底，区住建局使用智能化审批平台审批办件 104 件。率先在 7 个镇（街道）便民服务中心设置“全域通办”专窗，先后对外公布三批次 317 项“全域通办”事项清单，涉及 20 个审批部门。同时，在华林经济开发区企业综合服务中心设置“跨省通办”专窗，完成“跨省通办”事项系统配置 46 项。11 月 30 日，城厢区行政服务中心联合市行政服务中心、市人社局、区人社局、区工信局、区市场监管局等部门深入华林园区和太湖园区，深化“我为群众办实事”活动，围绕企业复工复产补助、个人社保政策、跨省通办政策等惠民惠企政策开展深入指导，赢得企业的好评。在疫情防控期间，为降低人员聚集，方便企业和群众办事，区行政服务中心全面推进线上政务服务。提供区、镇（街道）两级政务（便民）服务全程网上办业务，推行不见面审批。对确有急需办理的特殊事项或紧急业务，引导群众通过“闽政通”App、“惠民宝”App 或福建省网上办事大厅预约办理，或直接联系拨打部门窗口电话联系经办人员进行预约，部门经办人员全程指导群众网上办理或对接线下办理事项的具体时间和方式，实行错峰服务。大力宣传政务服务相关办事 App、微信公众号、“E 政务”自助机终端，鼓励群众通过手机、自助机申请办件。疫情期间，行政服务中心实现办件 2281 件，其中线上办件 1947 件，线下预约办件 334 件。

【公共资源交易】 2021 年，城厢区行政服务中心严格按照“线上交易为原则，线下交易为例外”的工作要求，推行全流程电子化招投标，实行网上投标、网上签到、不见面开标等。完善工程建设项目招投标电子档案。根据《福建省公共资源交易平台服务标准（2.0）》文件，要求各招标代理机构上传相关书面报告、合同。增加莆田市公共资源交易业务系统电子合同签署功能，进入公共资源交易中心依法招标的工程建设项目，中标人应通过系统在招标文件规定的时间内与招标人签署电子合同。优化升级远程异地评标功能，为实现远程异地评标常态化提供基础。结合实际情况，制定《城厢区行政服务中心管委会关于印发〈工程建设项目招标代理机构不规范行为信息采集通报工作规定的通知〉文件，对城厢区工程建设项目招标代理机构不规范行为信息采集通报工作作出相应规定，推进工程建设项目招标代理行业信用体系建设，规范招标代理市场。按照《莆田市财政局转发福建省财政厅关于印发福建省政府集中采购目录及限额标准通知》文件精神，区行政服务中心将该份文件作信息发布，公布在莆田市公共资源交易外网，供代理查阅。按照《莆田市城厢区财政局转发福建省财政厅关于推进政府采购合同融资高质量开展的通知》文件精神，区行政服务中心将该份文件作信息发布，公布在莆田市公共资源交易外网，供代理查阅。截至年底，受理工程交易 45 笔，成交额约 8.68 亿元，节约资金约 0.75 亿元，节约率 8.64%；政府采购 77 笔，成交金额约 0.83 亿元，节约金额约 0.17 亿元，节约率 20.48%；国有产权交易 11 笔，成交金额约 2.16 亿元，增加金额约 0.20 亿元。

（林赛平）

事业单位人事管理

【落实事业单位公开招聘制度】2021 年，莆田市城厢区人力资源和社会保障局（以下简称“城厢区人社局”）办理 2020 年春季事业单位公开考试招聘人员入编工作 32 人，办理 2020 年秋季事业单位公开考试招聘人员入编工作 38 人，办理 2021 年度城厢区事业单位定向招考随军家属人员入编工作 1 人，办理 2020 年度疾控事业单位专场公开考试招聘工作人员入编工作 4 人，办理 2021 年度城厢区高层次及重点紧缺人才入编工作 3 人，完成 2021 年春季事业单位公开考试招聘人员报名、笔试、体检、审查、入职 37 人，完成 2021 年秋季事业单位公开考试招聘人员报名、笔试、体检、审查 41 人，完成 2021 年莆田市城厢区事业单位公开招聘研究生报名。

【规范人事档案管理】2021 年，城厢区人社局严密、科学地保管干部档案，不断完善档案内容。全年收集归档各类干部人事档案材料 900 余份，转递人事档案 112 份，提供档案查询利用 76 人次，审核各类拟聘、调动人员档案 99 卷。召开全区干部人事档案专项审核工作推进会，会后各单位积极配合档案室做好全区人事档案专审。

【规范事业单位津补贴发放】2021 年，城厢区人社局持续开展“1+X”专项督查，通过常态化督查，进一步规范事业单位津补贴发放。全年检查单位 12 家，发现问题线索 5 条，移送问题线索 5 条。

【关心关爱防疫人员】2021 年，城厢区人社局根据《事业单位工作人员奖励规定》，放宽 2020 年参加疫情防控一线工作表现突出的医务人员的年度考核优秀比例，按最高不超过 30% 的比例单独核增年度考核优秀名额。认真兑现落实疫情防控工作一线临时性工作补助、卫生防疫津贴等常态化疫情防控期间各项补助政策，及时发放到位。

【事业单位岗位管理工作】2021 年，城厢区人社局完成 21 家单位岗位设置审核工作，对在一轮岗位聘用期限内的事业单位，原有空缺岗位或人员退休、辞职的，采取对空缺岗位竞聘递补的方式，调整部分人员岗位及等级，调整审批千余人次。做好机关事业单位工勤人员等级岗位升级考核，全年有 57 人报名，现场审核通过 40 人，11 人取得工勤技能等级证书。做好专业技术职务任职资格评审工作，2021 年，完成初级专业技术职务任职资格确认 154 人，办理初级职称证书 184 人次，开具委托评审函 310 人次。

【落实基层倾斜政策】2021 年，城厢区人社局对在农村工作满 25 年且仍在农村工作的专业技术人员，已取得高级职称资格的，可不受岗位职数限制直接聘任专业技术岗位七级。全区有 10 名农村工作人员不占职数聘任专技七级。在基层医疗卫生、农村中小学幼儿园等基层单位实行“定向评价，定向使用”的基层专业技术职称评审管理制度，定向评价取得的专业技术资格定向聘任。2021 年，委托 41 名农村教师参加 2020 年度中小学幼儿教师中初级职称评审，10 名农村教师参加 2021 年度中学教师高级职称评审。

（徐媛清）

招商引资

【概况】2021 年，城厢区招

2021 年 11 月 29 日，城厢区参加第十三届“海峡论坛·妈祖活动周”莆台合作项目云签约仪式　　（吴一涵 摄）

商局紧紧围绕“突出开放招商，强化项目带动”的号召，坚持项目为基、项目为要的发展理念，凝心聚力，着力项目攻坚。全区累计新对接项目 52 个，包括成功引进（指投产、开工、前期、签约项目）17 个和正在洽谈（意向项目）35 个，计划总投资 179.8 亿元。其中，产业类项目 43 个，计划总投资 179.8 亿元。按所处阶段看，竣工投产项目 4 个，计划总投资 4 亿元；前期项目 1 个，计划总投资 0.3 亿元；签约项目 12 个，计划总投资 31.3 亿元；洽谈阶段 35 个，计划总投资 144.2 亿元。按投资额看，新对接亿元以上产业类项目 31 个，计划投资 177.2 亿元，其中计划投资 10 亿元以上项目 5 个，计划投资 20 亿元以上项目 1 个。总部平台类项目 10 个，其中 4 个完成签约及公司注册，6 个处在洽谈阶段。结合实际，重点围绕电子信息产业布局和发展方向，紧盯智能制造、电子信息、总部经济和软件信息技术等重点领域持续推进招商，大唐 5G 东南产业基地一期实现竣工、中电科创城先导区完成装修，中国系统新经济产业园项目等一批重大产业类项目取得实质性进展，中胜药械、云腾汇科技等一批平台类项目签约落地。

【对接洽谈】　2021 年 1 月 8 日，东华大学项目代表到莆田洽谈新材料项目，汇报项目计划。1 月 28 日，中城院一行到城厢区洽谈文献北片区历史文化名城保护项目优化合作方案。3 月 11 日，香港摩天氢能源有限公司高层实地考察太湖工业园区，洽谈氢能源项目。3 月 18 日，区领导与华润集团一行对接洽谈片区项目开发建设事宜。4 月 15—17 日，区领导带队赴北京与大唐公司洽谈 GPU 芯片项目，与北信源公司对接区块链机研发制造项目。4 月，深圳泽祉公司到城厢考察、洽谈碳化硅半导体项目建设合作模式。7 月中旬，区领导与中国

2021 年 8 月 17 日，城厢区举办“莆桂飘香 振兴助农”莆田龙眼文化节暨农业战线专场招商活动　　（许秀忠 摄）

系统一行对接洽谈中电信创基地落地事宜，了解项目公司前期筹备情况。8月17日，在华亭镇天桂山庄举办“莆桂飘香 振兴助农”莆田龙眼文化节暨农业战线专场招商活动，持续推进乡村产业振兴，建立龙眼品牌形象，以一颗龙眼撬动全产业发展，展示莆仙特色文化资源，做强莆田龙眼产业。9月7日，该区与宁夏回族自治区吴忠市同心县区举办2021年闽宁协作座谈会，通过座谈会的方式深化结对帮扶协作，交流招商工作主要做法及推介项目，并签订闽宁协作深化结对帮扶协议书。11月底，城厢区参加第十三届“海峡论坛·妈祖活动周”莆台合作项目线上签约仪式，通过云视频会议方式，线上签约干细胞实验室配套诊所项目。

【招商引资制度】 2021年，城厢区加强招商引资对接，区党政主要领导亲自主持召开招商项目洽谈会、组团外出招商引资和亲自举办开放招商活动。完善领导联系机制，按照“一个项目、一名领导、一支团队、一套方案、一抓到底”的工作机制，由区分管领导具体联系招商在谈项目，组建专业招商组项目对接洽谈，切实提高项目落地成功率。建立项目会商制度，区领导对重点项目进行会商，区五条战线牵头部门对最新在谈项目进行初步分析和研判，区开放招商办负责收集汇总后报区开放招商领导小组进行研究确定。

【建立招商引资战线】 2021年，城厢区五条战线发挥招商主力军作用，以战线牵头单位为主，镇（街）、园区共同参与，双重考评。战线以谈为主，镇（街）、园区以落为主，协同推进项目从洽谈、签约、开工、投产全过程服务。工业和信息化战线，聚力招龙头、铸链条、建集群；现代服务业战线，聚焦新业态、新模式、新消费，发展总部和平台经济；现代农业战线，聚焦做精做强特色农业，探索“互联网+农产品”，加强一、二、三产融合项目招商；文旅产业战线，聚焦资源禀赋，深度挖掘特色文化价值，以“文旅+”产业融合发展为主线进行招商；医疗健康产业战线，聚焦创新链，全力对接引进智慧医疗健康设备和应用创新、“5G+医疗健康”管理、医养结合等项目。

【创新招商引资方式】 2021年突出产业招商，围绕莆田市“343”（做优鞋服、工艺美术、食品3个传统支柱产业，做强新型功能材料、电子信息、高端装备、新能源4个战略性新兴产业，培育数字经济、平台经济、生命健康3个未来产业）重点产业集群集聚，开展产业招商，按照建链、补链、强链、拓链的要求，做深做实产业链精准招商。注重以商引商，充分发挥莆籍企业家队伍作用，鼓励本地企业和外地企业加强对外合作和联系，引进一批产业链相关的上下游企业或介绍项目到该区落户。加强驻点招商，对接驻深联络处、驻京联络处、异地商会等招商点，宣传该区产业发展优势和空间承接优势，重点加强京津冀、环渤海湾、长三角和珠三角等经济发达地区的大项目、好项目的引进。开展委托招商，依托中电光谷、创业黑马、天安云谷等第三方机构进行委托招商，开展中介招商、平台招商、园区招商、代理招商，创建政府协调推动、镇（街道）跟踪服务、市场运营管理的专业化招商新机制，进一步拓展信息来源和招商渠道。

（陈学）

政协莆田市城厢区委员会

综　述

【概况】　2021年，政协莆田市城厢区委员会（以下简称“城厢区政协”）强化思想政治引领，坚持发扬民主和增进团结相互贯通、建言资政和凝聚共识双向发力，发挥社会主义协商民主重要渠道和专门协商机构作用。督促抓好机关党组织巡察整改工作，针对反馈的24个问题制定整改措施31条，在完成整改的同时建立健全长效机制，进一步完善11项规章制度。年内，召开全委会议1次、常委会会议4次，为建设“山水格局·人文宜居”新城厢作出积极贡献。

【政治建设】　2021年，城厢区政协开展党史学习教育和“再学习、再调研、再落实”活动，通过区政协党组会议、主席会议、常委会会议等载体，领导带头学、干部主动学、党员积极学、委员广泛学。切实履行意识形态主体责任，牢牢把握意识形态工作领导权、话语权，通过向《政协天地》《莆田侨乡时报》《今日城厢》投稿，组织10名政协委员参加市政协“百名委员对党说句心里话”献礼中国共产党成立100周年活动，宣传政协工作，展示政协委员履职风采，用正确的舆论引导人、激励人、鼓舞人，筑牢思想防线。

【深化全面从严治党】　2021年，城厢区政协贯彻落实中共中央办公厅《关于加强新时代人民政协党的建设工作的若干意见》，落实深化全面从严治党主体责任，完善党组成员联系委员联络组制度。通过委员联络组统筹安排党员委员联系党外委员，努力实现党的工作对政协委员的全覆盖。扎实推进政协机关党建工作，严格落实区委《关于进一步严格党内组织生活的十二条措施》，强化机关党支部建设，每年3次向政协党组汇报工作，推动党支部主体作用发挥，促进机关更好地服务政协委员。

重要会议

【概况】　2021年，城厢区政协八届常委会召开第二十一次至二十四次会议，会议听取并同意提案工作报告、听取区政府通报2021年上半年全区经济运行和社会发展情况、开展“推进该区跨境电商综合试验区建设”专题协商等；召开区政协九届一次会议，选举产生政协第九届莆田市城厢区委员会主席、副主席等。

【区政协八届常委会会议】　3月24日，城厢区召开区政协八届常委会第二十一次会议。区政协主席肖志雄，副主席林素香、郑尚庆、黄斌华、何剑锋及26

名常委出席。会议审议通过区政协八届二十一次常委会会议议程；传达学习全国政协十三届四次会议、省政协十二届四次会议、市政协七届五次会议精神；通报区政协2021年工作要点、主要工作任务分解以及开展“再学习、再调研、再落实”活动实施方案和党史学习教育情况；同意陈德胜任经济科技和人口资源环境委员会主任。

8月5日，城厢区召开区政协八届常委会第二十二次会议。区政协主席肖志雄，副主席林素香、郑尚庆、黄斌华、何剑锋及25名常委出席，区政协党组书记陈四海列席会议。会议审议通过区政协八届二十二次常委会会议议程；通报陈四海任区政协党组书记的任命文件；听取区政府通报2021年上半年全区经济运行和社会发展情况；传达学习习近平总书记在庆祝中国共产党成立100周年大会上的重要讲话精神及区第十次党代会精神；开展“加快电子信息产业发展，助推‘双轮（强产业、兴城市）’驱动”专题协商。

10月27日，城厢区召开区政协八届常委会第二十三次会议。区政协主席肖志雄，副主席林素香、郑尚庆、黄斌华、何剑锋及26名常委出席，区政协党组书记陈四海列席会议。会议审议通过区政协八届二十三次常委会会议议程；听取区政府通报2021年该区重点项目实施和为民办实事项目落实情况；传达学习省政协主席崔玉英在省政协参加全国政协读书活动动员部署视频会上的重要讲话精神；传达学习市第八次党代会精神；开展“推进‘综治+’社区平台建设，提升城市治理现代化水平”专题协商；通报区政协委员参加新冠肺炎疫情防控和献爱心情况。

12月15日，城厢区召开区政协八届常委会第二十四次会议。区政协主席肖志雄，副主席郑尚庆、黄斌华、何剑锋及28名常委出席，区政协党组书记陈四海列席会议。会议审议通过区政协八届二十四次常委会会议议程；传达学习中共十九届六中全会、省第十一次党代会精神；听取区政府2021年工作情况及2021年工作思路通报；听取区政府关于区政协八届五次会议以来提案办理情况通报；开展“推进该区跨境电商综合试验区建设”专题协商；审议通过九届区政协委员、九届一次会议主席团成员、秘书长建议人选名单等人事事项；审议通过区政协九届一次会议有关事项；民主评议提案办理单位；审议通过关于授权主席会议审议区政协八届二十四次常委会会议未尽事宜的决定（草案）。

【区政协九届一次会议】 12月22—24日，中国人民政治协商会议第九届莆田市城厢区委员会第一次会议召开。会议听取并同意林素香所作的工作报告和郑尚庆所作的提案工作报告，听取并讨论区政府工作、计划、预算等报告。会议对上述报告表示赞同。会议选举陈四海为中国人民政治协商会议第九届莆田市城厢区委员会主席，选举林素香、郑尚庆、黄斌华、何剑锋等4人为中国人民政治协商会议第九届莆田市城厢区委员会副主席，选举方振庭等34人为中国人民政治协商会议第九届莆田市城厢区委员会常务委员。会议听取提案委员会关于区政协九届一次会议提案审查情况的报告，审议通过中国人民政治协商会议第九届莆田市城厢区委员会第一次会议决议。

民主协商

【政治协商】 2021年，城厢区政协把协商民主贯穿于政协各项履职活动中，在发挥全体会议集中协商、常委会会议专题协商、界别协商、对口协商、提案办理协商作用的同时，推进政协协商与基层镇（街道）委员联络组、社区邻里中心协商有效衔接，使政协协商向基层延伸，交流推动工作，拓宽协商渠道，丰富协商形式，营造良好的协商民主氛围。认真落实2021年度协商计划，在广泛征集协商课题的基础上，确定将《加快电子信息产业发展，助推“双轮”驱动》《推进全区跨境电商综合试验区建设》《推进“综治+”社区平台建设，提升城市治理现代化水平》3个课题作为常委会会议专题协商内容，形成专题调研报告3份、会议发言16篇，提出意见建议35条。

【党派团体协商】 2021年，城厢区政协坚持与各党派团体联系制度和协调沟通机制，主动征求对政协工作的意见建议，积极推荐非中共政协委员参加党委、政府部门的监督评议活动，为他们履行职责创造条件，形成相互尊重、体谅包容、畅所欲言、合作共事的民主氛围。各党派团体充分发挥自身优势，积极参加政协各项履职活动，提交集体提案6份、大会发言6篇，为助推全区经济社会发展发挥应有作用。主动联系异地区政协委员，通过异地城厢商会平台，宣传推介城厢创新创业的有力措施，为吸引民资回归出谋划策。广泛团结新的社会阶层、少数民族和宗教界等各方面人士，主动协助各级党委和政府协调关系、化解矛盾、理顺情绪、凝聚共识，使政协工作进一步向基层延伸、向各界别和各阶层拓展。

参政议政

【项目建设督促检查】 2021年，城厢区政协领导班子成员协助区委区政府抓好工作落实，为实施“双轮”驱动、推进全区经济社会发展作出贡献。挂钩龙德井、文献北、沟头等片区改造等重点项目，到项目一线，了解掌握情况，及时协调解决项目建设遇到的困难和问题。围绕精准脱贫、污染防治、防范化解重大风险等工作，主动融入，发挥作用，为打赢打好“三大攻坚战”贡献政协力量。

【疫情防控督促检查】 2021年，城厢区政协积极响应市委、区委号召，呼应市政协倡议，多次召开党组会议、主席会议，研究部署新冠肺炎疫情防控和促进企业复工复产工作，以实际行动彰显政协新作为。党组书记牵头制定全区社区新冠肺炎疫情防控应急方案和防控机制，成立工作组织，明确责任分工，及时检查指导、督促整改重点部位、薄弱环节，推动社区防控工作有效有序开展；班子成员分别深入所挂钩的镇（街道）、文献中学、速8酒店、维也纳酒店、洛克酒店等隔离点，落实落细各项防控措施，深入村（社区）、卡口一线检查落实情况，帮助协调解决防控人员、物资短缺等实际问题；督促企业履行主体责任，尽快复工复产，帮助企业协调解决人员不足、防护用品缺乏等存在的问题；机关党员发挥先锋作用，争当抗疫志愿者，分赴抗疫第一线，做好社区新冠肺炎疫情防控工作，以实际行动砥砺初心使命。城厢籍政协委员及委员企业踊跃捐款捐物，据不完全统计，收到捐款捐物80多万元，充分展现出“为国履职、为民尽责”的委员风采。

【委员履职能力建设】 2021年，城厢区政协按照习近平总书记“懂政协、会协商、善议政，守纪律、讲规矩、重品行”的要求，修订《关于区政协委员履行职责服务管理办法（试行）》，完善委员履职管理、健全考核与评价机制，通过培训班、读书班、视察调研、委员联络组活动等有效形式，提升全体政协委员的思想政治水平和履职能力，引导鼓励政协委员尽责担当。参加省政协组织的读书活动，区政协党组成员以身作则，带头读书、带头发表心得感言，党员委员积极参与，活跃读书气氛，带动广大政协委员踊跃发言，先后发表2000多条学习心得，呈现大学习、大讨论、大交流的良好学习氛围。

民主监督

【社情民意反映】 2021年，城厢区政协高度重视反映社情民意信息工作，落实《关于加强反映社情民意信息工作的意见》，宣传发动全区政协委员重点围绕党委政府重视、人民群众关心的问题，积极拓宽社情民意信息渠道，不断完善信息征集、报送、督办和反馈机制。2021年被省、市刊物采用信息稿件40多篇。同时与有关部门就社情民意信息的办理情况进行沟通落实，切实发挥政协社情民意信息的“直通车”作用，及时把群众的呼声传递给有关部门。

【监督员制度建设】 2021年，城厢区政协与纪委监察、法院、检察院等单位紧密配合，规范委派政协委员担任职能部门特邀监督员制度，确保委员在推动行政机关和司法机关依法行政、公正司法、促进机关作风转变等方面，发挥应有的民主监督作用。

视察调研

【专项视察】 2021年，城厢区政协进一步加强同各民主党派、工商联、无党派人士和各人民团体的联系与合作，保障党派团体发表主张的权利，联合开展调研视察、举办协商议政、督办重点提案等活动。围绕着力解决重点民生问题，就“林业生态建设情况”“民族宗教事务”“重点项目落实情况和为民办实事项目实施”“加快科研成果转化”等开展专项视察，提出意见建议21条，为增强人民获得感和幸福感献智出力。

【对外联谊】 2021年，城厢区政协积极搭建平台、创新形式、丰富内容，广交朋友，深交朋友，增进与各界委员的团结联谊。做好省市政协和外地政协到城厢考察服务工作，在加强沟通、密切联系、听取意见、了解情况的过程中不断增进共识。参加市县区政协主席联席会议，总结经验，交流情况。2021年陪同省市政协领导考察视察13批次，外地政协到城厢学习考察12批次。

提案办理

【提案工作】 2021年，城厢区政协把协商贯穿于提案的提出、立案、交办、办理、督办和反馈全过程，不断创新和完善提案工作机制。改进提案督办方式，推动提案提交由数量型向质量型转变、提案办理由重答复向重落实转变。坚持对提案办理征求意见形式由提案委直接向提案人征询意见，推动提案办理工作质量提升。区委、区政府高度重视提案办理工作，把提案办理纳入承办单位绩效考评，要求区各级党委（党组）自觉接受政协民主监督，认真办理政协提案、建议。开展民主评议提案办理单位活动，促进承办单位把评议的压力转化为办好提案的动力。

【提案督办】 2021年，城厢区政协八届五次会议召开之后收到提案86件，经审查立案63件，对其中11件重点提案进行督办，提案办理满意率达98.5%。截至11月底，所有提案均办复。《关于尽快解决城市交通拥堵问题的建议》重点提案办理后，有效改善城市交通环境，提升城市品位；“助推‘双轮’驱动，推进电子信息产业发展”“关于跨境电商综合试验区建设的建议”“推动新时代城厢区职业教育高质量发展的几点建议”等一批事关经济社会发展和民生改善的提案得到较好解决，推动社会和谐稳定。

（陈德胜）

纪检　监察

综　述

【概况】　2021年，城厢区纪检监察机关坚决扛起全面从严治党主体责任，坚定不移惩治腐败，服务和融入新发展格局，忠实履行党章赋予的职责，发挥监督保障执行、促进完善发展作用，推动党风廉政建设和反腐败工作取得新成效。全区运用“四种形态”批评教育和帮助处理356人次，其中运用第一种形态处理248人次，切实把好保护爱护党员干部第一关口。纪检监察机关受理检控类初信初访182件，办结125件，属实（含部分属实）45件，转立案12件，成案率26.67%。立案审查调查124件124人，其中科级案件6人，移送审查起诉5件5人。年内，中共莆田市城厢区纪律检查委员会、莆田市城厢区监察委员会（以下简称“城厢区纪委监委”）机关党总支获得“市级先进基层党组织”称号。

2021年6月29日，城厢区纪委监委科级以上干部开展重温入党誓词活动　（林朱平　摄）

【党风廉政建设】　2021年，城厢区纪委监委把“严”的主基调长期坚持下去，制定聚焦“关键少数”开展分级分类监督的意见，加强对镇（街道）党政主官、领导班子的政治监督。聚焦群众反映强烈的“急难愁盼”问题，开展点题整治项目17个，查处群众身边腐败和不正之风突出问题44件，给予党纪政务处分32人。

【反腐倡廉建设】　2021年，城厢区纪委监委开展全面从严治党主体责任落实检查，启动换届选举专项巡察，一体推进“不敢腐、不能腐、不想腐”，立案审查调查123件123人，保持反腐倡廉高压态势。严查“天价茶”背后“四风”和腐败问题等，查处享乐主义、奢靡之风问题3起

3 人，形式主义、官僚主义问题 14 起 17 人。

重要会议

【概况】 2021 年，城厢区纪委先后召开九届六次、七次全会和十届一次全会，主要议程有谋划全区全面从严治党工作、听取和审议《中共莆田市城厢区第九届纪律检查委员会向区第十次党代会的工作报告（草案）》及起草情况说明、选举产生区纪委常委和区纪委书记、副书记等。

【区纪委九届六次全会】 2 月 7 日，城厢区纪委九届六次全会召开，会期半天。会议深入学习贯彻习近平新时代中国特色社会主义思想和中共十九届五中全会精神，全面贯彻落实十九届中央纪委五次全会、省纪委十届六次全会和市纪委七届六次全会部署，谋划全区全面从严治党工作。区委书记王文才出席会议并讲话，区领导吴文恩、王国太、肖志雄、郑松青等出席。市纪委监委第二纪检监察室主任郑赛花到会指导。区委常委、区纪委书记、区监委主任余丽红作工作报告。会议审议通过区纪委常委会工作报告，审议通过区纪委九届六次全会决议。

【区纪委九届七次全会】 7 月 23 日，城厢区纪委九届七次全会召开，会期半天，区纪委委员出席会议，区监委委员和有关方面负责同志列席会议，区委常委、区纪委书记、区监委代理主任许琦阳主持会议。全会认真听取和审议《中共莆田市城厢区第九届纪律检查委员会向区第十次党代会的工作报告（草案）》及起草情况说明。

2021 年 2 月 7 日，中共城厢区纪委九届六次全会召开

（林朱平 摄）

【区纪委十届一次全会】 7 月 30 日，城厢区纪委九届七次全会召开，会期半天，会议通过《中国共产党莆田市城厢区第十届纪律检查委员会第一次全体会议选举办法》。会议采取无记名投票方式选举产生区纪委常委和区纪委书记、副书记。根据选举结果和选举办法规定，许琦阳、吴智杰、林建华、林清华、陈宜密、林国煌、陈碧金当选为中国共产党莆田市城厢区第十届纪律检查委员会常务委员会委员，许琦阳当选为中国共产党莆田市城厢区第十届纪律检查委员会书记，吴智杰、林建华当选为中国共产党莆田市城厢区第十届纪律检查委员会副书记。

纪律检查

【概况】 2021 年，城厢区纪委监委自觉把各项工作放到改革发展大局中思考、谋划、推进，紧紧围绕“攻坚两个月、奋战六十天”、产城融合、提质升级、新冠肺炎疫情防控、优化营商环境等中心工作，通过出台配套措施、强化协调推进、一线实地督导等举措，推动区委决策部署落实落细落到位，确保政令畅通和换届风气风清气正。2021 年，城厢区纪委监委开展专项督导 194 次，

2021 年 5 月 25 日，城厢区纪委监委青年干部在“城厢清风 青春讲堂”上通过接力诵读红色家书，感悟革命先辈的爱国情怀

（林朱平 摄）

推动解决问题 32 个，“点对点”约谈 43 人次，谈话提醒 12 人次。

【标本兼治】 2021 年，城厢区纪委监委坚持系统施治、源头治理，以系统思维推进“不敢腐、不能腐、不想腐”，立案审查调查经济大案 12 件，科级案件 6 件，移送检察机关起诉 5 人，严肃查处一批典型案件，形成有力震慑。完善“查改评”三位一体工作机制，推动建章立制，压减权力设租寻租空间。结合中国共产党成立 100 周年主题，组织开展“一展一图一歌曲”系列活动，融教化于艺术之中，坚持全面从严治党，在监督执纪执法中传递组织关怀，结合新冠肺炎疫情防控工作，累计在《人民日报》客户端、新华网等中央、省级各类媒体，发布纪录片《他们也是我们》、抗疫歌曲《共筑坚城》、朗读 MV《战“疫”·一封家书》等，播放量达 30 万 +，展现众志成城、同心战“疫”的“城厢风貌”。

【纠治“四风”】 2021 年，城厢区纪委监委坚持纠正“四风”（形式主义、官僚主义、享乐主义、奢靡之风），着力整治群众身边的不正之风和腐败问题，结合“我为群众办实事”活动，以“点题整治”推动解决群众“急难愁盼”问题，查处群众身边腐败和不正之风突出问题 49 件 40 人。开展政法队伍教育整顿，查处政法干警违纪违法问题 29 件，予以党纪政务立案 18 人，移送司法机关处理 3 人。推进扫黑除恶常态化，推动扫黑除恶专项斗争与反腐败、基层“拍蝇”、整治行业乱象相结合，城厢区纪委监委获评“全省扫黑除恶专项斗争先进集体”。

巡察监察

【概况】 2021 年，城厢区纪委监委坚持问题导向、目标导向、

2021 年 8 月 3 日，城厢区巡察整改评估组在木兰溪延寿段实地走访了解水质提升工程推进情况

（林朱平 摄）

效果导向，把整改评估和实际工作紧密结合，5月上旬积极组建两队由区委巡察组组长、副组长、区委巡察办干部组成的整改评估组。两个评估组通过调研走访、查阅资料、谈话了解、现场核实等方式，分别对优化营商环境暨“放管服”改革巡察“回头看”以及木兰溪治理等专项巡察整改情况进行整体评估。

2021年4月16日，城厢区纪委监委会同筱塘社区监督委员会干部在清风工作室听民声访民情（林朱平 摄）

【政治巡察】 城厢区纪委监委坚持巡察格局一体化、巡察方式多元化、巡察整改制度化，2020年10月至2021年2月初，区委组建5个巡察组，采取“一托N”（“1”是区纪委监委各纪检监察室，“N”为派驻纪检监察组、镇街纪委监察组）、“联动交叉”等方式深入开展九届区委第十二轮巡察，对9个单位进行常规巡察、3个单位巡察“回头看”，完成九届区委巡察全覆盖任务。创建智慧监督“掌上通”平台，整合信息公开、项目监管、点题整治等模块，打通监督“最后一公里”。开展政治监督谈话21人次，问责落实主体责任不力领导干部16人，第十二轮巡察整改率达98.25%。

【巡察监督】 2021年，城厢区纪委监委坚持因地制宜、因村施策、精准高效、简便易行的原则，8月下旬，组建十届区委专项巡察组，并下设三个巡察小分队，通过“一托N”方式，围绕“三个聚焦”（聚焦责任意识、聚焦制度建设、聚焦案件处置），对相关镇（街道）12个村（社区）党组织开展换届选举专项巡察，紧盯村（社区）党组织换届工作中的不正之风，补齐基层党内监督短板，净化党内政治生态及换届风气，助力村级党组织换届选举工作展开。巡察期间，发现37个共性问题，并建立“一村一清单”。

（罗文武、阮武、魏镇）

民主党派

中国民主革命委员会城厢区支部委员会

【概况】 2021年，中国民主革命委员会莆田市城厢区支部委员会（以下简称“民革城厢支部”）结合工作实际，立足本职岗位，按照“四新”（新时代多党合作要有新气象、思想认识要有新提高、履职尽责要有新作为、参政党要有新面貌）和“三好”（做中国共产党的好参谋、好帮手、好同事）的要求，提高“五种能力”（政治把握、参政议政、组织领导、合作共事、解决自身问题），提升建言资政的质量和水平，积极主动为群众办实事，努力建设成为政治坚定、组织坚实、履职有力、作风优良、制度健全的新时代中国特色社会主义参政党。

【民革城厢区支部第六次党员大会召开】 2月7日，民革城厢支部召开第六次党员大会。会议听取和审议民革城厢区第五届支部主委郭妙桑代表第五届委员会所作的题为《牢记初心谋发展，开拓进取谋新篇》的工作报告，选举产生民革城厢区支部第六届委员会。林基立当选为主委，陈剑英、黄兆琼当选为副主委，陈成榕、林烨、陈静、林范佳当选为委员。

【参政议政】 2021年，民革城厢支部紧紧围绕中共城厢区委、区政府的发展目标，继续解放思想，关注民生，关注老百姓关心的热点、难点问题，深入基层调研、建言献策、撰写提案、反映社情民意，为城厢区各项事业的发展建言献策。支部主委林基立的“关于莆田市东圳水库一级水资源保护地周边农业生产用肥建议”提案被市政协采用；林范佳委员“关于进一步加强学前教育的建议”提案及陈静委员

2021年6月23日，民革城厢支部开展党史学习交流座谈会

（林基立 摄）

“关于提高责任意识解决辖区道路安全隐患的建议”提案被区政协采用，同时“关于进一步加强学前教育的建议”提案得到莆田市城厢区教育局答复。

【学习调研】 2021年，民革城厢支部先后组织多次学习调研活动，提高党员的理论水平和参政议政能力。集中开展学习《中国共产党统一战线工作条例》、市第八次党代会、区第十次党代会、习近平在纪念辛亥革命110周年大会上重要讲话精神，学习贯彻中共十九届六中全会精神。同时，支部围绕“推动移风易俗弘扬时代新风”主题，开展民间信仰的社会治理功能研究调研，深入基层开展现场办公，就如何把具有民俗传承悠长、历史底蕴丰厚、民间影响巨大的民间信仰文化软实力或影响力，创造性转化和创新性发展，提高民间信仰规范化管理水平和经济社会贡献率，与弘扬中华优秀传统文化、践行社会主义核心价值观、深化乡村移风易俗相结合，与党建引领基层治理、美丽家园建设行动、美丽乡村产业振兴工程等相融合，走出一条以民间信仰文化引领农村善治、决胜全面小康，乘势而上投身建设社会主义现代化国家新征程的新路子等积极撰写报送社情民意信息。

【参与疫情防控】 2021年，民革城厢支部委员投身抗疫一线，民革城厢支部主委、城厢区供销社主任林基立，一方面主动请缨参与疫情防控应急志愿服务队，负责莆田学院南区隔离点防疫工作，积极协调，示范带头，切实抓好隔离点各项防疫工作；另一方面，带领队协助责任区开展连续三轮核酸检测，并动员社区干部职工开展捐款活动，助力疫情防控。民革城厢支委副主委、城厢区文化体育和旅游局干部陈剑英，面对疫情，投身疫情防控一线，与其他人员一道，为隔离点配备各类设施和生活必需品，做好服务保障工作。民革城厢支部委员城厢区疾病预防控制中心副主任陈成榕负责全员核酸检测标本转运，隔离点消杀督导，对终末消毒效果进行评估。民革城厢支部陈静参与区交通检疫组，在接到转码工作咨询任务后，做好耐心接听、详细讲解转码政策和条件，累计接到市民来电咨询8千多个。

2021年7月28日，民革城厢支部开展“百年中国梦 风雨同舟情”主题实践活动（林基立 摄）

【组织建设】 2021年2月7日上午，民革城厢支部召开第六次党员大会，会议选举产生新一届民革城厢区支部委员会，林基立为主委，陈剑英、黄兆琼为副主委。6月23日，开展“百年中国梦 风雨同舟情”主题实践活动，组织参观城厢区常太马院闽中游击老区革命纪念馆，并集中开展学习讨论，重温革命历史，接受爱国主义教育。同时，民革城厢支部组织年轻党员、骨干党员积极参加社中央网络培训班，提升“五种能力”，提高政治水平和社务工作能力。

（林基立）

中国民主同盟会城厢区总支部委员会

【概况】 2021年，中国民主同盟会莆田市城厢区总支部委员会（以下简称“民盟城厢总支部”）围绕“打造人文宜居新城厢，建设美丽莆田先行区”，充分履行参政党职能，为推动城厢经济社会发展作出贡献。

【思想建设】 2021年，民盟城厢总支部开展“不忘合作初心，继续携手前进”和“弘扬爱国奋斗精神、建功立业新时代”主题教育。3月，组织盟员赴木兰溪防洪奠基点和木兰陂现场重温习近平总书记亲自擘画和推动木兰溪治理的过程。4月，参加民盟市委举办的“中国共产党及民主党派的伟大历史使命”专题讲座。6月，组织盟员参加城厢区“6•5”世界环境日大型宣传活动，参加民盟市委会2021年度在仙游县西苑乡凤山村革命老区基点村、“文创旅游”盟员之家暑期读书班活动暨新盟员培训班。7月，赴仙游县郊尾镇革命遗址参加市盟组织的“同心学党史永远跟党走”学习教育活动。

【组织建设】 2021年，民盟城厢总支部发展新盟员2名（陈爱华、柯建荣）。6月，组织盟员参加市盟组织“再学习、再调研、再落实”活动廉政教育活动以及市盟监督委组织开展的“传承红色基因筑牢政治忠诚”主题廉政教育活动。

【社情民意】 2021年，民盟城厢总支部发挥自身优势，围绕中心、服务大局，参加各类协商会、通报会、征求意见会19场，反映社情民意信息126条，为全区经济建设出谋划策，真实反映社情民意。

【民主监督】 2021年，民盟城厢总支部参与民主监督，通过政协、人大平台参与区重大项目的视察活动，提出有针对性的监督意见。方碧娴作为民盟市委会监督委员会委员，参与换届考核、选举等各类活动的监督工作。林少斌作为市机关效能建设监督员、吴懿娴作为区法院廉政监督员、王华眉作为区法院人民陪审员，广泛参与执法检查、监督评查等活动，履职尽责。

【服务社会】 2021年，民盟城厢总支部按照“发挥优势、突出重点、量力而行、讲求实效、持之以恒”的指导方针，利用人才优势，整合资源，为经济建设服务，为科技、教育、文化等事业发展服务。对接盟员企业万豪食品有限公司，为企业发展建言献策，做好服务工作。3月16—21日，组织盟员积极参与盟市委庆祝中国共产党成立100周年、建盟80周年书画展览会，城厢总支盟员推出精品力作20余幅。8月，组织盟员开展“我为特园献爱心”捐款活动，为重庆特园建设在文物、史料征集以及经费上给予支持。

（方碧娴）

中国民主建国会城厢区支部委员会

【概况】 2021年，中国民主建国会莆田市城厢区支部委员会（以下简称“民建城厢支部”）注重发挥界别特色和优势，加强支部的思想建设、组织建设、制度建设和作风建设，切实履行参政党职能。

【思想建设】 2021年，民建城厢支部组织会员召开专题学习会，传达学习习近平来闽考察重要讲话精神、全国“两会”精神和《中国共产党统一战线工作条例》等，组织支部委员学习中共十九届六中全会精神、中共莆田市第八次代表大会精神和中共城厢区第十次党代会精神，全年开展思想教育活动4次，微信群发送学习材料42份。

【组织建设】 2021年，民建城厢支部贯彻落实“4211111”（每年开展4次活动、每年推荐2位入会积极分子、每年提交1篇提案或反映社情民意、每年发表1

篇文章或新闻资讯、每年开展1次社会服务活动、1个也不能少、思想政治引领1票否决）基层组织多维度量化考评制度，以争创全国、全省先进集体为目标开展工作。该年入会新会员4名（其中3名为其他支部转入）。2月，走访慰问退休会员3名。4月，选派会员参加莆田市第十期党外干部培训班学习；开展“民建会员对党说——庆祝中国共产党成立100周年”融媒体活动。6月，民建城厢支部、涵江总支联合开展庆祝中国共产党成立100周年乒乓球趣味赛，城厢支部乒乓球运球和乒乓球颠球比赛中分别荣获一等奖和二等奖。7月，民建城厢支部会员参与市委会组织的“风雨同舟羽你同行”羽毛球赛，分别荣获女单和混双一等奖；开展中共党史现场学习教育，不断推进党史学习教育。8月，利用民建暑期读书班，支部组织会员参与“颂歌献给党唱响新时代”大合唱和党史会史知识竞赛，城厢支部代表荣获党史会史知识竞赛三等奖；在城厢区会员企业莆田众博恒邦医疗科技有限公司成立第二个民建会员之家，这也是城厢区各党派中成立的第三个会员之家。

【参政议政】 2021年，民建城厢支部发挥界别优势，聚焦民生福祉，积极参政议政，运用调研成果在两会上建言献策，取得良好成效。结合党史学习教育、组织骨干会员“以探索‘综治+’市域治理模式，提升社会治理现代会水平”的课题调研活动2次，并向市委会提出重点课题提案1篇。陈泗主委的“基层邻里纠纷引发刑事案件应引起重视”被市政协采用，黄志兴副主委的“关于建立重点高技术产品和重要战略物资进口的国际供应链安全评估与压力测试机制的建议”被省政协采用，林梅红副主委的“关于莆阳文化伴手礼‘文化标识’的建议”被市政协采用、“关于推进数字福建智造强省建设的建议”抄送省政协。同时，发动支部会员参与省政协组织的以“弘扬伟大建党精神、不忘初心、牢记使命、坚定‘四个自信’、奋进新时代，迈向新征程”为主题的读书活动，向政协上报主题心得26篇。

【制度建设】 2021年，民建城厢支部以制度建设为突破口，进一步规范会务工作。制定详细的学习制度，每季度支部组织一次学习，半年组织一次全体会员集体学习，每季度组织一次学习交流活动。支部注重社会服务工作，密切协调好企业界会员的横向联系，协调好企业界会员与民建市委会、省委会的纵向联络；注重会员活动的多样性，丰富会员社情民意活动内容，坚持定期走访探望会员企业与不定期慰问相结合。加强后备干部队伍建设，注重培养政治素质高、业务能力强的年轻同志，为其成长和锻炼提高积极搭建平台。

【服务社会】 2021年，民建城厢支部开展社会服务活动，在仙游新冠肺炎疫情发生后，支部会员捐款捐物，截至11月，全区民建会员及会员企业共向莆田市红十字会、城厢区红十字会等捐款31.28万元，其中会员捐款1.78万元，会员企业捐款18.5万元。中科华宇（福建）科技发展有限公司捐款10万元、福建人和消防有限公司捐款3万元、福建省万屹建设工程有限公司捐款3万元、莆田市遇花缘园艺有限公司捐款2.5万元。同时向市红十字会、市医疗队、太湖工业园区、霞林街道等一线防控队伍等捐赠口罩5000个、防护眼镜60副、体温计160把、消毒液300支、矿泉水300箱、方便面50箱、红牛20箱、日用品50袋等物品，向莆田隔离儿童捐赠600多册图书，合计人民币11万元。

（林梅红）

中国农工民主党城厢区支部委员会

【概况】 2021年，中国农工民主党莆田市城厢区支部委员会（以下简称“农工党城厢支部”）不断加强自身建设，切实履行参政党各项职能，加强政治思想和自身建设，不断提高参政议政和服务社会能力。是年，党员潘仁东被农工党福建省委会授予2021

年度“社会宣传工作先进个人”称号，党员潘仁东、黄海峰、洪玉清、陈玉婷、吴丽霞、阙国强在2021年抗击新冠肺炎疫情中被中共城厢区委、区政府授予新时代“最美逆行者”荣誉称号。

【农工党城厢区支部第六次党员大会召开】 10月24日，农工党城厢支部召开第六次党员大会。会议听取并审议支部主委潘仁东代表农工党城厢支部第五届委员会所作的工作报告。会议以无记名投票的方式选举潘仁东、叶丽珊、洪玉清、胡德雄、林晨瑾、吴志华、陈玉婷、吴昱呈、吴丽萍9人作为农工党城厢支部第六届委员会委员；经农工党城厢支部第六届委员会第一次会议选举，新一届委员会以潘仁东为支部主任委员，叶丽珊、洪玉清、胡德雄为支部副主任委员。

【参政议政】 2021年，农工党城厢支部完成调研报告1篇，向市委会提交社情民意13篇，在区人大十届一次会议上提交反映社情民意的提案建议1件，在区政协九届一次会议上提交反映社情民意的提案建议8件。

【民主监督】 2021年，农工党城厢支部通过参加区人大、政协会议，专题调研和视察，以及通报会、协商会等活动，发挥支部党员的区人大代表、政协委员、安全生产协会评审员、教育系统“三风”督查员作用，多渠道多形式参与党外民主监督活动，履行各自的职责，提出的意见建议均得到采纳。

【服务社会】 2021年12月2日，农工党城厢支部以宁夏同心县教育局选派骨干教师到城厢区参加跟岗实践活动为契机，骨干党员利用莆田文献中学平台与同心县同心二中、豫海中学的跟岗教师建立友好协作伙伴关系。潘仁东主委与莆田文献中学领导、同心县同心二中、豫海中学的跟岗教师进行座谈。骨干党员、莆田市学科带头人、莆田文献中学叶丽珊老师采用“六字法”高效课堂理念，为大家上了一节题为《第二次世界大战》的高效课堂教学教改示范课。6月24日，农工党城厢支部组织党员医务工作者，联合区委统战部前往城厢区灵川镇云庄村，开展“同心·义诊”活动。10月29日，农工党城厢支部联合城厢区政协、城厢区医院等单位，赴城厢区灵川镇太湖村开展“健康服务在行动进村义诊暖民心”主题送医送药活动。

（潘仁东）

中国致公党莆田市委员会城厢支部委员会

【概况】 2021年，中国致公党莆田市委员会城厢支部（以下简称“致公党城厢支部”）参加城厢区政协和区委统战部召开的协商会、情况通报会、征求意见会等，围绕城厢区委、区政府中心工作，向区领导和相关部门积极建言献策。全年提交社情民意11篇，课题5篇，支部党员或领衔或附议向市、区两会提交议案、提案、建议8件。

【致公党城厢区支部第六次党员大会召开】 11月28日，致公党城厢支部第六次党员大会召开。会议听取并审议致公党城厢区第五届委员会工作报告；选举产生致公党城厢区第六届委员会委员。并召开致公党城厢区第六届委员会第一次会议，选举产生致公党城厢区第六届委员会主委、副主委。王乌妹当选为致公党城厢区第六届委员会主委。

【理论学习】 2021年，致公党城厢支部组织党员在“致公之家”召开庆祝中国共产党成立100周年暨学习沙龙进支部座谈会，传达学习习近平总书记在党史学习教育动员大会上和到闽考察重要讲话精神、致公党福建省委九届二十五次主委会议二十一次常委会会议精神、《中国共产党统一战线工作条例》和中共十九届六中全会精神等，学习致公党原中央领导罗豪才坚定的理想信念、高尚的思想品格和忘我的工作精神以及致公先贤司徒美堂抗日救国、铁骨铮铮的民族气节，引导党员厚植爱党爱国情怀。积极组织党员参加市社会主义学院民主党派第二期学习班、致公党市委会举办的2021年暑期读书班及省政协开展的政协委员专题读书活动等，进一步坚定党员的政治定力，凝聚政治共识，提升履职能力，为新时代参政党自身建设夯实基础。

【服务社会】 2021年1月8日，致公党城厢支部组织党员前往华亭镇埔柳社区、园头村对侨情概况和华侨文化进行调研，深入掌握新形势下侨情变化和特点，为完善侨情服务阵地打下坚实基础。3月11日，赴涵江区萝苜田对历史文化街区保护工作进行调研，详细了解历史文化街区规划改造、历史建筑保护修复、新业态引进等情况。3月16日，前往华亭镇、龙桥街道等辖区内的养老服务中心进行调研，通过对养老服务事业现状的调查研究，了解当前养老服务存在的困难并提出建议意见。7月13日，开展“传承红色基因，践行‘四新三好’”观百部红色电影活动，并组织党员观看红色电影《1921》，引领党员们重温中国共产党百年的光辉历程，进一步凝聚思想政治共识。7月14日，结合党史学习教育“我为群众办实事”，到常太镇岭下村实地调研乡村振兴工作，开展送科技下乡助力乡村振兴活动，为当地群众科普种植产业知识及相关惠民政策。8月27日，组织党员到仙游济川村开展“致力为公，侨心向党”党史学习教育，筑牢“不忘合作初心，继续携手前进”的思想根基。9月，莆田市新冠肺炎疫情突袭而至，支部积极发动捐款“抗疫”4816.66元，开展“同心携手守护平安”慰问活动，并向隔离点医护人员、驻点干部等抗疫一线工作人员送上“平安礼包”100份。支部全体党员或参与隔离点工作，或下沉村居一线、立足自身自家、立足本职本行业，扩大疫情防控知识宣传，协助有关部门动员群众注重防护防控，发挥“侨党”海外联系较为广泛的优势，筹集资金采购口罩等防护用品寄送给身在海外缺乏物资的华侨，为海外统战工作贡献致公力量。

（谢晓涵）

九三学社城厢区支社委员会

【概况】 2021年，九三学社莆田市城厢区支社委员会（以下简称“九三学社城厢支社”）结合工作实际，立足本职岗位，按照“四新”（新时代多党合作要有新气象、思想认识要有新提高、履职尽责要有新作为、参政党要有新面貌）和“三好”（做中国共产党的好参谋、好帮手、好同事）的要求，提高“五种能力”（政治把握、参政议政、组织领导、合作共事、解决自身问题），努力建设成为政治坚定、组织坚实、履职有力、作风优良、制度健全的新时代中国特色社会主义参政党基层组织。

【九三学社城厢区支社第七次社员大会召开】 9月10日，九三学社城厢支社召开第七次社员大会。支社主委吴清松代表支社第六届委员会作题为《永远跟党走 同心谋发展》的工作报告。大会按照《九三学社章程》和基层组织选举的有关程序和办法，选举产生支社第七届委员会，吴清松当选为支社主委，林智辉、阮成伟当选为支社副主委，黄梅玉、陈宇君当选为支社委员。截至2021年底九三学社城厢支社有社员24人，社员中有城厢区政协委员3名，其中政协常委1名。

【学习活动】 2021年，九三学社城厢支社定期或不定期地组织社员集中学习及理论研讨。2月5日，召开专题学习会，学习习近平总书记在中共中央党外人士座谈会及同党外人士共迎新春上的讲话精神，中共城厢区委统战部副部长叶建平应邀到会宣讲中共十九届六中全会精神。4月8日，召开支委扩大会，传达学习习近平总书记来闽考察重要讲话精神以及习近平总书记在党史学习教育动员大会上的讲话，并邀请莆田市人大常委会财经工委

2021 年 6 月 19 日上午，九三学社附属医院支社、城厢区支社在城厢区霞皋村联合开展“我为群众办实事”暨“同心·健康服务”送医下乡义诊活动 （吴清松 摄）

主任、社市委副主委黄潮月到会指导。10 月 29 日，召开莆田市第八次党代会精神专题学习会，传达学习市第八次党代会精神。11 月 26 日，组织支社委员及部分骨干社员集中专题学习中共十九届六中全会精神。

【参政议政】 2021 年，九三学社城厢支社围绕党委政府中心工作深入调查研究，调动社员立足本职，发挥岗位优势，积极撰写调研文章，撰写提案建议，向市、区两会建言献策；围绕“六稳”“六保”、科技创新、环境保护、乡村振兴、防汛减灾、补齐民生社会事业短板等重点领域积极撰写报送社情民意信息。其中，《关于同步开展碳达峰、碳中和工作的建议》得到市政协采用。

【服务社会】 2021 年，九三学社城厢支社与有关单位联合开展义诊、科技环保宣传等一系列社会服务工作。3 月，联合市、区水利局到万辉社区开展节水系列宣传志愿服务活动。6 月，参与城厢生态环境局举行的“人与自然和谐共生”主题宣传志愿活动，与附属医院支社联合开展“我为群众办实事”暨“同心·健康服务”送医下乡义诊活动，参加中共城厢区委统战部组织的联合服务队，前往城厢区灵川镇云庄村，开展“我为群众办实事”活动。

（吴清松）

群众团体

总工会

【概况】 2021年，莆田市城厢区总工会（以下简称“城厢区总工会”）紧紧围绕强产业、兴城市“双轮”驱动，认真履职，主动作为，团结动员广大职工为全方位推进高质量发展超越发挥工人阶级主力军作用。

【思想政治建设】 2021年，城厢区总工会扎实开展党史学习教育，把“大学习”的课堂搬到工厂车间、生产一线、发展前沿，举办“中国梦·劳动美——永远跟党走、奋进新时代”主题学习活动10场，依托掌上工会平台推出党史学习教育宣传20期，线上有奖知识竞答活动2期；开展庆祝中国共产党成立100周年系列活动，邀请劳模和革命老前辈讲述红色故事，发动职工以画党旗绘蓝图、唱红歌、演讲比赛、看党史展板、文艺会演、素质拓展等多样化形式献礼中国共产党成立100周年7场；开展“职工趣味运动会、女职工形体礼仪培训、青年职工交友活动”等系列职工文化活动，持续打造“职工书屋”“书香工会”等文化阵地。

【服务经济发展】 2021年，城厢区总工会深化劳动和技能竞赛活动，开展以“当好主人翁·建功‘十四五’”为主题的各类劳动和技能竞赛。联合举办城厢区星级导购技能竞赛活动和“莆田工匠”职业技能大赛——城厢区美食烹饪职业技能竞赛活动。发挥劳模工匠示范引领作用，选树省五一劳动奖章3个、五一先锋号1个（区医院药剂科）、工人先锋号1个（凤凰家政筱塘店），

2021年2月3日，城厢区总工会在力奴鞋业有限公司举办工资集体协商现场会
（区总工会 供）

下拨补助郑春辉劳模工作室创建经费20万元，新创建示范性劳模工作室1个，新建劳模工作室2个，选树入围莆田工匠之星3个，开展劳模典型事迹宣传活动2场，线上宣传活动5期。加大对劳动模范的关心关爱力度，慰问退休（困难）劳模4个，发放劳模津贴91500元，营造全社会崇尚劳动、劳动光荣、造福劳动者的良好氛围。

【保障新冠肺炎疫情防控】 2021年，城厢区总工会筹集防疫资金63万元，用于疫情防控保障和慰问等专项工作，将承担防疫任务、服务防疫工作、卫生健康和保障民生等坚守岗位的一线职工纳入工会慰问范围，深入隔离点、防控卡口、环卫处、公安局等慰问疫情防控一线人员7300人次。发动劳模工匠、爱心企业家投身疫情防控，累计捐款捐物615万元。组织工会干部和职工志愿者积极参与疫情防控卡口值班、核酸检测等志愿服务，以实际行动践行初心使命。开展“复工复产·工会助力”调研走访活动，协调解决实际困难，走访企业11家，慰问职工41人次，发放慰问款物14.1万元。继续落实小微企业工会经费全额返还政策，全年返还8家小微企业15.61万元工会经费。在组织一线职工疗休养活动中，向防疫抗疫一线职工倾斜。

【维权服务】 2021年，城厢区总工会做好职工纾困解难工作，持续开展工会送温暖、夏送清凉、圆梦微心愿等送温暖活动，走访关爱职工近1.2万人次，慰问生活相对困难职工38人，发放慰问金达135.4万元。推动为职工办实事常态化，开展“工会有爱·伴你过年”活动、关爱女职工行动、医疗互助、职工子女暑托班等“我为职工办实事”活动20多场，服务职工群众万余人次，并为138名住院职工报销补助32.4万元。推动工会维权服务法治化，推行“一函两书”制度，履行工会劳动法律监督职责，健全协商劳动关系三方机制，维护职工队伍和谐稳定；推进工资集体协商工作，在力奴、新路召开“留莆过年”专项集体协商会议2场；加强法律援助维权服务，开展宪法周宣传、“遵法守法携手筑梦”服务农民工公益法律服务、根治欠薪冬季专项行动等普法活动10场，提高广大职工学法、知法、守法、用法的意识和能力。

【基层工会阵地建设】 2021年，城厢区总工会坚持党建带工建，以党建为统领，以服务职工为导向，强化服务优先、共建共享理念，筹集资金43.5万元，用于推动8个村（社区）“党建+”邻里中心同步建设共享职工之家，开展各类形式多样的工会服务活动17场。探索购买服务为共享职工之家赋能，盘活镇街（园区）工会补助经费，以华林园区、筱塘社区“党建+”邻里中心共享职工之家为试点，通过购买服务的方式，邀请社工组织进驻，开展常态化工会服务，激发基层工会活力。坚持以扩大工会组织覆盖面、推进工会组织规范化建设为主要内容，重点推进

2021年12月17日，城厢区举行新就业形态劳动者集中入会仪式暨工会进万家·新就业形态劳动者温暖行动启动仪式

（区总工会 供）

新就业形态劳动者建会入会。截至 2021 年 11 月，新增工会组织 39 家，会员数 4001 人，其中新就业形态企业建会 9 家，建会率 81.9%，职工入会率 92.4%。

（吴佩仙）

共青团城厢区委员会

【概况】 2021 年，共青团莆田市城厢区委员会（以下简称“团区委”）深入学习贯彻习近平总书记关于青年工作的重要思想，聚焦主责主业，深化改革攻坚，坚持把围绕中心、服务大局作为工作起点，把建设“山水格局·人文宜居”新城厢作为工作主线，引领凝聚广大团员青年共同建设青春城厢。

【思想建设】 2021 年，团区委围绕团中央打造的“青年大学习”平台，组织团员青年参与学习宣传贯彻习近平新时代中国特色社会主义思想，中共十九届五中、六中全会精神和习近平总书记“七一”重要讲话精神和来闽考察重要讲话精神，组织学习 35 期青年大学习，学习人次达 137795 次，其中学校领域团组织学习率达 87.6%。组织 341 个团组织开展“请党放心强国有我”主题团日活动，依托智慧团建系统，开展中共十九届六中全会精神学习、习近平总书记“七一”重要讲话精神学习专题、新冠肺炎疫情防控、中国特色社会主义新时代专题等主题团日活动。以党史学习教育为契机，线上开展“三个一”活动，即“学党史·每日一题”“强信念·每周一歌”“跟党走·每月一讲”百日党史天天学系列活动。继续开展“青春领读”特色栏目，引导团员青年对《习近平谈治国理政》第三卷进行原文领读。推出城小团、厢小青两个吉祥物，运用萌宠这种青年人喜欢的卡通形象，拉近团组织与青年的距离，提高团员青年对共青团的亲近度和忠诚度。联合团市委出品以城厢为据点的《莆田市红色旅游路线手绘图册》，让青年团员能够深入了解莆田市的历史建筑以及红色教育基地。在文献书城青年之家举办“学党史强信念跟党走”主题宣讲活动，邀请 30 余名企业员工参与。大力培育典型、选树先进，积极推报省、市级五四奖章和“两红两优”（五四红旗团委、五四红旗团支部和优秀共青团员、优秀共青团干部）名单，1 人获省级优秀共青团员称号；1 家获市级五四优秀集体称号，6 人获市级五四奖章个人称号，13 人（家）获市级“两红两优”称号；评选出区五四红旗团（总）支部、优秀共青团员、优秀团干部。开展优秀少先队个人、集体推荐评选活动，选树一批少先队典型，为广大少先队员更好学习成长树立标杆。其中，省、市级少先队辅导员 11 人，志愿辅导员 3 人，少先队员 14 人，少先队大队 3 个，少先队中队 2 个。

【服务大局】 2021 年，团区委组织开展“助力乡村振兴文化教育先行”“青春力量助力乡村振兴”“青春心向党建功新时代”“同筑乡村振兴梦共护生态

2021 年 12 月 10 日，中国共产主义青年团城厢区第十三次代表大会顺利召开

（团区委 供）

后花园”等乡村振兴主题活动，受益青少年1000多人。暑假期间，组织开展“2021年大学生实习‘扬帆计划’”主题活动，为返乡大学生提供近百个就业岗位。开展“清风破大暑城厢在行动”主题活动，关爱快递小哥、外卖小哥、网约司机等新兴社会群体，为新兴青年提供暖心服务。与宁夏同心县签订闽宁合作协议书，为两县区青年发展提供有力保障。全年开展“你我同心普法同行”平安入户、“保护母亲河有我河小禹”“青春助力创城”“垃圾分类”等各类志愿服务活动30余场，为莆田第七届文明城市创建作出贡献。为城市项目建设，组建2支青年突击队，创建3个青年文明号，选树6个青年岗位能手，主动服务应急抢险、文明劝导等重点领域发挥生力军作用，勇当城市“奋斗者”。2021年春节期间，开展“‘青’心相伴　牛莆过年”活动，呼吁广大团员青年尽量留莆过年、就地过年，减少人员流动带来的疫情风险。10月，面对新冠肺炎疫情，发挥共青团组织动员优势，第一时间发布“抗击疫情·志愿者在行动”招募令，累计组建区、镇（街道）两级青年突击队30余支，青年志愿者服务群30余个，团员团干、青年志愿者1500余人参与抗击疫情一线，充当核酸检测员、信息录入员、维护秩序员、卡口检测员、排查登记员、便民服务员、防护宣传员等。同

2021年7月12日，木兰陂公益举行“青春扬帆正启航 奋楫笃行新征程”大学生实习活动启动仪式　（团区委 供）

2021年2月4日，力奴企业开展“‘青’心相伴　‘牛’莆过年”包红团、包水饺、写春联活动　（团区委 供）

2021 年 9 月 13 日，城厢区疫情防控青年突击队参与疫情防控工作

（团区委 供）

时，号召广大青年企业家、爱心人士奉献爱心，为一线防疫人员送去各类防护、生活物资等，凝聚共同抗疫强大合力。

【服务青少年】 2021 年，团区委制定《莆田市城厢区关于开展中长期青年发展规划试点工作的实施方案》，健全党委和政府主导的青年工作联席会议机制，把青年工作融入全区发展的各个领域。主动适应新时代团员青年分布聚集特点和青年工作组织形态多样化的需要，在常太镇莒溪“党建 +”邻里中心建设青年之家，为广大青年提供婚恋交友、创业指导的平台，实现团的组织、工作、阵地在基层的有机融合，传播青年好声音，凝聚青年新力量，释放青春正能量。开展“青春正能量 真情暖寒冬”主题系列活动，走访慰问青少年 30 人，发放慰问金 3 万元。开展团区委机关干部结对帮扶、社会青年关爱帮扶、爱心企业对接帮扶等，定期走访慰问，帮助 4 户脱贫户实现稳定脱贫。组织返乡大学生开展“童心筑梦爱在邻里”第六届公益夏令营活动，团属社工在邻里中心开展“关爱生命助力成长”活动，在东海镇坪洋小学开展“送法进校园温暖迎冬至”主题活动，受益少先队员 200 余人。抓住“6·26”国际禁毒日、“12·1”世界艾滋病日、“12·4”国家宪法日等重要时间节点，广泛开展青少年法治宣传教育、安全自护教育和禁毒防艾教育等形式多样的宣传教育活动 20 多场次，惠及青少年达 2000 多人次。在洋西社区开展“画说法律护航青春”主题活动，以帐篷绘画沙龙的形式开展活动，带给孩子们对法律知识的全新体验。

【坚持从严治团】 2021 年，全区组建非公团组织 20 家，较上年增长 10.26%，进一步延伸团组织工作的触角，完善非公团组织架构，服务青年员工。进一步梳理教育系统团工委团组织架

2021 年 11 月 2 日，城厢区红领巾奖章工作研讨会召开

（团区委 供）

构，组建27个中小学教职工团支部，加强团校合作、团教合作。利用“青年之家”云平台，搭建3个线上“青年之家”，发布40余场活动，参与人数近2000人次。在“团聚伙伴”上建立团属3个青年社会组织，其中志愿服务类1个，创业就业类1个，文艺体育类1个。团区委坚持“团建带队建”，不断加强少先队工作队伍建设，提高团队组织服务少年儿童健康成长的能力。打造“社区+学校+团工委”的校外少先队组织体系，率先成立“洋西社区少工委”，通过整合资源、优势互补，形成“社区搭平台、学校出资源、队员齐参与”的社会化工作模式，为少先队实践教育活动提供支持，引导少先队员就近就便参与校外实践活动，打造“家门口的少先队”。莆田五中团委和筱塘少先队大队开展“大手拉小手”主题活动，通过集体旅行研学的形式帮助孩子们拓宽视野、丰富知识、提升能力。在全市率先启动红领巾奖章争章活动，制定城厢区红领巾奖章争章体系，推动星级章落地实施。按照中共福建省委组织部、共青团福建省委《关于做好县、乡、村三级团组织换届工作的通知》的文件要求，8月督促7个镇（街道）完成团委换届，选举产生镇街团（工）委书记7名，副书记14名，进一步配齐配强团干部队伍，为基层团组织发展打下坚实的保障。12月10日，完成区级团委换届，选举产生新一届委员25人，候补委员10人，平均年龄23.56岁，其中本科以上学历占100%，研究生以上学历占14.28%，党员占62.86%，班子年龄结构进一步优化，学历层次明显提高，班子结构明显优化，为城厢团区委投身建设“山水格局·人文宜居”新城厢打下坚实的组织保障。利用村（社区）“两委”集中换届契机，推进村（社区）团组织集中换届，进一步夯实共青团基层基础，全区122个村（社区）于12月底全部完成换届工作。

（韩超凡）

妇女联合会

【概况】 2021年，莆田市城厢区妇女联合会（以下简称“城厢区妇联”）围绕党政中心，发挥优势，主动作为，组织开展志愿服务、家庭教育、维权关爱、组织建设等各项工作，全力推动妇女儿童事业实现新发展。

【思想政治建设】 2021年，城厢区妇联通过专题辅导、家庭宣讲等形式，进村居、进校园、进企业、进家庭、进邻里中心开展中共十九届六中全会精神宣讲活动19场次。举办“我心向党·巾帼添彩”主题演讲比赛，选手以身边女性的亲身经历和生动事迹，展示各行各业优秀妇女在改革开放的伟大进程中敬业奉献、担当作为的时代风采。制作行业女性代表“畅想‘十四五’奋进新征程”微视频，通过发出的好声音，凝聚正能量，提振精气神，助推城厢实现全方位高质量发展超越。

【志愿服务工作】 2021年，城厢区妇联全员参与疫情防控党员先锋队、常态化疫情服务队，深入核酸检测点，协助基层做好核酸检测工作。下沉挂钩村东海

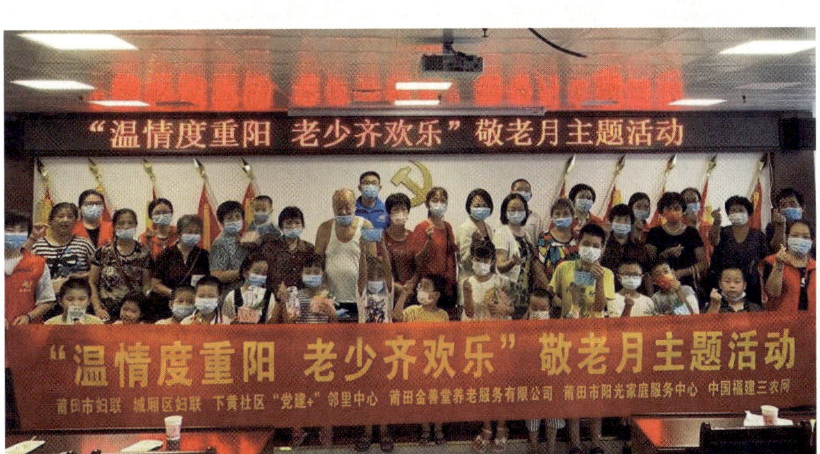

2021年10月14日，区妇联在下黄社区“党建+”邻里中心开展“温情度重阳 老少齐欢乐”敬老月主题活动　　（区妇联 供）

2021 年 2 月 21 日，区妇联在福建省新路体育用品有限公司开展“把爱带回家，新春温暖行”2021 关爱留莆女工元宵慰问暖心活动　（区妇联　供）

2021 年 1 月 22 日，区妇联在常太学校举行“把爱带回家 让爱不孤单”2021 年城厢区寒假儿童关爱活动　（区妇联　供）

镇上亭村指导做好疫情防控工作。慰问一线医护人员，为援莆三明医疗队医护人员庆生，送去生日蛋糕和鲜花，让她们感受到家人般的温暖。深入 24 个隔离点为500余名儿童送去玩具礼包、牛奶、小零食、儿童书籍等爱心物资，价值 10 万余元。发动女企业家爱心“战疫”为抗疫一线捐款捐物累计 175 万元。

【精准服务妇女】　2021 年，城厢区妇联推动创建美丽庭院，60 户家庭获评省级“美丽庭院”，200 户家庭获评市级“美丽庭院”。开展以“美丽乡村建设与生态文明”为主题的培训班和乡村振兴巾帼志愿服务活动，依托当地妇女之家、儿童之家、家长学校等阵地，开展以生态环境保护、乡风文明建设、弱势群体关爱等巾帼志愿服务活动 130 场次。实施创业创新巾帼行动，举办留守妇女职业技能培训班，提升留守妇女的职业技能；举办西式烘焙职业技能竞赛，选拔烘焙行业人才，促进行业发展。开展暖心慰问，为 63 户贫困妇女儿童家庭发放慰问金和慰问品 12.74 万元。关爱留莆女工，开展“把爱带回家，新春温暖行”慰问活动，为留莆女工送上新春祝福以及慰问金和慰问品，让留莆过年女工充满归属感、获得感和幸福感。关爱留守儿童，在常太学校开展 2021 年寒假儿童关爱服务“四送”（送家风故事、送家教服务、送法治安全、送社会关爱）活动，现场结对 8 名留守困境儿童。开展关爱女性健康工作，开展“母亲健康 1+1”公益募捐活动，募集善款 89155 元，为 28 名贫困妇女争取到救助金 14.5 万元；由区政府出资 25 万元为 1250 名低保、特困妇女购买女性安康疾病保险，缓解妇女因患妇科重大疾病医疗费用不足问题。

【维权维稳】　2021 年，城厢区妇联开展“三八”维权月、全民安全教育、首个家庭教育宣传周、民法典宣传、网络安全宣传周、反家暴日、防艾滋及宪法日

2021年5月11日，区妇联在华亭镇涧口社区开展以“好婆媳互夸 传承好家风 创文明家庭”为主题的家风家教宣传活动

（区妇联 供）

等主题宣传活动9场次，受益群众3000余人，分发宣传材料3000余份。开展婚姻家庭矛盾纠纷排查化解工作，制定《关于开展婚姻家庭纠纷大排查大化解大整治“百日攻坚”行动的工作方案》，加强部门间的沟通协作配合，上下联动，全面开展婚姻家庭矛盾纠纷排查化解工作，排查婚姻家庭矛盾纠纷27起，已化解26起，化解率96.3%。

【组织建设】 2021年，城厢区妇联把“妇女微家”作为“妇女之家”建设的延伸辐射和有益补充，在“三新”（新经济组织、新社会组织、新媒体行业）领域和社区网格等最小单元建立“妇女微家”，打通服务妇女儿童“最后一公里”。创建行业性“妇女微家”11个，“党建+”邻里中心“妇女微家”15个，村（社区）“妇女微家”6个，编织联系服务妇女群众的大网络。各类“妇女微家”开展结对帮扶贫困群众、环境整治志愿服务、家庭教育、妇女维权宣传、技能培训、红色教育等服务活动145次，参与妇女群众5000余人。

（苏剑玲）

科学技术协会

【概况】 2021年，莆田市城厢区科学技术协会（以下简称“城厢区科协”）以加强科协群团政治性、先进性、群众性为目标，以改革发展为动力，发挥科协人才和科普宣传作用，扎实推进全民科学素质工作和科学普及工作，为实现公民科学素质建设水平提高和经济社会可持续发展做好服务工作。

【科普宣传活动】 2021年，城厢区科协扎实做好科普宣传教育活动，突出服务“四类重点人群”（未成年人、农民、城镇劳动人口、领导干部和公务员），着力打造主题科普活动品牌。整合社会科普资源，举办好“科普进校园”系列活动，参与防灾减灾日、食品安全宣传周、科技活动周、科普日等科普活动，继续做好科普惠民工作。5月13日，在城厢区第一实验小学“趣蕴科技筑梦成长”校园科技节中为师生奉上一场科技盛宴，活动包括《嗨！你听见了吗？》科普秀表演，智能机器人表演，禁毒、反邪教、食品安全、消防等专题展板宣传，防震减灾科普讲座，流动展品展示以及学生创意作品展示等，激发学生对科学的热爱，加深对科技的认识和探索。5月27日，在城厢区教师进修学校附属兴安小学庆祝中国共产党成立100周年暨校园文化艺术节系列活动上演一场智能机器人方阵表演，机器人群组动作整齐、科技感十足，让大家都沉浸在科学的海洋中。5月31日，在郊溪小学开展庆祝中国共产党成立100周年“同心向党”六一系列主题活动，弥补农村校园科普资源空间缺口，让学生们零距离接触科学，感受科技的魅力。

2021 年 10 月 14 日，庆祝中国共产党建党 100 周年暨校园文化艺术节系列活动“传承红色薪火 献礼建党百年”文艺会演在兴安小学举行

（区科协 供）

【科普阵地建设】 2021 年，城厢区科协不断完善各类科普阵地建设，认真做好科普项目的申报、实施和管理，以项目促进基层科普设施改善，增强科普宣传氛围。新创建泗华青少年科学工作室、洋西青少年工作室，完善兴安小学校园科普馆设备展品等。各个科普阵地发挥职能作用，结合自身实际，认真制订工作计划，面向公众，开展形式多样、富有特色的科普活动，培养学生学以致用的创新思维、实践能力和综合素养，从而推动各项活动蓬勃开展，推进全区青少年科技活动有效开展。

【举荐科技人才】 2021 年，城厢区科协大力宣传习近平总书记对科技事业的高度重视、对科技人员的关心关爱，加强对科技工作者的政治引领。认真宣传贯彻人才工作政策，抓好各级人才工作会议精神的学习宣传和贯彻落实，积极推动中科华宇“院士工作站”工作，申报省级示范院士专家工作站，是全市唯一一家省级院士专家工作站。加强对优秀科技人物的宣传，积极举荐科技人才，推荐杰讯光电（福建）有限公司林超杰参加“第十六届福建青年科技奖”“最美科技工作者”等系列评选宣传活动，弘扬中国科学家精神，加强科学道德和学风建设，引导科技工作者自觉践行社会主义核心价值观，增强科技工作者的荣誉感和获得感，增强科协工作的凝聚力和向心力。

【青少年科技教育】 2021 年，城厢区科协加强青少年科技教育，增强创新意识和实践能力。在第 36 届福建省青少年科技创新大赛获得新成绩，优秀科技项目获得市级一等奖 3 项，二等奖 2 项，三等奖 3 项；科幻画小学组获得市级一等奖 3 项，二等奖 6 项，三等奖 7 项；中学组一等奖 1 项，二等奖 1 项。筛选报送少年儿童科幻画 54 幅、科技作品 3 份、科技辅导员科技教育创新成果 1 份、科技实践活动项目 1 项参加第 37 届福建省青少年科技创新大赛。组织参加 2021 年莆田市青少年机器人竞赛，获得一等奖 1 项，二等奖 7 项，三等奖 1 项。2021 年第二届福建省青少年创意编程与智能设计比赛再创佳绩，城厢区代表队获得一等奖 4 个，二等奖 2 个，三等奖 3 个，优秀指导教师 1 名。

（林雪娟）

城厢区归国华侨联合会

【概况】 2021 年，莆田市城厢区归国华侨联合会（以下简称“城厢区侨联”）团结调动广大归侨侨眷和海外侨胞的积极性，扎实抓好海外联谊、疫情防控、侨务扶贫和基层组织建设等各项工作，为建设经济繁荣的和谐城厢做出贡献。

【召开五届二次全委会（扩大）会议】 2021 年 6 月 21 日，城厢区侨联召开五届二次全委会（扩大）会议，区委常委、统战部部长陈洪武出席会议并讲话。会议传达贯彻学习中共十九届五中全会精神和习近平总书记来闽考察重要讲话精神，听取和审议区侨联五届二次全委会工作报告和2021年下半年工作计划。

【拓展海外联谊】 2021年，城厢区侨联紧紧围绕新时代“国内海外工作并重老侨新侨工作并重”的工作主线，加大新侨工作及经济联络工作的力度，开展对外联谊工作，增进联谊实效。利用春节等传统节日，拜访看望在家乡过年的城厢籍重点人士21名，送上慰问品。节假日期间，通过微信平台向广大归侨侨眷、海外侨胞送上节日祝福。

【凝聚侨界力量】 2021年，城厢区侨联发挥网络、新闻媒体作用，策划主题活动，唱响主旋律，在庆祝中国共产党成立100周年之际，逐级组织8场“侨心向党”系列活动，引导侨界爱党爱国爱乡，撰写2篇文章被福建省《赤子情怀——侨心向党百年历程》收录并刊登。组织侨联干部、侨联委员、归侨侨眷学习宣传中共十九届六中全会及省、市、区党代会精神，组织侨界人士开展进村居、进校区、进侨企等多形式的宣传活动。

【服务经济发展】 2021年，城厢区侨联参与招商引资工作，发挥好侨联组织在密切企业与政府联系中的桥梁纽带功能。深入侨商企业调研了解情况，帮助侨商企业解决劳动力不足问题，做好协调服务工作。对辖区7家侨商企业因新冠肺炎疫情影响造成订单无法正常交付或无法履行国际贸易合同情况进行摸底了解，为疫情后侨商企业复工复产提供帮助。积极加强项目跟踪服务，推动香港太平电路科技有限公司、科里思特（福建）生物科技有限公司在中国侨商（福建）大会上意向签约，持续跟进侨商企业科里思特（福建）生物科技有限公司在“9·8”中国国际投资贸易洽谈会上合同签约，该项目在太湖工业园区落地生产。

【侨务扶贫】 2021年，城厢区侨联将精准扶贫与凝聚侨界力量相结合，深入归侨侨眷家中，看望慰问孤寡、病残、特困归侨。春节期间联合省、市侨联、市侨商会慰问2名80岁以上归侨老人，发放慰问金4000元。为困难病故海外归侨老人发放临时救助金3540元，做到“节庆有人问，生病有人看，出事有人管，逝世有人送”。

【暖侨慰问】 2021年，城厢区侨联坚持为侨服务，通过组织各类慰问走访活动，加强归侨侨眷和海外侨胞的情感联谊，积极营造知侨爱侨护侨的良好氛围。“六一”国际儿童节期间，区侨联走访看望10名侨眷留守儿童，给孩子们送去书包、文具盒等学习用品价值1980元。莆田新冠肺炎疫情防控期间，区侨联响应号召，携手侨界人士捐款捐物，开展4场人文关怀活动，为奋战在疫情一线的工作人员和50名隔离儿童送上爱心礼包和节日祝福。

【基层侨联组织建设】 2021

2021年5月30日，城厢区侨联开展“情暖侨乡 关爱成长”六一慰问活动 （吴梅婷 摄）

2021 年 11 月 17 日，城厢区侨联联合区委统战部在华亭镇开展侨法宣传月暨“侨爱心、进侨企、进社区”活动　（吴梅婷　摄）

年，城厢区侨联加强侨联干部队伍和基层组织建设，在镇（街道）、村（社区）、企业建立基层侨联组织，对后塘村、华亭华侨医院“侨胞之家”建设进行精心指导，按照因地制宜、突出特色的原则，拓展“侨胞之家”的活动空间，完善联谊、学习、交流、活动、娱乐等功能。8 月 4 日，区侨联主席陈玉萍陪同区委常委、统战部部长欧国民赴华亭镇调研基层侨联组织建设情况。11 月 18 日，城厢区侨联主席陈玉萍陪同省侨联基层建设部部长黄晨赴城厢区华亭镇调研“侨胞之家”建设。全区有 2 个“侨胞之家”被评为省级“侨胞之家”，2 个“侨胞之家”被评为市级“侨胞之家”。

【侨法宣传】　2021 年，城厢区侨联宣传贯彻《中华人民共和国归侨侨眷保护法》和《福建省实施〈中华人民共和国归侨侨眷保护法〉办法》。11 月编制《城厢区涉侨服务手册》，包含涉侨法律法规、涉侨业务办理、维护侨益、疫情防控四个部分，通过侨法宣传进村进侨企、侨法宣传座谈会、爱心义诊入户等活动分发给全区归侨侨眷；委托移动公司制作侨法知识线上答题微场景，开展侨法知识网上有奖竞答专题活动；联合区委统战部在华亭镇开展侨法宣传月暨“侨爱心、进侨企、进社区”活动。

【完善更新侨情数据库】　2021 年 4 月，城厢区侨联针对新冠肺炎疫情防控境外输入这一重点工作，对全区海外重点人士信息重新摸排汇总，建好海外侨情基础数据库。5 月 14 日，下发城厢区出国留学人员情况表、境外企业汇总表，在全区范围内开展拉网式摸排工作，并将城厢区出国留学人员情况与原有数据库进行比对、核实，确保底数清、情况明。

【涉侨维权机制】　2021 年，城厢区侨联主动与区司法局、区人民法院对接建立部门联动互动机制，在各基层侨联建立“涉侨调解工作站”，发挥涉侨法律服务志愿者的作用，为归侨侨眷提供法律咨询和援助。

【助力疫情防控】　2021 年，城厢区侨联开通服务海外侨胞 24 小时咨询热线，发出《致城厢籍海外侨胞的倡议书》，向广大海外侨胞、侨商企业、归侨侨眷发出倡议，接收侨界人士捐款捐物合计 290 余万元。为严格落实“外防输入，内防反弹”要求，区侨联根据已对接的 123 名返莆侨胞、34 名重点人士，通过电话的方式及时跟踪他们完成每轮核酸检测。建立 105 名海外返乡人员信息跟踪管理档案，做好跟踪服务工作。为 163 名出国人员进行疫苗接种登记，动员 56 名满足加强免疫针接种条件的出国人员进行免疫加强针接种。

（吴梅婷）

城厢区工商业联合会

【概况】　2021 年，莆田市城厢区工商业联合会（以下简称“城厢区工商联”）坚持“信任、团结、服务、引导、教育”的方针，聚焦新冠肺炎疫情防控和民营经济健康发展，引导非公有制经济人士坚定理想信念、增强发展信心，着力促进非公有制经济适应和引领经济发展新常态，引导非公经济人士认真做好参政议政、商会建设、会员服务、招商引资、光彩事业等各项工作，为全区社会经济发展作出贡献。

【抗击疫情】 2021年，仙游新冠肺炎疫情发生后，城厢区工商联迅速行动，主动作为，成立领导小组，投入疫情防控一线。9月14日，区工商联向各地商会和广大民营企业发出《致全区工商联会员企业和异地商会疫情防控倡议书》，引导广大民营企业家弘扬爱国情怀，彰显企业家精神，履行社会责任担当。会员企业及异地商会向莆田市红十字会、莆田市慈善总会、城厢区红十字会、仙游县红十字会累计捐款960.09万元，捐赠物资达1044万元。

【非公有制人士思想政治工作】 2021年，城厢区工商联持续加强对会员的理想信念教育，3月16日，区工商联组织会员企业参加市工商联组织的全国“两会”精神宣讲会，重点解读全国“两会”精神。组织会员企业开展以党史为重点的“四史”（党史、新中国史、改革开放史、社会主义发展史）宣传教育，举行烈士陵园祭扫、重温入党誓词、推进光彩事业倡议等系列活动，引导会员增进政治认同、思想认同和情感认同，自觉做爱国敬业、守法经营、创业创新、回报社会的表率。在中国共产党成立100周年之际，通过召开专题座谈会、学习研讨会的形式，引导非公有制经济人士深入学习习近平总书记在庆祝中国共产党成立100周年大会上重要讲话精神，增进民营经济人士“听党话、跟党走”的信心和决心。

【教育培训】 2021年4月23日，城厢区工商联通过线上会议开展教育培训工作，组织会员企业利用网络收听“民营企业标准化公益大讲堂”活动，围绕标准化的原理与作用、国际国外标准化概述、国家标准化体制概述作标准化基础知识讲解，深度解读企业标准“领跑者”制度等，帮助广大民营经济人士及时了解掌握支持企业抗击疫情、复工复产各项帮扶政策举措，促推民营经济健康发展。

【走访调研企业】 2021年，城厢区工商联依托全国工商联民营企业调查系统，开展民营企业运行状况调研工作，调研涉及生产运营情况、成本情况、融资情况、税费成本、市场预期以及企业存在的问题、困难和建议等方面。2月20日，区工商联深入嘉裕华制鞋、三立工贸，围绕“关于推动优化营商环境，助力民营企业发展”的课题进行调研，结合企业实际从优化营商环境、促进产业发展、落实发展政策等方面，倾听企业的意见建议，帮助企业理清发展思路。

【万企兴万村活动】 2021年，城厢区工商联组织7家会员企业及商会分别与7个示范村挂钩对接，开展多种形式的帮扶行动；针对原有帮扶项目持续推进，延长产业链，提高附加值，完善利益联结机制；设立企业分支机构，帮助示范村培育壮大特色优势产业，建立生产基地吸纳群众就地就近就业。

（陈晖）

文学艺术界联合会

【概况】 2021年，莆田市城厢区文学艺术界联合会（以下简称“城厢区文联”）坚持“二为”（为人民服务、为社会主义服务）方向，贯彻“双百”（百花齐放、百家争鸣）方针，紧紧围绕全区中心，服务工作大局，团结广大文艺工作者坚持以人民为中心，开展文艺创作、群众性文化活动等活动，推动城厢文化建设的大发展、大繁荣。

【文艺创作】 2021年，城厢

区文联持续抓好各级文艺创作重点项目和文化精品工程申报，激发文化创作生产活力，提高文艺产品质量。立足创作生产和跟踪服务工作，组织文艺工作者投身“深入生活扎根人民”主题实践活动，聚焦新冠肺炎疫情防控进行书法、摄影、画作等抗疫主题文艺创作，并在人民号、新福建等省市相关平台展出。区美协会员林伟立作品《又一曲》入选第十一届全国工笔画作品展，获评“优秀传承作品”。

【文艺设施】 2021年，城厢区文联认真贯彻落实国家《关于加快构建现代公共文化服务体系的意见》，继续实施基础文化设施全面覆盖工程，加快构建覆盖城乡的公共文化服务体系，进一步完善区、镇（街道）、村（社区）三级公共文化设施网络，形成“区有综合文化中心，乡镇有综合文化站，社区有文化活动中心，村有文化活动室、农家书屋”的文化阵地格局，提升公共文化服务水平。积极落实文化馆（站）公共文化设施免费开放制度，文化公益培训、艺术普及、阅读欣赏、展示展览等基本服务项目健全。

【文艺人才队伍】 2021年，城厢区文联继续实施人才培养工程，发挥文艺创作孵化器的作用，协调、组织文艺领域拔尖人才和高层次经营管理人才、专门技术人才，强化培训深度，加大培养力度，努力造就一批专业贡献突出、引领作用明显的文化名家和各领域领军人物。坚持人才挖掘、培养两手抓，发现和培养扎根乡土的文化能人、民间文化传承人和文化活动积极分子，为全区书画、摄影、文学创作等文艺事业提供强大的后备军力量。抓好区文化馆、镇（街道）文化站等文化场馆人才培养，打造富有特色的文化人才队伍，全面提升基层文化管理服务水平。成立莆田市文艺志愿者城厢分队，用好文艺“轻骑兵”深化文化服务。截至年底，全区从事工艺美术专业技师3000多名，上百件工艺美术精品在国内外美展中获奖。

【文化惠民】 2021年，城厢区文联发挥各协会作用，聚焦庆祝中国共产党成立100周年主线，举办“丹青歌百年　翰墨颂辉煌”庆祝中国共产党成立100周年书画作品展览、“童心向党”庆祝中国共产党成立100周年少儿美术作品展、“千年古韵舞动莆阳”——莆田市博物馆场景演艺讲解线上展播、《不忘初心》、手语颂党恩——《党是太阳我是花》MV拍摄等各类群众性文化文艺活动，组织美协会员到红色老区美术写生活动，依托区教育系统、常太镇、华林园区等单位举办喜迎中国共产党成立100周年摄影展。推荐美协会员志愿者创作的美术精品25件，参加省美协举办的“八闽丹青”庆祝中国共产党成立100周年美术作品展览；组织动员舞协会员积极加入省舞协承办的“结对子种文化”新农村美育志愿者队伍；组织部分舞协会员参加舞台剧《赤胆忠诚》排练，参加福建省委宣传部组织部老干部局庆中国共产党成立100周年文艺比赛活动。

【传统文化】 2021年，城厢区文联加大传统文化发展，开展“城厢文脉”文艺采风活动，深入龙桥街道挖掘自然景观、文化遗产资源，收集整理图文并茂的资料史料着手编印系列书籍。深入挖掘蔡襄、钱四娘、刘克庄等名人文化资源，坚持把历史文化元素融入城市建设。推进文化产业融合发展，向上向外争取资金推进《溹川》影视剧、《妈祖》动漫拍摄工作，做好“禅修精品线路游”项目等挖掘发展，培育一批乡村文化和旅游品牌和文艺精品。加强历史文化资源普查，继续做好历史文化名城名镇名街名村、历史文化街区、传统村落的申报、批准、规划、保护、管理等工作。

（蔡丽红）

国际贸易促进会

【概况】 2021年，中国国际贸易促进委员会莆田市城厢区支会（以下简称“城厢区贸促会”）全面落实新发展理念，服务构建新发展格局，紧紧围绕区委、区政府中心工作，开展搭建贸促合作平台、涉外商事法律服务等任务，10月城厢区贸促会被省贸促会评为“全省贸促工作先进集体”。

【搭建贸促合作平台】 2021年，城厢区贸促会借助省、市贸促会经贸交易活动平台，5月18—22日组织9家企业参加在福州举办的“第四届21世纪海上丝绸之路博览会暨第23届海峡两岸经贸交易会”，7月4日组织6家企业参加“特立尼达和多巴哥莆田投资说明会”，9月6—7日组织相关企业参加在平潭举办的“中国—太平洋岛国‘合作共赢共同发展’论坛”，12月8日组织2家企业参加在福州举办的“第三届海峡两岸工商合作论坛”。通过一系列的经贸活动，进一步拓宽企业视野，帮助企业找准定位，为企业“走出去”提供支撑。

【涉外商事法律服务】 2021年，城厢区贸促会向相关企业和人士转发《企业对外投资国别（地区）营商环境指南》资料，完善与企业的常态化联系，走访外贸、电商等企业十多家，聚焦企业需求，开展区域全面经济伙伴关系（RCEP）等政策宣介，帮助企业提高政策运用能力。全年转发经贸预警信息50余条、涉外商贸纠纷案例多起。

（郑继涌）

残疾人联合会

【概况】 2021年，莆田市城厢区残疾人联合会（以下简称“城厢区残联”）以解决残疾人需求为出发点和落脚点，多方位开展“我为群众办实事”实践活动，扎实推进全区残疾人事业稳步推进。

【“放管服”改革】 2021年，城厢区残联为进一步优化服务，以方便残疾人群众办事为目标，对残疾人申请事项清单进行梳理，6月率先出台《城厢区残联关于推进残疾人申请补贴事项放管服改革工作的实施方案》，通过线上线下相结合、预约上门服务、邮寄、机构代收代送等方式，由原来申请人需到城厢区残联提交材料的“最多跑一趟”调整为“一趟不用跑”。该做法得到市残联的肯定并发文推广。

【创建残疾人托养机构】 2021年8月，莆田市城厢区珍中工贸残疾人日间照料中心正式成立，这是全市首家依托企业建成的残疾人日间照料服务中心。该企业集残疾人辅助性就业机构与日间照料中心于一体，为17名重度肢体、智力及精神残疾人提供职业技能培训、就业、康复训练、文体娱乐及日间照料服务，让特殊群体更好融入社会，提振生活信心，提高生活质量。11月10日，全市首家“爱心助残驿站”在城厢区华亭镇云峰村正式成立。

【惠残政策】 2021年，全区残

2021年8月24日，城厢区东海镇全市首家依托企业建成的残疾人日间照料服务中心举行揭牌仪式 （李琳 摄）

疾人证新办929人、注销405人、迁移7人，持证残疾人11759人。及时发放各类助残资金911.365万元（其中“一户多残”补助384.46万元），残疾儿童康复训练补贴359.51万元，辅助器具补贴21.81万元，春节及助残日慰问金20万元，就业创业补助14.5万元，就业创业社保补贴12.58万元，省级居家托养补助22万元，阳光家园补助5万元，区级居家托养补助30万元，辅助性就业项目补贴15.6万元，残疾人家庭无障碍改造补助6.61万元，残疾人专用小型自动挡载客汽车（C5）驾驶证补助0.9万元，为持证残疾人办理意外伤害保险18.41万元。配合区民政发放“两项补贴”1203.03万元，为26名困难残疾人争取获得区慈善总会救助15万元，进一步提升残疾人的获得感。

【残疾人文体事业】 2021年10月在全国第十一届残疾人运动会暨第八届特殊奥林匹克运动会上，灵川盲人运动员詹智峰代表福建省参赛，获男子800米铜牌、10000米第四名及5000米第六名。在全省残疾人美术、书法、摄影作品比赛中，华亭镇残疾人陈雄飞、许炳志及龙办残疾人吴淑金分别获美术类一等奖、三等奖、优秀奖。在第十一届全省残疾人艺术会演中，东海镇残疾人蔡福泉获声乐类三等奖，区残联沈海娴获指导奖三等奖。12月，

2021年10月29日，城厢区灵川镇盲人运动员詹智峰（中）在全国第十一届残疾人运动会暨第八届特殊奥林匹克运动会上获男子800米铜牌 （沈海娴 摄）

华亭镇残疾人许金英及龙办残疾人吴淑金、张忠贤参加2021年福建省残疾人飞镖比赛中分别获第一名、第二名、第三名。

【助残志愿服务】 2021年，城厢区残联联合区委文明办、区慈善总会、莆田学院附属医院、城厢区医院等部门，开展送医下乡、一元理发、上门评残、赠送抗疫物资等活动，营造良好的扶残助残氛围。志愿服务活动得到市文明办的肯定，并推荐参加全省志愿服务项目大赛。

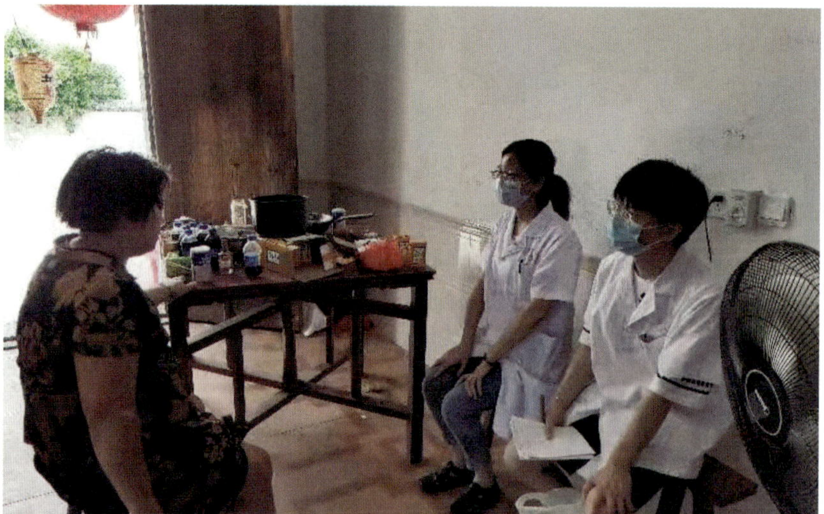

2021年7月22—23日，城厢区残联组织精神、肢体评残医生入户为不方便出门的残疾人进行评残 （陈进捷 摄）

【残疾人权益保护】 2021年12月2日，最高人民法院与中国残疾人联合会共同发布残疾人权益保护十大典型案例，城厢区“卢某某申请人身安全保护令案”案例入选，这是全省唯一入选案例，该案是全国首例由残联代为残疾人向人民法院申请的人身安全保护令。

【助力疫情防控】 2021年，城厢区残联先后3次召开疫情防控工作会议研究部署疫情防控工作，向全区残疾人发送疫情防控宣传短信11669条，进一步引导残疾人要增强个人防护意识，养成良好的健康生活习惯。在疫情突袭而至时迅速组织对残疾儿童康复机构、盲按机构、托养机构的排查和督导，及时通知辖区残疾人服务机构暂停开展服务活动，严防残疾人出现聚集现象。同时暂停窗口面对面办证服务，开展线上服务和无接触式服务。为辖区十四家盲按机构、54名盲人按摩人员及联络员赠送防疫物资医用口罩17800只、进口洗护用品96套、运动套装54套。

（陈进捷）

红十字会

【概况】 2021年，莆田市城厢区红十字会（以下简称“城厢区红十字会”）紧紧围绕红会职责使命，大力弘扬“人道、博爱、奉献”的精神，发挥红十字会的优势，充分发挥政府人道工作领域的助手作用，持续提升红十字会工作的影响力和实效性，促进社会文明进步，为构建和谐城厢做出贡献。

【舆论宣传】 2021年，城厢区红十字会积极做好“5·8”博爱周、世界急救日等重大纪念活动的宣传活动，开展红十字知识宣传、救护培训、义诊、咨询、社会志愿服务等形式多样的宣传活动。全年组织各级各类宣传活动25场次，发放《应急救护手册》、《常见意外伤害应急救护突发急症》、《自救故事》、红十字（掌上）学堂折页、无偿献血以及造血干细胞等宣传材料8000余份，使广大群众对红十字会精神有进一步理解，扩大红十字会的影响。

【应急救护“六进”活动】 2021年，城厢区红十字会开展应急救护进社区、进农村、进学校、进机关、进企业、进家庭的“六进”活动，先后在各党建+邻里中心、企业、学校、单位、社会治理网格化中心等地开展急救培训活动，活动采取理论知识讲解、示范操作、现场模拟演示等多种形式，内容包括救护新概念、心肺复苏、创伤救护4项技术（止血、包扎、骨折固定及搬运护送）、气道异物梗阻急救法、常见急症现场处理、突发事件和意外情况现场应对，进一步保障群众生命安全和身体健康，参与总人数约18000人。

【无偿献血】 2021年，城厢区红十字会组织无偿献血活动11场次，1000多人次干部、群众参加，采集健康血液10万多毫升，为全市医疗临床用血提供保证，进一步弘扬“人道、博爱、奉献”的精神。

【造血干细胞捐献】 2021年，城厢区红十字会通过形式多样的宣传活动，广泛宣传造血干细胞的相关政策。全区有5人捐献造血干细胞，捐献人数居全市之首。中秋佳节活动期间，组织慰问辖区造血干细胞志愿者，进一步弘扬博爱精神。

【体验式生命教育】 2021年，城厢区红十字会举办应急救护培训班，组织为莆田市第五中学、莆田市文献小学师生进行应急救护暨防溺水安全教育知识授课，聘请救护师资为在校师生讲授救护知识，并分发《应急救护手册》等学习资料，起到良好宣传普及效果。

【疫情防控】 2021年9月10日仙游新冠肺炎疫情发生后，在红十字会的积极倡议下，许多爱心企业和爱心人士，主动向区红十字会捐款捐物，疫情期间接受捐款计810.67万元，接收防护

2021 年 12 月 5 日，城厢金盾红十字志愿服务队成立仪式举行

（郭国荣 摄）

用品、食品等折合人民币 345.96 万元，为抗击疫情贡献力量。

【基层组织建设】 2021 年，城厢区红十字会新增顶墩实验小学等四个基层示范点，成立城厢金盾红十字志愿服务队。红十字博爱驿站投入使用，位于城厢区医院凤凰山分院，面积约 80 平方米，建有图书宣传角、多功能培训投影仪，智慧健康小屋、优生优育中心等多功能服务公共场所，覆盖约 10 万名居民，基层组织建设工作逐步完善。

（郭国荣）

人口与计划生育协会

【概况】 2021 年，莆田市城厢区人口与计划生育协会（以下简称“城厢区计生协会”）坚持服务为宗旨，深化计生奖励、扶助政策，不断强化依法管理水平，进一步倡导婚育新风、规范婚育秩序，全面提高人口与计划生育协会工作。

【优生优育指导】 2021 年，城厢区计生协会在城厢区医院凤凰山分院成立全市首家优生优育指导中心，投入资金 10 万元，为 83 人次的 0—3 岁婴幼儿提供专业规范、安全健康的活动、照护、教育等服务；开展亲子活动 2 期、举办育儿课堂 3 次；为新婚夫妇和孕产妇提供优生优育咨询服务、孕产期保健知识和相关技能指导 19 次；开展多种形式宣传教育活动 3 次；儿童早期发展工作开展集中活动 4 次，积极服务农村计生家庭。

【计生家庭意外伤害保险】 2021 年，按照省、市计生协会的工作要求，城厢区计生协会积极开展计生家庭意外伤害保险工作，做到早部署、早落实，以点带面，不断推进。全区参保计生户 13000 户，每户投保经费 100 元，保费达 130 万元，由区、镇两级财政各承担 50%，全面完成市下达的保险任务，取得良好的社会效益。为全区计生独女户母亲办理“女性安康重大疾病保险”，参保对象 1250 人次，每人保险费 200 元，投入资金 25 万元，为她们的身体健康保驾护航。

【幸福工程项目】 2021 年，全区各级协会把实施“幸福工程项目”作为帮助计生母亲走上健康、富裕、幸福之路的有效载体，发放幸福工程帮扶款 148 万元，帮扶 35 户计生家庭发展生产。

【访贫助困活动】 2021 年，城厢区计生协会开展生育关怀紧急救助，救助帮扶对象 7 人，发放救助金 3 万元。元旦、春节期间对全区 59 户计生困难家庭进行慰问，送去慰问金 6.6 万元；在“母亲节”活动中对 44 名困难母亲进行慰问，发放慰问金 4.4 万元。

【关爱计生失独家庭】 2021 年，城厢区计生协会在凤凰山街道筱塘社区“党建 +”邻里中心建立城厢区特殊家庭心理慰藉援助中心，采取精神慰藉与经济扶助相结合的办法，组织对全区 44

户失独家庭进行慰问，每户1500元，慰问金6.6万元。开展探访慰问23户，送去慰问品，加强与特殊家庭老人间的沟通交流，为4户行动不便的失独老人开展入户健康检查工作，个案辅导并教会其日常保健知识、常见疾病预防等。5月结合母亲节在筱塘邻里中心开展“礼献母亲节”一起享“睛”彩特殊家庭健康义诊活动，对失独老人进行眼健康公益普查活动，送去慰问金。

【实施计生贫困家庭安居工程】 2021年，省、市计生协会安排城厢区安居工程1户，城厢区计生协会根据上报的初选名单，组织人员实地核实，择取上报华亭镇后塘村1户计生低保户作为2021年“生育关怀——计生贫困家庭安居工程”的扶助对象，补助6万元，年底前完工入住。

【开展金秋助学活动】 2021年，城厢区计生协会组织人员进村入户核实镇（街道）上报市、区助学对象，择取上报6名2021年考上大学本一院校的农村困难计生户作为市计生协会助学对象，每位资助5000元；对全区37名考取本一院校的困难计生家庭子女开展秋季助学，资助标准为大学生每人2000元，发放助学金达7.4万元。

【儿童早期发展】 2021年，城厢区计生协会继续在主城区3个街道全面推广儿童早期发展教育。投入资金5万元，依托专业机构，开展亲子活动4场次，开展育儿课堂5场次，受益亲子家庭达200多个。5月8日，联合市计生协会、区卫健局在下黄党建邻里中心组织“共庆中国共产党成立100周年”暨“百名少儿制作百个蛋糕献妈妈”大型亲子活动，莆田电视台、《湄洲日报》、今日城厢等多家媒体都进行报道。5月24日至6月1日，组织走访慰问辖区计生特殊家庭儿童、留守儿童、流动人口贫困家庭儿童、计生困难家庭儿童等计生特殊困境儿童，为他们送去节日的问候。开展“迎‘5·29’庆六一暨关心关爱计生家庭儿童”公益早教活动。5月10日，在筱塘社区党建中心组织40名3—10周岁的常住人口和流动人口等计生特殊困境家庭小朋友开展“猜爸爸妈妈、找朋友、音乐感知”等早教游戏活动，以提高孩子分析能力、社会交往及团体协作能力、音乐节奏感及空间感知觉能力等，增强孩子之间、亲子之间的关系。

【开展法律援助活动】 2021年，城厢区计生协会投入资金6万元，以“党建+”邻里中心为平台，以公益法律课堂、法律讲座、现场咨询等方式，依托邻乐遇公司开展法律援助活动，制作法律书籍等宣传材料2850份，开展法律援助讲座3场，宣传法律援助的意义、受案范围、申请条件和流程等，提高计生群众法律维权意识。同时，开展免费法律咨询活动，对群众生活中遇到的问题进行专业解答，并提供合理建议。

（吴元开）

法　治

政法委及综治

【概况】 2021年，城厢区政法平安工作抓试点创品牌，创新矛盾纠纷联调“四个一”（一个衔接指挥平台、织密一张调解网、整合一支调解队伍、探索一套调解运行机制）模式，形成横向到边、纵向到底的全区一张联调联动网；推进“综治+”社区治理中心建设，龙桥、下黄“综治+”社区治理中心建设模式经验做法得到省、市有关领导肯定；开展“护学岗”平安志愿活动，营造全民护学的浓厚氛围；打造“空地一体、人机联动”的警用无人机治安防控新机制，无人机“空中督查”模式经验做法被公安部肯定推广。全区刑事、治安、侵财、两抢等案件持续下降，保持主城区社会治安稳定，较大及以上安全生产事故、交通事故“零发生”。

2021年7月21日，城厢区委政法委在龙桥街道洋西村开展“你我同心，普法同行”平安入户系列活动（林盈青 摄）

【常态化疫情防控管理模式】 2021年，中共莆田市城厢区委政法委员会（以下简称“城厢区委政法委”）制定出台《城厢区常态化疫情防控网格服务管理实施方案》，运用区、镇（街道）、村（社区）三级穿透的综治网格化平台和“邻里家家亲”微信公众号（群）等信息化、智能化手段，探索建立“一网调度、专班运行、多点触发、实时预警、分类处置、全程留痕、奖惩分明、跟踪问效”工作机制，发挥网格平台信息实时归集共享的优势。全年排查登记中高风险地区返莆田人员14507人，境外入莆田人员992人，其他地区（低风险）入莆田人员2169人，为“无疫村（社区）”“无疫小区”创建活动提供信息化、智能化支撑。

2021 年 6 月 28 日，城厢区大调解中心牵头调解信访投诉案件

（林盈青 摄）

【“矛盾纠纷联调”城厢模式】 2021 年，城厢区委政法委围绕推动矛盾纠纷大排查大化解大整治“百日攻坚”行动落实落地，针对矛盾纠纷多发易发的农村宅基地纠纷等“十大重点领域”，探索“矛盾纠纷联调”模式，以矛盾纠纷联调搭建“四个一”为抓手，发挥信息集合、资源融合、队伍整合优势，全覆盖排查各类矛盾纠纷 828 件，采取“分级诊疗”调解方式，化解 783 件，化解率 94.6%。十大重点领域排查矛盾纠纷 304 件，实行分流交办、挂牌督办，化解 285 件，化解率 93.8%。

【“综治 +”社区治理中心特色品牌培育】 2021 年，城厢区委政法委指导 10 个试点村（社区）创设首批具有特色的工作品牌。如灵川镇东进村成立阿豹民间调解室，成为周边群众的“和事佬”“娘家舅”；霞林街道下黄社区结合“网格 + 开门纳谏”充分发动群众参与社区治理；华亭镇华亭社区建立起一支“X+ 综合执法”队伍（“X”代表行业领域执法主体，即相应的职能部门的执法力量，分别是以镇综合执法队为主要执法力量，以网格巡逻队为辅助安保协勤力量，以公安派出所为执法保障力量，以民兵应急队伍为应急处突力量，以镇其他工作人员为后勤服务和保障力量等），履行“吹哨”责任，做到“乡镇吹哨，部门报到”等。4 月和 6 月，市委书记刘建洋先后到霞林街道下黄社区、龙桥街道龙桥社区察看综治 + 社区治理中心开展情况，对“网格 + 开门纳谏”及综治 + 智能化平台建设工作做法予以肯定。8 月，省委政法委副书记马必钢带队到龙桥社区综治 + 社区治理中心调研，对综治 + 重点人群管控、综治 + 社区治理工作给予肯定。

【校园治安联防工作机制】 2021 年，城厢区委政法委总结推广城厢区第二实验小学“全民护学岗”校园周边安全管理工作经验，研究制定《城厢区平安校园治安联防体系建设实施方案》，完善一键报警系统，建强一支治安联防队伍，健全一套保障机制，全市首家推行“群防群治”全民

2021 年，新落成的龙桥综治 + 社区治理中心　（林盈青 摄）

护学"联动机制"，不断提升重点敏感部位治安联防立体化、群防群治具体化、联防联动智能化。

【政法队伍教育整顿】 2021年，城厢区委政法委组织开展"学习教育、查纠整改、总结提升"3个阶段活动，坚持将学习教育贯穿始终，与开展党史学习教育和"再学习、再调研、再落实"活动一体推进。全区累计开展习近平法治思想讲座11场、党史专题讲座14场，中心组理论学习235次，研讨交流24次，撰写心得体会1213篇，分层分类抽查测试学习活动32次。深入开展"我为群众办实事"，持续推出一批具有政法工作特色亮点的为民办实事举措，全区累计为民办实事1238件。教育整顿成果评价满意率达99.46%。

（林盈青）

法治政府建设

【概况】 2021年，城厢区着力健全行政决策机制，深化政府职能转变，严格规范行政权力运行，化解社会矛盾，落实行政监督和问责，全面加强法治政府建设工作。落实领导干部任前宪法宣誓制度，增强领导干部和国家公职人员宪法意识；落实国家工作人员学法用法制度和领导干部任前法律知识考试制度，先后有4批69人次参加领导干部任前法律知识考试。

【依法治区】 2021年，城厢区印发《全面推行行政执法三项制度相关清单指南流程图参照样式的通知》，进一步规范行政执法行为，实现严格规范公正文明执法。制定《关于开展行政裁量基准动态调整工作的通知》，营造稳定公平透明、可预期的法治化营商环境。加强行政执法人员资格管理，开展行政执法主体清理确认工作，对行政执法主体清理结果进行公示，严格要求行政执法人员持证上岗。对全区476名行政执法人员进行换证、补证，先后组织2场执法执业资格考试，全区118名有执法需求的工作人员报名参加执法资格考试，提高执法人员持证上岗的覆盖率。建立行政执法人员以案释法制度，提升执法人员法治素养和依法行政能力。全年开展执法教育培训课4场次，专题执法业务培训1次，参与学习培训30多人次。加强重点领域执法，依法做好新冠肺炎疫情防控工作，在重大突发事件中推进法治政府建设。建立行政执法案卷评查制度，对全区各行政机关的行政执法案卷，采取全面检查与重点抽查相结合的办法，定期或不定期地抽取部门案卷，重点对行政处罚等执行自由裁量情况进行对照检查，落实反馈整改意见，组织一次案件评查工作，重点抽查行政处罚案卷35卷。执行重大行政许可、行政处罚案件备案审查制度，在重大行政处罚作出后七日内报送区政府法制办备案，全年实施重大处罚3起，上报区法制办进行备案。加大食品药品、安全生产等重点领域执法力度，推进行政执法"互联网+"行动，建立"两法衔接"信息共享平台，实现行政处罚和刑事处罚无缝对接。

【法律顾问参与研究】 2021年，城厢区根据《城厢区人民政府关于建立健全政府法律顾问制度的意见》《城厢区政府法律顾问工作规则》《开展"一村（社区）一法律顾问"工作方案》等文件，明确法律顾问活动形式、法律顾问的工作职责、承办法律事务程序等，规范法律顾问工作，为保障政府工作、推进依法行政、建设法治政府提供服务。针对经济发展需要及征迁项目呈现的诉讼案件特点，城厢区创新设立法律顾问团模式，采取竞聘择优入选的方式，聘用4名律师组成法律顾问团，为区政府依法行政提供法律保障。

【规范性文件备案审查】 2021年，城厢区审查各类政府文件30件，其中规范性文件12件，备案规范性文件12件。及时开展行政规范性文件清理工作，年内开展2次专项清理工作，分别为涉及行政处罚内容的规章和行政规范性文件专项清理工作、涉及计划生育内容的规范性文件专项清理工作，清理出文件14件，废止13件，修订1件。实行行政规范性文件目录和文本动态化管理，制定规范性文件台账目录和文本清单，12件行政规范性文件全部通过政府网站公示。

【行政复议案办理】 2021年，城厢区收到以区政府区直单位为被申请人的行政复议申请34件，立案受理30件，不予受理4件。截至2021年底，办结24件。其中，维持4件，责令限期履行2件，终止6件，驳回复议申请12件。以区政府作为行政复议被申请人的复议案件13件，均答复莆田市政府，截至当年底全部结案，其中，驳回复议申请1件，驳回复议请求12件。印发行政复议意见书1份、行政复议建议书1份。积极推进行政复议调解、和解机制，力争从根本上化解行政争议，实现“案结事了”。2021年，通过行政复议调解撤回行政复议申请的案件有6件。

（达文琰）

公 安

【概况】 2021年，城厢区公安机关坚持以庆祝中国共产党成立100周年安保维稳工作为主线，坚持“以人民为中心、以警情为中心、以队伍为中心”，开展“保安全、护稳定、战疫情、促发展”等工作，推动城厢公安工作高质量发展，保障“山水格局·人文宜居”新城厢建设。全区立各类刑事案件1780起，比上年下降19.7%，破案1488起，破案率83.6%，上升24.5%，其中侵财案件立814起，下降36.06%，破案536起，破案率65.9%，上升24.8%；命案2起、“两抢”案件5起、八类暴力案件58起全部告破；抓获违法犯罪嫌疑人2328人，比上年上升15.4%。

【公安系统扫黑除恶专项斗争常态化】 2021年，莆田市公安局城厢分局（以下简称“城厢区公安分局”）破获九类涉恶案件80起，抓获九类涉恶嫌疑人159人，打掉1个黑社会性质组织和5个恶势力犯罪集团，查封冻结追缴涉案资产360多万元。在全省首创“债权式”黑财处置工作机制，被省公安厅评为优秀机制，获得机制创新全省第一名的成绩。

【合侦快破】 2021年，城厢区公安分局推行警情“接、处、侦、捕”一体化运作模式，将全息三维地图融入合侦快破机制，提升警情处置和打击破案效能，实现立案数下降、破案数上升、破案率上升、抓获数上升的“一降三升”良好效果。全区刑事破案率达83.6%，创历史新高，位列全省前三，“两抢”案件、入室盗窃案件、八类暴力案件破案率全部达100%。

【重拳反诈】 2021年，全区网络电信诈骗警情数比上年下降35.33%，立案数下降5.87%，破获电信网络诈骗案件上升82.5%，抓获违法犯罪嫌疑人上升283%，实现“两升两降”目标。逼投劝返回缅北涉诈窝点人

2021年，城厢区公安分局网安大队开展“净化网络空间 严打网络黑恶违法犯罪”宣传活动

（陈宏 摄）

员133名，打击偷私渡35人，冻结、返还被骗资金2000多万元，最大限度挽回群众损失。

【治安整治】 2021年，城厢区公安分局紧盯社会治安热点难点问题，全面开展社会治安突出问题集中整治，攻坚大案要案，不断巩固基层社会治理效果，提升人民群众获得感、幸福感、安全感。成功破获“3·13”非法经营案、特大跨省组织卖淫案、“8·2”生产、销售假药等3起部督案件及18起省督案件。

2021年，城厢区公安分局重拳出击，严厉打击各类违法犯罪行为（陈宏 摄）

【禁毒严打】 2021年，城厢区公安分局深入推进“飓风肃毒2021”暨“净边2021”会战行动，成立专案组全力攻坚冲刺，破获毒品犯罪案件。

【经济侦查】 2021年，城厢区公安分局全面加强金融领域风险隐患排查管控，深入开展打击鞋服制假售假、非法集资、传销、“云端行动”，严厉打击经济违法犯罪活动，维护良好市场经济秩序。破获各类经济案件149起，抓获犯罪嫌疑人249人。捣毁制售假窝点71个，查处案件98起，抓获违法嫌疑人151人，缴获假冒鞋袜30多万双。成功侦破“10·2”“10·3”2起全链条运动鞋制售假案件，受到省厅、市级表扬通报。

【基层基础工作】 2021年，城厢区公安分局树立“大抓基层、大抓基础”鲜明导向，解决凤凰山派出所无所址问题、霞林派出所跨区办案问题，完成分局新址选定等前期工作。推动社区网格站、警务工作站、党建+邻里中心融合建设，推动城区落实“一社区一警务室”、农村落实“一警务区一警务室”，建成一体标准化警务工作站4个、“党建+”试点社区6个，不断延伸治安工作触角，有效夯实社会治安整治根基。

【治安防控】 2021年，城厢区公安分局推进“枫桥式”派出所创建工作，严格落实接处警、巡特警、派出所、网格化四级巡防勤务机制，建立基层（村居）网格站，细化单元网格站，推进高清视频、人脸识别、治安卡口、电子围栏系统和“智慧社区”建设，提升“一标三实”等基础数据采集准确率和群众安全感。整合群防群治力量，组织动员综治网格、小区物业、单位保安、平安志愿者等社会力量参与网格巡防，推动巡防警力与社会力量的相互融合。因地制宜打造智慧安防小区90个、整合建设街面警务站及社区警务室16个，进一步提高社会治安等掌控力。

【公共安全管理】 2021年，城厢区公安分局强化危爆险物品、寄递物流等日常管控，深入开展缉枪治爆行动，成功破获非法持有枪支弹药重大案件1起，抓获涉嫌非法持有枪支弹药犯罪嫌疑人11人，收缴枪支37支，雷管6158发，黑火药40千克。组织开展拉网式排查，全面掌握全区涉危从业单位及人员基本情况，逐一建档备案。强化行业场所、重点部位安全生产管理工作，深化道路交通整治，以“减量控大”为主线，推进车辆和驾驶人源头管理和交通安全隐患排查治理，加大对重点交通违法行动的查处力度，年内查处各类道路交通违法行为33万多起，其中酒醉驾1027起；死亡17人，直接财产损失16.2万元，死亡人数比上年下降32%，直接财产损失比上年下降27.5%。

【“放管服”改革】 2021年，城厢区公安分局组织开展“我为群众办实事”实践活动，推出为民办实事措施30多项。成立并启用社区“党建+”邻里中心、“综治+”社区治理中心的公安服务窗口，可受理户政业务20项，实现“网上办”“掌上办”“自助办”。对一些行动不便、情况特殊的群众，启动“特事特办”，提供“预约”上门服务，积极打造群众家门口的派出所。全年依法受理公民因私出国（境）申请人10776件次，办理居住证3989张，受理第二代居民身份证36803张、临时身份证3721张。

【破解管理难题】 2021年，城厢区公安分局推进警用无人机建设应用工作，完善“3+3+N”工作模式，选址建设无人机空管站，加大对挂载设备和三维建模研究应用力度，普遍运用于新冠肺炎疫情防控、侦查破案、环境巡查、两违整治、救援灭火、为民服务等工作，得到各级领导肯定。深度开展“雪亮工程”及视频治理专项工作，增强智能感知能力。通过“平安家园·智能天网”平台，连接本地社会面、企业共建以及政府其他部门建设视频探头。

（黄淑芬）

检 察

【概况】 2021年，莆田市城厢区人民检察院（以下简称“城厢区检察院”）依法宽严相济打击刑事犯罪，审结审查逮捕案件521件741人，审结审查起诉案件1158件1473人。最大限度减少矛盾对立，依法对犯罪嫌疑人不捕125人，不诉164人。深入推进常态化扫黑除恶专项斗争，提前介入引导侦查5件，年内受理的6件13人均提起公诉。依法打击侵犯市场主体合法权益、破坏市场经济秩序犯罪87件168人，追赃挽损9件，涉案金额1893万余元。

【刑事检察】 2021年，城厢区检察院受理“两项监督”案件60件，纠正漏捕漏诉38人、遗漏罪行20人。办理羁押必要性审查191人，对350名社区矫正对象服刑情况开展动态监督，纠正脱漏管等行为9次。落实认罪认罚从宽制度，适用制度办结案件1040件1250人。

【民事检察】 2021年，城厢区检察院办理民事领域监督案件46件。其中，办理生效裁判监督案件9件，执行监督案件31件，审判违法行为监督案件2件，支持起诉案件4件。常态化开展民事执行活动监督，对违法终结此次执行程序等消极执行行为发出检察建议19份。继续开展诉讼

2021年5月25日，城厢区检察院开展送法进社区系列活动

（何琳 摄）

活动中涉及行政处罚执行活动监督工作，针对一名当事人存在双重身份的情况，督促有关机关依法纠正。

【检查助力营商环境优化】 2021年，城厢区检察院落实上级院企业合规改革试点工作部署，向区委报告试点工作争取支持，向市基层院备案涉企案件10件13人，运用试点政策决定不起诉1件1人、变更羁押强制措施1件1人，另有3件3人启动调查评估程序，同步探索推进第三方监督评估机制建设。起诉合同诈骗、非法经营等扰乱市场秩序犯罪64人，推动提升“办理破产”等专项指标。贯彻平等保护原则，依法严惩各类侵犯企业权益犯罪53件77人，开展送法入企、检企座谈会等活动7场次，对经营中涉嫌犯罪的民营企业负责人或骨干人员尽可能少捕慎诉，依法不捕1人，不诉7人。

【公益诉讼】 2021年，城厢区检察院注重用法治手段守护公益，办理公益诉讼案件43件，发出诉前检察建议29份。盯紧盯牢法定领域，以“一溪一库”为重点持续深化生态司法保护，对2018年至当年底的系列诉前检察建议整改落实情况逐一“回头看”，督促拆除违章建筑2000余平方米。积极、稳妥推进公益诉讼“等”外领域探索，办理市政公共交通道路安全、重点文物保护等领域公益诉讼案件5件。

【检察助推社会治理】 2021年，城厢区检察院参与“双打”专项行动，起诉侵犯知识产权、制售假冒伪劣商品等犯罪83人。为改进治理提供“检察方案”，结合司法办案提出规范出租房管理、整治占道经营等检察建议3件。铺开检察官驿站，建立“定人常驻+轮值巡回”工作机制，设立多种类型驿站18个，依托驿站开展各类活动36次。推动建立危险驾驶刑事案件48小时速裁程序一站式办理机制，适用机制办结案件38件38人。

【未成年人检察】 2021年，城厢区检察院依法严厉打击侵害未成年人人身权犯罪38件54人。秉承“教育、感化、挽救”的方针，对涉罪未成年人依法不捕9人，不诉8人，附条件不起诉8人。充分整合社会资源，引导“迷途知返”，开展观护帮教10人次。

【检察为民】 2021年，城厢区检察院深化落实“群众信访件件有回复”，对272件来信来访全部在规定期限内规范答复。与区司法局联合制定《依法保障执业权利联席会议办法》，召开联席会议共同解决检察环节律师执业活动中遇到的困难和问题。坚持以公开促公正、用听证赢公信，对各类案件开展听证44件次，促进公平正义以更可知可感的形式彰显。注重在司法活动中展现人文关怀，对行动不便的犯罪嫌疑人进行“上门提审”，为故意伤害案被害人发放司法救助金14.297万元。

【筑牢群众安全】 2021年，城厢区检察院开展城市道路专项清理，消除“钉子阵”4740处，

2021年3月27日，城厢区人民检察院第三检察部干警赴筱塘小学为小学生们开展“学习民法典 争当守法小公民”专题讲座

（何琳 摄）

涉及路面700平方米，其经验做法等到省检察院肯定并在全省转发推广。关注人民群众“舌尖上”的安全，协同区市场监督管理局开展餐饮行业外卖业务专项检查活动，督促整改餐厨垃圾处理不规范、生熟食混放等问题。

（何琳）

法　院

【概况】　2021年，莆田市城厢区人民法院（以下简称“城厢区法院”）充分发挥审判职能作用，运用“智慧法院”成果，创新启用“远程视频”“方舱法庭”开庭模式，开展网上立案、开庭、执行5770件，保障当事人诉讼权利，让公平正义不迟到；依法服务常态化新冠肺炎疫情防控中推进复工复产，灵活采取执行和解、信用修复、活封活扣等善意执行方式，促成执行和解399件、履行金额2.26亿元，有效化解社会矛盾；开展涉企专项执行，执结民企申请执行案件1821件，挽回经济损失4.63亿元，依法保护企业和企业家合法权益；优化营商环境，落实企业破产工作府院联动机制，健全常态化协调联动机制，召开联席会议3次，研究解决企业破产工作中的重点难点堵点问题，审理破产案件4件，促进有价值危困企业再生；与市消保中心成立城厢区金融纠纷诉非联动中心，坚持“三专两协同”（指专人对接力防范、专门调解形合力、专业审判促高效、诉非联动共协同、平台联动共协同）的共治机制，构建“投诉—调解—裁决”的一站式纠纷解决格局，诉前调解金融纠纷案件872件，审结金融纠纷案件1609件，平均办理期限同比缩减29.4天；延伸司法职能作用，为金融机构提供专业法律意见21次，发现并干预可能形成的诉讼危机23次，推进金融纠纷诉源治理减量工程。全年受理各类案件14887件，比上年增长4.82%，审结13465件，比上年增长1.13%，结案率90.45%。涌现出“全省巾帼文明岗”“全国法院优秀司法警察”等先进典型，10个集体、25名个人受到国家级、省市级以上表彰，少年刑事审判庭获评“全国青少年维权岗”。

【刑事审判】　2021年，城厢区法院认真贯彻总体国家安全观、《中华人民共和国刑法修正案（十一）》以及《最高人民法院关于适用〈中华人民共和国刑事诉讼法〉的解释》，助力建设更高水平平安城厢。审结各类刑事案件976件1208人，依法打击严重危害社会治安犯罪，维护人民群众生命财产权益；坚决遏制电信网络新型违法犯罪案件高发态势，审结涉电信网络诈骗、涉“两卡”犯罪案件44件76人，营造健康清朗的网络空间；准确适用认罪认罚从宽制度，对轻微刑事案件被告人依法从宽处理，判处非监禁刑或免予刑事处罚404人，缓刑适用率29.2%；常态化推进扫黑除恶，审结涉黑恶案件6件13人，审结率100%，有效增强人民群众安全感。充分发挥“一案一册一建议”经验做法，发出司法建议3份，有效助推行业治理；构建刑事案件48小时速裁程序一站式办理工作机制，审结危险驾驶罪等速裁案件37件37人，实现刑事办案的提质增速；

2021年9月，城厢区法院推出全市首个人民法院二维码“智慧名片”

（李萍　摄）

2021年4月7日，城厢区法院刑事审判庭法官在南门学校开展“杜绝校园欺凌 走好青春每一步”主题法律教育讲座 （陈超 摄）

坚持寓教于审，创新少年刑事审判“成长交响五部曲”工作法，全方位护航青少年健康成长。

【民商事审判】 2021年，城厢区法院从司法领域强化民生保障，审结各类民商事案件5686件。深入贯彻实施民法典，依法妥善处理涉民生案件，审结涉合同解除、“好意同乘”等4起全省“民法典第一案”；全省首家将社会主义核心价值观融入裁判文书说理，切实发挥司法规范引导作用；联合城厢公安分局交警大队、逸夫小学、中特小学在北磨快处中心设立“逸夫小学交通安全教育基地”“南门中特小学交通安全教育基地”，引导学生遵守交通法规，构建和谐道交环境；联合区委台港澳办出台《涉台纠纷多元化解工作协作机制》，创新推进诉前化解和台胞权益保障法官工作室相结合工作模式，有效保障台胞台商合法权益；深化涉诉信访攻坚行动，落实院领导常态接访、律师申诉代理等制度，持续开展“治重化积”专项活动，清理信访积案38件。

2021年10月25日，城厢区法院安检中心、信访接待中心正式挂牌运作 （陈超 摄）

【行政审判】 2021年，城厢区法院支持和促进行政机关依法行政，推动行政争议实质性化解，审结行政诉讼案件285件、非诉行政审查案件57件；推进行政机关负责人出庭应诉制度的实施落实，115名行政机关负责人出庭应诉，行政机关工作人员出庭应诉率达83.8%；审结涉城市规划、拆违拆临等案件28件，司法服务保障重点项目顺利落地；审结土地承包确权、土地征收补偿等涉“三农”案件83件，服务乡村振兴战略；审结涉生态环境案件34件，服务污染防治攻坚战；向行政机关发出司法建议3份7案，促进依法行政，助力法治政府建设；依托“木兰法律工作站”和“区河长制办公室法官工作室”，开展涉生态环境专题调研、座谈会，并就水源污染、植被恢复、生态修复和生态损害赔偿等问题提出意见建议；认真落实1号河长令，与区河长办、区生态环境局、区检察院等单位联合开展“六清六化六方”（指河上清污行动、河岸清乱行动、河面清洁行动、河中清障行动、河底清淤行动、河水清净行动；河长办建设标准化、河湖长履职常态化、河湖治理清单化、河湖监管数字化、幸福河建设示范化、治理能力现代化；开展法院、检察院、公安、职能部门、属地政府、河长办“六方”联防联动执法行动）活动；开展以生态司法为主题的宣传活动，驻点提供法律咨询，为建设“山水格局·人文宜居”新城厢提供司法保障。

【执行工作】 2021 年，城厢区法院严格落实“智慧、高效、协同、规范、阳光、认同”六大机制，推动执行联动机制常态化运行，执结各类案件 8269 件，执行到位金额 18.04 亿元；加大执行力度，开展“逐梦正青春·奋进勇执行”等涉民生专项行动，快速执结涉民生案件 289 件，执行到位 812.34 万元，其中执结涉薪案件 163 件，执行到位 234 万元，解决 140 余件长期积压的住友系列办证案件；健全完善司法救助长效机制，司法救助 43 人，发放司法救助金 110.9 万元；依托“执行＋保险”救助制度，为 29 名当事人发放保险救助金 62.7 万元；深化联动协作，加大对拒执犯罪的打击力度，对 65 件涉嫌拒执罪线索进行研究，向公安机关移送涉嫌拒执罪 65 件，提高执行威慑力；加大“黑财”清理和追缴力度，涉黑恶案件执行到位 1.195 亿元，执行到位率 96.32%；网拍标的物 107 件，成交率 80.7%，成交总额 7593.85 万元，总体溢价率 17.01%，为当事人节约佣金 332.05 万元；树立善意文明执行理念，探索建立被执行人主动履行正向激励机制，创新发出全市首份自动履行证明书；深化监管执行，出台《关于严格执行内控、防范执行案款风险若干问题的意见》，加强与财务、督察部门实现案款信息共享和监管，堵塞案款管理漏洞，开展案款清理活动，清理案款 4065 笔 4.79 亿元。

2021 年 4 月 30 日，城厢区法院联合城厢分局交警大队、逸夫小学、中特小学在北磨快处中心设立“逸夫小学交通安全教育基地”“南门中特小学交通安全教育基地” （陈超 摄）

【司法为民】 2021 年，城厢区法院深化智慧法院建设，持续推进诉讼服务中心功能转型，升级信访服务中心功能，集聚登记立案、审判辅助、涉诉信访等 40 余项服务一站办理，推行导诉岗、二维码“智慧名片”、律师值班制度，实现“一门全清”“一网通办”，2021 年城厢区法院诉讼服务质效评估 2.0+ 居全市第一。深化诉源治理，依托诉非联动中心，整合人民调解组织、行政调解组织等调解社会矛盾纠纷的力量，成立 11 个邻里解纷中心和金融诉非联动中心，形成相互协作、互相配合的解纷格局，成功化解诉前纠纷 2623 件，调解成功率 53.84%，万人成讼率同比下降 29.51%。开展“换位思考·假如我是当事人”活动，推出便民利民项目 15 项，项目化推进“我为群众办实事”实践活动，为群众办实事 138 场次，解决人民群众“急愁难盼”问题。

【接受监督】 2021 年，城厢区法院严格落实定向联络工作机制，走访代表委员 20 余人次。全面落实人大决议和常委会审议意见，切实改进法院工作。深化阳光司法机制，上网裁判文书 10586 份，直播庭审 1348 场；邀请社会各界观摩庭审、见证执行等审执活动 5 场次，召开新闻发布会、座谈会及法院开放日 7 场次，自觉接受监督；加大对代表委员意见建议的听取收集、研究办理、吸纳转化和落实反馈力度。依法保障人民陪审员履行职责，一审陪审率达 99.86%。全面接受人大关于《中华人民共和国人民陪审员法》实施、生态司法等方面工作视察调研，促进法院工作规范化运行。

（李萍）

司法行政

【概况】 2021 年，城厢区司法局坚持紧抓主责主业，以人民调解、公共法律服务、法治宣传、维稳防范效能建设为重点，谋划和推进司法行政各项工作改革发展，推动各项重要决策部署落实落地。完善《城厢区司法局“一村（社区）一法律顾问”工作方案》，实现一村（社区）一法律顾问全覆盖；出台《城厢区司法行政系统队伍教育整顿查纠整改环节实施方案》《城厢区司法行政系统顽瘴痼疾整治清单》，出台《中共莆田市城厢区司法局党组关于开展党史学习教育的实施方案》，出台《关于在全区开展法治宣传教育的第八个五年计划（2021—2025）的通知》，组建普法讲师团、特色法治宣传队伍，深入推进“法律七进”。年内，城厢区司法局被评为“2016—2020 全省依法治理创建活动先进单位”，龙桥司法所所长方海英被评为“全国司法所模范个人”。

2021 年 3 月 25 日，城厢区司法局在下黄社区开展反诈骗宣传

（达文琰 摄）

【公共法律服务建设】 2021 年，城厢区司法局推进覆盖城乡的公共法律服务体系建设，整合司法行政公共法律服务资源，在实现区镇（街道）实体公共法律服务平台全覆盖的同时，推进“12348”话务平台和微信平台等虚拟平台建设，为群众提供全方位的专业法律服务。开展村居法律顾问活动，全年村（居）法律顾问开展法治讲座 50 余次，参与开展普法宣传 40 余次，参与调解矛盾纠纷 10 余起，为人民调解员培训 3 次，培训调解员 30 余人次，通过现场解答、微信、QQ 咨询、电话咨询提供涉农法律咨询 3000 余人次。推动建立以法治思维和法治方式管理村（居）公共事务、化解基层矛盾纠纷、维护村（居）民合法权益和社会和谐安全稳定新格局。不断扩大援助范围，提高办案质量，保障困难群众的合法权益。全面启用福建省法律援助统一服务平台，推进法律援助网上运行，确保社会公众通过“12348”法律服务热线平台、“福建省法律援助网”、“莆田惠民宝”App 等渠道提交法律援助需求，实现应援尽援。

【律师管理】 2021 年，城厢区司法局加强律所和律师的日常监督管理，走访律所 10 余次，谈心谈话 10 余人次。强化“双随机、一公开”检查，不断提高律师事务所管理和业务水平。组织全区7个律师事务所开展2020年度检查考核工作，29名律师顺利完成年度注册检查考核工作。新冠肺炎疫情期间组织辖区律师事务所21名律师，成立新冠肺炎疫情期间律师在线服务团队，提供免费法律咨询服务。深入开展城厢区律师行业突出问题专项治理工作，2021年律师事务所和律师自查自纠出问题1项，其中与司法人员不正当接触交往0项，违法违规执业1项，提出整改措施1条，无公开收集投诉、举报线索。结合律所行业专项治理开展法律服务机构“双随机、一公开”抽查，随机抽查1家律师事务所，发现收案登记不准确1个问题，当场进行指出，做到立行立改。开展对律所进行走访督导，重点走访6家律师事务所。深入推进律师行业为民办实事活动，2021年开展“我为群众办实事”活动20余次。开展律师事务所设立和管理环节突出问题清理规范工作，通过各所自查，未发现相关问题。

2021年5月19日，城厢区司法局在莆田科技职业技术学校开展“美好生活·民法典相伴”暨“我为群众办实事之法治宣传进校园”活动

（达文琰 摄）

【普法依法治理】 2021年，城厢区司法局谋划“八五”普法，全面推行“谁执法谁普法”责任制，组建普法讲师团、特色法治宣传队伍，深入推进“法律七进”，开展以宪法为核心的中国特色社会主义法律体系的宣传活动，组织“美好生活民法典相伴”、防诈骗、食品安全、禁毒等专项活动，实施“互联网+普法”模式，开展形式多样的法治宣传活动70余场次，增强全社会法治观念。围绕乡村振兴战略，签订新一轮“一村一法律顾问”法律服务协议，夯实民主法治基础。试点实施一户一“法律明白人”培育工程，截至2021年末，培育“法律明白人”7.1万名，登记造册6.4万名，法治带头人1084名，百分之百覆盖全区各村（社区）。10个“法律明白人”机制创建模范村先行，完成机制上墙、倡议进户、落实一户一名“法律明白人”造册登记，法治培训参与率达100%，形成法治辐射效应。依托法治乡村计划，扶持12个村（社区）开展民主法治村（社区）创建。

【调解工作】 2021年，城厢区司法局贴近基层需求，创新调解组织，深化个人调解室品牌效应，利用好当地名人地域熟、人缘好、业务精优势，就近提供专业调解。年内新组建名人调解室2个（龙桥街道黄玉春个人调解室、东海镇蔡荣付个人调解室），截至年底全区有16个名人调解室，7个镇（街道）均建立个人调解室。聚集专业力量，建立专业行业调委会，新组建专业行业性调委会2个（退役军人纠纷人民调解委员会、龙桥街道成立生态环境人民调解委员会），专业行业性调委会增至38个。充分利用“党建+邻里中心”平台，城厢区龙桥街道北磨社区、太平社区、龙桥社区，霞林街道霞林社区、肖厝社区、下黄社区，凤凰山街道筱塘社区7个试点设立人民调解室。通过上下联动、左右配合的调解模式，为居民解忧排难，化解矛盾纠纷，促进谐社区创建。整合部门力量，创新衔接机制。按照中央、省、市、区关于完善矛盾纠纷多元化解机制的要求，加强与公安、法院、检察和劳动等矛盾纠纷多发易发领域主管部门的衔接对接，筑牢人民调解这一矛盾纠纷化解的“第一道防线”。按照防控风险总体思路，开展邻里矛盾纠纷排查化解百日攻坚、涉稳矛盾纠纷排查化解等专项行动，从“12345”平台、访调对接、诉调对接、公调对接等渠道，重点排查婚恋家庭纠纷、邻里纠纷问题，全年排查、调处各类人民调解案件 631 件，与上年同比增长 5.9%。调解成功 631 件，矛盾纠纷调解率达 100%，调解成功率 100%。没有发生因为调解不当引发民转刑、群访群闹事件。

2021 年 12 月 3 日，城厢区司法局联合区直部门在顶墩实验小学举行“12·4”国家宪法日普法宣传活动（达文琰 摄）

【社区矫正和安置帮教】 2021 年，城厢区司法局坚持严管严控，对重点人员、重点制度存在的问题隐患进行拉网式排查，确保在册 317 名社区服刑人员在管在控。落实中共十九届六中全会、省第十一次党代会、庆祝中国共产党成立 100 周年等安保维稳工作任务，严格落实报告、保外就医病情复查、日常教育、信息化核查等管控措施，发现问题及时依法惩处。坚持强基导向，加强“智慧矫正”信息化建设，全力推进“社区矫正一体化平台”运用工作，社区矫正一体化监管平台数据录入率 100%，实现全区社区矫正工作数据一体化、管理智能化、互联移动化、指挥可视化。坚持规范化建设，开展社区矫正突出问题专项治理活动。通过对重点案件自查自纠、区政法单位抽查评查和异地交叉评查方式，对排查出的问题进行查纠整改，以整改促规范，推动社区矫正工作规范化、法治化开展。坚持高水平安置帮教，把安置帮教作为监狱、社区矫正等刑罚执行工作的延伸，加强刑满释放人员就业安置和社会救助，成立复茂食品有限公司、才子服饰股份有限公司 2 个就业安置基地建设。对有可能重新违法犯罪动态的重点刑释人员进行分类排查，做好“三类”刑释解矫重点人员备案和查找工作，把其列入当地派出所重点人员管控，有效预防和减少重新违法犯罪。将刑满释放人员新冠肺炎疫情防控列入安置帮教常态化工作范畴，动态掌握在册人员涉疫情况，严格按当地防控要求做好风险地区释放人员报告、衔接工作。2021 年接收刑释解矫人员 298 人，帮教率 100%，安置率 100%，无重新犯罪人员，重新犯罪率为 0。

（达文琰）

军 事

人民武装部

【概况】 2021年，莆田市城厢区人民武装部（以下简称“城厢区人武部”）党委坚持聚焦国动援战使命任务，推动各项工作有效落实，城厢人武部全面建设取得新的进步。投入资金用于保障各种民兵专业分队集训、保障征兵和规范化建设。城厢区人武部被省军区党委评为“先进人武部党委”“学习研究先进单位”，区政府征兵办被省政府征兵领导小组评为“征兵工作先进单位”，党管武装、民兵工作、兵员征集3项体现主责主业的考评排名均取得全市第一。

【政治整训】 2021年，城厢区人武部按照“整顿思想、整顿组织、整顿作风”，制定实施方案，把整顿的要求贯穿于各项工作和建设的全过程，覆盖思想组织、作风建设全系统，覆盖军事训练、政治工作、后勤保障、纪检监察全领域；围绕“讲政治、讲纪律、讲规矩”，从党的建设根本性问题、影响备战打仗问题、深层次敏感棘手问题、普遍性现实问题查找症结根源，持续用力反复抓，落实政治责任。

【区委议军会】 2021年，城厢区人武部积极协调地方党委政府落实党管武装各项制度，2月18日，组织召开区委常委会暨区委议军会，会议主要解决部队建设及经费、随军家属调动安置等问题。

（曾双清）

【战备值班】 2021年，城厢区人武部围绕应急作战准备主线，紧贴作战任务，突出应急作战指挥和民兵应急动员分队训练，狠抓各项战备制度的落实。调整国防动员机构人员、展开国防潜力调查，修订完善《国防动员方案》《专项任务行动方案》《非战争军事行动方案》，逐条细化措施、标准，建立责任制，狠抓工作落实。全年落实24小时干部值班和职工值副班制度，确保该部战备工作秩序正规，辖区安全稳定，无错情、漏情、误情。9月，组织应急分队参加军地联合搜捕任务，应急分队行动迅速、程序清楚。11月、12月，组织应急连、应急排集中轮训备勤。对照“四个秩序”运行规范，开展战备秩序规范整治，梳理研究矛盾困难的解决措施，加强值班人员基本知识学习，加强日常战备监督指导，战备标准不断提高。

【民兵整组】 2021年，城厢区完成全区基干民兵应急队伍、专业队伍、特殊队伍3类队伍编组任务。按照“开展潜力调查、进行部署准备、优化结构布局、调整配备人员、预建党的组织、清点落实装备、集合点验民兵、组织检查验收”的步骤程序推进民兵整工作。统筹协调区网格办、市医院、市中医医院、区医院、莆田学院、辰龙船务公司组建成立基干民兵队伍，实现基干民兵

2021 年 6 月，城厢区人武部开展捐资助学活动，图为合影留念
（王中华　摄）

党员比例和转业退伍军人比例达 30% 以上、技术岗位人员专业对口率提高到 80% 以上。5 月结合基干民兵点验，6 月结合党管武装考评，11 月结合基层规范化建设检查等时机，采取“听、看、查、问”的方法，对各镇（街道）民兵整组工作进行综合检查，及时反馈相关问题，并持续跟进整改情况，提高基层民兵工作和基层规范化建设工作落实标准。

【征兵工作】　2021 年，城厢区召开两次区征兵工作部署会，各级征兵工作人员深入村居、家庭、学校，与适龄青年及其家长面对面座谈、政策辅导、谈心交流，调动适龄青年的应征积极性。年内输送新兵若干名。区里每年统筹安排事业编和国企岗位用于定向招考当年退伍的大学毕业生。针对新冠肺炎疫情防控特点，严密展开“封闭式”体检，秩序正规，准确遴选优质兵员，确保征集质量。

（郑国良）

【双拥共建】　2021 年，城厢区人武部积极参与文明创城志愿者活动、环境整治、卫生清理、走访慰问等双拥共建工作，安排资金慰问困难家庭基干民兵、困难退役士兵、困难文职人员，资助 10 名困难大学生“助学兴教”。

（曾双清）

【营区规范化建设】　2021 年，城厢区人武部根据“四个秩序”规范化要求，区财政拨款对交班室、健身房、职业教育学习室、大门及“三合一”指挥中心视频会议系统进行建设或改扩建，由区经济开发集团有限公司全权负责代为建设，3 月 15 日开工建设，5 月初完工并交付使用。

（戴强）

人民防空

【概况】　2021 年，莆田市城厢区人民防空办公室（以下简称“城厢区人防办”）贯彻落实国家“长期准备、重点建设、平战结合”的人防建设方针，以规范工作标准和夯实基础建设为主要内容，强化管理，严格执法，狠抓落实，加强防空防灾一体化建设，不断推进人民防空工作。

【人防工程建设】　2021 年，城厢区人防办贯彻执行《中华人民共和国人民防空法》《福建省人民防空条例》有关规定，依法加强人防工程的建设和管理和人防工程易地建设费的征收工作，要求落实人防工程报建制度，压实各责任主体终身责任，加强对钢筋绑扎、预留预埋、防护（化）设备安装等关键环节的验收巡查，同时重点监管技术交底、结构验收及竣工验收，落实事中事后监管。

【防空警报建设】　2021 年，城厢区为履行“战时防空、平时服务、应急支援”的使命任务，提升防空预警能力，新增 3 套防空警报器，扩大防空警报音响覆盖率，提升全区重要经济目标防护的能力。同时，组织技术人员对全区防空警报器进行全面的检查、维护，加强对老旧警报设施的更新和管理，使警报设施保持良好的使用状态。

（林亚站）

退役军人事务

【概况】　2021 年，城厢区退役军人事务管理局（以下简称“城厢区退役军人局”）围绕中心，服务大局，统筹抓好新冠肺炎疫情防控和退役军人事务工作。落实“基层基础基本建设年”活动，按照“五有”（有机构、有编制、有人员、有经费、有保障）标准全覆盖，机构建设到位，职责界定到位，区退役军人服务中心和镇（街道）服务站按省级示范退役军人服务中心（站）标准建设并投入使用。区退役军人服务中心、龙桥街道退役军人服务站和凤凰山街道退役军人服务站被评为“五有”先进单位。按照《莆田市城厢区基层退役军人服务保障体系标准化规范化建设三年（2020—2022）行动方案》的任务要求，所有镇（街道）服务站和 10 个 300 人以上村级服务站 100% 达到全国示范型标准。

【移交安置】 2021 年，城厢区退役军人局坚持“阳光安置”“直通车”安置，落实安置过程“六公开”，每年以高于 1 ∶ 1.5 的比例提供安置岗位，实现部队、用人单位和转业军官本人“三满意”。按服役量化评分高低依序择岗的方法进行安置，年内接收需要政府安排工作的转业军官、转业士官、进藏退役士兵。发放地方一次性经济补助和立功受奖奖励金。配合教育部门做好高职扩招相关工作，完成当年度参加高职扩招的退役士兵身份核实和确认工作。配合市退役军人事务局，举办“春风行动”大型退役军人网上招聘会。通过区、镇（街道）、村（居）三级联动，建立就业创业台账和失业预警监测机制，推动零就业家庭动态清零。对辖区内的企业军转干部进行困难结对子，“两节”期间对企业军转干部进行走访慰问。

【军休服务】 2021 年，城厢区退役军人局做好军休干部服务管理工作，全面落实“两个待遇”（政治待遇和生活待遇），加强服务管理机构支部建设，构建“融入社会，购买服务、资源共享”服务管理模式，解决空巢、高龄、失能和半失能军休人员养老问题。执行军休干部列席区委区政府年度工作通报会，听取老干部意见和建议，全面落实军休干部政治待遇。“八一”中国人民解放军建军节前夕召开军休干部座谈会，参加区委区政府工作通报会，向军休干部通报全区发展情况，征集意见建议。

【优抚工作】 2021 年，城厢区退役军人局落实优待抚恤待遇和抚恤补助标准自然增长动态增长机制，做好医疗补助政策规范平衡协调工作。在优抚金发放方面，对享受定期抚恤补助的重点优抚对象按每年高于国家标准的 10% 及时足额发放抚恤补助金。在医疗补助方面，进一步完善医疗补助实施细则，加强和解放军部队医院、城厢区医院及市光荣院对接，重点优抚对象大病补助落实率 100%，最大限度地满足优抚对象医疗、供养服务需求。常态化开展困难优抚对象慰问、残疾军人慰问等，“八一”中国人民解放军建军节、春节对享受抚恤补助的烈属慰问，切实传递党和政府的关心关爱。发放优抚金、医疗补助、慰问金。

【褒扬纪念工作】 2021 年，城厢区退役军人局开展零散烈士纪念设施保护管理专项行动。落实区级经费兜底保障，对在册零散纪念设施建档造册，建立属地管护责任，实行分级管理。联合区人民检察院开展烈士纪念设施管理保护专项行动，区财政投入资金，采用购买方式在马涨山城市公益性公墓区紫山世泽园内的莲心清韵区域规划建设城厢区区级烈士集中安置区。全区新核定零散烈士纪念设施 32 处，逐步推进“应迁尽迁、集中管护”工作目标。开展为立功受奖军人家庭送喜报活动，由退役军人事务部门、人民武装部门共同送达立功受奖喜报，彰显立功军人荣耀，为立功受奖军人开展送喜报活动，发放慰问金。

（吴明山）

外事 侨务 台港澳事务

外 事

【概况】 2021年，莆田市城厢区人民政府外事办公室（以下简称“城厢区外事办”）强化对外宣传、对外管理、对外服务能力，以扎实举措、实质成效积极服务外交大局，扎实抓好外事、新冠肺炎疫情防控等各项工作。

【外事服务经济发展】 2021年，城厢区外事办坚持“外事为经济建设服务”的方针，以“稳企业、保增长”为己任，协助办理1名外籍人员入境申请。持续以“外事为民、外事惠民”为宗旨，服务企业、服务经济，通过“严格高效温馨”的服务，为企业在危机中逆势增长而努力。翻印并分发省外办制作的《领事保护与协助指南》的普及篇和留学游学篇，针对不同出国人群关心的问题，详细介绍入境注意事项、在国外遭遇突发情况和各种意外拨打外交部领保热线电话等。利用网络宣传领事保护宣传公益片，宣传“合法权益受保护、违法行为不袒护”正确的领保理念。借助“平安综治”宣传月，开展领保宣传，通过进社区发放宣传册等形式，指导民众在海外如何维护自身安全及合法权益。利用政府网站等媒体及时转发和实时更新外交部和中央有关部委发布的“海外安全提醒”。参加省外办举办的领保知识培训讲座等，不断扩大预防性领保宣传覆盖面，提升居民的境外安全防范能力和自我保护意识。

【外事服务疫情防控】 2021年，城厢区外事办积极响应、迅速行动，对境外入区人员，第一时间逐一上门排查，及时纳入管理，并做好身体健康状况监测跟踪。全年有境外入区1281人，全面落实健康管理措施。同时严防境外新冠肺炎疫情海上输入，区公安分局与海警、海事等部门协作配合，组织民警、村居干部、网格员以及群发群治队伍等强化岸线巡逻，充分应用海防视频、无人机等开展不间断巡查。

（张剑煌）

侨 务

【概况】 2021年，莆田市城厢区人民政府侨务办公室（以下简称“城厢区侨办”）把依法护侨维侨，凝聚侨心作为侨务工作的基础性工作，走访侨资企业20余家，接待来访和电话咨询100余人次，办理3名归侨离退休职工生活补贴，协助3名侨胞接种新冠病毒疫苗。

【涉侨政策宣传】 2021年，城厢区各级涉侨职能部门密切配合，多方联动，把学习宣传侨法作为依法行政，依法护侨的重要工作来部署落实。在全区范围内开展侨法宣传月活动，采取召开座谈会、发放宣传资料、群发短信、开展微信知识问答等多种形式，深入、广泛地宣传贯彻实施侨法的意义和内容，以点带面，逐步扩大涉侨政策普及范围。全年发送宣传短信10万余条，宣传单5000余份，宣传册1000余册，宣传袋1000余个，宣传伞500余把。通过学习宣传，进一步强化全区依法尊侨护侨的意识，扩大侨务工作的影响，使社会各界更清楚地了解侨法以及依法护侨的重要意义，促进全社会侨法法治意识的提高。

【侨务行政审批手续优化】 2021年，城厢区侨办在行政审批过程中坚持把简政放权、放管结合、职能转变到“优服务”上，对办事事项进行认真梳理，强化行政审批信息公开制度，严格在规定的时限内予以办结，全年办理华侨回国定居16件、归侨身份认定1件，未出现随意延长审批时限，未出现一件投诉件。在市行政服务中心好差评系统运用中，评价率和好评率均为100%。

【联谊交友平台搭建】 2021年，城厢区侨办策划有影响、有特色、有实效的活动，不断推进合作交流与联谊交友。6月底，区委统战部联合区侨联召开侨界人士庆祝中国共产党成立100周年“侨心向党”座谈会，海外重点侨领、侨资企业代表、归侨侨眷代表等30余人参加，与会人员结合各自实际，重温党的光辉历史、党的百年风华，从如何进一步推进侨务工作的角度进行座谈交流。

（林风高）

台港澳事务

【概况】 2021年，莆田市城厢区委台港澳工作办公室（以下简称“城厢区委台港澳办”）按照中央对台港澳决策部署和区委区政府的工作要求，克服严峻复杂的两岸形势和新冠肺炎疫情的不利影响，发挥对台港澳工作的独特优势，持续保障台港澳同胞企业权益，深化两岸融合发展，推动惠台港澳政策落实落细，助力高质量发展超越，加快推进台胞企业登陆第一家园建设，取得新的成效。

【对台交流合作】 2021年，城厢区突出开放招商力度，新增台资企业6家，进一步推动两岸经贸融合；在第十三届海峡论坛•妈祖文化活动周期间，举办“中华妈祖情•两岸一家亲”油画、木雕、玉雕等一系列工艺美术精品主题展，展出油画作品28幅，木雕、玉雕、景泰蓝等作品123件，中国画10幅，妈祖系列文创作品30余件，进一步加大两岸文化交流力度，反响热烈；12月下旬，台湾文化大学知名教授邱毅一行到城厢区郑春辉木雕艺术馆进行文化艺术交流活动。

【台商台胞服务】 2021年，城厢区落实落细国台办“31条措施”“26条措施”“应对新冠肺炎疫情11条”等系列惠台利民

2021年12月7—18日，城厢区在莆田国际油画城举办“中华妈祖情两岸一家亲”主题展活动 （吴碧清 摄）

2021 年 1 月 7 日，区委台港澳办陪同市委台港澳办走访调研东海镇牛樟芝种植基地（吴碧清 摄）

政策措施，5 家台资企业和 3 位台胞获得省人民银行颁发的台商台胞金融信用证书；1 位台胞获选莆田市壶兰英才评选活动中的“台籍特聘人才”称号；2 家台资个体户获台湾特色商品店专项补助资金；1 户台胞家庭被评为“莆田市最美家庭”。

【台胞权益保障】 2021 年，城厢区委台港澳办协同区法院创新工作机制，率先建立涉台纠纷多元化解机制，及时稳妥协调、化解债务纠纷，既回应台商的合理诉求，又维护社会的平安稳定；专门设立台胞台企权益保障联络点，选用 2 名台胞调解员，召开座谈会，走访台资台企，进一步促进涉台纠纷多元化解，有效保障台商台胞合法权益，为优化营商环境提供机制保障。按照“属地管理、分级负责，谁主管、谁负责，依法、及时就地解决”的原则，及时沟通协调有关部门落实工作责任，2021 年调处台商台胞诉求、纠纷等 5 件，切实为台商台胞办实事、解难题，确保时时有回应、件件有着落。

（吴碧清）

【与台港澳同胞携手共同抗疫】 2021 年新冠肺炎疫情期间，城厢区加强与台港澳同胞联系沟通，了解他们的生产生活情况，及时向他们宣传境外新冠肺炎疫情防控政策，提示出行风险防控，对确需回乡的作好周密安排，确保安全；调动爱国爱乡人士力量，积极参与新冠肺炎疫情常态化防控工作，及时向广大城厢籍台港澳同胞发出倡议书，全力支持城厢区新冠肺炎疫情防控工作，踊跃捐款捐物，为打赢新冠肺炎疫情防控人民战争贡献力量。

（林风高）

应急管理

综　述

【概况】　2021年，莆田市城厢区应急管理局（以下简称“城厢区应急局”）落实“党政同责、一岗双责、齐抓共管、失职追责”和“三个必须”（管行业必须管安全、管业务必须管安全、管生产经营必须管安全）要求，深入开展安全生产专项整治三年行动、安全隐患大排查大整治、“控事故、保安全、迎中国共产党成立100百年”安全生产集中攻坚专项行动、“严执法、强攻坚、促提升”专项行动和“攻坚两个月、奋战六十天”安全生产专项整治等工作，加大监管执法力度，夯实安全生产基层基础，提升治理能力和水平，安全生产形势持续稳定向好。全年发生各类生产安全事故9起，同比增加2起，上升28.6%；死亡4人，与上年持平，没有发生较大及以上生产安全事故。

【应急队伍建设】　2021年，城厢区持续加强安全生产队伍建设，在镇（街道）机构改革中，在镇级6个内设机构、街道5个内设机构中社会治理办公室加挂应急管理办公室牌子，配备3—4名专职人员，120个村（居）均配备1名专兼职安全协管员。

安全生产监督管理

【安全生产制度建设】　2021年城厢区出台《莆田市城厢区人民政府安全生产委员会关于加强“十个三”措施落实常态化安全生产工作的通知》，固化安全生产专项整治三年行动阶段成果，完善提升制度机制，紧扣城厢实际，坚持问题导向，着重从领导亲自抓发动、常态宣传造氛围、明晰责任传压力、细化要求抓排查、严格监管重整治、标本兼治控源头、部门联动善应急、作风建设强保障、督查考核促落实、结果运用严惩戒等十个方面加强机制建设，拧紧思想上的“总开关”，抓住安全生产责任制的“牛鼻子”，架起依法治理的“高压线”。

【构建企业双重预防机制】　2021年，城厢区坚持“优服务”与“严监管”并行，为解决企业安全生产管理人员不足、能力不足的问题。在安全监管上正确处理好优化营商环境和安全生产严格监管的关系，坚持精准执法，不搞“一刀切”，在强化执法检查、倒逼企业落实“主体责任”的同时，购买社会服务，组织专家为企业排查隐患、指导企业完善制度，实行“执法+专家”“全覆盖服务+双随机检查”、请企业负责人、安全管理人员全程参与“说理式执法”，形成专家排查、企业整改、部门监管的工作机制。

【完善安全生产管理模式】　2021年，城厢区出台《莆田市城厢区人民政府安全生产委员会关于进一步加强安全生产工作的通知》，进一步完善清单化管理模式，建立“一镇街道（部门）一册”，健全隐患清单、整改清单、责任清单、销号清单、监督检查清单和执法检查清单，形成“一企一档”，实现闭环管理。综合应用警示、约谈、提醒和重大隐患挂牌督办手段，对生产经营单位、安全生产监管部门和个人进行警示、约谈或提醒，对重大安全隐患进行挂牌督办、限期整改。

【重点行业领域隐患整治】2021 年，城厢区安全生产防范坚持“全排查”与“严执法”并举，结合实际情况制定安全专项整治三年行动、安全隐患大排查大整治、“控事故、保安全、迎中国共产党成立 100 百年”安全生产集中攻坚和“严执法、强攻坚、促提升”专项行动等一系列工作方案，扎实开展重点行业和领域的隐患排查整治。全区成立 1198 个检查组，督导检查 3281 次，检查单位 6790 家，发现隐患 6799 处，全部整改到位。严格按照“全覆盖、零容忍、严执法、重实效”的原则，切实加大安全监管执法力度，按照“四个一律”（对非法生产经营建设和经停产整顿仍未达到要求的，一律关闭取缔；对非法违法生产经营建设的有关单位和责任人，一律按规定上限予以经济处罚；对存在违法生产经营建设行为的单位，一律责令停产整顿，并严格落实监管措施；对触犯法律的有关单位和人员，一律依法严格追究法律责任）、“五个一批”（依法严惩一批违法违规行为，彻底治理一批重大事故隐患，关闭取缔一批违法违规和不符合安全生产条件的企业，联合惩戒一批严重失信企业，问责曝光一批责任不落实、措施不力的单位和个人）有关要求，做到违法必究，决不姑息，倒逼企业落实安全生产主体责任，坚决遏制安全生产事故。2021 年责令停产整顿 26 家，关闭取缔 2 家，约谈警示 1 家，处罚 59.49 万元。

2021 年 1 月 15 日，城厢区在霞林街道富邦超市开展安全生产大检查（何意 摄）

【安全宣传氛围营造】2021 年，城厢区开展“安全生产月”、安全生产专项整治三年行动和安全隐患大排查大整治等系列宣传活动，充分利用电视、网络、微信、手机短信等渠道，全方位、多层次开展安全宣传。落实“安全生产日”活动，通过“领导带队、宣传教育、应急演练、联合执法”4 个主题和其他安全生产活动，推动党政领导、部门监管、企业主体“三个责任”落实。夯实安全生产的群众基础，在社区、住宅小区、农贸市场等公共场所设置安全生产宣传栏，着重以通俗易懂的方式，普及宣传用电、用气、用火等与群众生活、员工生产息息相关的安全生产常识，切实强化全民安全意识及自我保护能力。

事故应急处置

【应急处置能力建设】2021 年，城厢区及时修订危险化学品、烟花爆竹等行业灾害事故灭火救援预案。开展各类应急预案演练，举办演练培训计350余场次，参演参训人数达80000余人次，增强各单位的协调、配合能力，进一步完善应急演练机制，提高突发事件应急处置能力。

【健全清单管理机制】 2021年，城厢区明确各级各部门、各主体企业安全生产工作重点落实的注意事项、安全标准、防范措施等，大力推进“一企一档一清单”，督促企业照单排查、照单整改，确保企业复工复产安全。

【排查整治责任制】 2021年，城厢区构建“行业主管部门、镇（街道）和园区、企业主体”三级排查整治责任网，实行“谁检查、谁签字、谁负责”，落实隐患排查人作为首问责任人，不仅负责安全隐患检查，又负责隐患整改的措施、责任、资金、时限、预案五落实以及整改“回头看”工作，确保安全隐患有人检查、有人督促整改、有人核查落实。

防灾减灾

【防灾减灾普查】 2021年，城厢区开展第一次自然灾害综合风险普查，通过召开业务培训会、绘制普查工作流程图、录制普查工作视频、编制数据收集工作手册等，明确普查任务、把握关键环节、规范操作流程，化繁为简，突出重点，调查承灾体247处，减灾能力346条，现场指导各镇（街道）、村（居）、教育系统、宗教场所等单位空间描绘456处，收集家庭减灾能力调查表1133份，数据审核质检5284条次，做到“一镇（街）一册、一校一档、一行业一归纳”，建成档案180余份，其典型经验做法被国家普查办发文推广。

【防灾减灾经验交流】 2021年，城厢区在华亭镇五云村召开莆田市全国综合减灾示范社区创建工作交流会，学习宣传全国综合减灾示范社区创建经验，提升基层治理水平和防灾减灾救灾能力，华亭镇五云村获省减灾办推荐“全国综合减灾示范社区”。

【防汛防洪】 2021年，城厢区立足“防大汛、抗大洪、抢大险、救大灾”，坚持“早谋划、早部署、早准备、早落实”，扎实开展各项防汛工作。推进“智慧防汛”信息化工程建设，建立“两网一中心一平台”（雨水情监测站网、视频监控站网、洪水预警报中心和防汛指挥多部门展现平台）。对相关预警系统等进行保修调试，对全区120个简易雨量报警器和19个点自动雨量水位监测站进行维护检修并现场调试、登记造册，确保各类监测设备不“带病”进入汛期，保护人民生命财产安全，保障节日安全。

消　防

【森林防火】 2021年，城厢区开展森林防灭火示范点创建，从防火责任体系、宣传教育体系、扑火扑救体系、火源管控体系、预警监测体系等进行规范，夯实森林防灭火基层基础，全力防范森林火灾。全力抓好火源管控，扎实开展打击林区违法用火行为专项行动，在高火险时段及时发布7次野外禁火令、8次橙色预警，严厉打击各种野外违规用火的活动。加大森林防火宣传力度，出动防火宣传车245车次，分发纸质宣传材料4.45万份，悬挂张贴宣传标语横幅1850条，建立警示牌95块，建设天龟路沿线大型宣传牌7处，印发张贴《禁火令》1400多份，发送短信、微信50万条。

【服务指导机制】 2021年，城厢区组织安全生产服务指导企业排查消除安全生产隐患，落实好疫情防控和安全生产“两个主体责任”。成立40人的技术服务队伍，建立以高工、一级注册结构师为主的区级专家组，以及7个镇（街道）、1个园区对应的“7+1”技术服务队伍，全力保障房屋结构安全隐患排查整治的有效开展。应急局采取“专家+执法”“全覆盖服务+双随机检查”方式，形成“专家排查、企业整改、部门监管”机制。

（潘兰娟）

经济管理

综 述

【概况】 2021年全区生产总值完成538.76亿元，同比增长7.7%，人均地区生产总值98314元。其中，第一产业增加值10.41亿元，增长2.8%；第二产业增加值200.62亿元，负增长6.7%，其中工业增加值141.23亿元，增长6.9%；第三产业增加值327.72亿元，增长8.5%。农林牧渔业总产值21.02亿元，增长1.8%。规模以上工业产值461.31亿元，增长15.9%，其中规模以上工业增加值126.99亿元，增长9.6%。建筑业总产值161.69亿元，增长16.0%。固定资产投资增长10.2%。财政总收入36.26亿元，增长5.9%，其中地方级财政收入25.13亿元，增长0.4%。社会消费品零售总额627.79亿元，增长15.2%。限额以上批零业销售额698.4亿元，增长26.1%。限上住宿餐业营业额13.23亿元，增长11.7%。外贸出口额77.30亿元，实际利用外资17007万元。全体居民人均可支配收入44182元，增长9.3%。城镇居民人均可支配收入50854元，农村居民人均可支配收入25444元。

【产业转型升级】 2021年，莆田市城厢区发展和改革局（以下简称“城厢区发改局”）围绕全市“343”（做优鞋服、工艺美术、食品3个传统支柱产业，做强新型功能材料、电子信息、高端装备、新能源4个战略性新兴产业，培育数字经济、平台经济、生命健康3个未来产业）产业布局，突出发展“323”（提质升级鞋服、食品、工艺美术三大传统产业，做大做强电子信息、新型功能材料两大战略性新兴产业，培育发展数字经济、海洋经济和绿色经济）产业，鞋服产值突破200亿元。推动实施华源纺织城、荔城纸业等省市重点技改项目19个，全年技改投资累计完成12.6亿元，传统产业加快转型升级。中电科创城先导区投入使用，大唐网络5G、三利谱偏光片等项目加快推进，新兴产业加速崛起。新增国家高新技术企业21家、工信部“专精特新”“小巨人”企业2家、省级众创空间3家，杰讯光电全市首家被评为国家级重点“小巨人”，创新基础不断夯实。大唐5G产业东南总部基地等8个项目被列入第四届数字中国峰会项目库，中电望辰获全省数字经济领域“瞪羚”创新企业称号；新落地平台项目2个，平台经济年交易额超50亿元，税收实现翻一番。着力稳住外贸外资基本盘，为全区外贸企业争取到上级外贸扶持资金1567万元，2021年厦门国际投资贸易洽谈会引进、洽谈外资项目11个，总投资13930万美元。电商活力不断迸发，425家限上电商销售额突破400亿元，百盛、油画城等直播基地稳步壮大，成功举办首届电商直播节。

重点项目与固定资产投资

【重点项目建设】 2021年，城厢区发改局完善项目全过程管理服务机制，开展“攻坚两个月、奋战六十天”重大项目攻坚行动计划，推行“五个一”（一天一会商、三天一汇总、一周一调度、半月一汇报、一项目一档案）工作机制，重点项目建设取得突破。全年实施重点项目375个，完成投资260亿元，其中沟头城市更新、龙德井片区改造等46个省市重点项目完成投资130亿元，超序时20个百分点。沟头片区地块二、华龙标准化厂房等78个项目顺利开工，华源纺织城一期、坂头东安置房等52个项目实现竣工。全年争取上级预算内补助资金近亿元；5G数字产业园、月塘南片区城市更新、万达南片区城市更新等10个项目获批地方政府专项债券达48.3亿元，资金额度排名全市第一。

【固定资产投资】 2021年，城厢区发改局深入贯彻“突出开放招商、强化项目带动”决策部署，坚持项目为先、项目为基、项目为要，全方位推动高质量发展超越。全年固定资产投资同比增长10.3%，高出全市平均水平8.4个百分点，增幅位居全市第一。同时，全年新增入库项目144个，总投资创历史新高。

经济社会事业体制改革

【优化营商环境】 2021年，城厢区发改局营商环境不断优化，新增市场主体3.4万户，增量增幅均居全市前列。深化“放管服”改革，推进“全程网办、一网通办、掌上可办”审批制度改革，在全市率先深入推行智能化审批、跨区域通办，网上办事预审、受理、办结“三个及时率”100%，“减事项、减材料、减时限”均居全市前列。生态文明体制改革持续推进，深入贯彻落实习近平生态文明思想和治理木兰溪的重要理念，牵头制定生态文明体制改革年度计划，顺利推动重点生态区位商品林赎买试点工作，内河综合整治力度不断加大，小流域7个考核断面水质均达到省考要求，森林覆盖率达71.28%。贯彻落实国家有关转供电政策，积极推动该区“5G领先战略”专项工作，开展5G基站转供电主体排查及政策宣传。

【城市面貌更新】 2021年，城厢区发改局坚持一手抓新区建设，一手抓旧城更新，高标准实施城市提升项目40个，文献北一期、木兰铁岭等7个“兴城市”片区拆除房屋40万平方米以上，出让经营性土地10.53公顷，改造老旧小区8个，棚改安置房开工8230套，实现13个安置房项目3881套回迁。新改建市政道路3千米，新建地下通廊1个、人行天桥4座、停车泊位900个。绶溪公园晋升国家AAAA级旅游景区，新建口袋公园7个。

【改善民生福祉】 2021年，城厢区建成投用九华学校、科技校扩建一期等教育类项目9个，新增各级学位1.28万个。加快推进医疗设施提升工程，建成区医院病房大楼、急救站点，在华亭镇卫生院、灵川镇中心卫生院领办医养中心。新建群众健身场所20处。建成市级人才驿站2个，全市率先开展企业新型学徒制培训，城镇新增就业6700人，城镇登记失业率控制在3%以内，失业保险支持企业稳岗返还200万元。城乡低保保障标准提标扩面，救助帮扶困难群众超10万人次。城乡居民养老保险参保率超98%，居全市第一。新改建村（社区）长者食堂10个、邻里中心长者之家11个。

【粮食工作】 2021年，城厢区发改局发挥粮安考核“指挥棒”作用，对全区考核工作作出周密安排部署，2020年度粮安考核位列全市第二名，取得历年最好成绩。在全市率先探索构建粮食和物资储备管理指挥中心，对各个粮食和物资储备管理网点24小时实时查看监管，提升应急供应管理水平。在全市率先完成 1000 吨区级应急大米储备任务的基础上，从全区粮食应急供应网点中进行择优选择网点，新增 240 吨区级社会责任大米储备，增强应对市场波动能力。全力做好粮油市场物资保障工作，积极发挥平价商店稳价惠民作用，8 个平价商店全面启动，对粮、油、肉、蛋、蔬菜等民生商品以低于单品市场均价 10%—20% 的价格进行销售，确保关键时期重要民生商品市场价格基本稳定。

（陈俊莺）

国有资产管理

【概况】 2021 年，莆田市城厢区国有资产监督管理办公室（以下简称“城厢区国资办”）切实履行职责，规范处置行为，全力做好国有资产监管工作，最大限度盘活国有资产，实现国有资产的保值增值。

【国有企业重组整合】 2021 年，城厢区按照盘活资产、运转资本、规模经营、集约管理的思路和《中华人民共和国公司法》等法律法规的要求，将 17 家国有企业纳入重组整合范围，着力构建“三大集团”为主导的国有企业运营架构，形成适应全区经济和社会事业发展要求的国资布局。即整合组建莆田市城厢区国有资产投资集团有限公司、莆田市城厢区城乡建设投资集团有限公司、莆田市城厢区经济发展集团有限公司。

集团企业组建情况。2021 年，城厢区推进企业 AA 评级顺利开展，由区委组织部部长、区政府分管国资工作领导任区国企重组整合工作领导小组组长，顺利组建“三大集团”公司，完成市场监管相关变更登记工作，集团企业相关业务稳步推进。

企业架构情况。企业负责人方面：由区委组织部牵头提请区委研究同意“三大集团”企业负责人人选，并由区政府任命集团公司董事长（法定代表人）、总经理。企业职工方面：按照区委常委会研究通过的《城厢区区属国有企业重组整合人员管理方案》精神，每个集团企业暂核定职数 35 人。

企业债发行情况。2021 年，城厢区确认以区城投集团作为发行主体，推进区属国企 AA 评级工作。在全区国有企业重组整合的基础上，结合实际将区国投集团并表至区城投集团，同时将成立的 15 个项目征迁指挥部全部纳入区城投集团管理，做大企业资产。签订企业间债务核销协议，对其他应收款、其他应付款进行对抵核销，优化企业报表结构。梳理划拨全区剩余安置房等资产，并对经营性房产进行重新评估，做大企业净资产。明确项目代建收入标准，做大企业现金流。

国资监管制度建设。2021 年，城厢区进一步加强和规范区属国有企业监管工作，防止国有资产流失，确保国有资产保值增值，由区委组织部牵头组织制定《城厢区区级国有企业领导人员管理暂行规定》；由区财政局牵头制定《城厢区企业国有资产管理暂行规定》《关于规范区属国有企业重大事项管理的通知》；由区人社局牵头制定《城厢区重组整合国有企业薪酬管理暂行办法》等文件，进一步完善国企国资监管的制度建设。

区属国有企业内控制度建设。2021 年，城厢区强化廉政风险防控机制建设，区国资办牵头组织开展区属国有企业内控制度建设情况检查。重点督促国企重组整合后的新“三大集团”等公司，建立健全企业资产保全、资金收支预算管理、组织机构责任分工、廉政及风险评估防范机制等内控制度，切实履行维护国有资产安全的主体责任，进一步加强和规范企业国有资产管理。

【剩余安置房公开处置】 2021 年，城厢区为规范城厢区安置剩余房产处置行为，进一步盘活存量国有资产，由区经济发展有限公司牵头拟定《城厢区部分安置剩余房产实行公开拍卖处置工作方案》，率先启动出让回购安置房公开拍卖处置工作。3 月，在市行政服务中心拍卖大厅组织第二期回购商品安置房公开拍卖。公开拍卖套房房源99套11899.05平方米，评估均价10794元/平方米；成功拍卖77套9761.28平方米，总成交价10571.52万元，成交均价11794元/平方米，溢价率9.26%。公开拍卖幸福家园店面房源30间2527.16平方米，评估均价14505元，成功拍卖25套1818.73平方米；总成交价3250.46万元，成交均价17872元/平方米，溢价率23.21%。

【安置房欠款清缴】 2021年，城厢区组织原市土储承建移交和区2018年以前建设的安置房欠款清缴，涉及安置房项目21个，欠款总额16000.65万元（其中差价款3229.52万元，申购款12771.13万元）。截至9月30日，清缴金额767.15万元（其中差价款411.51万元，申购款355.64万元）。

【国有企业公司制改革】 2021年，城厢区根据《福建省国有企业改革领导小组办公室关于加快推进国有企业公司制改革有关事项的函》和莆田市国资委《关于做好国有企业公司制改革工作有关事项的函》文件精神，积极组织开展国有企业公司制改革工作。截至年底，尚有莆田市城厢区建设发展公司、莆田市城厢区经济开发总公司、莆田市城厢区房地产开发公司、莆田市城厢区国贸商业服务中心、莆田市城厢区汽车运输公司五家全民所有制企业；督促主管部门作为所管理国有企业公司制改革的责任主体，应提高认识、强化责任担当，积极推进改制工作组织实施、指导督促和审核把关工作。

【规范资产处置管理】 2021年，城厢区印发《城厢区剩余安置房源处置管理暂行办法》，进一步规范城厢区剩余安置房源处置管理工作。根据有关国有资产管理规定，全年办理房屋对外招租1件、车辆等资产划转核减6件。

【征迁补偿评估报告复核】 2021年，城厢区采取随机抽取专家方式成立复核审核专家组，认真组织评估复核审核工作。先后开展天怡公司、市汽车运输公司、沟头片区（鸿业酒店）等征收补偿市场价值评估复核工作。

【政府资产报告】 2021年，城厢区贯彻落实政府向人大常委会报告国有资产管理情况的制度，进一步加强行政事业性资产管理，认真组织完成2020年度公共基础设施等行政事业性国有资产报告编制工作。据政府资产综合管理平台汇总数据汇总，全区行政事业单位资产291821.91万元，增加34133.36万元（其中固定资产净值99509.35万元，增加8870.61万元）；负债71089.84万元，增加16155.73万元；净资产账面数220732.07万元，增加17977.63万元。

审　计

【概况】 2021年，莆田市城厢区审计局（以下简称“城厢区审计局”）完成审计项目21个（不含部分重大政策跟踪审计），审计发现问题312个，督促上缴财政金额194万元，提出审计建议67条，推动建章立制4条，移送问题线索2条。城厢区审计局党支部被市委授予“全市先进基层党组织”和市级一类“平安单位”荣誉称号。“城厢区财政局2019年度预算执行和其他财政资金收支情况”审计项目被省厅和市局分别评为“优秀审计项目”；“莆田科技职业技术学校2019年度预算执行情况”审计项目被市局评为“优秀审计项目”；“计算机技术在2020年区级部门预算执行审计中的应用”项目被市局评为“2021年度全市计算机审计案例‘应用奖’”等。

【国家重大政策落实情况跟踪审计】 2021年，城厢区审计局按照审计署、省、市审计机关的统一安排，结合该区实际，重点审计为民办实事项目资金使用管理、财政事权和支出责任划分改革事项项目2个。

【财政审计】 2021年，城厢区审计局紧密结合财税改革和财政政策重点，进一步深化城厢区本级预算执行、决算草案和其他财政收支审计，完成预算执行审计项目5个。重点关注全面实施预算绩效管理的情况和问题，以及转移支付等重点领域改革情况和问题，持续跟踪提升财政收支质量和防范化解财政风险的情况，促进财政资金规范、高效使用，以促进公共资金安全高效使用为目标，着力构建财政审计大格局。

【责任审计】 2021年，城厢区审计局根据区委组织部委托，完成领导干部经济责任审计项目11个（包含市审计局授权的乡镇交叉审计项目2个），促进党风廉政建设的有力开展，同时也加强领导干部自身建设。完成领导干部自然资源资产离任（任中）审计项目2个（秀屿区东峤镇、仙游县鲤南镇）。

【区属国有企业审计】 2021年，城厢区审计局以国有企业改革为契机，对城厢区经济发展有限公司、城厢区城乡建设投资有限公司、城厢区国有资产投资集团有限公司3家公司的资产、负债、损益情况开展审计，有力推动区委区政府决策部署在国有企业贯彻落实。

【“1+X”专项督查工作】 2021年，城厢区审计局采取“1+X”专项督查与开展预算执行审计、领导干部任期经济责任审计和财政财务收支审计相结合的方式，将公务支出管理情况、公务用车配备和管理使用情况、因公出国（境）管理情况纳入重点必审范围，发现并及时向区纪委移送问题线索2条。

（赵启超）

统　计

【概况】 2021年，莆田市城厢区统计局（以下简称“城厢区统计局”）坚持统计业务工作和区里中心工作“两手抓、两不误”的原则，统筹兼顾，科学安排，各项工作有序开展。全区居民、城镇居民和农村居民人均可支配收入分别完成44182元、50854元和25444元，分别增长9.3%、8.0%和10.3%。

【统计督察整改落实】 2021年，城厢区统计局通过实地走访方式甄别“四上”名录库中的关闭企业、空壳企业、倒闭企业，对发现的9家关闭企业、空壳企业、倒闭企业作出退库处理。持续加大统计执法监督力度，按照双随机原则，对抽中的39家在库企业、项目开展执法监督检查，发现1起违反统计法行为给予立案查处，罚款缴纳到位。

【人口抽样调查】 2021年，城厢区统计局认真贯彻落实国家、省、市统计局决策部署，紧紧围绕人口变动抽样调查工作目标任务，精心组织，如期完成人口变动抽样所抽中的33个地块、186个普查小区、16151个住房单元抽中住户核查和登记工作，并顺利通过省、市统计局事后质量验收。

【落实问题整改】 2021年，城厢区统计局根据区委全面从严治党主体责任检查工作问题反馈，制定《城厢区统计局2021年度落实全面从严治党主体责任检查反馈问题整改方案》，列出问题整改清单，对反馈的8个方面12个问题进行分解，制定整改情况19条，按照“谁主管、谁负责”的原则，明确整改工作责任领导、责任股室、责任人、时限要求，明确具体整改进度和责任人，确保逐条逐项整改落实到位，12个问题全部完成整改。

（黄裕模）

综　述

【概况】　莆田市城厢区市场监督管理局（以下简称“城厢区市场监管局”）围绕中心大局，以打造优秀的营商环境为主业，奋发有为，高效统筹疫情防控和经济社会发展，各项业务开展稳中向好。2021 年全区新增市场主体 34055 户，新增企业 10560 户，新增企业数首次突破 1 万户大关，增量和增幅均居全市前列。

【助力创建全国文明城市】　2021 年，城厢区市场监管局立足职能，针对集贸市场、学校及周边、餐饮服务等薄弱环节，重点开展三大提升行动。开展集贸市场文明提升行动，依法惩处销售假冒伪劣、缺斤短两、野生动物交易等违法违规行为，出动检查人员 260 余人次，检查集贸市场 67 户次，发放宣传单 1200 份，签订文明诚信经营承诺书 55 份。开展校园及周边经营秩序文明提升行动，为巩固好中小学校园及周边经营单位整治成果，对相关部位逐一开展食品安全监督检查，累计出动 216 人次，检查学校食堂及周边食品经营户 360 家次，责令限期整改问题 29 个，责令停业整顿 3 家。开展餐饮行业文明提升行动，粘贴各类餐饮行业文明宣传材料 1400 余份，全区学校食堂、大型餐饮企业计 100 家纳入智慧食安监管平台管理，创建 3 家省级“明厨亮灶”示范单位，76 家餐饮企业接入电子信息中心，实现实时管控的有 60 多家。

市场监督管理

【商事制度改革】　2021 年，城厢区市场监管局按照“证随照办”的原则，在各基层所落实“证照同办”改革措施，实现区局、基层所“证照同办”改革全覆盖。创新推进商事主体“一照通”改革，围绕为市场主体高效办成“一件事”的目标，实行一份清单明晰任务，进一步提升服务效能。积极推进乙类非处方药零售企业经营告知承诺，在全市率先开展专营乙类非处方药零售企业告知承诺，有 4 家企业通过告知承诺方式取得乙类非处方药零售资格。全面落实企业开办“1+X”套餐式服务，实现开办企业“只进一门、只对一窗”，营造良好的发展环境。

【知识产权创造与保护】　2021 年，城厢区市场监管局落实奖励政策，38 家企业申请区级知识产权专项资金 263.1 万元；烛火信息、劲德电源、萨拉曼 3 家企业获得福建省知识产权优势企业专项资金 30 万元。截至年底，辖区注册商标 31916 件，其中驰名商标 4 件，有效发明专利拥有量379件，每万人口发明专利拥有量6.929件。组织恒鑫鞋材、溢通环保开展利权质押贴息贷款100多万元。推荐高新技术企业优秀项目申报国家、省科技奖、专利奖，提升企业产品知名度，有2家国家级知识产权优势企业，6家省级知识产权优势企业，17家市级知识产权优势企业。

价格管理

【岩茶价格专项整治】 2021年，城厢区市场监管局出台《莆田市城厢区市场监督管理局关于印发〈城厢区岩茶市场秩序专项整治行动方案〉的通知》，有针对性地开展专项检查。召开城厢区天价岩茶专项整治茶企签诺推进会，签订《规范经营承诺书》，发放《茶叶生产经营主体自查问题清单》，要求茶企进行自查。对辖区内茶业经营户是否存在天价销售、虚假宣传、广告违法等全方面开展排查，出动100多人次、检查94商户、发放告诫函47次，提交自查清单40份，移送4条线索至市局支队。

【片仔癀价格监管】 2021年，城厢区市场监管局组成联动机制，分工协作，按照职责，厘清片仔癀的药店及化品店检查清单，指导基层所开展检查。组织基层所加大排查力度，不仅针对辖区内片仔癀体验馆开展检查，将检查触角深入药店及化妆品店，重点针对价格公示，价格欺诈，是否按照处方药等的形式开展检查。全区市场监管局出动92人次，检查54家涉及片仔癀的药店及化妆品店，发现1条违法线索，移送市局查处。

【疫情期间价格监管】 自2021年9月10日新冠肺炎疫情发生以来，城厢区市场监管局放弃周末休假时间，即刻召开部署会议，立足市场监管局职能，针对价格、食品等疫情期间重点工作进行部署，要求分管领导牵头、机关各股室组织，各基层所落实。结合实际，重点关注民生商品，配合发改局，对城区的大型超市、市场和立案率药店应急用品、防疫用品和生活物资中口罩、酒精、大米、猪肉、油等属于民生商品的进行价格监测，及时掌握相关重点商品价格动态并及时上报。密切关注民生商品的价格动态，强化市场间隔巡查与检查，重点加强对农贸市场、大型超市、药店等重点区域市场监管的检查力度。出动执法人员597人次，检查商场、超市、经营户394家，发放价格提醒函222多份，移送价格案件20起，现场责令整改8家。充分发挥“12315”和“12345”投诉举报电话，接到投诉举报，即刻核实并处理，严厉打击价格方面投诉，处理价格投诉举报109起、价格网上舆情3宗。

【价格监督检查】 2021年，城厢区市场监管局加强对新能源汽车检测收费进行监督，出动人次10人次，检查4家检测服务机构，对其明码标价不规范予以指导。全面开展涉企收费工作，涉及向

2021年9月16日，针对疫情期间价格波动，区市场监管局对南门农贸市场价格进行全面检查 （陈金树 摄）

企业收费的事项及有关文件，无论是本级、下属还是第三方收费均纳入清查。部署商业银行、水电气企业、物流企业开展自查工作，做到逐项排查、一件不落。检查2家商业银行，1家供电，1家供水，1家供气，加强对转供电的转供电收费情况进行规范治理。对城乡勘测院、莆田报关行的中介单位收费情况进行检查，发现其明码标价公示不规范，督促其整改。

2021年6月23日，莆田市2021年食品安全宣传周活动在绶溪公园举办　（陈金树 摄）

【价格监管】 2021年，城厢区市场监管局配合民政局开展行业协会收费监管，出台《关于印发2021年行业协会跨部门联合抽查工作方案的通知》，检查莆田市城厢区安福电子商务联合会，现场察看其章程和银行流水账明细，未发现其收取会费，同时未开展评比表彰活动。结合市发改委、市市场监管局对转供电的问题的通报，对辖区内转供电进行监督检查，重点针对明码标价、重复收费等工作开展监管。根据交警提供备案的21家经营性停车场开展检查，检查其执照、收费公示情况及抽查其收费情况。配合民政局，加强对殡葬企业的监管，移送1起未明码标价的案件线索。

食品药品监督管理

【食品安全监管】 2021年，城厢区市场监管局持续抓好“餐桌污染”治理、建设“食品放心工程”，确保全区食品安全。深入开展国家食品安全示范城市创建活动，持续完善“明厨亮灶”智慧食安监管平台功能。组织监管人员开展“明厨亮灶”智慧食安监管平台使用业务培训，建立平台使用群，在全市率先出台“明厨亮灶”智慧食安监管平台运行规则，促进平台平稳有序运行。开展节日期间、校园及周边、食品生产环节“两超一非”（食品生产环节超范围超限量使用食品添加剂和添加非食用物质）、农村食品等专项整治，指导特殊食

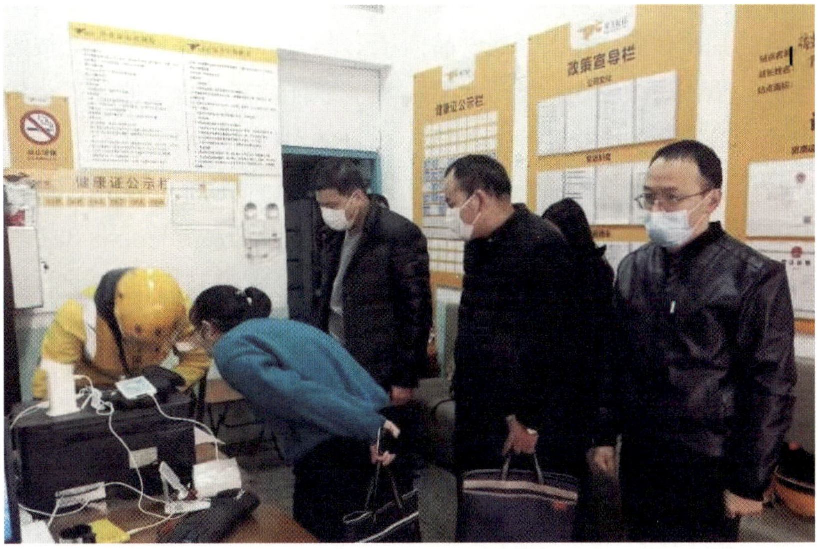
2021年8月13日，区市场监管局对网络订餐产品质量进行抽查　（杨佳嘉 摄）

2021 年 6 月 5 日，区市场监管局深入灵川敬老院开展 2021 年药品科技活动周主题“药品安全 红色领航”用药安全宣传 （林萍 摄）

品经营单位开展自查，组织食品安全管理人员开展培训，254 人次参加培训，发现并指导改正安全隐患 72 条，移送食品违法案件线索 143 条。深化“一品一码”追溯体系建设，清理注销无效食品经营主体 151 家，新注册“一品一码”主体 494 家，“一品一码”录入情况位居全市前列。严格落实食品抽检任务，深入开展食品生产、小作坊、餐饮、婴幼儿配方乳粉等质量安全提升行动，加强校园食品、餐饮食品、保健食品、大宗消费食品等重点监管，落实“四个最严”，确保不发生重大食品安全问题。开展食品快检 5214 批次，食品安全监督抽检 335 批次，发现不合格 12 批次，按规定做好后处理工作。加大网络餐饮服务食品安全监管力度，出动执法人员 325 人次，检查入网餐饮服务提供者 199 家次，累计移送案件线索 42 起，对脏乱差不积极整改的上报市局通知平台下架 21 家，经整改给予恢复上架 3 家，扎实做好 9 场次重大活动餐饮服务食品安全保障工作。

【药品药械安全监管】 2021 年，城厢区市场监管局强化药械安全监管，将日常监管与专项结合、与投诉举报等相结合，按照监管职能，有效落实监管。全年出动执法人员 1412 人次，检查药械化经营使用单位 679 家次（其中检查药品零售企业 308 家次，医疗器械经营企业 230 家次，医疗机构 69 家次，化妆品经营使用单位 72 家次），移送案件线索 43 起，处理投诉举报 500 起（药品投诉 126 起、医疗器械投诉 99 起、化妆品投诉 275 起）。完成国家药品监督抽检 7 批次、省级药品监督抽检 122 批次、国家化妆品监督抽检 12 批次、省级化妆品监督抽检 7 批次。积极对接市局和区疫情防控指挥中心，督促药店落实新冠肺炎疫情防控相关要求，发挥疫情防控“前哨”作用，收集上报非医保卡报送退热止咳药品登记信息 98423 条，约谈药品零售企业 62 家次。督促上报药械化不良反应 / 不良事件监测 176 例（药品不良反应 158 例、医疗器械不良事件 18 例）。

质量技术监督管理

【深化质量提升行动】 2021 年，城厢区市场监管局持续推进质量兴企战略，推动企业落实首席质量官制度。大力培育质量奖后备企业，指导溢通环保、诚味食品等企业争创省级、市级质量奖。深入开展“强服务、守安全、提质量”再落实行动，按照“帮扶企业、提升质量、壮大产业”的总目标，深入重点企业调研，实行“一企一策、一事一议”，以点带面，深化帮扶。召开园区座谈会 2 场，指导小微企业报名参加管理体系认证 7 家，参加省局举办的首席质量官和先进管理方法公益培训 9 人次，指导企业开展工业产品及食品相关产品获证和到期换证工作。帮助、指导、规范企业注册地址变更、标签标识规范、知识产权优势企业申报、标准制修订、计量检定等具体问题10多个，为企业发展提供强有力的政策支持和服务保障。强化节日期间产品质量安全监管、注重儿童消费品质量安全监管，“六一”国际儿童节前夕，以“安全消费，快乐成长”为主题，以“食品安全进校园”“关注特种设备珍惜生命安全”“美丽用妆安全有法”、消费品质量安全“三进”（进社区、进校园、进乡镇）活动，联合区教育局举办手抄报比赛，向学生普及食品药品安全、乘坐电梯安全以及儿童化妆品安全等基础知识，增强学生的消费安全观念，筑牢学生的安全消费防线，把消费安全工作延伸到更多的家庭。加强安全防护类、贸易结算类计量器具监督检查，在全区推行集贸市场电子秤“三统一”（统一备案、统一检定、统一管理）计量监管模式。

【标准化建设】 2021年，城厢区市场监管局大力实施标准化战略，引导企事业单位参与国际标准、国家标准、行业标准、地方标准、团体标准的制修订，不断提高行业话语权和知名度。全年辖区企事业单位参与制定行业标准4个（1个立项、3个正在申请待立项）、地方标准2个正在申请待立项，团体标准4个正在制定中。加强对创建标准化示范区的指导和帮扶工作。华林标准化示范园区创建工作正在稳步推进，福建省莆田市禾硕农业开发有限公司农业标准示范基地胜利通过验收。在全市率先以区政府名义出台《关于深化标准化工作改革推动高质量发展的实施意见》，更好地发挥标准的引领作用。

【特种设备安全监管】 2021年，城厢区市场监管局深化隐患排查治理，持续开展特种设备安全专项整治三年行动，强化特种设备日常安全监察。出动特种设备检查人员565人次，检查特种设备使用单位182家，设备885台，发现问题97家，整改到位86家，及时处理投诉34起，下达监察指令书34份。及时办理特种设备报停、启用、拆除118台，全区特种设备安全无事故，特种设备“四个率”（设备注册率、设备定期检验率、设备作业人员持证上岗率、设备隐患及事故查处结案率）继续保持全市领先。

（陈金树）

财政 税务

财 政

【概况】 2021年，全区财政部门坚持稳中求进工作总基调，推进预算和绩效管理一体化，实施财政收支动态平衡管理，发挥财政政策逆周期调节作用，为统筹推进疫情防控和经济社会发展提供财力保障。全区一般公共预算总收入36.26亿元，比上年增长5.88%。其中，地方一般公共预算收入25.13亿元，比上年增长0.44%。全区一般公共预算支出31.84亿元，比上年增长10.42%。

【健全财政保障体系】 2021年，城厢区强化财政收入征管，建立健全“财税联动、部门互动”的收入组织机制，持续加强税源监控和收入分析预测，探索重点项目工程前期介入机制，进一步挖掘潜力促增收。加强片区税收监管征管，找准切入点和突破口，加大税收清缴力度，进一步堵塞漏洞促增收。大力支持“腾笼换鸟”，组织拍卖合众天成、延陵家具等企业闲置资产，实现资产交易税收，进一步盘活资源促增收。注重税源财源培育，拨付资金16164万元，用于扶持及奖励规模以上限额以上企业升级改造、扩大生产和商贸企业、“全闽乐购·富美城厢”促消费补助，促进全区经济稳定增长。用好用活专项债券资金，推进5G数字产业园、樟林软件园等电子信息产业龙头项目建设，经济增长后劲持续增强。及时兑现平台总部经济优惠政策，主动服务好瑞智无忧、赋能创新中心、采购宝等龙头企业，助力企业做强做大，涵养税源财源。拓宽政府融资渠道，紧抓国家扩大新增专项债券发行规模的机遇，积极向上申请新增债券资金近50亿元，切实缓解重点项目资金的需求压力。以区属国有集团作为主体，对接国家政策性银行取得授信额度，弥补重点项目资金缺口。加快国有企业转型升级，推进国有企业AA主体信用等级评定工作，增强国有企业市场化融资能力。

【助力复工复产】 2021年，城厢区财政局发挥职能作用，采取“资金预拨、简化流程”等方式，拨付资金5776万元，用于隔离观察点征用、检测试剂及防控物资采购和新冠病毒疫苗接种能力提升等工作，并根据需求及时追加调拨资金，为打赢新冠肺炎疫情防控战提供良好的财力保障。同时，健全政府采购“绿色通道”，强化审批流程、放宽采购条件，确保应急物资及时到位。在巩固新冠肺炎疫情防控成果的基础上，拨付资金800万元，支持工业、商贸服务业企业增产增效和兑现稳岗稳工、节能技改奖励补助，扶持企业渡过难关。落实国有资产经营用房租金减免政策，对承租国有资产经营性用房的中小微企业和个体工商户减免

2个月租金207万元，减轻疫情对中小微企业、个体工商户的影响。同时，拨付资金3891万元，支持区医院、灵川镇卫生院等医院建设，持续改善医疗机构硬件设施，提高医疗卫生机构服务水平。拨付资金12983万元，用于医疗卫生机构药品零差价补助、基本药物制度改革等项目，补齐应急物资储备短板，提升卫生防治和应急救援处置能力，推进基本公共卫生体系建设。

【提升财政管理水平】 2021年，城厢区坚持精打细算，大力精简会议、差旅、培训等公务活动，严控一般性支出。严格控制和执行资产配置标准，推进资产管理与预算管理有机结合，提高资产配置科学性。持续强化经费管理，从严从紧核定“三公经费”（因公出国经费、公务用车购置及运行费和公务接待费）预算。强化财政投资评审管理，评审141个项目送审金额105348万元，审核金额100699万元，节约资金4649万元。提升政府采购管理水平，审核44个项目申报采购金额6675万元，实际采购金额6276万元，节约资金399万元。盘活存量资产资金，完善“年初预算、调整预算和年终决算”定期清理存量资金机制，全面摸清财政存量资金底数，组织对闲置沉淀在各部门的存量资金进行专项清理，从资金性质、来源类型等分门别类进行处理，收回结余结转资金3900万元，避免资金沉淀闲置。推动存量安置房公开处置工作，持续盘活国有存量资产，成功拍卖安置房144套、商业店面23间，成交金额23090万元。完善预算绩效管理模式，推进预算和绩效管理一体化，对新出台重大政策及项目开展事前绩效评估，提升绩效目标管理的科学性、规范性、客观性。开展地方政府专项债务和政府性基金项目重点绩效评价，提升财政资源配置效率和使用效益。强化绩效结果应用，将绩效结果与调整预算安排有机衔接，对低效无效资金予以削减或取消，对沉淀资金予以收回并统筹安排，逐步将绩效管理覆盖所有财政资金。

【供给社会公共服务】 2021年，城厢区加大社会保障投入力度，拨付资金51400万元，提高城乡居民基本医疗保险补助和城乡居民基础养老金标准，支持困难帮扶、计划生育和拥军优抚工作。多渠道筹集扶贫资金3363万元，支持农村基础设施提升、脱贫户住房修缮等重点扶贫项目，加强农村基层组织保障能力。拨付资金1792万元，足额兑现储备粮保管经费、贷款利息及轮换差价补贴，增强应急保障能力，做好粮食储备工作。拨付资金28075万元，支持泗华小学、九华学校等15所中小学及配套幼儿园开办建设。拨付资金11908万元，加大教师工资福利待遇保障力度。拨付资金7808万元，持续完善扶困助学机制，提高中小学校和幼儿园生均公用经费标准。拨付资金721万元，支持新时代文明实践活动站建设，协助办好莆田市第五届运动会，推动文化体育事业蓬勃发展。拨付资金25378元，用于垃圾分类治理、城市环卫作业、污水管网建设和木兰溪流域生态治理，健全常态化生态环保资金投入机制。拨付资金5773万元，支持农村公路、过街人行天桥和市政基础设施建设及维护等，改善城乡居民出行条件。拨付资金8972万元，保障扫黑除恶专项斗争、食品安全专项行动顺利开展，支持视频改建、高清视频探头等建设，提升公共安全和突发事件处置能力，持续优化城乡人居环境。

【深化重点领域改革】 2021年，城厢区推动省第一批预算管理一体化改革试点工作，严格按照时间节点倒排工期，提前完成基础数据、支付流程、人员权限、单位网络环境等前期准备事项。率先在7月上线全省第一批预算执行模块，落实系统切换期间人员工资、社保基金、紧急专项支出等经费保障工作。加快国有企业重组整合步伐，按照“盘活资产、运转资本”的总体思路，对17家区属国有企业进行重组整合，形成以“三大集团”（区国投、区建投、区经发集团）为主导的国有企业运营架构。完善国有企业国有资产、重大事项、薪酬管理和国有企业领导人管理等相关制度，规范国有企业重大事项管理，深化国有企业负责人薪酬制度改革，加强和改进国有企业领导人管理机制。深入推进国有企业改革步伐，建立完善现代企业制度和市场化运营机制，做强做优做大国有企业，更好地发挥国有经济在优化经济结构和畅通经济循环的战略作用。开展乡村振兴和新冠肺炎疫情防控资金管理专项监督检查工作，从“制定计划、查前准备、充分监督、交换意见、复核审批、主卷归档”六个方面规范财政监督每个环节程序，提高财政监督的综合成效。实施常态化财政资金直达机制，建立健全直达资金日常管理和预警制度，确保财政资金专款专用。推进全区行政事业单位、项目改造指挥部和国有企业的内控制度建设监督检查，强化基层单位会计基础工作，规范单位财务内部控制。

（林维博）

税　务

【概况】　2021年，国家税务总局莆田市城厢区税务局（以下简称“城厢区税务局”）面对新冠肺炎疫情影响的严峻经济税收形势，迎难而上，勇于担当，坚定信心，砥砺前行，收减目标出色完成，组织入库税收收入318112万元。落实好大规模、阶段性、组合式减税降费政策，打好“减、退、缓”组合拳，落实落细支持实体经济、中小微企业发展的各项减税降费政策，加强政策辅导、精准分类、应享尽享，确保各项税费优惠政策不折不扣、高效高质落地生根，提高市场主体获得感，全区累计新增减税降费18601万元。高度重视致力抓好进出口税收管理工作，充分发挥出口退（免）税促进外贸发展和调节宏观经济的职能作用，不断优化税服务和营商环境，累计办理出口退税额65728万元，助力缓解企业经营压力，助推城厢区外向型经济健康发展。

【税收法治宣传教育】　2021年，城厢区税务局紧扣“以习近平法治思想为指引坚定不移走中国特色社会主义法治道路”主题，结合税务部门实际，深入开展以宪法为主要内容的宣传活动，同时积极开展税费法律法规宣传。通过在法治园地电视机播放《宪法之光点亮未来》宪法宣传微视频、办税服务厅电子显示屏动态播放宪法宣传标语等形式，营造学习宪法、尊崇宪法、遵守宪法的浓厚宣传学习氛围。

【提升税务执法精确度】　2021年，城厢区税务局严格执行《福建省税务行政处罚裁量权基准适用规则》和《福建省税务行政处罚裁量权基准》，进一步规范税务行政处罚工作。通过办税服务大厅公告栏、电子显示屏、“三项制度”（行政执法公示制度、执法全过程记录制度、重大执法决定法制审核制度）事项公开等方式将自由裁量权行使标准、税

2021年4月26日，城厢区税务局深入霞皋村开展反电信网络诈骗宣传志愿活动　　（林东斌　摄）

2021 年 3 月 8 日，城厢区税务局联合城厢区总工会在华林经济开发区"党建 + 邻里中心"开展"依法诚信纳税 共建和谐城厢"税法宣传活动 （林东斌 摄）

务行政处罚清册等进行全方位公示，进一步让广大纳税人和社会各界有效监督税务机关执法行为，保护纳税人、扣缴义务人及其他税务当事人的合法权益。

【参与社会信用体系建设】2021 年，城厢区税务局依法依规深化守信激励和失信惩戒，注重引导和发挥涉税专业服务机构的社会化纳税服务作用，持续提升税收共治水平。拓展纳税信用评价结果应用，各项分级分类管理服务措施涵盖宣传辅导、发票领用、出口退税、日常监管等方面。对守信纳税人的联合激励方面，联合银保监会持续开展"银税互动"，通过共享纳税信用评价结果，有效化解企业与银行间信息不对称的问题，为守信小微企业提供融资便利。

【"非接触式"办税服务模式】2021 年，城厢区税务局推行网上办、掌上办、邮寄办等"非接触式"办税服务模式，持续增加"非接触式"办税清单，积极引导纳税人通过福建省电子税务局、微电子税务局、自然人电子税务局、自助办税终端和"闽税通"App 等平台进行"非接触式"办理，让纳税人足不出户即可完成绝大部分涉税事项，做到办税防疫两不误。

【"云桌面"自助办】2021 年，城厢区税务局在全市首开新模式，运用现代化信息技术创新升级办税服务厅，创建综合服务型自助办税专区特色品牌。启用"云桌面"自助办税系统，升级电子税务局"同屏帮办系统"，开设 28 台电子税务局自助办税外网计算机，5 台发票领用终端、3 台发票代开终端、1 台税控设备申领终端，倾力构筑以"网上办税为主、自助办税为辅、实体办税为补"多层次服务纳税人的办税服务新模式；根据办税服务厅线上线下分离运行模式，配套组建导税组和电子税务局辅导组，实现窗口工作人员从"坐柜台"到"走出来"，充分发挥引流、辅导、培训纳税人办税的专业能力，积极拓展自助办税区增值附加功能，将自助办税区打造成可以集办税、体验、辅导、培训、反馈为一体的综合服务型自助办税专区。

【智能型个性化服务】2021 年，城厢区税务局针对纳税人缴费人的实际个性需求，精准提供线上服务，持续优化线下服务、智能导办。推出印花税"码"上办，切实解决印花税银行代征难、纳税人缴款愁等问题。创新开发现金流量表填报辅助工具，提升企业财务报表的申报效率和准确率，有效解决现金流量表填报难、易出错等问题。推出大企业重大事项在线提请项目，实现对大企业重大涉税事项"网上提请—税务端受理—内部流转—签署意见—反馈执行"等流程全程跟进落实，提升大企业个性化服务的含金量和影响力，减轻办税缴费负担，促使税收营商环境更加优化。

（林东斌）

金 融

综 述

【概况】 莆田市金融机构主要集中在城厢区，机构数和业务规模均占全市70%左右。银行业机构，全市21家银行地方法人机构中有15家设立在城厢区，分行以下支行及营业网点73个。保险业机构，全市21家保险分公司有2家驻城厢，支公司及营销网点28家。证券业机构，全市29家证券公司有13家驻城厢。地方金融业机构，有典当行、小额贷款和融资担保三类地方金融机构15家，其中，典当行13家，小额贷款1家（亿达小贷），融资担保1家（市担保公司）。

【金融服务发展】 2021年，城厢区率先引入2支政府引导产业基金（即大唐5G和赛伯乐产业基金），基金总规模40亿元，募集投资产业项目资金3.5亿元。参股出资6000万元设立市中小企业担保公司，发挥政策性融资作用，支持商贸服务业企业融资担保，累计为担保27笔金额8300万元，占担保比例的18.25%。在保期间免担保费，为企业节约担保费用1个百分点/年，纾解企业融资难融资贵难点。许可准入持证经营的典当行业增至13家，实缴资本增至2.86亿元，全部纳入常态化监管名录。截至年底，清退1家涉P2P（个人对个人）网贷机构“莆商贷”，公布一批4家注销经营许可证地方金融机构，专项清理无证寄售行、回收店个体户超范围经营典当业务及广告清理。

【防范金融风险】 2021年，城厢区建立风险应急处置制度，紧盯信用风险、政府债务风险、互联网金融风险、非法集资等重点领域，切实做到早识别、早预警、早发现、早处置。健全完善“政司银企”四位一体联动化险工作机制，协调推进综合监管，有效强化监管责任意识。创新实施金融风险实时防控预警监测工作模式，对超亿元风险大户处置化解工作目标，建立“一企一策一挂钩一工作小组一工作计划”，全年累计处置6笔不良贷款金额2.76亿元，企业信贷不良率低于全市平均水平，金融运行趋于平稳。

（陈建洪）

银行业

【工商银行城厢支行】 2021年，中国工商银行股份有限公司莆田城厢支行（以下简称“工行城厢支行”）坚持稳中求进，紧紧围绕打造“第一大行”工作总目标，运用“三比三看三提高”（与市场同业比，看自己的优势和差距，提高市场战斗力；与兄弟单位比，看自己在集团中的位置，提高自己对集团的贡献度；与自己比，看自己的进步率，提高经营业绩的成长性）工作方法，着力提升同业竞争力和影响力，实现拨备前利润2.44亿元、净利润1.74亿元，中间业务收入4719.88万元，实现本外币存款余额69.79亿元，比年初增加4.25亿元。实现本外币贷款余额58.05亿元，比年初增加8.28亿元，支行不良贷款828.83万元，全口径不良率为0.14%，不良贷款实现双下降。

2021年，工行城厢支行践行“存款立行、存款兴行”的经营理念，对标同业，巩固基础，全面发力。年末实现本外币存款日均余额63.04亿元，比年初增加5.53亿元。实现时点余额69.79亿元，比年初增加4.25亿元。其中储蓄存款35.47亿元，比年初新增0.48亿元，公司存款11.59亿元，比年初新增1.91亿元；机构存款22.73亿元，比年初新增1.86亿元。

2021年，工行城厢支行继续将普惠营销作为年度的重点工作推动，深化普惠工作，推动“普惠+网点”工程落地，以“e抵快贷”产品为抓手，加强压力传导，实现普惠业务拓展。截至年底，实现普惠口径贷款余额54616万元，较年初新增16068万元，完成全年任务的100.43%。

（梁琳）

【建设银行城厢支行】 2021年，中国建设银行股份有限公司莆田城厢支行（以下简称“建行城厢支行”）把党的建设与增收创效工作同推动，推动党建工作与业务发展深度融合，确保各项工作持续稳健发展。全行一般性存款日均新增4.12亿元，一般性存款时点余额47.61亿元，当年新增6.77亿元。各项贷款余额66.17亿元，当年新增14.09亿元，其中：对公贷款新增1.82亿元，个人贷款新增12.27亿元。

2021年，建行城厢支行跟踪区域项目资金落地，充分发掘市场机遇，抓好项目资金拨付和下游存款沉淀，全力做好地方债资金的承接工作，同时密切跟踪住房维修基金调拨资金动向，并通过与开发商的按揭合作，以贷款撬动存款增长，做到守牢存量，拼抢增量。

2021年，建行城厢支行把优质民营企业作为对公业务新的发展引擎，重点营销当地优质房地产项目，有针对性地开展项目的营销和储备工作，不断加强项目储备，同时加大对绿色信贷、民营和小微企业的支持力度。

2021年，建行城厢支行转变传统中间业务收入模式，摆脱信贷资产联动衍生，拓展新的产品收入来源，强化母子公司联动，成功办理信托计划托管及定向债务融资工具承销业务。线上线下渠道齐头发力，按周细化信用卡客户最低目标责任制，保持汽车分期发展的良好趋势，突出装修分期的政策优势，坚定分期通“压舱石”作用，在支用率的提升上有效行动。

2021年，建行城厢支行发展普惠金融，助力小微企业发展。依托“互联网+大数据”模式，对优质企业采用电话联系、上门拜访等营销手段，满足小微企业融资需求。持续推进住房租赁业务，从房源、交易和用户三个指标入手，利用柜面资源，加强与房地产中介等第三方客户的合作，实现批量获客。推进“裕农通·建行动”营销活动，打造“裕农通”便民惠民平台，推进乡村学校智慧食堂建设，挖掘农村市场潜力，开展金融零距离服务，助力乡村振兴。

【农业银行城厢支行】 2021年，中国农业银行股份有限公司莆田城厢支行（以下简称“农行城厢支行”）以服务实体经济为工作主线，统筹做好服务实体经济、助力乡村振兴和业务经营转型各项工作，守牢各类风险底线，提升综合效益和市场竞争力。截至年底，全行本外币各项存款日均余额61.02亿元，较年初增加3.44亿元；本外币各项贷款余额69.70亿元，比年初增加7.18亿元；全行实现中间业务收入3835万元，同比增收1590万元，实现营业收入2.92亿元，同比增加9589万元，实现拨备前利润2.29亿元，同比增加8479万元，实现拨备后利润3.49亿元，同比增加1.77亿元，实现净利润2.63亿元，同比增加2.13亿元；全年处置不良贷款1321万元，不良贷款持续“双降”（不良贷款的总量和不良贷款占贷款总额的比率同时下降）。

2021年，农行城厢支行强化服务地方经济发展的角色定位，支持重点建设项目、扶持小微企业。其中，为城厢区经济发展公司坂头东棚改重点民生工程项目授信10亿元，累计发放贷款9.7亿元，助力征迁群众尽快住上新房；为国家级农业龙头企业海源实业提供贷款1.5亿元，配套养殖户惠农贷款近500万元，带动周边农户就业50余户；为水务集团相关企业水利等民生工程建设项目授信6.4亿元，累计放款2.5亿元；为上市公司三棵树提供贷款1.9亿元，配套其上游企业供应链融资近2亿元；为辖内86个行政村，1400多户农户发放“惠农e贷”2.41亿元；为90余户普惠小微企业发放“抵押e贷”“纳税e贷”等普惠贷款2.08亿元。

2021年，农行城厢支行做好金融服务助力乡村振兴工作，加强与区工信局、区商务局、区税务局等部门合作，全面开展“乡村走透透”活动，在全面加大信贷支持的同时，多次走访挂钩脱贫户，开展入户走访工作，巩固脱贫攻坚成果。同时，开展银村共建，深化银镇银村金融合作，共同推进乡村振兴工作整镇整村拓面提质。优先保障疫情防控相关金融服务，为政府机构、医院、防疫相关企事业单位等提供紧急取现、资金划转等应急金融服务。同时，畅通客户咨询业务热线，引导客户使用线上渠道办理相关业务，确保客户足不出户完成业务办理。积极组织员工开展募捐活动，组建青年员工志愿者突击队，开展志愿者服务工作，为助力打赢疫情阻击战贡献力量。

2021年，农行城厢支行推进信贷风险化解工作，扎实开展依法清收工作，加大呆账核销力度，全力压降“关注类”“逾期类”贷款，核销不良贷款本金合计512万元，实现现金自主清收1.81亿元，不良贷款持续“双降”。

2021年，农行城厢支行坚持“以客户为中心”的工作主线不变的前提下，持之以恒抓“创服务品牌”工作，根据市场和客户需求的变化，对每年的工作着力点和具体做法进行调整优化，不断提高服务质量和服务水平。以“做莆田市民最认可的银行”为目标，推行“注重细节、精益求精”的暖心服务，不断提升服务质效和客户体验。网点服务类投诉25件，有责投诉3件，同比分别减少55%和25%，提供上门服务89人次。

（郑朝晖）

【中国银行城厢支行】 2021年，中国银行莆田分行在城厢片区设立5家机构，分别为城厢支行、文献支行、城港支行、龙桥支行、荔园支行。5家对外营业网点依托手机、互联网、平板电脑、自助设备等向客户提供服务，以客户体验为核心的“线上+线下”渠道高度融合，为客户提供全面优质的金融服务。

2021年，中国银行城厢片区抢抓市场机遇，以绩效考核为导向，以优质产品为抓手，加大公、私客户拓展营销。截至年末，城厢片区5家机构全量客户金融资产余额总计20.27亿元。

2021年，中国银行城厢片区始终坚持金融本源，聚焦“十四五”规划建设，加大重点项目建设，支持民营经济发展，精准助力普惠企业和乡村振兴，全力支持复工复产，扎实推进“六稳”“六保”，践行国有大行责任。截至年底，城厢片区5家机构全量融资余额总计25.5亿元。

2021年，中国银行城厢片区始终践行“融通世界造福社会”的社会使命，重点拼抢“代发薪+消费金融”市场，夯实有效客户。贯彻落实上级行发展战略，进一步推动代发薪业务快速稳健发展。重点对接区内各建设单位，积极上门服务，为农民工服务，加强联动，提升负债等全量业务。响应政府推动消费扩容的号召，重点对接区内各车行、建材商场，举办各类消费分期优惠活动，提高中间业务收入，促进居民消费。

2021年，中国银行城厢片区认真贯彻落实总行担当国有大行责任、使命，聚焦服务实体经济的目标纲要，围绕区政府聚焦目标任务、强化统筹协调，扎实高效推进，全面加快重点项目建设，推动全区经济社会高质量发展的要求。切实加大实体经济服务力度，支持城厢鞋服、食品、工艺美术、电子信息等特色产业升级发展。依托普惠金融优惠政策，城厢片区5家机构发力拓展，全年为小微企业及个体经营者发放普惠贷款1.18亿元，并切实降低贷款利率，为企业减负，助力经济发展，实现“政银企”三方共赢。

（许溢冰）

【兴业银行城厢支行】 2021年，兴业银行股份有限公司城厢支行（以下简称“兴业银行城厢支行”）加快存量资负结构的优化，加强有效基础客户建设，继续铸造优势，各项业务快速增长。截至年底，支行存款余额20.17亿元，同比增长14.73%，其中公对公存款余额8.36亿元，储蓄存款余额11.81亿元；贷款余额30.51亿元，同比增长3.54%，其中对公贷款余额3.93亿元，个人贷款余额26.58亿元。

2021年，兴业银行城厢支行坚守服务实体经济宗旨，以高质量金融服务助力辖区实体企业发展。对华林工业园区企业、太湖工业园区企业等开展业务拓展营销工作，以支持有结算量成长性好的中小企业为主拓展方向，以“金服云”业务及企金理财带动负债业务的联动，发展基本客户群，新增贷款客户10户，金额11300万元。

2021年，兴业银行城厢支行持续提升惠民金融服务能力，响应总分行助企纾困政策，加大对小微企业的支持力度，全面落实减费让利工作，推进普惠金融工作。截至年底，新增7户小微企业贷款客户，其中新增普惠小微贷款4笔、金额合计2100万元；新增纾困贷款2笔，金额合计1600万元。

2021年，兴业银行城厢支行坚持以客户为中心，加强消费者保护工作，提升个人信息保护措施，持续开展金融知识进社区、下乡村等活动，为广大群众提供高效、优质、满意的金融服务，提高消费者风险意识和自我保护能力。年内，支行先后开展消费者教育宣传活动4次，覆盖支行周边小区居民、华林工业园区工人等消费者受众上千人次。同时，利用厅堂客户等候办理业务的间隙，宣传存款保险制度，宣介保险的保障范围、偿付限额等基础知识，让客户真正了解产品。

（黄智琼）

【农商银行城厢支行】 2021年莆田农商银行城厢支行（以下简称“农商银行城厢支行”）以乡村振兴为抓手，围绕“改革、支农、发展”的目标，以支“农”为己任，以管理为基础，以增效为中心，积极拓展各项业务。截至年底，各项存款日均余额195295万元，比年初增加18688万元；各项贷款余额102900万元，比年初上升13495万元；先行不良贷款288万元，占比0.28%；按五级分类统计口径，不良贷款余额670万元，占比0.65%，较上年继续实现压降；中间业务进一步夯实，手机银行任务完成率达99.43%。

2021年，农商银行城厢支行把组织存款作为工作重头戏来抓，组织实施“宣传鼓动、服务促动、考核推动、上下联动、政策舞动、全员出动”的经营策略，对存款实行全员出击营销策略，对存量的客户深耕细作，对员工进行团队赋能，发挥各自专长和潜能，不断挖掘存款潜力，延伸客户群体链，并利用总行出台的存款拳头产品和有利政策，以医保定制、大额存单等为抓手，以厅堂营销为阵地，实现个人储蓄存款上升22515万元。同时，支行还以身作则，率先垂范，发挥“领头雁”的带头、示范作用，加强与对公存款客户外沟通联系，盯住目标，靠前服务，着力提升重点客户、重点项目、重点企业资金归行率，有效促进资金组织工作持续、稳健发展。

2021年，农商银行城厢支行以服务支农支小为着力点，利用“纾困贷”等政策性贷款等拳头产品的推动，全力做好信贷投放。坚持以“三农”为抓手、服务“三农”为宗旨，加强对支农支小贷款的投放；利用城厢支行推出的“抗疫贷”“全额贷”“小微宝”等产品，加大贷款的投放力度，全年投放 13495 万元。

2021 年，农商银行城厢支行在信贷管理上，从制度落实、客户管理、激励考核、检查整改、责任追究入手，建立一系列贷款风险防控体系，通过规范运作，着力防范，从源头上提升新增贷款质量。每月跟踪催收当月逾期贷款和欠息的贷款的贷记卡的清单，并进行分工和协作，落实到客户经理有序跟进，最终将先行不良余额控制在总行下达压降任务的 200% 以上。

2021 年，农商银行城厢支行强化案件防控的责任意识，开展并部署扫黑除恶、借、冒、假名贷款深度排查、员工参与民间借贷、经商办企业专项排查、员工与企业、客户资金往来密切专项整治、信贷资金违规流入房市、股市等整改工作，严格自查自纠，限期整改落实。同时，坚持抓制度执行力、抓整改落实，切实把案件防控落实到网点、到岗、到人，进一步构筑内控长效机制，增强员工依法合规和遵章守纪意识。

2021 年，农商银行城厢支行坚持落实安全保卫工作责任制，对营业网点配备兼职安全员、消防员，实行法定节假日行政值班和领导带班制度；年初与全体员工签订廉洁自律、防范案件、安全保卫工作责任状；每月定期召开安全保卫专题会议，及时贯彻落实上级文件和会议精神，定期进行案例分析和法制教育；按季度组织开展防抢、防盗、防爆、防火、防诈骗、防自然灾害应急预案演练活动，提高员工处置突发事件的应变能力；定期或不定期组织有关人员，对辖内营业网点安全保卫制度执行情况、值班制度、安全防范设施、消防器材设施和库存现金等情况进行检查，及时整改检查发现的安全隐患，实现安全无事故。

（蔡权）

【邮储银行城厢支行】 2021 年，中国邮政储蓄银行股份有限公司莆田市城厢区支行（以下简称“邮储银行城厢支行”），紧紧围绕“强党建、抓整改、防风险、促转型”的中心任务，解放思想，真抓实干，迎难而上，较好地完成各项任务指标。个人储蓄存款年日均余额净增 4035 万元，公司存款年日均余额净增 5054 万元；个人零售贷款结余 163960 万元，小企业贷款结余 24502 万元，均超额完成年度目标。邮储银行城厢支行作为全市首家突破银团贷款和境外美元债投资项目，有效拉动中间业务收入增长。截至年底，不良率 0.51%，较好地完成全年清收计划。

2021 年，邮储银行城厢支行支部围绕年度党建工作重点任务，持续开展“比学赶帮超”“共建共享共进”、党支部领题破题等活动，深化“强基固本”质量提升工程，通过组建“党员 +”公司、信贷、个金、资产保全、催收等小分队，由支委担任负责人，带领党员群众拓展业务。邮储银行城厢支行首家落地开放式电费缴费平台，以“党建 +”为推动力，借力区劳动就业中心共同推广创业担保贷款并成功落地。截至年底，公司理财日均余额、保险销量、信用卡发卡、场景分期、小额贷款余额年净增、不良贷款清收等均位居辖内支行第一。同时，支部严格执行“三会一课”、民主评议党员等组织生活制度，按要求做好党员发展、支委改选等工作，规范使用党组织工作经费，积极组织学习其他支部党建工作做法经验，互相交流，不断总结提高党建工作水平。

2021 年，邮储银行城厢支行扎实做好防疫日常排查、网点防护、消毒管理、营业场所客户管理等工作，确保员工安全和各项经营管理工作正常运行。在莆田疫情期间，主动出击，带头组织支部党员参与北磨社区防疫站点布置及核酸检测等志愿者服务。在全力做好企业复工复产的同时，加大抗疫政策宣导和扶持力度，简化流程，提高效率，对受到疫情影响的企业，在信贷政策上予以适当倾斜，灵活调整还款安排，帮助企业走出困境，充分了解区域乡村振兴运作情况，宣传邮储银行服务乡村振兴的举措和金融产品，截至年底累计发放纾困贷款 1850 万元。

2021 年，邮储银行城厢支行在全行范围内开展清廉金融文化宣教活动，让支部党员及全体员工更加深刻理解廉洁守信的金融从业理念，同时向客户及周边群众传递清廉金融文化知识，同步开展防范非法集资，防电信诈骗，反洗钱等，将清廉金融文化知识宣传与业务营销相结合，不断强化清廉、诚信、合规、惠民的金融文化纽带，营造良好的清廉金融文化氛围和风清气正的经营环境，推动支行稳步发展。

（曾铮）

2021 年 7 月，光大银行城厢支行“金帼驿站”挂牌成立

（郑林坚 摄）

【光大银行城厢支行】 2021 年，中国光大银行股份有限公司莆田城厢支行（以下简称“光大银行城厢支行”）坚持以客户为中心转变经营理念，拓宽产品种类，推介中间业务发展，提高零售业务的贡献度，实现各项业务的全面快速增长。

截至年底，光大银行城厢支行负债业务：对公一般存款余额 65782 万元，较年初增长 11606 万元，零售资产余额 44004 万元，较年初增长 6901 万元。资产业务：零售个人贷款 11721 万元，较年初新增 1853 万元。借记卡开卡 3112 户，零售业务创收贡献度比重上升，贷款不良率持续下降，对公开户 93 户，信贷资产结构持续调整优化，实现各项业务规模、质量、效益协调发展的目标。

2021 年，光大银行城厢支行优化网点环境，提升阳光服务水平，网点营销服务竞争力持续提升，客户体验度和满意度不断提升。支行积极与莆田市妇联、人行莆田市中支、莆田市公安局交警支队协作，挂牌成立“金帼驿站”，为女骑警提供休息服务站。

（郑林坚）

【厦门银行城厢支行】 2021 年，厦门银行股份有限公司莆田城厢支行（以下简称“厦行城厢支行”）贯彻落实上级行的各项决策部署，以发展为主旋律，以创效为核心目标，各项工作呈现持续发展状态。年内，支行上门开卡 100 多张，发展零售新客户，挖掘潜在客户。此外，支行走进企业，为企业员工提供上门开办工资卡业务，开卡 200 多张，增

2021 年 5 月，莆田市第三届“厦门银行杯”业余乒乓球超级联赛开赛

（厦门银行城厢支行 供）

加存款沉淀。5月，厦门银行冠名举办莆田市第三届“厦门银行杯”业务乒乓球超级联赛正式开幕，活动持续5个月，吸引到28支队伍参加。

2021年，厦行城厢支行始终将防范化解金融风险排在首位，努力健全风险防范机制。贷款风险管理方面：贷前对每一笔贷款严格执行客户经理、团队长实地调查，针对有风险或疑是风险客户坚决执行退出机制，贷中要求客户经理全面细致地进行实地访查工作；贷后按总分行的要求走访客户落实客户真实贷后情况，对于存量的客户，做好定期贷后要求。账户风险管理方面：加强对重点客户的日常监测管理，做到了解客户、熟悉客户，切实防范客户风险。员工风险管理方面：按季度对员工异常行为进行排查，按年签订员工案件防控责任书，让员工提高思想认识和防范意识，守法合规，诚实守信，强化职业操守。

2021年疫情防控期间，厦行城厢支行坚持线上服务不打烊，线下服务做配合，助力抗击新冠肺炎疫情。厦门银行线上渠道（包括企业网银、企业手机银行、电话银行、线上贷款自助办理、财富管理等）为广大用户提供优质的金融服务，满足用户的线上查询、转账汇款、存款理财、代发工资等，为客户带来省时、省心、省钱的服务。厦行城厢支行响应号召，对小微企业和个体工商户的相关费用进行减费让利，不断提升金融服务质量，履行金融机构社会责任。此外，主动与网点周边街道社区联系，参与到霞林街道、南门社区的疫情防控工作中去，在霞林街道及南门社区所在的人流密集的大路口协助社区做好密集人群“劝导员”、疫情防控“宣传员”、检测卡点“蹲守员”作出应有的贡献。

（蔡坤富）

保　险

【人保财险城厢支公司】 2021年，中国人民财产保险股份有限公司莆田市城厢支公司（以下简称“人保财险城厢支公司”）围绕高质量发展转型和集团公司“卓越保险战略”、坚持对标发展，在业务经营稳中求进，效益发展逐步呈现出良好态势，全年实现保费收入10718.99万元，实现利润1282.67万元。

2021年，人保财险城厢支公司坚持优化协同高效原则，调整优化内设机构，中后台设综合部，销售序列按照三大事业部划分，其中政府事业部下设华亭、滨海、农险团队3个部门；法人事业部下设商团业务部；个人事业部下设车商团队团队、修理厂团队，个险直销一部、二部、三部、四部、五部，续保团队8个销售团队。截至年底，各类性质用工102人，其中总公司版本劳动合同员工13人、地方版本劳动合同员工29人、劳务派遣人员60人。

2021年3月8日，人保财险城厢支公司成功承保大唐5G产业东南总部基地一期项目的建筑工程一切险。这一项目的落地标志着支公司与大唐5G东南产业合作正式启动。3月15日，人保财险城厢支公司顺利续保莆田市城厢区农村公路财产保险综合险，签单保费65.02万元，为城厢辖区内的农村公路、构筑物及其附属设施提供风险保障。3月26日，人保财险城厢支公司依托农网渠道，成功签下全省内首单“和谐乡村”家庭组合保险产品。5月13日，人保财险城厢支公司成功续保莆田龙马环卫工程有限公司雇主责任保险业务，实现保费收入115万元，为该公司2050名环卫工人提供风险保障。7月15日，人保财险城厢支公司成功签订全市首单商品房室内装修生产安全责任险，为装修施工人员提供200万元风险保障。7月29日，人保财险城厢支公司成功签订全市首单“乡村振兴保”，为华亭镇樟塘村委员会辖区村民提供涵盖乡村干部/驻村干部责任、乡村居民公共安全责任、疫情防控应急费用补偿责任等202万元的风险保障。8月3日，人保财险莆田市城厢支公司与城厢区华亭镇湖头村村民林国武签订自建房安全生产责任保险，成为城厢区及华亭镇首单农村自建房安全生产责任保险。9月9日，人保财险城厢支公司签下全市首单以村为投保单位的新冠疫苗异常反应补偿保险，为华亭镇樟塘村3337位村民提供200万元风险保障。11月9日，人保财险城厢支公司成功签订全市首单枇杷低温气象指数保险，为莆田市常太镇渡里村150亩枇杷撑起保护伞。该政策性农险保单的落地标志着支公司在当地特色农产品中开拓出新领域，抢占农险市场新的制高点。12月10日，人保财险城厢支公司成功签订全市首单小微经营户安全综合保险，为辖区内一家车行提供45.5万元综合风险保障。12月17日，人保财险城厢支公司成功中标中国人民武装警察部队莆田支队公务车辆2022年度保险采购项目，为客户提供约4725万元的风险保障。12月23日，人保财险城厢支公司接到莆田市政府采购中心发来的《莆田市政府采购中标通知书》通知书，确认支公司成功中标莆田市直单位公务车辆2021—2024年度统一保险。12月29日，人保财险城厢支公司成功承保全市首单乡村干部责任险，为华亭镇樟塘村的30名村干部提供工作期间因意外导致的自身伤亡及医疗费用保障，同时附加第三者人身伤亡及医疗费保障，累计保额1740万元。

（方丽华）

【人寿保险城厢支公司】 2021年，中国人寿保险股份有限公司莆田市城厢区支公司（以下简称“人寿保险城厢支公司”）全体干部职工团结一心、锐意进取，在市场竞争日益激烈、工作难度不断加大的情况下，敢于面对各种严峻考验，并取得一定成绩。截至年底，人寿保险城厢支公司实现首年期交保费1422.5万元，比上年提升32.2%；五年期完成586.3万元，比上年提升92.2%；渠道标保138.5万元，比上年提升61.1%；实现短险保费收入17.19万元；三星级以上网点22个，比上年增长37.5%。

2021年，人寿保险城厢支公司依托上级公司引进渠道厅堂面谈销售项目，按照季度合作，圈定重点渠道，集中突破。公司贯彻执行关于星级网点保星升星指导策略，借助各阶段渠道方案造势星级品质网点，与支行行长达成共识，联动精品网点荣誉表彰，深挖实力网点保费，促进升星，其中超五星2个、五星8个、四星8个，三星4个，三星级以上网点22个，占比24.4%，相对上年同比增长37.5%。全年网点90个，准入59个，渠道保费件数593件，件均保费2.3万元。

2021年，人寿保险城厢支公司坚持银保姓“银”的策略，加强网营关系经营。延续渠道经营考核政策，结合常态化和节假日拜访等方式，消化行方合作指标，细化客养内容作为渠道经营考核指标，从单纯的网点拜访交往中向个人铁杆交情转换，贯彻三交经营攻略，为业务深入合作开展奠定情感基石，引导队伍发挥才智做对渠道人员有意义，有触动的活动，增进渠道合作关系。

2021年，人寿保险城厢支公司结合当地的风俗特点，根据节日推出不同的主题项目促进渠道合作。第一季度农行结合行方贵金属销售旺季，植入网点活动共同宣传，撬动网点高频率地开展项目。第二、三季度端午节包粽子主题，“六一”亲子活动，圣诞节平安果等主题等在渠道推广客户客养式项目，撬动渠道业务开发。

2021年，人寿保险城厢支公司把风险防范工作摆在首位，时刻警惕“两加强、两遏制”（通过落实推进风控纪检各项常态和专项工作加强内部管控，通过配合监管部门或上级公司安排参加培训和户外宣传加强非法集资和反洗钱；通过日常开展职场监测、队伍排查等方式遏制违规经营的苗头，通过日常开展防范非法集资、反洗钱等具体工作遏制违法犯罪的发生），常态开展一系列的自查和整改工作。通过这些举措，有效地发现问题，及时地加以整改完善，避免经营风险的发生。同时，针对年度满期给付的工作，做到高度重视，提前谋划，充分准备，精心组织，积极、及时、妥善处理投诉纠纷。全年没有发生重大群体性事件和严重违规现象，实现业务发展环境的稳定。

（陈丽贞）

综　述

【概况】　2021年，城厢区深入贯彻“六稳”“六保”决策部署，以打造“木兰溪时代”宜居宜业新城厢为目标，扎实施城市更新改造、城市功能品质提升、乡村振兴战略，统筹做好疫情防控、安全生产、安定稳定、服务民生、服务发展及行业管理等工作，为促进社会经济高质量发展做出应有贡献。

【城建类指标】　2021年，城厢区安排城建类固投项目149个，年度计划投资187.537亿元。全区城建类固投完成投资204.1978亿元，完成年度计划投资的108.88%。其中，房地产项目33个，完成投资110.76亿元，完成年度计划投资的108.59%；市政基础设施项目26个，完成投资18.4759亿元，完成年度计划投资的113.42%；民生社会事业类项目32个，完成投资18.1154亿元，完成年度计划投资的162.73%；保障性安居工程29个，完成48.4488亿元，完成年度计划投资的116.88%；集镇乡村建设29个，完成投资8.3977亿元，完成年度计划投资的50.39%。全年完成建筑业产值161.69亿元，位居全市第二名，同比增长15.9%，超全市平均增长率；引进1家一级建筑企业入驻城厢区。建筑业创税收35805万元，同比增长28.2%；房地产业创税收114210万元，同比下降7.87%，两项创税收150015万元，约占全区税收总收入318113万元的47.2%，占全区财政总收入362607万元的41.4%。房地产业完成销售112.29万平方米，同比增长30.8%；完成投资105.48亿元，占年计划的92.3%，同比增长22.2%。

城市建设

【概况】　2021年，莆田市城厢区住房和城乡建设局（以下简称“城厢区住建局”）深化城市功能与品质提升三年行动，高标准实施城市提升项目40个，文献北一期、木兰铁岭等7个“兴城市”片区拆除房屋40万平方米以上，出让经营性土地10.53公顷。加大老旧小区、棚户区改造力度，加快安置房建设，不断完善市政基础设施，常态化推进文明城市创建工作，实现省文明城区“五连冠”，城市管理更加精细。

【老旧小区改造】　2021年，城厢区计划改造老旧小区项目8个，包括龙桥社区东圳小区、沟头社区南华小区、南园小区、县委300套周边小区、石顶安置区、市建行小区、荔溪小区、下磨市场周边小区8个项目，涉及27个小区，居民7294户。全年实现16个小区全部开工的目标，完成改造户数4546户。

【安置房建设】　2021年，城厢区安置房建设项目29个，总建筑面积约503万平方米，总投资约243亿元。其中竣工回迁项目8个，2021年新开工及续建项目13个，前期手续的项目8个。全年竣工回迁项目13个、4101套，面积约61.36万平方米。

【棚户区改造】　2021年莆田市保障性安居工程协调小组下达城厢区城市棚户区住房改造开工任务为5530套。根据闽建住函〔2021〕16号文件调整棚改任务指标，调整后的棚改指标调整为8230套，城厢区超额完成年度棚户区改造指标。

【市政基础设施】　2021年，城厢区住建局大力协调解决市政道路建设项目前期难题，顺利推进延寿路（沟头段）、坂头东周边道路地块三地块四及坂头东剩余地块周边道路开工建设。

【过街人行天桥建设】　2021年，城厢区住建局启动实施荔城大道商检路段、学园路城厢区第二实验小学段、莆田市科技学校段、荔城大道国资大厦段4座过街人行天桥建设。截至年底，4座天桥在主体施工，城厢区人行天桥建设被省厅作为典型经验在全省进行交流。

【园林绿化建设】　2021年，城厢区新建完成常太镇常太村、东海海头村、华亭镇西湖村、龙桥街道泗华村等7个口袋公园，增添市民休憩空间；大力实施“绿满城乡·美丽家园”园林绿化提升行动，新增西湖溪、南湖智慧体育公园等绿道6千米，新增公园绿地面积6公顷，新建山牌安置房、下黄小学、顶墩小学、区医院新址等单位小区、东圳水库库滨带生态治理工程（樟龙溪片区提升）及岭下村公园、下郑路、广化路、恒大上山路边坡垂直绿化、福兴小区、县委300套等小区环境景观绿化；规施石顶绿道、城厢区八二一街绿化提升工程，新规划建设等一批城市绿道，新增绿道6千米、绿地面3公顷，建成区绿化覆盖率达45.77%，群众休闲、健身更加方便，获得感、幸福感进一步增强。

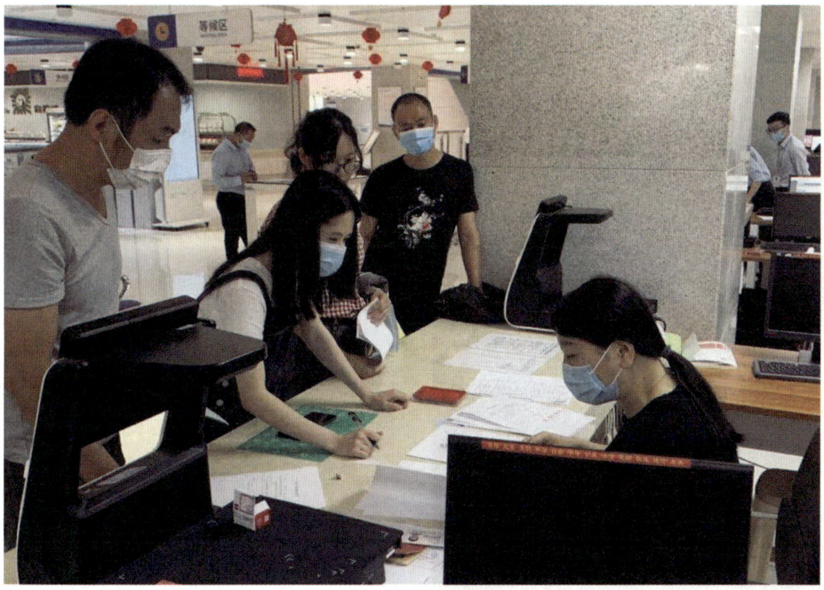

2021年5月14日起，城厢区住建局启动2021年公租房轮候家庭的申请工作，将房源配租给符合条件的住房困难群众

（黄秋佳　摄）

【市政设施维护】　2021年，城厢区以巩固创建全国文明城市成果为契机，实施完成城区路面修复303处约800平方米、人行道修复255处约760平方米、井盖修复103个、路缘石修复106处约400米、市政设施修补91处、路灯修复及新增约659盏、铺设路灯管线1.5千米；树木修剪200余棵，补植20棵，补植绿化面积300余平方米。施划道路交通标志标线1100平方米，电摩停车位5600个、安装交通护栏400米、设置各种交通指示牌70个、完成微循环道路改造1处；新建完成城区油画城、肖厝、

2021年12月20日，城厢区住建局聘请了6名起重机械设备专家，并组织执法人员，分成3个督查小组对全区所有在建工程项目起重机械设备开展全覆盖专项检查　（朱俊欢　摄）

坂头、老蒲鲜、滨河豪园、西山小区1099个公共停车位建设，进一步完善城区市政设施建设。

【黑臭水体治理】　2021年，下磨溪完成振兴路、北磨街周边道路、下磨溪育才路—文献路、新华书店—胜利路、下磨溪筱塘北街—胜利南街段、下磨溪南门路市医院段及后巷街北段、下磨溪古城路段管网改造、河道清淤等工程；龙桥溪完成高井小区雨水管网改造工程、龙桥溪涵洞清淤工程、民心街污水管改造工程、龙桥溪涵洞挂管修复等工程。同时通过日常巡查对两条黑臭水体沿线约18处排污口进行整治及雨污分流改造。根据省环保部门每季度水质检测结果，龙桥溪、下磨溪水质均达到合格标准，水质情况在全市同类河道中排名第一、第二。

2021年8月5日，城厢区住建局联合区执法局启动防汛应急举措，解决城厢区华林工业园区的积水问题　（李勐　摄）

【污水管网建设】　2021年，全年完成新建污水管网9.54千米，提前完成年度任务。根据市住建局2021年11月污水提质增效通报，城厢区生活污水收集率达到84.53%，进水BOD5（水中有机化合物等需氧物质含量）浓度为81.68毫克/升，均高于省对市考核指标，排名全市第一。同时以排水管网排查及改造建设为抓手，先后完成后山路污水管道改造工程、溪北路污水管改造、下郑街污水管改造、城常路污水管改造等20多处截污改造工程和洋西溪城常路、荔城北大道排污口及下磨溪胜利路排污口整治工程。

市容环卫

【概况】　2021年，城厢区建立健全环卫事业可持续发展机制，在区、镇（街道）、村（居）三级层层落实专职管理人员，形成

“一把手亲自抓、分管领导靠前抓、责任部门具体抓”的良好工作局面。坚持全国文明城市常态化创建标准，全力推进环卫资金投入多元化、作业模式精细化、村容村貌整洁化，不断增强环卫作业管理水平，提升人居生活环境。全区清运处置生活垃圾约187455吨、餐厨垃圾约8694.02吨、河道垃圾约185.62吨；清理野广告180.6万处，约13.6平方千米。2021年7月20日，莆田市城厢区环境卫生管理处（以下简称“城厢区环卫处”）获得市委、市政府颁发的“莆田市创建第六届全国文明城市事业单位集体记功”荣誉。

2021年3月20日，区环卫处在泗华坡开展垃圾分类主题宣传活动
（陈钟声 吴建仙 摄）

【城乡卫生整治】 2021年，城厢区组建5支城乡环卫督查小组，建立健全日巡查督察、周点评整改、年绩效评估、评优挂钩、责任倒查等工作推进制度，把道路卫生、河道保洁、垃圾分类，以及环卫设施设备和餐厨垃圾管理均列入督查内容，督查发现城乡环卫问题18285个，全部整改到位；认真办理“12345”投诉件及群众来电诉求，办结率100%；野广告源头劝导827起，有效杜绝问题“返潮”。建立专门的微信反馈群，坚决执行通报问题“24小时”内反馈制度，有效推进问题整改，确保环卫管理工作扎实有力。

【新冠肺炎疫情防控】 2021年，城厢区环卫处结合新冠肺炎疫情防控工作要求，出台《城厢区涉疫生活垃圾收运处置操作规程》等方案，为有效预防、及时控制和消除新冠肺炎疫情的危害提供制度保障。根据“专业化指导、立体化应对”的理念，组建1支约20人组成的涉疫生活垃圾清运组，配备相应分管领导、管理人员及车辆，专车专线收集涉疫生活垃圾，确保环卫系统新冠肺炎疫情应对处置能力得到稳步提升。在环卫系统内部建立应急物资分类储备、纵向调度和联络员机制，确保应急物资储备品种齐全、目录完整，专人落实物资定期更新调度工作。

【垃圾分类普及】 2021年，城厢区环卫处落实属地镇（街道）主体责任，与区教育局、卫健局、商务局、文旅局、生态环境局等行业牵头单位各司其职、协同配合，形成有力抓手，助推工作开展。不断建立完善城乡生活垃圾分类工作规范和技术指导，坚持每月例会制度，通过明察暗访、区级模拟考评督导等方式，力促问题整改。打造龙桥街道省级垃圾分类示范试点街道、常太镇农村生活垃圾分类试点镇，以点带面建设完善生活垃圾分类投放、收集、收运各环节。积极推动生活垃圾分类管理进小区、进学校、进机关、进“党建+”邻里中心、进企业、进医院等“六进”活动，通过配置分类设施、氛围布置、宣传引导等手段，建立6个邻里中心垃圾分类科普宣传角，营造浓厚传氛围，培养群众分类习惯，力争达到生活垃圾资源化、无害化、减量化的管理目标。

【环卫设施建管】 2021年，

2021 年 10 月 28 日，城厢区召开全区农村生活垃圾分类试点总结推广现场会　　（陈秀花　摄）

城厢区环卫处推进为民办实事项目建设，保质保量完成 138 座城乡垃圾分类屋（亭）的建设任务，不断完善生活垃圾前端投放设施设备。主动将无人管理的 23 座旅游公厕纳入管理范围，管辖 72 座城区及旅游公厕，比上年增加 53.19%。全区城市、农村和旅游三类型 299 座公厕严格按照《公厕考核评分表》的标准进行定期、不定期督导检查，落实“一长两员”（公厕长，管理员、保洁员）制度，安排专人管理，明确保洁标准、保洁范围、冲洗次数和时间节点，随脏随保，做到“十无五有”（无积水、无垃圾、无污渍、无灰尘、无乱张贴、无水迹、无满溢、无尿碱、无便渍、无臭味；有纸巾、有洗手液、有保洁员服务、有绿植、有定位）。

【环卫队伍管理】 2021 年，城厢区环卫处持续加强干部职工管理，严格落实全面从严治党工作责任；扎实履行环卫职责，加强环卫队伍建设，实现城乡环卫管理全覆盖。不断规范作业标准，定期开展业务培训，制定量化考核细则，具体责任落实到人，提高环卫作业水平质量。通过一系列慰问活动，彰显对环卫工人群体的关爱，开展节日慰问、疫情慰问等 47 场，覆盖约 14258 人次，送去高压锅、被褥、花生油等日用物品；针对环卫工种性质，联合新华保险为 1031 名环卫工人赠送最高保额 10 万元的保险。同时，通过与市区总工会、区公安分局、福建聚华律师事务所等部门联动，开展环卫工人受伤时的协调、受理、督办等事宜，切实搭建可申诉可维权关爱环卫工人平台，充分发挥环卫工人“娘家”作用，充当环卫工人强有力的“后盾”。

【环境卫生宣传】 2021 年，城厢区环卫处组织开展“文明创城”“平安城厢”入户宣传活动，定期到顶墩社区开展志愿服务活动，积极引导群众知道创城、了解创城、参与创城，为推进常态化创城工作营造浓厚氛围。利用“传统媒体＋新媒体”融合发展，主动对接市电视台、湄洲日报、东南网等新闻媒体加大环境卫生整治、生活垃圾分类、餐厨垃圾管理等宣传，发布宣传报道 94 篇，与中国移动公司合作在微信朋友圈推送生活垃圾分类政策知识宣传，覆盖 10 万多人次。

（唐雪晶）

城市管理

【概况】 2021 年，莆田市城厢区城市管理紧紧围绕“全国文明城市”“省级文明城区”创建，聚焦短板强管理，通过严抓环卫标准、改善市容市貌、规范交通秩序等整治攻坚行动，有序改善城区环境，稳步提高城市管理水平，城市形象和城市管理水平得到进一步提升，人居环境进一步美化。

【文明城市创建】 2021 年，莆田市城厢区城市管理委员会办公室（以下简称“城厢区城管办”）紧密结合创城整治提升方案，紧抓“全国文明城市”“省级文明

2021 年 9 月 9 日，城厢区执法局、城管办、交警大队在龙桥街道文献步行机路口进行“滴撒漏”整治执法　（蔡笔娇 摄）

城区”等创建迎检工作，充分发挥创城排头兵作用，突出统筹安排、全员行动。强化督查队伍管理，全体干部职工下沉到挂钩社区进行创城督查。在加强日常督查的基础上，强化城区市容秩序和环境卫生开展督查，及时发现问题，创城实地督查 96 次，督查发现问题 1624 个，推动市容市貌持续改善、城市文明形象提升，为创城提供坚实的环境保障。12 月中旬，城厢区城管办联合中国移动莆田分公司制作宣发创城公益短信，受众达 60 万多人次，强化舆论造势，提高市民“创城”意识和文明素质。

【市容环境整治】 2021 年，城厢区城管办紧盯背街小巷、城乡接合部等管理薄弱区域，组织城管、环卫、街道开展市容环境专项整治，市容秩序持续改善。组织开展创城常态化夏季专项行动、露天烧烤专项整治、农贸市场飞线专项整治等，做好春节元宵、中高考期间的市容保障工作，全员上岗全力保障创城期间市容整治有序。全年累计出动执法人员 12885 人次、执法车辆 5313 台次，纠正占道经营、摆摊设点及乱堆放行为 10175 起。将野广告清理工作列入市容市貌常态化事项，以 162 万元 / 年的费用承包给专业公司，配备专业清理人员 36 名，清理野广告 1305768 处。同时，由野广告公司组建劝导队，对粘贴广告源头进行劝导，并引导他们将广告粘贴到广告栏，累计劝导源头有 686 余起。

【环境卫生品质提升】 2021 年，城厢区城管办通过开展环境卫生督查整改，推动城区环境面貌改善。在道路清扫保洁方面，深入开展道路清扫保洁、定期冲洗等作业，城区道路环境面貌持续改观，重点督查城镇环境卫生、垃圾桶和转运站等设施设备使用情况，督促整改市、区级督导问题 3262 个。在“厕所革命”方面，推行城区环卫公厕免费开放、厕

2021 年 11 月 13 日，万佳友公司在凤凰山街道南门西路进行野广告清理　（林志荣 摄）

纸按需提供，督导健全无障碍设施及第三卫生间落实专人管理。城区、集镇区所有公厕均落实专人管理，明确保洁标准、保洁范围、冲洗次数和时间节点，随脏随保，做到“十无五有”（无积水、无垃圾、无污渍、无灰尘、无乱张贴、无水迹、无满溢、无尿碱、无便渍、无臭味；有纸巾、有洗手液、有保洁员服务、有绿植、有定位），城区所有公厕均建立一厕一档，并将公厕日常管理情况列入每月城区督查内容，进行随机抽查。

【滴撒漏整治】 2021 年，城厢区城管办积极协调执法、交警、住建部门强化监管工作，形成源头控制有力、运输监管严密、巡查执法到位的长效管理模式。在滴撒漏管控方面，强化工地源头管控和车辆运输动态检查，组织交警、交通执法等部门不定时开展“渣土车”专项联合执法 21 次，立案查处违规行为 25 起，罚款 2.15 万元。

【数字城管】 2021 年，城厢区数字城管工作坚持整合资源、健全流程、创新模式、强化考核的运行机制，数字城管中心受理各类城市管理案件 132148 起，应处置案件 131514 件，按月统计的数据综合分析，月结案率、按时结案率分别为 99.97%、99.21%。数字化城管考核成绩稳中有升，案件结案率、按期结案率较上年均得到提升，数字化城市管理平台作用得到充分发挥，为文明创建工作提供重要支撑。

【“空中缆线”专项整治】 2021 年，为推动农贸市场创城工作提质升级，城厢区城管办联合区工信局、住建局、执法局、街道、移动、电信、联通等单位就清理空中飞线召开现场协调推进会。通过分阶段对月塘市场、筱塘市场、南门市场等城区 9 个农贸市场开展阶段性整治，对各类乱挂乱接、悬空线路进行规范捆扎处置，全力改善高、低飞线散乱现状，净化城市空间。累计出动工作人员 80 余人次，出动车辆 30 多趟，整治大小线路点位 280 余处。进一步促进全区农贸市场环境提升，助力文明城市创建。

（柯群城）

城市监察综合执法

【概述】 2021 年，莆田市城厢区城市管理行政执法局（以下简称“城厢区城管局”）坚持依法管理，标本兼治，不断加强城市管理工作，深入开展全国文明城市常态化创建工作，努力建设山水宜居新城厢。

【市容市貌整治】 2021 年，城厢区城管局全面清理整治所有主次干道、背街小巷存在的乱堆乱放、乱拉乱挂、乱占道等违章行为；加强巡查校园周边、农贸市场周边等重点部位，严查夜间占道露天烧烤行为，特别是凤凰路、安福等路段，查处各类占道违章行为 13600 多起。拆除违规户外大型广告 104 块，清理占道摆放广告牌 634 起，横幅布条 157 起，气球、气拱门 27 起。加强对中心城区各拆迁改造项目的建筑渣土运输监管，开展联合执法检查 16 次，查处 19 起，规范渣土运输行为，保证城市道路路面整洁。开展餐厨联合巡查 7 次，处罚擅自处置餐厨垃圾行为 3 起，罚款 7000 元。

【落实安全生产】 2021 年，城厢区城管局开展燃气安全生产专项整治，定期不定期对 16 个燃气供应站点及燃气用户进行安全检查，累计开展检查 107 次，364 人次，排查隐患 28 处，全部整改到位。更换安全软管 1331 根，安装浓度报警器 431 户，联合有关部门取缔无证经营瓶装燃气“黑气窝点”8 处，出动人员 50 人次，收缴钢瓶 318 个，拘留 2 人，有力打击“黑气”乱点问题。督促指导物业服务企业集中开展电气及配电设施安全隐患排查整改，加强电动自行车停放充电监管，规范建设电动自行车集中停放场所和充电设施，抽查 29 个小区，发现 50 个问题整改到位 49 个，1 个整改中。拆除违规设置招牌标识 104 块，完成安全检测 67 块。移送属地街道或相关部门违法建设 263 起，配合拆除 107 起，面积 4393 平方米。设立专班加大对天九湾市场及安福电商周边“马路市场”的整治力度，4 月，对学园南街路面及擢英桥路段路面周边工地渣土运输出现不同程度的破损及下沉情况，立即采取措施，及时修复路面破损，协调解决优化周边工程项目运输路线开展中心城区道路螺丝（钉）、钢筋头、角铁等障碍物排查，清除各类道路障碍物 300 余个。在防御“卢碧”台风暴雨期间，及时处置华林园区等路段积水，应急处置路灯等 2 处。

【为民办实事】 2021 年，城厢区城管局对全区 116 个物业小区公共收益部分进行全面清查，各物业小区退还业主公共收益 623.47 万元，受理物业维修基金申请 53 件，使用维修基金 258 万元，主动协助万达外墙大面积脱落办理紧急使用维修基金申请 195 万元。加大数字城管和“12345”民生投诉办理，压缩办理时限，提高提前办理率，办理数字城管案件 13 万多件，处置率 99.98%，办理“12345”投诉件 4000 多件。全年投入 280 万元，修复、维护路面及路灯等 1100 多处，检测城市桥梁 4 座。对全区市政道路、桥梁路灯等投保公共设施公众责任险。开展公共空间违规设置经营性停车场整治，拆除占道收费设施 40 个，规范报备 11 处。

【疫情防控】 2021 年，城厢区城管局相应制定《物业企业疫情防控工作预案》《燃气行业疫情防控工作预案》，加强物业、燃气行业常态化疫情防控工作。同时要求各物业公司及燃气经营点的从业人员落实疫苗接种，定期安排部分物业从业人员前往城厢区医院进行核酸检测。在 9 月 10 日仙游发生新冠肺炎疫情后，及时启动预案，全员上岗，按要求开展人员排查，加强机关防控，各中队加强路面巡查管控，劝离占道摆摊，减少人员聚集，降低传播风险，要求 116 家物业公司全面加强疫情防控工作，进行全覆盖检查、督查。动员各 LED（发光二极管）和宣传车 5 部全面开展疫情防控宣传，组织 21 人先锋队进驻隔离点，志愿者 120 多人次协助核酸检测和社区卡口管控工作。向华亭镇前黄、后山 2 个挂钩村送去防疫物资口罩 4000 个、矿泉水 40 箱。

【职能转变】 2021 年，根据城厢区委区政府有关《关于理顺区住房和城乡建设局与区城市管理行政执法局部分职责职能的通知》的工作部署，完成与住房和城乡建设局关于市政公用设施（道路、桥梁、路灯、雨排水、燃气、公共停车）及管线工程等维护和管理、破坏园林绿化监察和行政处罚、燃气行业管理、物业行业管理等职能的交接工作。

（陈国锋）

村镇建设

【农村建筑风貌管控】 2021 年，城厢区住建局编制《城厢区农房建筑立面图集》，召集镇村建房审批监管人员进行业务培训，指导镇村规范新建农房建筑立面审批以及参考整治既有农房立面，督促推进年度 1060 栋裸房整治任务（华亭镇 320 栋、常太镇 100 栋、东海镇 320 栋、灵川镇 320 栋）。全年完成整治 1066 栋，完成年度任务的 100.6%。

【集镇环境综合整治】 2021 年，城厢区住建局推进常太镇打造集镇环境整治市级样板，投资 30 万元，对街道两侧、房前屋后进行卫生整治及规范管理，建设 2 处垃圾分类屋，并利用闲置空地建设 1 处口袋公园，让群众开门见绿，提升居住品质。

【农房质量安全管理】 2021 年，城厢区住建局结合农村在建房屋安全清查整治专项行动，通过成立专家技术服务组、召开村镇干部及农村工匠业务培训会、公布有奖举报热线、印发质量安全“一张图”、督促购买第三方监理服务等方式，统筹推进农村在建房屋安全隐患排查整治工作。经镇（街道）排查，全区在建房屋157栋暂未发现安全隐患。

【农村贫困户危房管理】 2021年，城厢区住建局持续做好脱贫户住房安全管理，督促各镇（街道）落实动态监测制度，每月梳理汇总。同时，不定期开展入户抽查，发现问题立即采取措施予以消除。全年排查出脱贫户住房存在透风漏雨情况的16户，转移居住的17户。全年下拨专项补助资金102.6万元，完成64栋漏雨透风房屋修缮，确保农村贫困户住房安全保障工作落到实处。

建筑行业管理

【安全生产监管】 2021年，城厢区住建局加强在建建筑工地安全生产监管，对全区59个在建工地及140座塔吊、115座施工升降机、8处深基坑、6个高边坡、153座住人工棚等，进行常态化巡查检查，并结合每季度开展“双随机”（在监管过程中随机抽取检查对象、随机选派执法检查人员）全覆盖安全检查。全年组织开展4次起重机械专项检查，抽查174台起重机械，发现隐患310条，整改到位302条。全区排查房屋（含钢结构房屋）75641栋房屋（城市5755栋、农村69886栋），截至年底，发现422栋有重大安全隐患房屋。全面清查农村在建房屋192栋，未发现安全隐患。发放130张农村建房安全警示视频光盘，方便基层组织镇村干部、建房户、农村工匠开展全覆盖应急培训，提升各方质量安全常识和风险意识。

【消防安全管理】 2021年，城厢区住建局严格落实建设工程消防设计审查验收职责，全面实施房屋市政类建设工程消防项目质量“双随机”监管及工程质量验收、消防、人防、排水、园林绿化并行并联验收；实行施工单位、监理单位、项目经理、总监理工程师及消防技术服务机构动态记分和“黑名单”信用评价监管机制，落实各方责任；进一步深化“放管服”改革，在确保建筑工程质量及消防安全的前提下，采取“一事一议”的方式，切实解决社会反映强烈的二次装修项目消防验收历史遗留问题解决问题，全年解决办理二次装修项目消防设计审查29件，消防验收30件，消防验收备案10件。

【历史建筑保护】 2021年，城厢区住建局完成全区历史文化遗产普查论证工作，分3批次公布38处历史建筑、传统风貌建筑272处、历史环境要素22处、古树预备资源24株。同时，以区联席会议办公室名义发文至区直有关部门、各镇街及区城投集团，督促各单位按照莆城政办〔2020〕41号文件要求，对照职责，做好历史文化遗产保护工作。

【招投标监管】 2021年，城厢区住建局常态化开展工程领域扫黑除恶专项整治工作，印发《莆田市城厢区工程建设领域整治实施方案》，公开招标投标违法违规行为举报电话和邮箱，组织开展排查，并通过在线监管平台的“双随机、一公开”（在监管过程中随机抽取检查对象，随机选派执法检查人员，抽查情况及查处结果及时向社会公开）抽查系统，对大数据分析疑似违规项目开展随机抽查，随机抽查29个项目的招投标情况，对2个招标项目的4家参与串通投标企业依法进行处罚并扣信用分，对1个招标项目的2家参与串通投标企业依法进行处理；对3家中标不履约、4家串通投标的企业依法进行处罚，处罚124.5万元，坚决打击投标人串通投标行为，依法查处市场违法行为，营造良好的市场秩序。

【城区供水安全管理】 2021年，城厢区住建局每季度联合市住建局对全区楼盘小区用户末梢水进行抽样检查，水样合格率100%，同时对全区25个点位的楼盘小区及公共场所水质进行抽样检测。对莆田市自来水有限公司等集中式供水单位开展监督检查，市自来水公司二厂出厂水合格率100%，管网水合格率达99%以上。

【优化营商环境工作】 2021年，城厢区住建局进一步优化施工许可阶段审批方式，将施工许可证核发事项调整为即办件；全面推行人防工程审批、消防设计审查、施工许可并联审批，由原来的人防、消防、施工3个事项办理时限9个工作日调整为3个工作日；工程投资额在100万元以下（含100万元）或者建筑面积在500平方米以下（含500平方米）的房屋建筑和市政基础设施工程，无需申请办理施工许可证。经厦门大学中国营商环境研究中心评估，2021年城厢区住建局牵头的“办理建筑许可”“获得用水用气”方面的评估结果位居全市第一。同时，大力推进智能审批服务新模式。以莆田市住房和城乡建设局问卷式审批为母本，于2021年6月在全区率先启用运行智能审批平台3.0系统，该智能审批系统的应用，可大大提高审批质量、审批速度审批效率，全年完成办结行政许可、公共服务及其他行政权力事项911件，办结率达100%。

住房保障与房地产市场

【住房保障工作】 2021年，城厢区住建局根据省、市纪委监委关于“点题整治”的相关工作要求，重点整治公租房承租人不再符合条件资格、转租出借等应退未退突出问题，利用审批系统对全部437户保障对象进行审核，协查其它县区保障对象在城厢区的保障房申请情况4000多件。通过年审，发现有40户家庭不再符合保障房条件，并按规定清退房源，40户不符合对象全部清退完成。同时进一步规范公租房违规转租转管理，通过入户调查，发现1户长期闲置，责令腾退，确保将有限的房源配租给符合条件的住房困难家庭。

【房地产市场】 2021年全区完成销售112.29万平方米，同比增长30.8%；完成投资105.48亿元，占年计划的92.3%，同比增长22.2%。在市场规范方面，通过现场察看、调阅资料、实地核查、座谈了解等方式，对全区在建在售房地产项目和房地产中介机构进行检查两次。鼓励引导房地产企业顺应调控，配合市住建局监督房地产开发企业通过公证摇号进行销售；加强精装管控，严厉查处违法违规行为。加强城厢区内商品房预售项目进度节点核实工作，配合市住建局加强商品房预售资金监管及商品房预售资金额度使用节点备案等工作。

（林吓站）

农 业

【概况】 2021年，莆田市城厢区农业农村局（以下简称“城厢区农业农村局”）勇于担当，主动作为，全面统筹疫情防控和农业经济持续发展，持续做好“六稳”“六保”工作，持续改善民生，保持农业经济运行在合理区间，全面完成上级下达的各项任务。全区农林牧渔业总产值完成21.02亿元，增长1.8%。其中：农业3.86亿元，增长1.4%；林业0.77亿元，增长17.6%；牧业10.77亿元，增长2.3%；渔业3.87亿元，增长2.7%；服务业1.75亿元，下降8.6%。

【种植业】 2021年，城厢区农业农村局制定出台稳定粮食生产措施政策，及时兑现惠农种粮政策。发放惠粮补助政策、种粮农民一次性补贴各50298户459.95万元33811户34.57万元，发放率100%。发放华亭镇长岭村、南湖村核心连片2公顷以上的晚稻示范片补助5.7万元，完成发放常太下莒村布谷信田规模种粮补助资金12735元。发放全区水稻种植投保183.42公顷保费137.567万元，发放受灾理赔59.67公顷33.2万元。联合区财政与人保财产保险公司城厢分公司，率先在全市试点推出枇杷政策性低温冻害保险补助7户23公顷。推广嫁接优质龙眼品种“松风本”“水南1号”13.33公顷；引进“香妃”“三月白”优质枇杷新品种66.67公顷。建立果树、茶叶、蔬菜等12个标准化示范基地，建立生产标准化示范园，统一制作基地管理制度，督促农业生产经营主体按标准进行生产管理。2021年全区完成粮食生产面积1942.67公顷，总产量12232吨。粮食作物播种面积1936公顷，产量12221吨。蔬菜种植面积682.87公顷，产量19042吨。水果产量23303吨，其中枇杷12757吨，龙眼7476吨，其他3070吨。

【畜牧业】 2021年，城厢区农业农村局加快莆田黑猪保种备份场建设，支持开展种猪选育、生产性能测定，加大繁育、疾病防控等科学技术推广，创建“莆田黑猪”品牌效应。完成育肥猪保险3.05万头，保费134.2万元，区级补贴67100元；能繁母猪保险1550头，保费13.95万元，区级补贴6975元；蛋鸡保险15.8万羽，保费23.7万元，区级补贴23700元。大力推广生猪生态养殖、清洁养殖，构建种养循环发展机制，确保全区生猪规模养殖场粪污处理设施配套率达到100%，粪污综合利用率达95%以上。全区生猪出栏146918头，季末存栏48353头。家禽出栏14992811羽，季末存栏3491128羽。肉蛋奶总产量34612吨，其中猪肉12130吨，羊肉17吨，

2021 年 6 月 28 日，城厢区农业农村局党支部、人保财险莆田市城厢支公司党支部，联合举办“牢记初心使命、践行‘一懂两爱’”庆祝中国共产党成立 100 周年主题晚会　　（许晨昕　摄）

禽肉 21502 吨，蛋 963 吨。

【乡村振兴战略】　2021 年，城厢区农业农村局出台《全面推进乡村振兴战略行动方案》和《2021 年城厢区实施乡村振兴战略十大行动重点任务》等文件，建立 14 个省、市乡村振兴试点村处级领导挂钩制度，全面完成 8 个省级试点村、6 个市级试点村、12 个区级试点村、67 个村庄全面振兴工作；投资 2203.43 万元，完成乡村振兴试点示范项目 35 个项目（含跨年度项目）建设，完工率 100%。出台《城厢区农村生活污水治理项目运行维护管理方案》，完成 88 个村的农村生活污水治理工作。全区农村生活垃圾清运类车辆 42 部，道路洗扫车辆 10 部，村庄垃圾收集车辆 506 部，垃圾箱 309 个，垃圾桶 2152 个。建立 4 个农村生活垃圾转运站，清理农村生活垃圾约 2.85 万吨，无害化处理率达 100%。完成农村户厕摸排整改 2200 户。落实“一窗收件、一站服务、一次审批”的审批机制，完成既有农房（裸房）整治 1060 栋。整治农贸市场 20 多个，清理卫生死角及“四害”（苍蝇、蚊子、老鼠、蟑螂）滋生地 663 多处，清运垃圾 920 多吨。清理水塘 133 口、沟渠 109 千米、清理村内淤泥 23 吨、清理畜禽养殖等农业生产废弃物 2.7 万吨。创建 6 个绿盈乡村、省级森林村庄 5 个、60 户省级美丽庭院示范户、200 户市级美丽庭院示范户。出台《关于健全完善防止返贫动态监测和帮扶机制的工作方案》，排查申请检测对象 6353 户 25450 人。发放建档立卡学生补助资金 8.16 万元；累计排查建档立卡贫困户住房 176 户，完成 16 户房屋修缮，转移 17 户脱贫户居住地；完成建设一体化村所 65 家，实现 7 个脱贫村医保定点“村村通”和“就近通”；建档立卡脱贫人口就诊总费用为 832.36 万元，报销 771.93 万元，报销比例 93%；下发资金 30 万元，新建机井 10 口，完成水质检测送检 54 份。全区享受兜底脱贫人口 1467 人，占比 67.42%，发放城乡低保金 2198.33 万元，救助 1984 户

4568人。发放救助金448.17万元，救助特困对象279人。印发《中共莆田市城厢区委员会关于成立区委扶贫开发成果巩固与乡村振兴工作领导小组的通知》，成立城厢区乡村振兴局；累计入户走访帮扶2200贫困户多次；2021年各级财政衔接推进乡村振兴补助资金5316.84万元，其中中央财政398.54万元，省级财政218.47万元，市级财政1336.58万元，区级财政3363.25万元；专项检查扶贫资金支出及档案归档工作，建成五云和莒溪2个“党建+”乡村邻里中心，在建埔柳村、云庄村、蔡亭村3家“党建+”乡村邻里中心，惠及周边9个村庄2万多人。围绕沿木兰大道花果蔬菜产业区、环东圳水库生态休闲区、民俗文化体验区建设，打造生态莒溪、红色马院、智慧溪南等14个乡村振兴试点村，辐射带动周边村庄。

【重大动物疫病防控】 2021年，城厢区农业农村局完成发放使用高致病性禽流感疫苗167.3万毫升、猪O—A型口蹄疫疫苗8万毫升、牛羊O型口蹄疫疫苗2.9万毫升、小反刍兽疫活疫苗1.9万头份；发放猪耳标34944枚；监测家禽血清1200份、猪血清735份、羊血清216份、牛血清60份、猪伪狂犬gE（缺失疫苗缺失的糖蛋白基因主要为gE基因）病毒650份，完成重大动物疫病免疫抗体合格率高于农业农村部规定的≥70%的要求。

【高标准农田建设】 2021年，全区通过区级验收2019年度常太镇补足地块项目102.27公顷；通过区级验收2020年灵川—东海高标准农田92公顷，申请区级验收2020年华亭镇高标准农田建设项目63.33公顷；开工建设2021年度华亭镇高标准农田建设任务269.47公顷。

【农业行政执法】 2021年，全区执法检查农资店147家次，发现违法经营农药经营者5家，违法使用兽药的宠物门诊经营者1家，立案6起，结案6起，完成罚没款2.68万元，集中销毁假劣农资870千克；开展农机安全生产大检查19次，检查各种拖拉机56台次，查处违章拖拉机2台；办结一般动物卫生程序案件4件，罚没款16820元。

【农产品质量安全监管】 2021年，全区组织开展农产品质量安全监测抽样369批次。其中：省级监督抽检63批次，例行监测110批次；市级监督抽检39批次，市级例行监测116批次；区级监督抽检50批次；完成农、兽残快速检测5432批次，合格率99.9%，抽检瘦肉精4779批次，合格率100%。开展线上巡查2920人次，巡查生产主体8636家次，发现问题126个；开展线下检查326人次，检查生产主体161家次。完成3个无公害农产品认定，3个绿色食品认证，上报优质农产品标准化示范基地2个。

【病虫害防治与检疫】 2021年，城厢区农业农村局投入资金40万元，购买防控红火蚁药剂5.38吨，开展全区统防统治，建立草地贪夜蛾监测点40个。完成发放果实蝇性诱剂25000只、果实蝇粘胶板25000张。举办枇杷果实蝇绿色防控技术和红火蚁防控技术培训班各一期。全区养殖场及屠宰场抽检瘦肉精4779批次，结果全部阴性合格；生猪养殖场无害化处理病死猪2329头。强化动物产地检疫，受理产地申报生猪13176头、家禽1778349羽，检疫生猪13176头、家禽1778349羽。强化屠宰检疫监管，全区屠宰检疫生猪6737298公斤，屠宰检疫家禽1778908公斤。开展生猪及其产品调运监管，开具生猪准调证明803张，生猪产品准调证明699张。

【现代农业】 2021年，全区现代农业战线开放招商完成签约项目3项，总投资额1.4亿元；洽谈项目1项，投资额0.6亿元；实施招商项目4项，投资额为1.7亿元。投资2.74亿元，推进莆田天顺利邦现代智能化蛋鸡项目、天桂桂圆产业园、日有喜生态家庭农场开发项目、城厢区农产品冷链物流中心、莒溪片区精品农产品示范基地建设工程、乡村振兴项目、高标准农田建设7个现代农业重点项目建设，累计投资数占年度计划的109.7%。投资1.23亿元，建设莆田天顺利邦区级蛋禽产业园现代智能化蛋鸡项目，年销售额200万元。推广郊溪、后塘等市级桂圆产业园龙眼标准化基地133.33公顷。培育龙头企业，1家获得省级龙头企业、4家获得市级农业产业化龙头企业。

（郭雪冰、陈金楷）

水 利

【概况】 2021年，莆田市城厢区水利局（以下简称“城厢区水利局”）践行习近平总书记治理木兰溪的重要理念，统筹推进水资源、水生态、水环境、水灾害系统治理，严格落实“河湖长制”，狠抓各项水库移民政策的落实，为构建“山水格局·人文宜居”新城厢，作出水利贡献。

【水资源项目建设】 2021年，城厢区水利局实施城乡供水一体化项目建设，主要涉及4个镇及2个街道所辖的4个山区村，项目总投资3.9亿元，惠及农户7.43万户29.8万人。推进华亭镇、常太镇供水区建设，投入资金0.92亿元。常太镇总投资8082.15万元，分三标建设。Ⅰ标：莒溪党城片管网铺设及“一户一表”改造建设工程（涉及16个行政村），工程4月进场。Ⅱ标：供水区配套建设的4座（莒溪3500吨/日、党城1000吨/日、照车750吨/日、院里250吨/日）水厂，完成预算送审。Ⅲ标：主要实施高海拔分散式村庄及马院、照车片“一户一表”改造项目计12个行政村，已在设计方案。华亭镇总投资14964.47万元，项目于5月6日开标，9月进场，9个村在施工。灵川镇总投资8109.89万元，7月14日完成投标，2个村在施工中。东海镇总投资6231.18万元，7月13日完成投标，2个村施工中。凤凰山街道3个（白洋、朱坑、林桥）行政村在委托编制可行性研究报告。龙桥街道泗华村土地厝自然村完成施工图。实施应急水源建设，争取中央救灾资金30万元，用于山区村新建机井10口。实施农业水价综合改革配套工程，总投资39.5万元，在华亭镇实施农业水价综合改革面积333.33公顷，主要建设安装计量设施，修复部分灌溉渠道等。

【水生态项目建设】 2021年，城厢区水利局实施河道生态治理，投资4100万元完成常太镇莒溪、溪北溪7千米河道治理及洋西溪补水工程建设。完成华亭镇兴沙溪、灵川镇桂山溪生态河道治理前期工作。委托开展龙桥溪上游河道生态整治设计工作，结合片区改造推动下磨溪河道改造工程建设。实施河道清淤疏浚，涉及东海镇横沟、大浦溪等4条约7千米河道清淤及华林工业园区水系水质提升工程涉及郑庄沟、顺达沟4.62千米，总投资750万元。

【水环境项目建设】 2021年，城厢区水利局实施水土保持生态村项目，总投资127万元，开展水土流失综合治理面积167公顷，封禁167公顷，河道清淤清障780米；新建拦水坝1座，修复3座；新建排水沟2178米。依法开展开发建设项目水土保持方案审批20个。开展水利工程管理范围线划定，完成延寿溪、院里溪、东泉溪3条总长度33.5千米流域面积50—1000平方千米的河道管理范围线划定工作，推进25座小型水库管理范围线划定工作。院里水电站开展绿色小水电示范电站创建工作，通过省级初验。全区4座水电站保持下泄流量达标率100%。

【水安全项目建设】 2021年，城厢区水利局实施防洪排涝挡潮工程，总投资1.1亿元的篁山溪榜头片、田厝片防洪排涝体系工程，截至年底完成形象进度90%。总投资2亿元的灵川、东海8座海堤水闸迁建工程及樟林片区防洪排涝工程前期推进中。实施水库除险保安工程，完成霞皋、常太水库除险加固及理珑、长基水库防汛路建设；完成桂山、海头2座水库大坝安全鉴定；重启长里溪水库除险加固工程，解决水库病险问题。实施水毁工程修复，分四批次下达水毁项目补助资金137万元，用于灵川、东海、霞林10个水利水毁项目修复。

【安全监管】 2021年，城厢区水利局认真贯彻落实上级安全生产工作部署要求，扎实开展水利安全隐患大排查大整治、安全生产专项整治三年行动，并结合“安全生产月”“控事故、保安全、迎中国共产党成立100百周年”安全生产集中攻坚专项行动等契机开展全区水利安全生产知识宣传和新《中华人民共和国安全生产法》学习，组织集中学习观看“生命重于泰山”等习近平关于安全生产重要论述，认真履行安全生产第一责任人的职责，确保水利设施运行管理和水利建设安全。加强依法管水，通过窗口集中审批生产建设项目水土保持方案报告书（表）审批24件、水利基建项目初步设计文件审批4件、水工程建设规划同意书审核1件、水利项目可行性研究报告行业审查2件、其他小型水库汛期调度运用计划审批5件审批、取水许可申请8件、核发3件、延续1件、取水许可注销1件。

【水土保持】 2021年，城厢区水土保持工作坚持以“水清、河畅、岸绿、生态”为目标，通过综合施策、系统推进，持续做好水土治理工程建设、小流域综合整治、水土保持生态村建设、水土保持监督管理完成水土流失综合治理项目4个，综合治理面积333.34公顷，其中：封禁333.1公顷，新建护岸380米，新建透水砖步道长度1022米；新建生态公园1处，河道清淤清障850米，修建田间水沟2178米，新建拦水坝5座。完成总投资243.61万元，其中省级专项治理资金189.49万元，地方配套资金54.12万元。在水土保持监督方面，审批开发建设项目水土保持方案28个，发出水土保持补偿费征收通知书17份57.65万元。依法对辖区内审批过的生产建设项目水土保持方案的实施情况进行跟踪检查10次，发出整改通知2份。水利部2021年度第一批次区域监管违规28个项目，督促业主完成水土保持方案审批手续。

【河长制工作】 2021年，城厢区水利局以开展“碧水清河”专项行动为抓手，努力推进“河湖长制”从“有名有实”到“有力有为”转变，从“有效管控”到“综合治理”转变。强化检查考核，将流域水质、种养殖污染防治、入河排污口整治、乡镇生活污水处理等农村水环境治理情况纳入河湖长制年度考核，适当增加考核分值比重。注重抓亮点树典型，以提升“三率一感”（群众知晓率、群众参与率、群众满意率，群众幸福感）为抓手推进长岭溪、莒溪“幸福河湖”示范点创建工作。河长制工作做法被中国水利报社采编8篇。在全市木兰溪流域水环境治理七项指标考评中，7个月（1—5月及9—10月）名列全市第一。强化问题督办，对河道突出问题直接采集、挂号、登记，以督办函方式通报镇街整改，市、区河长办通报涉及水环境问题413个，完成整改372个，整改率90.1%。强化队伍建设，全区配备89名河道专管员开展日常巡查工作，聘请建档立卡脱贫人员担任河道专管员，结合村级组织换届，配强配优河道专管员，并组织开展业务培训。深入开展清“四乱”（乱占、乱采、乱堆、乱建）专项整治行动，发现问题91处，全部清理到位，清理占用河道建筑210平方米，清理河道（河岸）种植约5000平方米，清理倾倒垃圾渣土垃圾杂物350立方米，清理占用河道水域滩地50平方米。

（蔡夏夏）

工业 商贸

工 业

【概况】 2021年，城厢区按照强产业、兴城市“双轮”驱动战略部署，深化“323”（提质升级鞋服、食品、工艺美术三大传统产业，做大做强电子信息、新型功能材料两大战略性新兴产业，培育发展数字经济、海洋经济和绿色经济）重点产业发展计划、园区改革创新和标准化建设计划，突出开放招商、强化项目带动，加快融合发展，全力推动工业和信息化高质量发展超越。全区167家规模以上企业累计完成461.31亿元，同比增长15.9%；实现规模以上工业增加值增长9.6%，增速位居全市第2位。规模以上工业企业产值增长率达到20%以上的有71家，占比43%；134家企业实现正增长，占比81.2%；负增长的企业有33家，其中停产企业18家，负增长20%，工业基本面稳定。

【惠企政策】 2021年，莆田市城厢区工业和信息化局（以下简称“城厢区工信局”）牵头制定《莆田市城厢区人民政府办公室关于保障2021年“两节”期间生产稳定运行促进良好开局若干措施的通知》，兑现一季度增产增效补助资金250万元。春节期间组织辖区内亚明、力奴等21家规上工业企业计535名省外员工参加市文旅局组织的春节免费旅游活动。积极对接市工信局为6家企业申请获得45万元生产慰问金事宜，为华源工贸争取春节期间重点企业增产增效奖励资金10万元。兑现2020年度区级惠企资金2021.75万元，用于支持企业技术改造、实施名家战略、

2021年5月21日，城厢区工信局在万达广场举行城厢区2021年防灾减灾宣传周活动 （曾秀钗 摄）

扶优扶强做大规模和鼓励质量兴企等21个补助项目，惠及233家工业企业。牵头制定《关于应对疫情影响促进企业复工复产若干措施的通知》，助力企业复工复产；下达工业企业救灾专项资金70万元，用于支持企业采购防疫医疗物资，坚定企业复工复产信心。

【开放招商】 2021年，区工信局突出开放招商、强化项目带动，以重大项目为引领，以工业园区为载体，以补链强链为导向，创新“轻资产、重资本”招商、产业基金招商、产业链招商等新模式，实行干部挂钩帮扶制度，提升企业服务质量，挖掘有投资意向的企业名单，主动靠前服务提高签约率，推进招商项目落地建设。首次举办第十五届中国（莆田）海峡工艺品博览会莆田市美术馆分会场，以“匠心莆艺·画意城厢”为主题。年内对接43个项目总投资346.1亿元，其中竣工投产项目3个，投资额3.7亿元；开工项目3个，投资额112亿元；前期项目3个投资额62.5亿元；签约项目7个投资额33.2亿元；洽谈项目27个投资额134.7亿元。聚焦引进新兴产业，新签约总投资17亿元的石墨烯钛瓷新材料项目，完成标准化厂房改造。

【项目提速】 2021年，城厢区加快实施新一轮技改专项行动，重点围绕先进制造业创新发展和传统产业转型升级，对接国家、省新一轮重大技术改造升级工程。通过项目走访、问题搜集等方式，及时帮助解决企业特别是项目在建设过程中的融资、能评等问题，重点推动华源纺织城项目、荔城纸业设备改造、亚明食品预包装菜肴生产线改扩建项目、中伟体育智能化生产线项目等19个省市级技改项目加快建设。同时，加大技改设备补助、防疫物资设备补助、对接技改融资支持等政策引导，并开展项目一线对接政策形式，加强政策宣传。加快壮大一批龙头培育企业，策划引进一批新的龙头企业，推动龙头培育企业加强创新研发、加快改造升级、提升品牌质量、带动产业链建设。才子服饰、力奴鞋业、天怡农业、亚明食品、庄严苑、腾晖6家企业被列为省级工业龙头培育企业，组织荔城纸业、溢通环保、郭氏鞋业、华源工贸、华都饲料5家企业申报省级工业龙头企业，推荐祥麟鞋业、新路体育等15家企业申报莆田市工业龙头企业（第一批）。推进工业项目开工建设，协调解决项目落地建设过程中遇到的各种问题，全程跟踪项目推进进程。重点推进中电科创城、原天一祥标准化厂房改造、原华龙体育标准化厂房改造、新洪承电子标准等前期项目，确保项目顺利开工及时入库。跟踪服务大唐5G产业东南总部基地、三利谱偏光片生产项目、华源纺织城等超十亿元项目投产。

【园区改革】 2021年，城厢区探索建立有利于加快推动开发区高质量发展的选人用人机制，6月19日市委编办批复取消管委会事业编制，调整为正科级行政单位，形成“一区多园”的人事管理模式。完善区对开发区（园区）财政收入考核奖励方案，明确开发区工业用地土地收益中的区级留成部分在扣除应计提法定费金后的剩余部分，全部用于开发区基础设施建设和土地开发整理。华林经济开发区、太湖工业园工作经费分别按华亭镇、灵川镇超收分成奖励金总额的50%予以兑现，由区财政直接拨付。整合提升规划，华林经济开发区规划用地面积约798.7公顷，华林工业园分区单元控规于2021年3月26日获市政府批复，华亭镇西许片区规划用地面积约238.6公顷单元控规于2021年1月4日获市政府批复，樟林片区规划用地面积约677公顷单元控规于2021年4月27日获市政府批复，太湖工业园区规划总用地面积约767公顷单元控规于2021年3月31日获市政府批复。在开发区成立企业服务中心，深化“放管服”机制改革，抽调区直8个部门，梳理300多项涉企惠企事项，结合“党建+”邻里中心，为企业提供便利服务，实现开发区政务服务全程代办帮办工作机制和企业“办事不出园、一趟也不跑、最多跑一趟”等工作目标。推行“管委会+第三方”管理平台改革，通过引进天安云谷智慧管理平台、管委会政府采购服务方式，把智慧园区管理、安全生产、环保、卫生保洁、平安建设、治违巡查等烦琐工作交给第三方专业机构规范运行，管委会再介入监管，实现属地监管“双保险”。

【保产业链供应链稳定】 2021年，城厢区突出创新引领，围绕产业链部署创新链，以龙头企业带动全链条发展，全力以赴加快项目建设进度，增强企业发展后劲。落实领导挂钩服务企业机制，用好“一企一议”机制，重点协调解决华源纺织城机器设备和原材料运输、大唐5G东南生产基地机器设备临时存放仓库等问题，跟踪助推华源纺织城厂房和大唐5G一期项目试投产。才子服饰、力奴鞋业、天怡农业等11家企业列入省级工业龙头培育企业；郭氏鞋业、东南艺纸等20家企业入选莆田市工业龙头企业。动态跟踪龙头企业金融服务需求，加大政银企对接力度，深化产融合作，城厢区工信局与城厢区工商、农业、中国、建设四大银行和兴业银行等5家试点银行建立定期会商推动和工作联动机制，加大力度帮助技改项目对接技改融资支持专项政策，8月亚明食品获得兴业银行技改基金贷款1000万元，发挥省级财政技改专项资金作用，支持更多企业获得低成本中长期项目融资。依托中电、创业黑马、晟道投资等第三方机构搭建招商平台，通过区域招商联动，引进中电科创城、科里斯特生物、恩西西新材料等11个项目，围绕项目立项、环评、厂房、用地等要素，建立项目建设进展状态表，落实领导挂钩项目责任制，力促项目建设扎实推进。坚持“专精特新”发展导向，溢通环保公司和杰讯光电公司先后被工信部认定为第二批、第三批专精特新“小巨人”企业。对经认定的工信部、省级“专精特新”中小企业，分别给予不低于50万元、10万元的项目资金补助。鼓励企业设立技术研发中心，形成以企业技术中心为核心的企业技术创新体系。全区规模以上企业研究与试验发展经费支出9.27亿元，占GDP的1.91%，增长35.6%。新培育高成长企业6家，省级“产业领军团队”2家，省级单项冠军1家。

【传统行业升级】 2021年，城厢区坚持差异化定位、特色化发展思路，拓展专业化、个性化细分市场，促进传统动能改造提升。提质升级鞋服、食品、工艺美术三大传统产业，实施工业企业“服务周”专项行动，根据项目建设、发展需求，进一步优化促进增产增效政策。重点发展鞋服首位产业，加快华林园区鞋艺小镇建设，创新建立鞋服原材料业供应库，助推产业集聚。主推15万平方米多功能复合体“华林智汇”名片，推动园区鞋业标准化厂房建设。通过实施数字经济“倍增计划”，赋能产业转型升级，促进数字经济与实体经济深度融合，打造数字经济示范区。重点推进中国系统数字经济产业园、太平集成电子生产等9个总投资35亿元项目签约。打造灵川下尾“中国花蛤第一村”品牌工程，推进花蛤等水产品精深加工，重点依托蛤老大（福建）食品有限公司的高新技术企业和中国健康食品领军品牌的技术品牌力量和母公司海源集团的资源优势，发展水产品冷链物流，促进海洋养殖业、休闲观光渔业、深加工和餐饮行业品质化发展。年内，蛤老大二期工厂斥资3亿元，打造占地13.33公顷的现代化、科技化、智能化新厂区，实现高自动化、高效能、高生产率。推进发展电子信息、新型功能材料两大战略性新兴产业，依托樟林片区这一核心区，建设中电科创城，成立合资公司，完成先导区建设并于9月投入使用。同时，优化招引高新技术产业项目，发挥信息化对工业要素生产率的提升作用，新对接引进光电光纤元器产业化项目等9个战略性新兴产业项目，全区21家企业列入全市战略性新兴产业。企业全年预计完成产值80亿元，同比增长16%。

【创新驱动】 2021年，城厢

区鼓励企业设立技术研发中心，形成以企业技术中心为核心的企业技术创新体系，提高企业创新能力，提升市场竞争力。推荐溢通环保、杰讯光电荣获工信部第三批专精特新“小巨人”称号。鼓励有条件的企业加大与高校、科研院所深度合作力度，构建院企、校企科技合作互动机制，促进科研与生产紧密衔接，加强关键核心技术的研发。推荐溢通环保和杰木科技环评省产业领军团队。持续开展企业上云推广工作，促进信息技术在工业各领域、各层面的应用、渗透和融合。年内征集6家企业，上报9个新一代信息技术与制造业融合发展应用案例。推荐省级工业互联网标杆企业嘉裕华制鞋申报工信部2021年新一代信息技术与制造业融合发展试点示范项目。

【绿色节能】 2021年，城厢区印发节能与绿色发展工作要点，将年度节能重点任务分解下达到各镇（街道）和部门，促进工业绿色发展。开展固定资产投资项目节能审查，从源头上加强能源消费总量管理。根据省投资项目在线审批监管平台内工信部门备案项目信息，2021年1—11月，工信部门备案的固定资产投资项目15个，能耗均没有超过1000吨标煤。开展“节能降碳，绿色发展”宣传活动，借助节能宣传周活动，实地走访辖区溢通环保、中科华宇、三迪鞋服等8家企业，宣传节能循环经济政策，倡议企业节能技术改造。

鞋服纺织产业

【概况】 鞋服产业是城厢的主导产业之一，2021年全区现有鞋服及配套企业400多家，其中规模以上86家，规模以下300多家，主要从事运动鞋、橡胶鞋、休闲鞋、童鞋、户外鞋、服饰等生产，产业主要集中在华林园区、太湖园区和东海镇三地，拥有制鞋、衣服生产线200多条（其中斯凯奇36条、安踏34条、李宁10条、斐乐10条、新百伦15条、锐步5条、特步10条左右），年产能约1.2亿双（万套），从业人员3万余人；鞋业配套生产企业产品涵盖鞋底、鞋材、皮革、鞋扣等鞋材辅料，基本形成完整的鞋业产业链。全区鞋业发展的主要模式为OEM（代工厂）订单加工模式，近90%以上企业为国际品牌和大型商超配套加工，以OEM（代工厂）+ODM（原始设计制造商）发展模式的企业主要有力奴、新路、中伟、嘉裕华等少数企业拥有自主研发设计的企业，尚未形成OBM（代工厂经营自有品牌）企业。2021年全区规上鞋服完成产值245.07亿元，同比增长15.3%，占全区总产值比重的53.1%。全年创税2.61亿元，占全区规上工业税收的73%。

【典型企业】 力奴鞋业：是一家专业从事各类鞋制造、批发、零售的民营企业，多年来一直为多个国际、国内著名运动品牌提供技术与生产合作，拥有近2000名员工，每年产能增长15%—20%，现年产能达900万双。2021年实现产值12.2亿元。郭氏鞋业：公司总投资达23000多万元，占地面积11.13万平方米，拥有固定资产8500多万元。建有现代化标准厂房6.8万平方米，生活区3万平方米，拥有10条生产线，年产量800万双，主要从事代工FILA品牌（美国品牌），是一家集科研、开发、生产、贸易于一体的综合性企业。2021年实现产值9亿元。嘉裕华制鞋：公司占地2.67公顷，6栋厂房，建筑面积18000多平方米，主要代工专业生产安踏（ANTA）、高档运动鞋、滑板鞋、休闲鞋、户外鞋等品牌，拥有10条先进的自动化生产流水线，现有1300多名员工。2021年产值9.2亿元。华源纺织：是集研发、生产、销售、服务于一体的综合型现代化纺织企业。公司占地面积3.53公顷，总建筑面积6.22万平方米，总投资2.5亿元，引进德国、瑞士等国际先进纺织设备，建成福建省内第一家有色化纤纱线生产线。主要产品为紧密赛络纺高端面料用纱和有色化纤纱线。紧密赛络纺高端面料用纱是市场上稳定增长的高档纺织面料用纱，产品具有最低的毛羽化、最大的强度和延伸率、最少的对环境的影响、最佳的穿着舒适感，是织制高档面料优良材料。才子服饰：公司有两大生产基地，中国才子服装城和荔园工业园，8个工厂，主要生产衬衫、西服、西裤、休闲裤、夹克等全系列服装，年生产能力近千万件（套）。2021年有服装专业生产线41条，全年产值达19.32亿元。“才子”品牌连续4次入选“中国500最具价值品牌”。

【创新驱动】 城厢区拥有7家国家级高新技术企业，8家两化（以信息化带动工业化、以工业化促进信息化）融合贯标企业，3家省级“专精特新”企业，2家科技“小巨人”企业，1家省级工业互联网应用标杆企业，11家市级企业技术中心，参与制定标准14项，自主品牌企业6家。

食品加工产业

【概况】 食品产业是城厢区的四大支柱产业之一，全区食品产业规模以上企业25家，占全市98家的26%，规模以上企业数量居全市第二，2021年产值83亿元，产值占比18%，从业人员3000余人。截至年底，产业拥有上市集团关联企业2家，国家级高新技术企业3家，省级龙头企业2家，省科技小巨人领军企业4家，省级工业企业品牌培育试点企业1家，市级以上企业技术中心9家。初步形成果蔬加工、水产品加工、饮料加工、肉制品加工、食品烘焙等门类齐全的食品加工体系。具有门类齐全、科技含量高、品牌知名度大的特点，是全市重要的食品加工基地。

【典型企业】 亚明食品：福建省亚明食品有限公司，是专业从事“中式菜肴标准化”研发、生产、销售为一体的中式菜肴规模以上食品加工企业，2020年创税收318万元。公司是中国食品工业优秀龙头企业、中国好食材知名品牌企业、国家高新技术企业、福建省农业产业化省级重点龙头企业，设有中国工程院“孙宝国院士专家工作站”，建有省级企业技术中心。复茂食品：成立于1996年，是一家以专业制作“汉式糕点、西式点心”的“中华老字号”烘焙企业。拥有8000多平方米的生产车间和总部大楼，是一家集研、产、销、教于一体的现代化企业。拥有“中华老字号”“全国十佳饼店”“诚信企业”“福建省名牌产品”等荣誉称号。蛤老大食品：公司始创于2013年，位于城厢区灵川镇太湖工业园区，是福建省莆田市海源实业有限公司投资的全资子公司。公司拥有三大基地：花蛤养殖基地、生产加工基地与仓储物流基地，年产值达亿元以上。公司一期厂区占地1.87公顷，配备三条独立生产线。创立的“蛤老大”品牌，专业致力于增鲜调味料、罐头产品、海洋休闲食品等产品的研发、生产与销售。公司董事长林秋云系高级工程师、福建省劳动模范、享受国务院政府特殊津贴，获得“改革开放40周年渔业行业领军企业家”“改革开放40年中国餐饮突出贡献人物”称号。天怡现代农业：公司成立于2005年，是中国普甜食品控股有限公司控股的子公司。其坐落于福建省莆田市华林经济开发区，占地16.47公顷，拥有员工560人，年设计屠宰能力200万头。集饲料加工、生猪养殖、屠宰加工、肉品销售为一体，是中国福建领先的一体化猪肉产品供应商。晶怡海藻：成立于1997年7月，是国内主要琼脂生产商和出口商，福建大型琼脂生产企业之一。2021年产量500万吨，产值6400万元、纳税336万元。诚味食品：公司位于城厢区太湖工业园区，主要从事速冻食品、肉制品产品，拥有8条生产线，年产量6000吨；2021年有142位员工。拥有省农业重点龙头企业、市企业技术中心；“福建科技型企业”“诚信经营示范企业”“福建省科技小巨人领军企业”“福建省餐饮业优秀供应商”等荣誉称号。华都饲料：成立于2005年，位于莆田市城厢区太湖工业园，占地面积3.53公顷，总建筑面积3万多平方米，2021年有员工198

人，公司以畜禽配合饲料生产为主业，集科工贸、产供销于一体的大型农业产业化生产企业。公司拥有国内一流的年产 18 万吨全价配合饲料自动化程度的专业生产线。主要产品是“兴华都”“大昌华”“闽泰宝”三大品牌的畜禽配合饲料，该产品主要销往南平、龙岩、三明、永安、泉州市、漳州等地区，在省内市场占有率约为 6.2%。

【创新驱动】 2021 年，城厢区有蛤老大和亚明食品 2 家企业获评省级企业技术中心和省级“专精特新”企业。特别是亚明公司引进中国工程院院士、北京工商大学校长孙宝国，在公司设立“福建省院士专家工作站”，建立核心技术，为公司新产品开发、工艺改进、新技术引进、创新奠定扎实的基础。同时，定期邀请福州大学、福建农林大学教授科研团队等一批博士开展技术攻坚创新。发挥科技创新作用。以院士专家工作站为平台，组织专家参与企业关键技术攻关，提供科学技术咨询服务，促进企业技术改造和产品升级。通过提高创新能力，加快行业结构调整，建设企业诚信体系，形成以“预制包装菜肴”标准制定单位亚明食品为标准的“预制中式菜肴”、以“百年老字号”复茂食品为龙头的食品烘焙、以高新技术企业蛤老大为引领的海产品深加工和以上市公司天怡农业为代表的家禽类加工比较完整的食品工业体系。

电子信息产业

【概况】 电子信息产业是城厢区的四大支柱产业之一，是重点发展的战略性新兴产业。有规上电子信息企业 11 家，从业人数 1200 多人，主要以生产显示器件、偏光片、光纤元器件和计量传感器等为主，2021 年，完成产值 24.9 亿元，占规模以上工业产值的 5.4%。

【典型企业】 三利谱：公司致力于偏光片的研发、生产、销售，是国内偏光片行业最优秀的解决方案供应商之一。为满足莆田周边面板、模组等企业的配套需求（如福清京东方、厦门天马等），在福建周边形成产业链，在莆田地区扩大生产规模，投资 2 条 TFT（薄膜晶体管）全制程偏光片生产线，其用地约 6.67 公顷。杰讯光电：成立时间 2008 年 10 月，注册资金 650 万元，公司位于莆田市城厢区华林经济开发区，租赁占地 5000 平方米，主要从事光通信元器件产品研发、生产、销售，主要客户是国内客户与台湾客户，国外有韩国客户、日本客户，全方位生产线（设备），年产量 5600 片 5G 高速通信元器件，2021 年有员工 180 多名。信唐智创：是中国信科集团旗下公司，是从事大数据、人工智能、5G 等领域的新一代信息技术公司。中国大唐 5G 产业东南总部基地项目是大唐网络与莆田市合作，聚焦于 5G 产业，共同建立大唐网络 5G 产业东南总部基地，设立 5G 产业基金，建设大唐网络 5G 微基站产业基地。该项目聚焦 5G 微基站的生产、运营，同时构建 5G 未来生活示范区，作为 5G 微基站场景化测试使用，将理论应用于实践，以适配各类生活场景。

【招商引资】 2021 年，城厢区工信局围绕“信息技术研发中心”发展战略，先后招引落户中电科创城、大唐 5G、三利谱偏光片、杰木科技、中电工业互联网研究院等优质项目，为全区传统产业转型升级赋能打下基础；在樟林、西徐高标准规划建设现代化信息产业园和 5G 产业园，与中国电子系统多次洽商，争取中电·莆田新经济产业基地项目尽快落地，为城厢区电子信息产业集聚发展增强优势。

工艺美术产业

【概况】 工艺美术产业是城厢区三大传统产业之一。2021 年全区有规模以上工业企业 13 家，累计完成产值 33.15 亿元，同比增长 4.7%，占规模以上产值的 7.19%，2021 年 13 家工艺产业企业纳税 331 万元，同比下降 68.5%。受近年来需求萎缩和新冠肺炎疫情的影响，工艺美术行业整体比较疲软，有近一半企业处于半停产状态。拥有庄严苑、腾晖工艺、欧雅艺术等著名的工艺美术企业。产品涵盖木雕、佛像、石雕、油画、珠宝加工等，从业人员达 500 多人。

【典型企业】 欧雅艺术：主要生产油画，其新型油画、现代装饰画及多种现代家居装饰品远销北欧、中东、美国等国家和地区。公司拥有 12 条生产线，员工 125 人，年产油画约 2.5 万件。现为莆田市艺术创新类企业技术中心，公司的研发团队汇聚来自美国、德国、意大利、荷兰及国内的知名设计师，开发设计新型油画、现代装饰画、各类新材料画框、艺术创意家具、树脂、铁艺、艺术灯饰、艺术地毯、陶瓷工艺品、现代家居装饰品、小型个性化现代家居等。设计团队紧跟全球最新的现代家居装饰的发展变化，大胆探索创新，开发出一系列具有引领行业发展的产品。腾晖工艺：由高级工艺美术师、中国工艺美术大师、中国木雕艺术大师郑春辉创办，下辖莆田市腾晖工艺厂、郑春辉木雕工作室、春晖木雕艺术馆三大部分，集创作、生产、传承、培训、研讨、展示于一体，是莆田市工艺美术行业重点创作生产及培训基地。庄严苑：以大型木雕雕刻造像为坚实的工艺技术基石，恢复老漆脱胎正宗浆脱制作法，并引进大型铜铸生产工艺，配以娴熟精致的唐彩工艺、贴金工艺等多彩表面装饰工艺技术，辅以佛法教理，诚心雕塑，用心制作，所塑诸佛、菩萨圣像皆如法如仪，相好庄严，让瞻仰者生欢喜心和恭敬心。作品在国内外参展中屡获大奖，作品遍及全国各地，并出口到日本、新加坡、印度尼西亚、美国、澳大利亚等海外各地。

（魏漳园）

华林经济开发区

【概况】 2021 年，华林经济开发区高标准、严要求推进园区标准化建设，推动制造业高质量发展，促进开发区转型升级、改革创新，立足开发区发展现状和产业基础，围绕打造“产城融合、集约紧凑、功能完善、生态良好、管理高效”的现代化产城融合示范区、高品质产业创新发展区，突出高起点规划、高标准建设、高水平开放、高质量发展。

【基本情况】 华林经济开发区前身——莆田市华林工业园区于 2003 年 6 月经市政府批准成立，2006 年 4 月经国家发改委批准为省级经济开发区，并更名为福建莆田华林经济开发区，核准面积 6.47 平方千米。2020 年以前，批准的华林工业园区总体规划面积 8.16 平方千米，华林园区控规面积为 6.12 平方千米；太湖工业园控规面积 7.68 平方千米；樟林园区（现为中电•科创城）控规面积 6.77 平方千米；西许工业集中地控规面积 3.04 平方千米。2021 年 3 月，市政府批准华林工业园分区单元控规，规划面积为 7.99 平方千米，具体四至为：北至自然山脚及水渠〔最北点为 J1（2813498.37，40396599.86）〕，东至霞林街道办事处霞林街道居委会及木兰溪泄洪区（即原新成果鞋业用地，为体现永久性的地面标识，特此改动）〔最东点为 J32（2812272.23，40398098.63）〕，南至木兰溪泄洪区及耕地〔最南点为 J85（2809192.96，40393226.97）〕，西至华亭镇西沙村耕地（即原日山电子有限公司用地，为体现永久性的地面标识，特此改动）〔最西点为 J88（2809544.25，40392966.53）〕。总体定位为“华林智造•产业社区”，功能定位为以产业为主导，集生态居住、生活配套和山水宜居环境于一体的产城融合示范区。

2021 年，完成编制的并以成果形式纳入莆田市城乡建设总体规划的华林经济开发区总体规划面积约为 25.48 平方千米（含华林、樟林、太湖 3 个工业园及西许工业集中地）。完成开发的有华林园区、太湖工业园，即将开发的有樟林园区、西许工业集中地。其中：华林园区现状工业用地面积为193.5公顷，可供工业用地面积190.9公顷（含拟调整物流仓储用地3.2公顷），可供（存量）工业用地面积5.8公顷。入驻企业460家，2021年完成产值262.3亿元，完成税收约1.7亿元。太湖工业园现状工业用地面积为222.3公顷，可供工业用地面积142.3公顷，可供（存量）工业用地面积80公顷。入驻企业42家，2021年完成产值85亿元，完成税收约0.45亿元。樟林园区现状（中电科创城核心区）工业用地面积为34.31公顷。西许工业集中地现状工业用地面积为42.78公顷。

【经济发展】 2021年，华林工业园区有企业460家，其中征地企业117家，租赁企业343家，其中规模以上工业企业78家，纳税100万元以上企业39家，白名单企业62家。2021年完成产值262.3亿元，增长17.4%。全年完成固定资产投资23.4亿元，工业企业税收约1.7亿元。

太湖工业园有企业42家，其中征地企业27家，租赁企业15家，规模以上工业企业23家，纳税100万元以上企业9家。2021年完成产值85亿元，同比增长21%，完成固定资产投资6.5亿元。

【基础设施建设】 基础设施方面：2021年，华林经济开发区内城市干道形成“四横四纵”的道路交通骨架。其中，“四横”分别为福厦路、竹林路、华林路、滨江路；“四纵”分别为腾飞路、腾达路、华中路、创业路。给水由莆田自来水公司供给；雨污排水管网覆盖开发区内所有企业，污水通过华林泵站提升进入闽中污水处理厂处理达标后排放；开发区内建有2座变电站220千伏木兰变和110千伏华林变；分区单元内设置2座通信汇聚机房，2座有线电视分前端机房，汇聚机房服务能力为：固定电话1.5万—3万线、数据通信2万—3万线、移动通信5万—10万线、有线电视2万—3万户；供气气源：开发区内燃气气源为天然气，气源引自莆田天然气门站。

教育设施方面：义务教育及学前阶段。华林工业园区内2021年有公立学校7个5133名学生，民办幼儿园3个651名学生。其中公办学校有华林学校（初中14班、完小31班）、华亭第二中心幼儿园（幼儿12班）、路东小学（完小6班、幼儿3班）、路西小学（完小10班、幼儿6班）、西埔小学（完小8班、幼儿3班）、后角小学（完小3班、幼儿3班）、濑溪小学（完小6班、幼儿3班），基本能满足园区内居民及外来工子弟就近入学需求。职业教育，公办有莆田市科技校（中专），学生1600多人，民办有莆田市理工校（中专），学生1500多人。

医疗设施方面：华林工业园区内村卫生所5家，其中山牌、濑溪2个村卫生所完成一体化规范提升，纳入医保门诊定点结算，并开通与市区医院相连的视频诊疗；另外配备1家一级综合医院（华林园区医院）、1家综合门诊部、7家私人诊所等9家民营医疗机构，可满足企业员工开发区就近就医需求。

餐饮、住宿等商业服务设施：商业用地。华林工业园区规划面积4.29公顷，占规划总用地的0.54%。规划通过产业服务中心、创新综合体等形式强化产业园区集中式商业配套，进一步规范社区零售形式，逐步升级商业模式以适应市场需求和产业发展。商务用地。规划面积9.35公顷，占规划总用地的1.17%，包括工改商的清华园、天利达等创新综合体。娱乐康体用地。规划面积1.27公顷，占规划总用地的0.16%，结合霞皋八卦村文化资源和木兰溪滨溪景观资源，设置文化及体育活动中心，打造华林公共活动中心。公用设施营业网点用地。规划面积1.27公顷，占规划总用地的0.16%，包括福厦路沿线3处加油站。

【产业发展】 华林园区的产业布局主要以鞋服产业、电子信息产业、食品产业、工艺美术四大产业为主：鞋服产业规模以上企业39家，2021年工业产值为132.3亿元，占50.4%，同比增长 19.19%；税收千万元以上的有力奴鞋业、三迪鞋服、郭氏鞋业、新路体育等。电子产业规模以上企业 11 家，2021 年工业产值为 24.49 亿元，占 9.34%，同比增长 30%；重点企业有三利谱电子、嘉辉光电、杰讯光电等。食品产业规模以上企业 7 家，2021 年工业产值为 28.27 亿元，占 10.78%，同比增长 29.68%；重点企业有天怡现代、亚明食品、复茂食品等。工艺美术产业规模以上企业 6 家，2021 年工业产值为 28.41 亿元，占 10.83%，同比增长 3%；重点企业有庄严苑工艺、腾晖工艺、艺峰工艺、欧雅艺术等。其他产业规模以上企业 15 家，2021 年工业产值为 45.54 亿元，占 17.4%，同比增长 16.17%；重点企业有新旺隆、溢通环保、荔城纸业等。

太湖工业园的产业布局主要以鞋服产业和食品产业为主：鞋服产业规模以上企业 1 家，2021 年工业产值为 4.1 亿元，占 4.8%，同比增长 16.68%；重点企业有华骏鞋业。食品产业规模以上企业 11 家，2021 年工业产值为 39.5 亿元，占 46.5%，同比增长 15.4%；重点企业有天喔食品、诚味食品等。其他产业规模以上企业 12 家，2021 年工业产值为 41.4 亿元，占 48.7%，同比增长 18.4%；重点企业有华源工贸、赛博思钢结构、超淇纸业等。

【体制机制创新】 机构配置方面：华林经济开发区是区委区政府派出机构，属正科级事业单位，负责服务管理相关企业，财权由区政府拨付。华林经济开发区编制数 53 人，其中行政管理人员 12 人，专技人员加工勤人员 41 人。截至 2021 年底，实有人数 46 人，其中行政管理人员 10 人，专技人员 27 人，工勤人员 9 人。根据《福建莆田华林经济开发区管理委员会职能配置、机构设置和人员编制规定》，撤销福建莆田华林经济开发区管委会、太湖工业园区管委会 2 个事业机构，编制收回，重新成立福建莆田华林经济开发区管理委员会，下设莆田市城厢区产业规划发展中心、莆田市城厢区产城融合服务中心、莆田市城厢区滨海工业服务中心 3 个事业机构。分别核定事业编制 20 名、16 名、16 名，分别设主任 1 名、副主任 2 名，为区政府直属公益一类事业单位，经费渠道财政核拨，归口华林经济开发区管委会管理。投资运营方面：积极使用专项债，华林经济开发区 5G 产业园总投资 56.5 亿元、申请 2020 年专项债券 20 亿元，城厢区光电信息产业园总投资 10 亿元、申请 2020 年专项债券 5 亿元。引入凤达、力奴、新路、富力、中电信科等一批战略投资者，嫁接收购经营不善或停产破产企业，集中新建中电科创城、华林智汇、标准化厂房、研发中心、产业综合体。创新招商融资方式，有效配置各种资源，依托中电光谷等富有招商经验的第三方机构进行招商模式。三利谱等项目采用政府重资产、企业轻资本的招商模式；大唐 5G 采用政府提供金融担保的模式；富力研发中心项目采用园区购买不良资产后进行招商模式。财力事权保障方面。由区财政出台《莆田市城厢区财政局关于促进开发区改革和创新发展若干财政扶持措施的通知》，完善区对开发区（园区）财政收入考核奖励方案，开发区工业用地土地收益中的区留成部分，扣除应计提法定费金后的剩余部分，全部用于开发区基础设施建设和土地开发整理。为营造正向激励工作导向，华林经济开发区、太湖工业园工作经费分别按华亭镇、灵川镇超收分成奖励金总额的 50% 予以兑现，由区财政直接拨付。投融资平台建设方面，按照《城厢区区属国有企业重组整合工作方案》整合完成后的区城投公司作为全区企业债发行主体。实行“管委会+公司”的管理模式，整合国有企业，支撑园区开发建设。依托区属国有企业重组整合契机，以莆田市城厢区樟林投资实业有限公司为重组主体，重组更名为莆田市城厢区国有资产投资实业有限公司，负责经营性国有资产整合及其经营管理，作为实施园区标准化厂房建设主体之一。

【招商引资】 2021 年，华林工业园招商对接项目 11 个，签约转开工项目3个，前期项目2个，签约项目4个，洽谈项目2个。

已开工项目3个：大唐5G产业东南总部基地，一期标准化厂房主体封顶，正在进行室内装修、室外道路施工；5G配套厂房完成主体结构施工，正在进行外墙涂料粉刷；5G综合楼完成地下室结构施工，正在进行二层结构施工。大唐网络东南运营总部项目，计划五年内布设5G室内微基站110万台套设备，年可实现主营业务收入110亿元，税收8亿元。项目二、三期用地14.67公顷拟选址于华亭西许片区，正在开展前期工作，项目用地完成征地丈量14.95公顷。三利谱偏光片生产项目，规划用地约6.33公顷，布局2条宽幅TFT（薄膜场效应晶体管）偏光片生产线，总投资约10亿元，建成投产后年产值6亿元以上，年税收超5000万元；项目10幢建筑全面完成主体工程建设。

前期项目2个：中电科创城项目总投资约50亿元，规划总面积约49.27公顷，全面建成运营后，可实现园区注册企业500家，带动就业2万人，实现企业年营业收入200亿元、税收5亿元。截至2021年底，意向入驻企业有15家，正式签约入驻有福建三体科技有限公司等3家。光电光纤元器件产业化项目，规划用地0.67公顷，项目投资1亿元，投产后预计年产值将超2亿元、税收1000万元以上，解决就业1000人以上，正在办理施工许可证。

已签约项目4个：中餐标准化智能厂房，拟计划在亚明食品厂边北面扩征约0.27公顷，建设产品展示馆及厂房配套设施，预计投资1亿元；完成开发编制方案及申报材料，办理土地出让前期手续。国钛钛瓷纳米新材料总部，设立“国钛（福建）新材料有限公司”作为全国总部（于2020年10月在城厢区注册，注册资本20230万元），在华林智汇租赁约1328平方米作为总部研发办公楼拥有自主专利和专家团队。宝得智能制造生产基地，拟选址华林园区约0.99公顷，建设服装厂房及员工宿舍楼20000平方米。达产后预计年产值3亿元、税收1500万元；项目于1月28日签订投资协议，正在办理土地招拍挂前期手续。全自动3D打印及机器人雕刻项目，拟投资1亿元进行厂房建设及设备采购；投产后预计增加年产值2亿元，年纳税400万元；完成与业主签订项目投资协议。

洽谈项目2个：中国电子云（东南）大数据中心，中国系统拟在莆建设“中国电子云”二级节点，初步规划用地0.67公顷，一期建设1000个机柜，预计总投资10亿元，正在进一步对接签订投资协议。中国中餐标准化产业基地项目，宁波康喜乐嘉餐饮管理有限公司拟选址华林经济开发区，规划用地1公顷，建设中餐标准化厂房项目，布局满足全市中小学生集体用餐配套的7个中央厨房，并配套建设万吨智能冷库，预估年营业收入4.5亿元；正在协调用地选址事宜计划签订招商投资协议。

【生态环保】 2021年，华林经济开发区排查450家企业，建立相应台账。根据排查结果显示，辖区内大部分企业环保手续较为完善，少部分企业存在设备及手续不齐全的情况。为提升园区环保管理水平，进一步深化排污企业的日常环保监管，推动企业精细化管理，精准化治理，开展“一企一档”工作，要求企业提供环保相关材料到开发区环保办进行统一收集归档。制定《华林经济开发区建立网格化环保监管体系实施方案》，成立开发区环保网格化管理工作领导小组，建立以开发区、各网格、各企业为单元的三级环保网格化管理体系，形成辖区环保监管工作制度化、规范化的长效管理机制。开展雨污管排查、河道进行杂草垃圾及淤泥清理及企业及周边居民区河道排污口封堵等工作，对企业排水排污情况的监管巡查作为日常工作中的重点，严查企业偷排漏排问题，积极对企业宣传规范排水排污的重要性及严肃性。强化大气污染防治，要求企业食堂、餐饮店安装油烟净化器、油水分离器等环保设施，督促餐饮企业把经过油水分离污水接入市政污水管网。截至年底，排查需安装的食堂、餐饮店108家。其中企业食堂34家、餐饮店74家全部完成安装。巩固VOCs专项整治工作，要求企业安装废气收集处置设施，在中间环节加强管理，减少VOCs无组织排放，及时响应空气质量预警预报。加强巡查，禁止露天烧烤，并按要求出动洒水车进行洒水除尘作业。对于有产生危险废物的企业，督促企业建立危废储存间，进行严格分类、收集和管理，并配有专人负责管理危废的处置情况，建立相应台账。同时，督促企业进行危废申报登记，与有危险废物处置资质的单位签订协议，定期上门收集外运处置。

【安全生产】 2021年，华林经济开发区通过企业安全生产隐患自查、网格干部巡查、开发区安监办督查、聘请第三方专家等监管手段，在辖区范围内对各行业、各领域和所有生产经营建设单位深入开展安全生产隐患排查治理工作，查出安全隐患593条，整改隐患586条，整改率98.8%。开发区划分为6个网格，每个网格配备挂钩领导及挂钩干部，建立以开发区、各网格、各企业为单元的三级安全生产网格化管理体系，通过实施网格化管理，进一步明确开发区、各网格、各企业在安全生产管理中的工作职责，做到定区域、定人员、定责任，确保安全生产监管工作无遗漏、全覆盖，达到安全生产隐患排查工作“横到边、纵到底”。聘请第三方智谷安全科技有限公司对安全生产进行排查，落实消防隐患排查到位的要求，形成辖区消防安全监管工作制度化、规范化的长效管理机制。

【管理服务】 2021年，华林经济开发区在华林e站企业公共服务中心的基础上，继续抽调区直8个部门人员进场办公，梳理60项涉企、惠企事项，为企业办理相关审批、实现现场办理，惠企政策的咨询申报等提供快速便捷的家门口服务，提供工程审批改革项目的全程代办、综合协调等服务。结合“党建+”邻里中心进一步梳理审批事项，将医保、社保、公积金等涉企员工的事项下沉到邻里中心，加强邻里中心标准化建设等，为企业提供便利服务。

【党建工作】 2021年，华林经济开发区党工委牵头成立食品、鞋服、电子信息3个产业党建联盟，构建“园区党工委—产业党建联盟—党群活动服务中心—企业党组织”四级组织体系，织密园区党建工作网络。成立华林园区“大工委”，吸纳涉企部门分管领导、产业党委书记等21人担任“大工委”兼职委员，壮大党建工作力量。创设全市首家党建有声图书馆，组织党员员工全面系统学习党史、新中国史、改革开放史、社会主义发展史。同时，引进5G高科技党建远程云视频，连接中央党校教学资源数据库，打造线上学习和线下互动体验为一体的学习模式。制定《园区党建示范点创建实施方案》，培育提升亚明、复茂、郭氏、力奴、三威党建示范点5个；邀请省、市电视台《时代先锋》《红色引擎》栏目到复茂食品、郭氏鞋业等党建示范点采访，集中宣传党建典型经验做法。按照“行业相近、地域相邻”的原则，采取单独建、联合建、产业建等方式，新建单独党支部3个、联合党支部10个，党组织覆盖率达到90.65%。建立规范化党群服务活动中心5个，阵地面积6000多平方米，辐射党组织26个，企业100多家，党员150多人。由产业党委牵头，分批次组织开展“党建联盟在行动”主题党日活动，采取主题党课教育、参观革命遗址、保护木兰溪骑行等环节，感悟红色力量，传承红色基因。开展“精准扶贫、企业在行动”活动，组织复茂食品、劲德电源、亚明食品等10多家企业对口赴常太镇外东坪村等地开展走访慰问活动，捐助帮扶资金500余万元。结合党员“亮身份、亮承诺、比作为”活动和“我为群众办实事”活动，通过设立“党员示范车间”“党员先锋岗”，引导党员争做创业创新的急先锋。先后建立党员示范岗21个、党员责任区8个、党员技术攻坚队10支，帮助企业解决生产技术难题13项，为企业增收1600多万元。在全市率先探索建立华林智慧、三威等2个园区“党建+”邻里中心，通过设立企业服务中心、产学研成果转化中心、企业孵化中心等七大中心，兑现“全产业链”“电商换市”和“机器换工”等惠企政策，兑现惠企补助资金3000多万元，助力制鞋、电子行业补齐产业链短板，增强核心竞争力。广泛开展“服务疫情防控·护航企业复工”“抗疫情、促发展、当先锋”等行动，引导党员职工立足岗位做贡献。组建一支100多人的党员志愿队驻守企业开展“一对一”蹲点服务，帮助企业协调解决防疫物资采购、产品物流运输、通关检测、人员招聘等30多个难题，助力企业在疫情期间复工复产，实现逆势增长。推行“一刻钟”党建网格化管理机制，将园区企业划分到5个党建网格，建立5个企业党群活动中心，按照“区域相邻、企情相近”的原则，分网格推行“党员‘1+2’先锋工程、党员技术攻关、‘和合’文化工程、四位一体‘党群共建’、三步工作法”等五大制度，有效破解党组织“作用发挥难”的问题。

（高一翔）

商贸流通

【概况】 2021年，莆田市城厢区商务局（以下简称“城厢区商务局”）紧紧按照工作部署，齐心协力，迎难而上，各项指标平稳推进，顺利完成各项任务，为全区经济发展作出贡献。全区限上批发零售业销售额：全年完成698.4亿元，同比增长26.1%，完成全年任务655亿元的106.63%。限额以上住宿餐饮业营业额：全年完成13.23亿元，同比增长11.7%，完成全年任务13.03亿元的101.53%。规模以上其他营利性服务业营业收入：全年实现营业收入27.06亿元，同比增长8.6%，完成全年任务30亿元的90.2%。全年出口累计77.3亿元，同比增长20.41%，完成全年任务70亿元的110.43%。全年累计到资1.7亿元，同比增长433.3%，完成全年任务1.55亿元的109.72%。

【主要经济指标】 2021年，城厢区实现“三产”增加值327.72亿元，增速8.5%，位居全市第二；体量占全市达26.43%，高出第二名近5个百分点；占全区GDP的60.83%，为全市唯一占比超50%县区，并且连续2年占比突破60%，连续13年占比突破50%。全区实现社会消费品零售总额627.8亿元，增长15.2%，位居全市第一，高出全市平均增长近7个百分点，连续3年位居全市第一。超额完成全年预期近40亿元，超序时6.77个百分点，体量占比全市达35.96%，为全市第一。全区商贸业指标均超额完成全年预期，体量占比等均位居全市前列。其中，实现限额以上批零业销售额698.4亿元，增长26.1%，超序时6.7个百分点。实现限额以上住餐业营业额13.23亿元，增长11.7%，超序时1.5个百分点，且体量占比全市42.9%，位居全市第一。

【现代服务业】 2021年，全区年报新增企业178家，超额完成市下达新增70家的全年任务。跨境电商高速发展，跨境通关服务平台在9610模式（前二位是按海关监管要求和计算机管理需要划分的分类代码，后二位为海关统计代码）的基础上，在全省率先启动9710、9810跨境电商B2B（企业与企业之间通过专用网络或Internet，进行数据信息的交换、传递，开展交易活动的商业模式）监管新模式首票业务，拓宽莆田跨境电商企业出口物流通道，上线跨境电商出口大数据平台，通关包裹数、出口额同比增长20倍以上。加快消费升级，持续开展汽车、家具等行业“全闽乐购·富美城厢”促消费系列活动，发放1000万元消费券，拉动消费超5亿元，新业态加速崛起，百盛、油画城等四大直播基地稳步壮大，成功举办首届电商直播节。

【资金扶持】 2021年，城厢区出台《关于印发2020年度第三产业增长增效专项资金项目申报指南的通知》，从销售突破、商圈集聚、投资建设等方面进行申报，组织400家次企业申报区级第三产业增产增效专项扶持资金，补助资金超1329万元；积极向上争取外贸扶持资金2128万元，惠及企业121家次。

【商贸疫情防控】 2021年自新冠肺炎疫情发生以来，城厢区商务局全力保障市场供应，安排党员干部第一时间点对点进驻重点保供企业，密切关注节日市场运行态势，及时准确掌握各类生活必需品运行情况，为商贸领域民生物资企业发放通行证299张，确保消费品市场平稳运行。强化跟踪督导，建立局领导挂钩镇街、干部挂钩重点商贸企业制度，对辖区商超、市场、非星级酒店宾馆及餐饮场所等场所疫情防控措施落实情况定期由挂钩人员点对点进行督查指导，主要检查各场所体温检测、健康码扫码核验、消毒通风、进口冷链食品销售等方面。倡导爱心捐赠，发出“众志成城、同心抗疫”主题爱心捐赠倡议后对接组织14家爱心企业，向区医院、疾控中心、各社区卫生服务中心、各镇（街道）及有关隔离场所等抗疫一线，开展爱心捐赠活动20场，累计捐赠各类物资近50万元。

【招商引资】 2021厦门国际投资贸易洽谈会期间，城厢区引进、洽谈外资项目11个，投资总额1.39亿美元，利用外资0.82亿美元，其中，上台签约项目5个（太平集成电子生产项目、天怡现代农业增资项目、杰木科技股权并购项目、科里思特生物科技项目等），邀请来自香港等地区的14名重要客商参会。

（潘源懿）

电商小镇

【概况】 城厢区是福建省最早从事电商产业的地区之一，经过近几年的转型升级及统一改造，电商小镇的发展逐渐走上规范化、规模化轨道，截至2021年底，电商城内入驻企业354家，经营国内外品牌200多个，主要以鞋服类产品线上批发零售为主；入驻国际一线品牌10多个，沃特、才子等国内著名商标20多个，自创古奇天伦、莫蕾蔻蕾、AU&MU、赛驰、向上少年等本土自主品牌近百个；古奇天伦、莫蕾蔻蕾等6家企业成功获得福建省著名商标，百年纪念等17个自主品牌获得莆田市知名商标称号。电商小镇产业基本形成代理品牌运营、自主品牌运营、进口知名品牌、工厂品牌合作、个性化定制、分销、个体户创业、跨境创牌、网红直播销售等十大运营模式，呈现出“店铺很小、仓库很大、网络很畅、销售很远、效益很好”的商业业态。2021年1—12月，纳入限额以上统计电商企业181家，实现限额以上电商销售额292.13亿元，同比增长32.37%。

【重点项目建设】 2021年，城厢区积极培育本地化龙头电商运营企业、自主品牌企业和电子商务服务企业，引导本土百盛跨境电商等龙头企业带动中小企业，盘活总部经济、楼宇经济。其中，百盛跨境电商中心大楼总面积6113平方米，招商入驻跨域企业62家，限上企业27家，入住率达100%；中国·莆田电子商务区域创新合作中心，面积近10000平方米，入驻企业42家，纳入限额以上企业87家；中国（国际）油画交易中心，面积20000多平方米，入驻电商企业20家，纳入限额以上企业8家。落地城厢区的莆田市跨境电商监管中心作为莆田市唯一一个具备开展“9610”跨境电商零售出口业务条件的海关监管场所，是开展综试区建设任务的重要载体，平台致力于帮助跨境电商企业快速通关、降低物流成本、增强国际竞争力。2021年1—12月清关5393290个包裹，货值55752025.66美元，折合人民币360239784.43元，重量1720.78吨。

【电商转型升级】 2021年，城厢区电商产业发展中心管委会引导电商企业与供应链企业对接，充分发挥莆田鞋类产品齐全、制鞋产业链完整的优势，鼓励制鞋企业加大研发力度，开发个性化定制、柔性化生产，打造AU&MU、赛驰、向上少年等小而美的个性化品牌，抢占市场份额。通过利用阿里巴巴、聚划算、拼多多、抖音等平台的数字化能力，主动对接线上和线下招商推广活动，为商家提供精准的流量支持，扩大品牌宣传力度，提升电商运营能力，帮助商家找到精准的消费群体。整合阿里巴巴、京东、抖音、头条等大型传统电商企业和泛娱乐平台企业流量、供应链等优势资源，利用百盛、洋西、0594、油画城等直播基地优势，策划品牌、油画、扶贫等不同主题直播活动，深化“直播+特色产业”新模式。鼓励企业开展直播等形式让利销售，助力电商产业发展、区域品牌塑造。2021年，百盛直播基地开展直播约1120场次，涉及服装、鞋业、珠宝、红木、工艺品等本土优势产业，涉及服装、鞋业、珠宝、红木、工艺品等本土优势产业；油画城公益展厅直播中心举办180余场直播活动，作品单价在几百元到几万元不等。保持打击“假海淘”“仿冒鞋”行动高压态势，打击侵权假冒工作取得一定进展，小镇城内基本无“仿冒鞋”和“假海淘”产品。开展夜间巡逻，对园区内沿街商铺疑似售假进行前期摸底，对销售手机“黑卡”、城内拉客人员进行劝退和驱离。排查各类安全隐患，维护城内交通秩序，对阻碍通行的车辆和人员进行劝导劝退。2021年，制止拉客人员在小区门口和城内拉客11人次，驱离兜售手机黑卡人员33人次。利用园区大门LED屏、微信公众号和小区内公共广告牌位，开展电商品牌建设、诚信守法经营内容宣传；宣传园区电商产业转型升级经验做法、龙头或典型企业的品牌文化等内容，树立电商小镇正面健康形象，展示电商小镇产业新风貌。

【重大活动开展】 2021年10月15—21日，城厢区百盛跨境电商直播基地举办以“平台主播齐助力城厢名品快触网”为主题的城厢区电商直播节。活动通过对接抖音、拼多多平台流量通道引流促销、邀请网红主播现场直播带货、AI摄影机器人现场创作、直播人才孵化驱动就业线下培训会、五大城厢重点产业龙头以及7家本土名、特、优品进驻直播间等多种活动形式，为城厢本土优势产业发展“线上引流+实体消费”的直播电商新模式提供平台，增强区域品牌影响力。直播节期间，企业每天直播3个小时，每家每场观看人次突破6万人次，累计直播销售额超500万元，直播节成效明显。

【机构改革】 根据《中共莆田市城厢区委机构编制委员会办公室关于区直部分科级事业单位名称变更有关事项的通知》（莆城委编〔2021〕17号）文件精神，2021年7月“城厢区安福电子商务城管理委员会”单位名称变更为“莆田市电商小镇产业发展中心”。

（陈萍萍）

油画业

【概况】 莆田国际油画城位于城厢区霞林街道肖厝社区，总建筑面积约3.1万平方米，包括中国（国际）油画交易中心与A、B区，配套停车场。其中中国（国际）油画交易中心建筑面积约1.5万平方米，入驻企业21家，集群注册电商企业超100家，纳入限额以上14家。1—3层为3000多平方米的公用多功能综合展厅，主要用于原创油画、国画、书法等联合展览，第4层为入驻企业配套服务功能使用，5—18层用于莆籍油画、相关艺术电商企业入驻。A、B区建筑面积约1.6万平方米，1—3层沿街商业店铺有140家，其中个人工作室129家，企业5家，绘画培训机构1家，画材店5家，集聚近万名画家画工。业态类型包括“前店后厂”的企业展厅、原创油画家中高端工作室、以装饰油画为主的夫妻店、兄弟店，成为全市最大的油画艺术中心和专业市场。

【多元产业形态】 2021年，莆田国际油画城积极顺应消费者需求，进行个性化定制、柔性化生产的特色发展道路。除家居定制的装饰画外，还包括酒店、学校、社区等公共场所的油画、壁画、墙画等“工程单”，打造以油画产业为主，木雕、鞋服、墙绘等领域结合发展的模式。

【多类型展览活动】 2021年，莆田国际油画城举办各类主题展览、学术研讨和艺术交流活动10场次，选送作品参展5场次，4位省美协会员画家17次作品入国家级展览，入围作品数量创历史新高。具体开展的活动如下：举办第十五届中国（莆田）海峡工艺品博览会城厢分会场活动，展会融入超震撼的5D全息技术，以意境展览方式布馆，分为“水墨禅润”5D全息佛像佛具工艺展、意境空间展、“画意城厢”油画展，古润姿造技艺展、“人人都是艺术家”绘画活动、美食区等六大展区；举办莆田元宵一月欢腾——戴礼运摄影书法线上展，展出戴礼运先生摄影作品约110件，书法作品约60件，其中摄影作品展现的大多是以独特的视角展现莆阳的山水风光、风土人情、民风民俗，其中书法作品既有古朴刚劲的隶书，又有笔笔入骨，字字俊美的行书；举办上元邀月——邓伯元朱雁娴工作室中国画作品交流邀请展，展出邓伯元朱雁娴中国画工作室的人物画、山水画、花鸟画精品力作；举办“风雨苍黄百年路 清风正气满乾坤”——庆祝中国共产党成立100周年廉政文化书画作品展，书画展分为开篇作《红船》、“百年•征程波澜壮阔”“百年•传承红色精神”“百年•保障筑梦辉煌”三个“百年”篇章和压轴作《心生莲花清正廉洁》五大部分，作品歌颂中国共产党百年来的奋斗历程和丰功伟绩，唱响全面从严治党主旋律；举办第十三届海峡论坛•妈祖文化活动周子活动主题展，展览重点围绕精品油画、莆匠工艺、妈祖文创展开，设置“妈祖情”油画精品展、“妈祖情”书画与莆匠工艺展、“妈祖情”意境空间展、“妈祖情”跨界手拉手暨“艺术生活家”妈祖文创展四大展区，展出国美协会员林德华，省美协会员林剑平、陈春恩、卓朝晖、朱金柏、陈汉卿、陈国华、李国华等21位画家创作的油画作品27幅，黄美光、方金河、杨启舆、徐国雄、林永林、许志挺等数位知名画家国画作品10余幅，林建军、林辉、林飞鹤、林青、郭鹏凌等工艺美术师创作的木雕、玉雕、景泰蓝、泥塑、瓷器作品130余件，妈祖周边文创作品50余件；举办城厢区社会科学普及宣传活动周系列活动之百年党史主题油画展、“城厢新貌”写生采风活动、以“童心向党书画传情”——献礼中国共产党成立100周年为主题，开展公益绘画、书法系列活动等。

【油画防疫展览】 2021年，莆田国际油画城以艺战疫，举办“防控疫情我们在行动”主题作品线上展览，有10名画家的11幅作品入选。画家们以油画、国画、水粉等不同作画形式来歌颂一线医务人员和工作人员的先进事迹，凝聚起防控疫情的强大精神力量。

（李琦）

供销合作商业

【概况】 2021年，莆田市城厢区供销合作社联合社（以下简称“城厢区供销社”）强化为农服务宗旨，参与乡村振兴战略，发挥农资供应主渠道作用，超额完成农资储备任务2800吨，服务于春耕备耕工作，做到疫情防控与春耕备耕工作两手抓、两不误。

【春耕备耕工作】 2021年，城厢区供销社发挥城乡流通作用，全力保供应、稳物价、畅流通、促春耕、惠民生。根据春耕备耕需求，调运储备销售化肥、农药等农资生产资料，保障农业生产。密切关注化肥市场动态和价格趋势，以及市场需求和库存量，积极与厂家对接，多渠道采购，补充货源。发挥供销社系统农资经营主渠道优势，积极组织调运、储备农资货源，18个农资销售网点（含加盟店）、2个农资化肥庄稼医院（配送中心）供应充足，基本满足广大农户的需求。

在农资商品采购上，城厢区供销社系统各经营点坚持把商品质量放在第一位，全面落实产品质量承诺制，规范经营行为，同时组织力量加大对全区供销系统农资化肥门市化肥质量检查力度，坚决杜绝假冒伪劣、过期变质产品及国家明令禁止销售的化肥农药流入市场，保证农民购买到“放心农资商品”。春耕备耕期间组织开展农资产品专项检查30多人次，确保农资供应保质保量，不误农时。

【工程项目建设】 2021年，城厢区供销社抓好“保供促销”工程项目，推进城厢区华亭供销合作社乡镇惠农综合服务中心建设，探索开展庄稼医院、日用消费品销售、农产品购销、快递物流等社会化公益性服务，创办京东物流服务中心，为周边居民提供便民利民服务，满足农村社区群众生产生活多样化需求。

【合作经济组织建设】 2021年，城厢区农资公司以庄稼医院为龙头，以村级服务站（农资网点）为依托，增设春耕农资临时供应点，延长营业时间，方便农民就近购买优质价廉农资，着力加强化肥淡季储备，做好农资供应保障工作。3月春耕备耕期间，城厢区供销社组织区农资土产公司到华亭镇五云村院后自然村开展“送化肥，送农资科技下乡促春耕”服务活动，送出春耕急需的有机化肥4吨。

【社有资产管理】 2021年，城厢区供销社抓好社有资产管理，规范资产运营管理，以公平、公正、公开的原则进行公开招租，坚决防止灯下黑，暗箱操作，确保社有资产的保值增值，维护好供销社的切身利益。针对9月以来受新冠肺炎疫情对实体店经营的影响，导致供销社的房产的租金出现下滑压力，引入合作伙伴或协议出租的方式处置，积极盘活社有资产，防止社有资产闲置。

【供销防疫】 2021年，城厢区供销社配合区委区政府调度安排，做好抗疫期间农资化肥保障，组织社有企业、基层社、出租网点做好日用品、农资和农产品供给，满足人民群众生产生活所需。落实《关于2021年新冠肺炎疫情防控期间减免企业房租工作的通知》（莆城财函〔2021〕26号）精神，结合区供销社系统实际，组织疫情防控期间房屋租金减免工作，全系统减免租金30多万元，充分调动承租户生产经营积极性并尽快复工复产。同时发扬“一方有难，八方支援”的互助精神，积极开展捐助活动，助力疫情防控，区供销社自发组织捐款，采购40多箱矿泉水、八宝粥等方便食品送到华亭镇郑庄村部和西湖村部，为疫情防控人员送去温暖和力量。

（陈荣明）

交通 邮政 通信

交 通

【概况】 2021年，莆田市城厢区交通运输局（以下简称“城厢区交通局”）突出“四好农村公路”（建设好、管理好、养护好、运营好的农村公路）建设，全面落实路长制和农村道路专管员制度，加强农村公路建设和养护，开展“攻坚两个月，奋战六十天”交通在建项目攻坚行动，坚持依法行政，加大交通运输行业安全生产监管，积极培育运输业，引导道路运输企业加快结构调整。全区被列入全省农村公路省级管理库的有581.7千米，其中县道111.2千米，乡道218.7千米，村道251.8千米。有客运企业2家，客车14部，369座；水运企业3家；出租车企业2家，出租车1020部，网约车平台1家，791辆；公交企业1家，公交车83辆；货运企业15家，货车1450辆，14061.49吨；机动车维修企业29家；驾驶员培训机构9家，教练车546部；寄递物流企业（网点）189家。

【国省干线项目建设】 联十一线城厢段，里程3.78千米，按一级公路标准建设，设计速度80千米/时，路基宽度32米，双向六车道，截至2021年底完成全线工程的92%。木兰大道一期工程全长为10.9千米，采用城市主干道标准，设计速度60千米/时，总投资约14.8亿元，其中建安造价9.7亿元，年内通过竣工验收。木兰大道三期工程（城厢段）里程7.3千米，2021年路基土石方开挖填筑完成93%，涵洞完成100%，附属工程完成75%，隧道主体结构完成100%，隧道机电完成40%，桥梁工程完成73%，1号桥梁T梁基本完成，已预制梁片，其他5座桥梁实现全桥贯通。滨海大道城厢段长14.5千米，2021年路基工程累计完成88%，桥梁工程累计完成48%。

【农村公路建设】 2021年，城厢区交通局强化“四好农村路”养护，全面落实路长制和农村道路专管员制度，完成养护专项工程路面修复1.25万平方米，美丽农村路建设10千米，投资120万元建设生命安全防护工程13.5千米。推行养护工作社会化，辖区县道由专业公路养护公司进行日常管养，并对养护公司进行考核；推行农村公路灾毁保险，给全区农村公路统一购买保险，确保发生灾情时有保可依。

龟山路（X281龟山路至濑榜路）公路工程，里程14.88千米，起点为龟山，终点华亭镇政府西侧。采用三级公路标准设计，路基宽9.5米，设计时速30千米/时，双向两车道。2021年完成路面主体工程，进行护坡、绿化、排水、标志标线等附属工程。

县道X282灵川至华亭公路工程（灵华线），总长11.65千米，按二级公路（兼城市道路功能）标准建设，设计时速60千米/时，路基宽24.5米，总投资6.03亿元。截至2021年底完成施工67%，径里、羊角寨隧道、灵川大桥实现贯通，径里大桥、灵川中桥、樟塘小桥桩基施工。

2021年2月3日，位于城厢区常太镇县道X203的应声大桥桥面改造工程顺利通过验收，并正式投入使用　　（路刚　摄）

【规范寄递物流市场秩序】 2021年，城厢区交通局落实寄递物流企业（网点）安全主体责任，提升寄递企业（网点）安全监管水平，由城厢区邮政业安全中心牵头，出动检查人员468人次，开展联合检查4次，参与夜间联合执法13次，配合市邮管局核查6次，检查寄递物流企业（网点）234家，发现一般隐患97处，整改到位97处。

【安全生产治理行动】 2021年，城厢区交通局以安全生产专项整治三年行动、安全生产百日专项整治行动为中心点，多线开展推动落实道路运输企业安全生产主体责任专项行动、“控事故、保安全、迎中国共产党成立100百周年”“安全生产集中攻坚专项行动”“严执法、强攻坚、促提升”、交通运输执法领域突出问题专项整治等重点行动。全年办结信访件4件、办理投诉件345件、市政协提案1件、区人大建议3件、区政协提案4件。落实“双随机、一公开”（监管过程中随机抽取检查对象，随机选派执法检查人员，抽查情况及查处结果及时向社会公开）制度，开展双随机工作3次、跨部门双随机工作1次，抽查运输企业5家，发现问题6个，整改到位6个；检查在建工程项目4个，发现问题41个，整改到位41个。应对暴雨、台风、雨雪冰冻等恶劣天气，落实24小时值班制度和领导带班制度，完善防汛抗台应急预案，充实抢险救灾物资储备，有应急设备铲车8辆、挖掘机8辆、皮筏艇2艘、救生圈6个、救生衣32件、应急抢险车辆35辆；组建应急抢险队伍2队，人员20人。

【扫黑除恶专项斗争】 2021年，城厢区交通局全面贯彻落实扫黑除恶常态化工作，开展交通运输行业领域整治行动。全年没有收到行业黑恶、乱象举报线索，没有挂牌督办典型案件，召开3次专题会议，部署扫黑除恶专项斗争常态化工作任务、传达学习中央关于四大行业（信息网络、自然资源、交通运输、工程建设）领域整治推进会议精神，交通执法查处各类交通运输违法行为579件，处罚125.25万元；排查维修企业非法改装、车匪路霸拦道设卡、控制运输市场、垄断资源分配、欺行霸市、盗抢燃油、水运企业非法采砂等交通运输领域涉黑涉恶线索。开展出租汽车、道路货运超限运输、非法营运（含非法网约车）3个专项整治工作。

【交通防疫】 2021年9月莆田新冠肺炎疫情发生后，城厢区交通局党组对交通领域疫情防控形势作出研判，紧急启动疫情防控应急预案，启用交通检疫工作专班，进入“战时状态”，全体党员干部各负其责，迅速投入疫情防控一线，全力开展防控工作。

2021年6月9日，县道X201城游线K16千米处常太镇坑洋村发生水毁现象，图为道路修复现场 （路刚 摄）

严格落实疫情防控措施，紧急排查核酸检测300余人、摸排重点地区人员37人、协调解决防疫物资1660件；停运东海镇公交线路3条、暂停驾驶培训机构9个；投入57辆客运车辆作为“点对点”运力保障专用车辆，用于来回接送医护人员和志愿者，投入12辆货车，将防护服、面罩、口罩、检测试剂、消毒剂4轮全员核酸检测医疗物资准确准点送达各检测点。全心凝聚抗疫力量，全体人员24小时坚守岗位，保障医护人员、物资等车辆运输调度准确无误；协助交警部门在莆田西高速路口24小时值班值守，对高速出入口车辆、司乘人员加强管控、扫码登记，筑牢“交通防线”；成立“话务员”班组，24小时接听市民来电咨询、讲解转码政策和条件，尽心尽力为群众排忧解难。累计组织货运车辆517辆次、运送各类物资516吨，运送志愿者及医护人员993辆次19675人次，莆田西高速卡口24小时值班136人次，接听健康码转码群众咨询来电8900多个。

【文明交通】 2021年，城厢区交通局督促辖区公交企业和出租车落实创建任务，城乡公交公司排查站牌线路图139处，更换过期老旧广告（场站）17处，标识标贴19处，修复破旧的车身8辆，83辆公交车滚动播放创城公益广告；国投首汽出租车公司开展“5S”（整理、整顿、清扫、清洁、素养）现场管理活动，826辆出租车滚动播放创城公益广告。

（路刚）

邮政业

【概况】 2021年，中国邮政集团有限公司福建省莆田市城厢区分公司（以下简称“城厢邮政分公司”）下辖高楼、区府路、凤凰山、霞林、北大道、华亭、华林、灵川、东海、常太10个邮政支局；城厢、丰美、下林3个寄递营业部；凤凰山、区府路、南园路、北大道、华亭、灵川、东海、常太8个金融代理营业所。是年，城厢分公司实现营业总收入7276万元，完成市分公司年度计划8171万元的89%，增长3%，均列各县区分公司第二。

【主要业绩】 金融板块：全区金融实现收入2935.34万元，完成全年目标2913万元的100.8%，同比增长212.9万元增长7.8%。其中利差收入2161万元，完成全年计划2247万元的96.2%；保险收入331.2万元，完成年度计划210万元的157.7%，同比净增178.8万元增长117%。邮务板块：邮务专业累计实现收入908万元，完成年计划目标的102%，同比增长11%，位列全市第一。寄递板块：累计完成寄递总收入4188.78万元，同比增长13.8%，完成全年预算目标的96%。

【邮政设施】 2021年，城厢区城区揽投段道43条，农村邮件投递段道30条，单程里程315千米。邮政分公司有生产用车75辆，其中汽车1辆，摩托车10辆，电动三轮车53辆，两轮电动车

1 辆，汽车段道 3 辆，汽车专揽 4 辆、盘驳车辆 3 辆。是年，城厢区邮政用于投递作业面积 340 平方米，生产用房 571 平方米。其中，城内邮政生产用房 327 平方米，农村支局所邮政生产用房 244 平方米。

（蔡芸萱）

2021 年 9 月 13 日，城厢电信公司在疫情期间协助城厢区公安分局开通流调应急电话（郭静 摄）

通信业

【电信】 2021 年，中国电信股份有限莆田市城厢分公司（以下简称“城厢电信公司”）下设霞林分局、凤凰山分局、龙桥分局、华林商客 4 个电信分局和华亭、常太、东海、灵川 4 个电信支局。截至年底，城厢电信分公司有电信用户数 28 万余户，其中固话用户 1 万余户，手机用户 19 万余户，家庭宽带用户 8 万余户。

移动电话　2021 年，城厢电信公司建设开通 63 个 5G 室外站、10 个 5G 室分的开通任务；完成 16 个 4G 室外站、11 个 4G 室分的开通，进一步提升城厢区域整体的覆盖水平。

互联网业务　2021 年，城厢电信公司完成 308 台 822 设备的下电退网，为 2252 个用户实现光纤入户改造，进一步提升用户的宽带质量，提高用户的高宽带接入能力。推进老旧设备退网，BBU（室内基带处理单元）设备退网 39 台，老旧 OLT（光线路终端）—C220 退网 18 台，其他高耗能交换机退网 8 台，822 设备下电退网 308 台。推动退网工作，完成南门局机房、凤凰山机房、雷山机房、石室路机房的电缆退网。

ITV（交互式电视）业务　截至 2021 年底，城厢电信公司天翼高清用户 6.2 万户。

互联网 + 业务　2021 年，城厢电信公司加大云业务拓展，重点聚焦区内制造业客户、医卫、校园、政府部门等行业客户拓展，依托“看网上云”深入挖掘客户上云需求，实现以网促云，带动云核发展；加大云网门户宣传和推广力度，充分利用一人一码线上官网价格优势，持续发展电商云主机。推动线上线下协同发展，形成云业务发展新模式；服务上云存量客户，引导系统全面上云及实现相关软件平台切入合作，助力客户数字化转型，打造 DICT（智能分布式数字监控核心服务器）融云大单项目；培育、建立云业务合作伙伴，发挥软件平台提供商和代理商的优势，通过“平台带云”带动云业务拓展。

通信保障　2021 年莆田新冠肺炎疫情防控期间，城厢电信公司联动完成华林新增隔离点（祥和水岸花园小区）400 个房间的网络覆盖，区公安局 137 部疫情指挥部呼叫中心话机座席 + 来电名片业务，5 个学校隔离点的 Wi-Fi（无线局域网）覆盖，及时快速配合公安局收编 6 个隔离酒店的视频监控用于疫情防控以及完成 15 个居家隔离点的监控安装，完成悦华酒店市疫情指挥部的网络应急开通工作。

信息化帮扶　2021 年，城厢电信公司落实信息化扶贫工作，新增扶贫专属公众宽带融合套餐 4 折优惠 198 部。

（杨景明）

【移动】 2021年，中国移动通信集团福建有限公司莆田分公司市区营销中心（以下简称“市区营销中心”）践行“以人民为中心”的发展思想，全面落实市委、市政府及上级公司的各项工作部署，实现以高质量党建推动公司高质量发展，党支部获评莆田分公司“四星党支部”称号。

2021年，市区营销中心围绕中国共产党成立100周年热点，带动党建产品收入97.29万元，与20家单位开展“党建和创”共建活动（签约13家），通过党建带业务，实现业务增收438万元。在抗击新冠肺炎疫情保障中，党支部8名志愿者主动请缨，深入隔离点配合政府做好信息录入工作；网络组人员7×24小时待命，昼夜奋战，紧密协作，保障各集中隔离点的网络通畅，抢修148次故障，开通32个应急站、1101条宽带、350路监控；累计为273家集团提供服务支撑，为5个街道、8个镇政府和11个科局发送防疫短信1913万条，开通流调号卡1160卡、NB门磁3288个、疫情流调彩印名片2041户，同时为抗疫人员开通20G流量包2269户、1000分钟优惠4335户。

2021年，在实施乡村振兴战略中，市区营销中心打造“数智莆阳”党建和创“1+N”共建品牌，累计与泗华村、洋西村、白洋村、万坂村、玉湖社区等48个村（社区）签订平安乡村视频监控3219路；拓宽党建业务融合辐射面，在泗华村首批建设235路，洋西村230路平安乡村监控，泗华村内实现辖区内整村所有社区、自然村监控全覆盖，莆田首个“中国移动智慧乡村综合管理平台”也在泗华村部党建邻里中心落地。

2021年，在开展志愿服务中，市区营销中心全年开展26场进社区宽带义诊服务，累计上门服务5213人次，完成1322户高带宽用户质差终端整治，92户老旧SFU（SingleFamilyUnit，光猫的一类，单个家庭用户单元）换装，解决用户品质类投诉2680户。

（林娜英）

【联通】 2021年，莆田联通城厢分公司围绕“强基固本、守正创新、融合开放”新战略，以“大联接、大计算、大数据、大应用、大安全”为主责主业，以全面数字化转型驱动高质量发展，经营趋势向好，全年主营收入累计完成6201.8万元。

2021年，莆田联通城厢分公司应用5G关键技术，以5G引领移动规模发展，加快提升FTTR（光纤敷设到远端节点）宽带产品接入能力，打造智慧家庭平台与应用生态。坚决落实集团公司战略规划，持续推进重点工作，以“公开市场扩规模、高价值项目提毛利、抢抓抗疫热点”为抓手，推动政企业务高质量规模发展。发挥运营商网络数据能力优势，为镇（街道）安装防疫门磁5000个、向城厢区人民政府提供无人机巡航3次。

（蓝莹）

综 述

【概况】 2021年，全区教育系统以推进项目建设和教育集团化为抓手，改善办学条件，优化师资队伍，提高教学质量，落实建设教育强区各项任务。城厢区是全市唯一高中、初中、小学、学前教育全部获评优质管理的县区，县区主要领导履行教育职责督导评估在全市位列第一名。

【办学数量】 2021年，城厢区有中小学（幼儿园）156所，其中，高中4所（省一级达标高中1所、省二级达标校2所、省三级达标校1所）、省重点职业学校1所、九年一贯制学校10所、初中校5所（民办1所）、小学65所（民办1所）、独立幼儿园31所、民办园40所，在校学生9.45万人（其中，幼儿园21084人、小学44418人、初中19027人、高中7402人、职业学校2564人），公办编内教师4786人（其中幼儿园733人、小学2066人、初中1197人、高中604人、职业186人），编外教师510人（其中幼儿园138人、小学253人、初中111人、高中8人）。

教育行政管理

【集团办学】 2021年，城厢区教育局鼓励莆田五中、南门学校、逸夫实验小学3个教育集团创新教改，采取集体备课、统一导学案编写模板、推广“同课异构”教研模式、统一质量监测、名师送教引领等举措，稳步推进高效教学。持续落实挂钩联系工作制度和“单月例会、双月交流会”和“三长”（总教务长、总德育长、总督导长）年度述职制度。鼓励三个集团完善制度，推行莆田五中教育集团自主招聘硕士研究生、南门学校教育集团自主招聘编外教师制度等，集团管理再上新台阶，成员校教学质量稳步提高，优质教育资源总量递增。

【教学质量】 2021年，城厢区教育局全面落实教育部“五项管理”（加强中小学作业、睡眠、手机、读物、体质管理）精神，着力落实“双减”（减轻义务教育学生作业负担、减轻义务教育学生校外培训负担）政策，解决当前学生负担过重、群众经济负担过重等问题。紧盯“减负提质”目标，精简、优化作业；治理校外培训机构，学科类培训机构66家压减为20家（其中义务教育17家），参训学生14000余人减至4000余人；全区83所中小学课后服务全覆盖，参与学生51149人，参与率80.56%。发挥42个名师工作室作用（其中29个区级名师工作室、13个党员名师工作室），教学研讨活动持续开展，农村教师和青年教师大有受益。承办全国首届“读思达”教学研讨、省小学数学教研活动和第十八届“高效课堂”主题教育论坛，通过名师、骨干教师送教下乡、师资交流、片区教研、学科指导组工作、7个教学片区视导等举措，推进高效课堂深入开展。莆田五中“三研三讲”（自学自研、互学互研、深学深研）、区一小“读思达”、区二小“师让学”、筱塘小学“五育（德智体美劳）融合”、霞林学校“分层教学”模式等一批学校形成特色的高效课堂模式，营造质量立校、比学赶超浓厚氛围。集中人力、精力，开展全区青年教师技能大赛和第一届班主任基本功大赛，通过加强名校联姻、实施智慧阅读、召开中高考质量分析会、研训一体化等，搭建教育平台来促进教育质量提高。充分利用莆田五中省示范高中教育优质资源，采取“一拖三”形式，带动莆田三中、十二中、十八中3所高中学校稳步推进新高考工作。组织中小学教学质量监测工作，加强数据研究，发挥评价导向作用，引导学校优化课堂教学，全力提升教学质量。全区中考高考取得较好成绩，尤其南门学校中考成绩上莆田一中线突破150人。莆田五中高考物理科目类最高分650分，历史科目类最高分618分；本科上线率95.3%，居全市前列。

【项目建设】 2021年，城厢区教育局努力解决人民群众“就学难”问题，提前规划布点，加快推进项目建设，解决中心城区就学难、就学挤问题。2021年建设项目12个（学前6个、中小学5个、职业1个），建筑面积11万平方米，投资3.14亿元。玖玺幼儿园、兰溪实验幼儿园、铂悦实验幼儿园、霞林学校三期、九华学校、华林学校综合楼、科技学校实训楼投入使用。建成荔景小学新校区、东海天誉首府幼儿园。区第一实验幼儿园、灵川中心幼儿园、莆田第三中学项目开工建设。上述9个项目投入使用或建成，新增学位1.16万个（幼儿1170个、小学3570个、初中4650个，高中2400个，职业1000个），有效缓解城区学校招生压力，基本满足人民群众就学需求。努力解决办学条件“不平衡”问题，投入3182.2万元，其中，投入专项资金180万元购置设备推进“改薄”工作，投入1648万元用于装修改造及购置学校开学急需的教学设备，投入828万元用于新建学校扩班经费，526.2万元教育费附加用于附属设施建设。倾斜支持1所中学、10所小学创建省级义务教育管理标准化学校。

【教育信息化】 2021年，城厢区教育局推进教育信息化建设，投入77万元购置多媒体设备，投入100万元实施全区中小学教师信息技术应用能力提升工程2.0，组织中小学教师信息技术应用优秀成果资源建设及推广活动。推进数字示范学校建设，创建智慧校园。利用远程互动教学向农村校延伸，扩大师资资源使用效率。

【教育党建】 2021年，城厢区教育局紧扣主题，推进党史学习教育，以“万屏联动”为载体，多形式宣传学习动态信息、典型经验做法，将“党史上的今天”融入课堂，录制红色歌曲MV及情景剧10多首在“学习强国”平台上展播。开展专题学习、研讨交流，5000多人次党员、干部群众参与党史学习教育网络知识竞赛。成立党史专题宣讲小分队，分片区开展6场党史宣讲报告会，各学校党组织通过书记讲党课、作报告进行宣讲。利用周边红色资源，开展“体验式”“沉浸式”学习教育实践活动。梳理“补齐学位短板，破解中心城区入园难就学难问题”等10个方面民生问题开展调研，对22个办实事项目实施清单化管理，督查落实进度，把调研成果转化为推动教育发展的具体行动。对45个党组织星级认定，8个党支部换届选举，3个党支部成立支部委员会，选优配强支委35名，开展基层党建互查互评，增强基层党组织战斗力。围绕“党建与教育教学深度融合”，持续发挥13个党员名师工作室党员示范辐射作用，大力开展党员示范岗、师带徒典型申报工作，新增党员示范岗81个、师带徒典型41个，深化在职党员“双亮双领”活动。召开庆祝中国共产党成立100周年表彰大会，表彰一批先进集体和个人。把握主流，推进宣传教育工作，开展庆祝中国共产党成立100周年系列活动。以“永远跟党走”为主题，引导全区师生把爱党爱国爱社会主义热情转化为实际行动。强化主体责任，着力讲好城厢教育故事、树立城厢教育形象，营造庆祝百年华诞、助力复兴伟业的浓厚氛围。

【学校党风廉政建设】 2021年，城厢区教育局突出党章党规党纪，加强经常性纪律教育，严格按照党要管党、全面从严治党的要求，形成“一把手”负总责、逐级负责、一级抓一级、层层抓落实的良好工作格局。通过系统党委班子对学校党政主要领导和局股室负责人开展“一对一”政治监督谈话、组织党员干部观看警示教育片、召开全面从严治党工作会议、开展党风廉政责任制检查、述职述责述廉报告会等，督促校长书记结合开展“再学习、再调研、再落实”活动，担负起全面从严治党主体责任和第一责任人职责，主动对标对表，找差距、讲担当，推动教育系统政治生态持续向好。强化师资教育学习，举办系统师德演讲比赛，开展集体廉政谈话50多人，廉政谈话提醒26人次。开展中央八项规定执行情况监督检查和“双随机”检查，着力整治教育系统社会关注度较高的考风考纪、升学招生、校外培训机构、教辅征订、工程建设、物品采购等领域“四风”（官僚主义、形式主义、享乐主义、奢靡之风）及信访问题，着力提升教师队伍整体形象。

【校园安全卫生】 2021年，城厢区教育局常态化出击校园欺凌现象，落实工作机制，联防联治，发挥全区23个校园及周边治安乱点整治工作专班作用，整治乱点65个。主动作为，联合部门，压实责任，创新举措，扎实推进系统新冠肺炎疫情防控；统筹做好复学前校园环境评估，分三批次“错峰”完成师生员工核酸检测和复学工作；抓好疫苗接种工作，全区3—18周岁学生接种率达98%以上，保障全区150所学校9万多名教职员工、学生安全健康。以安全稳定为导向，创新措施，全员参与，落实责任，全力抓好校园周边环境整治、信访维稳、食堂管理、“明厨亮灶”、民办幼儿园校车、火灾隐患排查整治和防溺水安全等工作，检查学校、幼儿园62所，查出安全隐患85处，全部整改到位。

教师队伍建设

【师资建设】 2021年，城厢区教育局全力解决教师缺编，探索新任教师补充机制，招聘编内教师158名（其中省统一招聘129人、高中硕士研究生5名、公费师范男生24名），招聘编外教师330名，缓解高中综合改革、新办学校、扩容学校及部分学校结构性缺编问题，不断提升队伍素质。持续兑现教师一个月绩效工资、文明学校奖金、校级干部绩效奖励和名优教师奖励。组织名校（园）长、名师、骨干教师外出培训100人次，80人乡村校（园）长参加能力提升培训。筹备区级首批学科带头人29名和区级第四批骨干教师328名培训工作。抓好242名校际交流教师教学工作。实施区内城乡学校结对帮扶，开展名师、教研员、骨干教师送教下乡活动，促进农村青年教师专业成长和农村教学质量提高。

【结对交流】 2021年，城厢区教育局坚持推动与名校结对工作，落实闽宁协作重大决策，支持南门学校与同心县海如女子中学、文献中学与豫海初级中学结对协作工作，开展网络教学资源共享、同心县骨干教师跟岗实践等教学互动活动，努力打造闽宁协作“同城教育”模式。督促落实莆田三中、文献中学、霞林学校3所学校与福州市名校结对帮扶工作，全力支持南门学校教师到厦门市名校跟班学习。推行城区南门学校、逸夫实验小学、区第一实验小学、筱塘小学、沟头小学5所优质校与园区华林学校、路西小学、后角小学、路东小学、西埔小学5所学校“一对一”托管，实现人财物统一的融合办学形式，努力提升园区学校教学质量，扩大优质资源和缓解城区品牌学校生源压力。建设以筱塘小学、逸夫实验小学分别带动园区2所学校的5G全息远程教育专递课堂，提升园区学校办学质量。

学生工作

【“五育”并举】 2021年，城厢区教育局以生为本，“五育”（德、智、体、美、劳）并举，不断挖掘学生潜力的广度和深度。贯彻落实立德树人根本任务，探索实施“党建引领+思政铸魂”工作，开展中小学德育一体化建设成果报告会，组织政史教师开展思政微课堂比赛、“思政小课堂家国大情怀”宣讲活动，引导教师教学过程有机融入党史、新中国史、改革开放史等。开展“诵读红色家书传承红色基因”家校联动实践，举行“童心向党优秀童谣我传唱”扣好人生第一粒扣子主题教育，推动社会主义核心价值观入心入脑。同时，大力开展青少年科技创新教育活动，重点开设机器人、编程等课程；举办第十七届中小学艺术大赛、中小学生合唱比赛、百幅书画展览、“六一”国际儿童节文艺会演等；开展第八届教职工篮球赛和第四届教职工气排球比赛，让师生在艺术、体育、科学竞技中得到更好的挑战。加强研学实践教育和国防教育，组织全区青少年学生开展“以少年之名践爱国之行”“乐趣农耕品赏民俗”等研学活动，引导青少年乐于劳动。

【学生资助】 2021年，城厢区教育局通过政策宣传、精准帮扶、控辍保学、随机督查、问责整改等形式开展教育扶贫工作，全区学前助学金、义务教育生活补助和营养改善计划、高中政府助学金和免学杂费、中职助学金发放补助资金398.41万元，受益学生8177人次。严格落实“四个不摘”（摘帽不摘责任、摘帽不摘政策、摘帽不摘帮扶和摘帽不摘监管）要求，挂钩帮扶干部继续定期入户走访结对帮扶东海上亭7户脱贫户，重点关注“两不愁三保障”（不愁吃、不愁穿，保障其义务教育、基本医疗和住房安全）和饮水安全巩固情况，及时帮助解决生产生活困难，努力实现脱真贫、真脱贫。

基础教育

【学前教育】 2021年，城厢区有幼儿园120所，其中公办园80所（含教学点）、民办园40所，幼儿21084人（公办12815人、民办8269人），学前三年入园率99.8%，普惠性幼儿比例达到92.46%。城厢区兰溪实验幼儿园、铂玥实验幼儿园、城厢区第一实验幼儿园玖玺园区等一批小区配套幼儿园办成公办幼儿园，于9月份投入使用，新增幼儿学位990个。同时鼓励5所民办园申报普惠性幼儿园，在园幼儿1200人。全年普惠性幼儿园覆盖率达92.46%，公办园占比64.09%，有效减轻群众经济负担。

【小学教育】 2021年，城厢区有小学75所。其中，九年一贯制学校小学部10所，公办完全小学62所，教学点2所，民办小学1所。在校小学生44418人，小学班级数1100个，班生额40.3人。招收进城务工随迁子女11569人，适龄儿童入学率达100%。扩建顶墩学校、九华学校、霞林学校等，小学新增学位1000多个，消除城区超大班额。探索形成基于教育教学改革实践的教师专业发展新机制，有9所学校通过省级教育教改示范性建设，实现教育教学改革点上深化、面上推进。出台《城厢区中小学片区教研工作实施方案》，成立南门学校、霞林学校、逸夫实验小学、灵川中心小学4所牵头的片区教研，充分发挥牵头学校的引领作用，促进学校之间的合作与交流，不断提高学校自身的办学水平，带领片区成员学校共同提高。出台《关于进一步加强和规范中小学教学常规管理若干工作的通知》，加强和规范学校教学管理，坚持基础性和发展性相统一，坚持各学段、各学科统一规范要求的同时，结合不同学段、学科特点，实行教学常规差异化管理；将教学常规管理贯穿于教学工作的全过程，确保各学校教师按省颁的课程开齐上足，提高学校教学质量，2021 年城厢区被莆田市教育局评为“小学教学教育管理先进县区”。印发《关于建立中小学生作业管理长效机制的通知》，进一步减轻义务教育阶段学生作业负担。坚持开展“义务教育管理标准化学校”创建工作，6 所学校顺利通过省级评估工作，截至年底有 53 所小学通过省评定为“义务教育管理标准化学校”，通过率为 82%，提前 4 年达到省定要求。制定印发《关于进一步加强农村留守儿童教育关爱保护工作的通知》，要求各校按照一人一档要求，建立健全留守儿童档案，进一步加强农村留守儿童教育关爱工作，保障农村留守儿童健康成长。印发《莆田市城厢区开展适龄重度残疾儿童少年“送教上门”工作实施方案（试行）的通知》（莆城教〔2021〕28 号），拓宽特殊教育服务领域，保障因生活不能自理等客观原因不能到学校接受教育的重度残疾儿童受教育权益，促进教育公平。印发《关于进一步加强义务教育控辍保学台账管理健全联控联保机制的通知》（莆城教督〔2020〕6 号），进一步健全留守儿童教育关爱体系，推进控辍保学从动态清零转向常态清零。推进该区“书香校园智慧阅读”工作，推进现代信息化阅读进入课堂，让学校多样化推进阅读，积极打造书香校园，培养各校阅读种子教师，来带动指导阅读，共同为建设阅读课程努力。

【普通中学教育】 2021 年，城厢区有中学 20 所，其中，高中 4 所（省一级达标高中 1 所、省二级达标校 2 所、省三级达标校 1 所）、省重点职业学校 1 所、九年一贯制学校 10 所、初中校 5 所（民办 1 所）。在校学生 28893 人（其中，初中 19027 人、高中 7402 人、职业 2564 人），公办编内教师 1987 人（其中初中 1197 人、高中 604 人、职业 186 人），编外教师 119 人（其中初中 111 人、高中 8 人）。坚持“做优做大”的发展思路，贯彻“积极鼓励、大力支持、正确引导、依法管理”的方针，坚持鼓励扶持和规范管理并重，引领普通高中多样化发展，做大做强全区高中品牌。结合“两项督导”（县级政府教育工作督导评估和县级党政主要领导干部教育实绩督导考核）、“双随机”调研检查等方式常态化对学校办学行为进行指导、检查、督促，立足问题导向，及时通报，责令整改，全面规范学校办学行为，提升管理水平和教育教学质量。深入贯彻落实国家“双减”政策，大力推进校本作业研发和高效课堂建设，全面提升课堂教学质量，切实减轻学生课业负担，努力实现“减负增效”。积极创设活动平台，实施岗位练兵活动，选拔、指导教师参加教学技能、教学能手、优秀论文、说课、下水文等比赛，促进教师专业成长。区教育局、区教师进修学校干部分片包校督促农村学校落实常规管理，确保课程开齐开足，促进学生身心健康全面发展。抓好质量监测，加强全区教学质量管理，促进教育教学质量上新台阶。积极推进“三通两平台”（宽带网络校校通、优质资源班班通、网络学习空间人人通，建设教育资源公共服务平台和教育管理公共服务平台）建设，全面启动“一校带多校”在线课堂。加快学校图书馆信息化建设，实现图书馆自动化集群管理。深入开展教师网络空间创建活动，教师网络空间竞赛成绩喜人。2021 年，初高中教育教学质量取得较好成绩，中考、高考全区总分平均分均居七个县区第一名，初中、高中学段分别被莆田市教育局授予“教育教学优质管理县区”称号。莆田第三中学、莆田第十二中学荣获莆田市 2021 年高中教育教学优质管理奖。城厢区东沙中学荣获莆田市 2021 年初中教育教学优质管理奖；城厢区西许中学、园头学校荣获莆田市 2021 年初中教育教学进步奖；城厢区南门学校荣获2021年莆田市“书香校园智慧阅读”样本校。

（宋建伟）

附：

莆田第五中学

2021年，莆田第五中学（以下简称“莆田五中”）有60个教学班，包括6个中加国际班，在校学生2895人。专任教师266人，在聘高级教师占教师总数的37.2%，拥有硕士研究生学历教师48人，占教师总数的18%。学校拥有3名正高级教师，2名省特级教师，2名全国优秀教师，20名省学科带头人和省骨干教师。中青年教师中市领衔名师、各级各类学科带头人、骨干教师达130多人。年内，学校被授予全市一类“平安校园”、福建省第二届（2018—2020年度）文明校园等称号。

师生参赛情况　2021年，莆田五中1名教师获福建省第五届中小学教师教学大赛二等奖。16名教师获得莆田市第五届“威诺数控杯”中小学教师教学技能大赛奖项，其中一等奖4人，二等奖9人，三等奖3人，位列全市一级达标校第二名。在“基础教育精品课”遴选中，8名教师获得市级优秀，7名教师获得省级优秀，市优、省优获奖人数为全市一级达标校第一名。26名教师获得2021届莆田市高中毕业班微课评选奖项，其中一等奖9个、二等奖8个、三等奖9个，名列全市一级达标校第一名。

2021年10月12日，莆田五中举行高三誓师大会　（陈玉水　摄）

2021年，莆田第五中学航模队获福建省青少年航空航天模型锦标赛暨全国青少年“飞向北京——飞向太空”教育竞赛中学组团体总分第二名；辩论队荣获莆田市2021年校园读书月活动暨第一届校园阅读论坛高中辩论赛一等奖；2名同学分获世界华人学生作文大赛二等奖、三等奖；高中男子足球队喜获莆田市中小学足球联赛四连冠，啦啦操队获莆田市中小学生啦啦操联赛高中组一等奖。

集团办学　2021年，莆田五中教育集团带动集团成员校不断提升办学质量，提高教育水平。总校莆田五中在保持自身稳定发展的基础上，带动文献中学和莆田十二中提高办学水平，2所成员校转变明显，教学常规更加规范，教研氛围日益浓厚，学生管理规范有序，成员校中高考获得佳绩。成员校莆田十二中2021年高考本科上线人数217人。物理类卢忠灿同学628分，林世博同学610分；历史类陈惠敏同学554分。成员校莆田文献中学2021年中考实现新的突破，上莆田五中分数线148人，700分以上77人。

奖教助学　2021年，莆田五中关心学生生活，开展扶贫助困工程，免除贫困学生学杂费，不让一位学生因贫失学，有302名同学荣获2020—2021学年弘毅奖学金。

社团志愿者活动　2021年，莆田五中社团46个，莆田新冠肺炎疫情防控期间开启社团“云端”活动课，以疫情防控为主题内容，以书法、绘画、诗歌、摄影视频等方式，宣传科学防控知识，分享身边抗击疫情的感人故事，为抗疫英雄们送上美好祝福。

2021年6月30日，莆田五中举办“红歌颂党”歌咏比赛

（陈玉水 摄）

4月2日，70名师生徒步至闽中革命烈士陵园参加祭英烈活动。6月30日，举办“青春心向党 奋进新征程”2021年校园社团文化节活动。音乐社开展“青春心向党建功‘十四五’”主题团日活动暨莆田第五中学校园十佳歌手赛；锐质辩论社组织社员组队参加莆田市首届辩论赛，获一等奖；蜂鸟航模社获14项省级奖项；青澈摄影社组织学生参加区摄影大赛，荣获区一等奖和二等奖。校团委组织志愿服务活动30余次3000多人次，如“大手携小手，点亮‘科技梦’”莆田第五中学和筱塘小学联合交流、携手共进志愿服务活动等。

（陈玉水）

莆田科技职业技术学校

莆田科技职业技术学校是城厢区唯一一所公办中等职业学校，是省级规范化中等职业学校，占地7.2公顷，建筑面积近4万平方米，教职工186人，学生2564人。开设汽车运用与维修、新能源汽车维修、计算机应用、动漫与游戏制作、会计事务、电子商务、建筑工程施工、机械制造技术、中餐烹饪、美容美体艺术等十多个热门专业。2021年9月，莆田市科技职业技术学校近10000平方米的实训大楼建成投入使用，极大改善教学的实训条件，实现秋季招生1137人。学校重视专业学科带头人培养，大力实施名师工程，现有1名市级名师培养对象和2名市级学科带头人培养对象。2021年学校通过市春季事业单位公开考试招聘7名专业教师，进一步优化专业师资结构，以专业技能竞赛为抓手，不断提升教学实训质量。

教学成果　2021年福建省职业院校技能大赛（中职组）比赛，莆田市科技职业技术学校在汽修、计算机、旅游、建筑、中餐等专业取得8个三等奖的佳绩；2021年莆田南平两市中等职业学校教师教学技能竞赛，学校获得1个二等奖、4个三等奖的好成绩。学校根据专业发展实际制定专业人才培养方案，深化校企合作，促进工学结合，努力提升育人培才成效。2021年4月27日，成功举办汽车专业与云度新能源汽车有限公司合作共建实训基地揭牌暨教学用车捐赠仪式，校企合作迈出实质性步伐。6月10日，成功举办“学生顶岗实习暨就业供需推介会”。11月10日，组织“2021—2022学年‘鹏工杯’莆田市中职学生职业技能竞赛新能源汽车检测与维修项目”赛点工作。5月16—19日，学生参加2021年莆田市第34届学校运动会田径比赛，荣获中职组团体三等奖。5月27日，莆田市数字经济协会携手福建豆讯科技有限公司来学校开展“爱心助学、成就梦想”助学活动，以每人1000元现金的形式资助19名品学兼优但家庭困难的学生，社会反响积极。7月，学校获得2020年度市二类“平安校园”荣誉称号，被评为莆田市第二届（2019—2020年度）“文明校园”。9月学校荣获“2021年莆田市职业教育管理进步学校”。

（林立军）

成人教育

【终身教育】 2021年，城厢区高度重视成人教育，根据人事变动，调整充实区成人教育委员会成员，把成人教育当作推动终身教育进程的先导，在制定终身教育发展计划中凸显成人教育，全区终身教育成员单位联络员28人，通过召开成员单位联络员工作例会，通报终身教育工作信息。同时结合全国“全民终身学习周活动”，创新“9·28”终身教育活动日活动形式，完善“9·28”终身教育活动日系列活动机制。运用互联网和移动终端等为载体的现代信息技术构建开放灵活的终身学习公共服务平台，全区有3个学习网站。按照《中华人民共和国老年人权益保障法》要求，把老年教育摆在重要地位，制定《城厢区完善老年健康服务体系实施方案》。

【社区教育】 2021年，城厢区加强社区教育机构建设，拓展终身教育、终身学习基地的服务功能，全区有社区教育兼职人员131名，社区教育志愿者363名。以社区教育学院为主阵地，与7个社区学校、114个社区（或村居）教育学习点形成三级社区教育网络体系。建立互动合作机制，按照职责分工，克服新冠肺炎疫情影响，做好全区教职员工、企业职工、农民等各类人员的职业技能培训和更新知识培训，全年线上线下开展教育培训23053人次。

民办教育

【概况】 2021年，城厢区现有民办幼儿园40所（26所普惠性），幼儿8269人；民办小学1所，在校生1400人；民办初级中学1所，在校学生3208人。民办学校教职工1592人，其中专职教师956人。城厢区教育局印发《城厢区推进学前教育片区管理的实施方案》，进一步贯彻落实《3—6岁儿童学习与发展指南》，继续探索建立覆盖城乡的学前教育“片区管理、联动帮扶”管理机制，全区分12个小片区，每个片区以省、市示范园为龙头，带动扶持和规范全区各级各类幼儿园发展，努力实现“帮在关键处、扶在点子上”目标，积极推动该区学前教育有序、健康发展。3所市级示范性民办幼儿园及2所区级示范性民办幼儿园通过跟踪复评，复评结果在网络平台上公示。3所保教改革建设幼儿园各项工作有序推进。

【准入制度】 2021年，城厢区教育局会同各镇（街道）、住建、消防、食药监局、市场监督管理局、民政局等部门对申请设立的民办学校严格把关，符合设立条件的，及时出具证明或发给相关证件，不符合设立条件的，立即告知举办者理由。对不具备办学条件的非法办学行为，一经发现立即上报区民办学校秩序整治工作领导小组，开展联合执法，坚决予以取缔。2021年批准设立1所民办幼儿园。

【年检制度】 2021年，城厢区教育局对民办学校进行“双随机”检查，对审批的民办学校，发现问题立即下达整改通知书，责令限期整改到位。对民办学校执行年检制度，把年检结果在网络平台上公示，接受社会监督，全年评出年检合格学校34所，基本合格6所。对年检基本合格的学校，责令下学期整改到位，年检及年检复检不合格的民办学校责令停办。

（宋建伟）

教育督导

【概况】 2021年，莆田市城厢区人民政府教育督导室（以下简称“城厢区教育督导室”）坚持督政与督学并举、监督与指导并重的方针，进一步强化综合督政机制，创新督导评估机制，加大教育督导工作力度，扎实推进各项工作。全区完善督学责任区挂牌制度，在全市率先开展“对镇督导”工作，推动城厢教育改革发展。

【对镇督导】 2021 年，城厢区教育督导室贯彻落实《新时代教育体制机制改革意见》，发挥督导委成员单位职能，制定对镇督导评估要点，开展对全区 7 个镇（街道）督导评估，列出问题清单，形成督导报告，报送区委区政府，并对督导问题跟踪落实整改。

【责任督学挂牌督导】 2021 年，城厢区教育督导室加强责任督学挂牌督导工作，统筹推进责任督学挂牌督导工作，出台《城厢区加强责任督学挂牌督导工作实施方案》《关于建立完善责任督学挂牌督导制度》《关于建立督学责任区制度》《城厢区专兼职督学挂牌督导工作规程》《城厢区责任督学考核办法》等文件，落实保障、管理、考核等责任督学挂牌督导工作。全区聘任 42 名兼职督学，均为一级职称以上，专业业务强，71% 是学校的校级领导，素质高，学校管理经验丰富，工作能力强。截至年底，建立 6 个责任督学挂牌督导责任区，形成所有中小学、幼儿园（含民办）全覆盖。突出工作重点，每月制定中小学（幼儿园）督导工作内容，对各中小学、幼儿园进行全覆盖常态化督导。落实责任督学工作制度，坚持每月下校督导 1 次，按督导工作程序的具体要求，做好督导记录，查问题促整改，找亮点树典型。激励督学工作机制，创新督导举措，投入 40 万元专项经费，每个月对全区各中小学、幼儿园进行全覆盖常态化督导，定人定点跟踪督促指导抓好整改。提升督学业务水平，加强业务培训，制定片区组长工作指导挂钩责任制，聘请教育部中小学教育督导评估专家、省政府特约督学为责任督学进行业务培训。

2021 年 4 月 12 日，城厢区教育督导室在灵川镇下尾幼儿园开展“办园行为”督导评估 （许金珊 摄）

【整改迎评工作】 2021 年，城厢区教育督导室抓好落实省“两项督导”（县级政府教育工作督导评估和县级党政主要领导干部教育实绩督导考核）和“教育强区”问题整改工作，做好省“两项督导”系统平台材料上传工作，做好市对区党政主要领导履行教育职责及发展职教聚集人才工作督导评估迎评工作。

【办园行为督导】 2021 年，城厢区教育督导室对灵川镇 18 所幼儿园进行办学行为规范督导评估，按照《规范幼儿园办学行为专项督导实施方案》，开展幼儿园办园行为专项督导工作。评估主要以查阅资料、实地查看为主要方式，对幼儿园的办园条件、安全卫生、保育教育、教职工队伍、内部管理 5 个方面工作进行定性分析、定量评价。通过本次幼儿园专项督导检查，对照督导评估标准，落实一园一问题清单、一园一督导评估报告，形成总督导评估报告，经区政府分管领导批示，在全区各中小学、幼儿园进行通报，并明确提出整改时限，跟踪督导整改落实。同时，认真做好迎接市级督导评估复核工作，明确工作重点，按照市督导评估提出的问题，督促整改落实，进一步规范幼儿园办园行为，提升全区幼儿园办园水平。

【“双减”专项督导】 2021年，城厢区教育督导室成立“双减”工作督导小组，开展减轻义务教育阶段学生作业负担和校外培训负担“双减”专项督导，压实主体责任，履行监督责任。将“五项管理”纳入责任督学的常态督导内容，各责任督学采用校园巡查、推门听课、查阅资料、问卷调查、走访座谈等多种方式每月到校督导一次，督导发现的问题清单要逐一建立台账限期整改，责任督学跟踪落实。

【校园日常督导】 2021年，城厢区教育督导室认真做好“控辍保学”专项督导，开展学校工作随机性督导检查，推进幼儿园责任督学挂牌督导及幼儿园办园行为专项督导工作。该年，为迎接国家教育质量监测工作，2名督学参加全省质量监测视导工作。

（韩冰）

教师进修学校

【概况】 2021年，城厢区教师进修学校按照区教育局统一部署，贯彻落实“山水格局·人文宜居”新城厢发展理念，围绕达标建设目标协同履职，“教科研·干师训”中心工作全面提质增效。

【思政教育】 2021年，城厢区教师进修学校扎实开展党史学习教育，组织开展“汲取红色力量 厚植红色基因”“学党史、树形象、践诺言”等6个党史学习教育系列活动，组织开展集中学习19次、研讨交流8次、专题讲座2次，分享学习心得3次，组织观看视频6次，组织参加党史学习教育线上知识竞赛活动3场次。扎实开展“我为群众办实事”实践活动，学校“乡村校长能力提升培训”项目被列入全区50个重点项目清单，另外8个“自选动作”的项目全部完成目标任务。选派党员干部参与区教育系统庆祝中国共产党成立100周年系列活动。持续依托“学习强国”学习平台加强党员学习管理，通过全面系统“大学习”，不断提高全体党员思想觉悟和政治素养。

【教育教学】 2021年，城厢区教师进修学校举行学科观摩研讨活动，按照教研工作计划，中小学教研员参加市级教学开放周，深入基层校随堂听评课，组织学科教学观摩活动。中学组各学科教研员在基层校组织举行九年级毕业班复习指导课、专题研讨等活动达60场次。围绕中高考质量分析、中高考复习策略、考纲解读等主题召开2020—2021学年第二学期期末统考暨2021届中高考各学科质量分析会、2021年初中毕业班学科“复习备考”研讨会、中学教研工作例会等10多场次，小学教研室召开教研例会及语文、数学等6个统考学科质量分析会等研讨会12场次。教研室做好相关学科期末教学质量监测命题、巡视等考务工作，并全程对接落实网上阅卷重要环节，高效完成市区两级统考阅卷工作。教研室重视教育科研课题研究，实行课题核心成员认定量化评分制和课题组成员工作量化评分办法，加强教育科研基地校课题研究过程性管理指导。落实《城厢区教师进修学校送培送教下乡活动管理方案》，规范送教送培下乡管理。加强片区教研工作管理，驻地区学科中心组、驻地教研员参加片区教研活动，为各片区教研活动开展提供专业引领。各片区落实《城厢区中小学片区教研工作实施方案》，各学科按计划定期开展活动。同时，组织召开片区教研总结汇报会1场次。持续落实《关于进一步加强中小学教育教学视导工作实施方案》，通过专项视导，促进城乡教育教学质量不断提升。教研室组织举行2020—2021学年全区中小学幼儿教育教学优秀论文评选活动，358篇论文获奖，并制作汇编本分发交流。经过区赛学科指导组精心指导，区派选手在市赛中获奖15人，获奖率达93.75%，位居全市第一。中学组组织城厢区教师教学技能大赛，选派的选手在莆田市第五届“威诺数控杯”中小学教师教学技能大赛中35人获奖。

【教师培训】 2021年，城厢

区教师进修学校落实“十四五”教育规划教师发展目标，推行研训一体模式，为全区教师队伍建设搭建平台。抓教师继续教育全员培训，全区有5112人参加中小学（幼儿园）教师继续教育培训，其中5108人考评合格，合格率达99.92%。争取政策支持，组织评选优秀指导教师30名，10位教研员入选。抓好新任教师岗位培训及考核工作，组织评委对全区199名新任小学、幼儿新任教师进行“德、能、职、绩”综合考评及课堂教学现场考核，合格率达100%，并对新任教师的带教教师和指导教师工作进行全面考评。组织456名2021年中小学幼儿园新任教师进行岗前培训，邀请区教育局局长刘永贤作《披荆斩棘，实现新突破，奔向新征程》开训第一课讲座，聘请省教育学院9名专家及市直学校、兄弟县区25位名师授课。同时，建立线上巡课制度，采取线下线上结合创新形式，开设“学红色革命史做‘四有’（有理想信念、有道德情操、有扎实学识、有仁爱之心）好老师”助学支教志愿服务社会实践课程，落实立德树人根本任务，实现各课程与思想政治理论课同向同行。抓好信息技术应用能力提升工程（2.0）培训，先后2次邀请省培训专家为该区所有参训学员进行校本研修活动（二）30个微能力测评作业提升指导。10月，组织乡村校长能力提升培训暨“十四五”小学校长任职资格培训，全区45位校长园长参加。举行乡村校长（园长）提升培训暨城厢区“十四五”第一期小学校长（园长）任职资格培训项目的启动仪式，线下集中培训受疫情影响暂时延期，后续跟踪考核等工作正在有序推进中。抓好名师工作室研训一体活动，依托全区两届29个名师工作室，鼓励名师工作室联合兄弟县区名师工作室开展研训活动，组织部分名师工作室成员参加省级高端研训。区名师工作室开展活动30多场次，受益教师达800多人次。抓好培训硬件及培训平台建设，推进学校“智慧校园平台”建设，8月26日在平台上首次进行新任教师培训讲座转播，“智慧校园平台”的建成和完善，为区域教师教学、培训搭建新平台，提供更为丰富的教学资源库。

（李志兴、卓秀如）

综 述

【概况】 2021年，莆田市城厢区科学技术局（以下简称“城厢区科技局”）全面实施创新驱动发展战略，创新创业创造环境不断优化，科技创新水平和区域创新能力持续提升。高新技术企业年增加量17家，获省科技计划项目9个，市科技计划项目3个，争取到省市各类科技奖补经费1089.79万元。全区有国家级高新技术企业43家，省级科技“小巨人”企业19家，省级众创空间6家，星创天地3家。

【科技计划与项目】 2021年，城厢区获省级科技计划项目9项，获项目资金520万元；市级科技计划项目5项，获项目资金50万元。

省科技计划项目星火项目：莆田市宏耕农业发展有限公司申报的“枇杷节本提质增效栽培技术示范”项目，获省补助经费20万元；天桂（福建）食品有限公司申报的“龙眼品种改良和配套栽培技术示范推广”项目，获省补助经费20万元。

对外合作项目：福建省亚明食品有限公司申报的“调理肉制品柔性加工与品质精准调控关键技术研发及产业化”项目，获省补助经费100万元。

中科院科技服务网络计划（STS）项目：中科华宇（福建）科技发展有限公司申报的“高性能水性木用胶黏剂的研发与产业化”项目，获省补助经费70万元；蛤老大（福建）食品有限公司申报的“贝类加工下脚料高值化应用技术与产品开发”项目，获省补助经费40万元、市补助30万元；莆田市科龙环保技术有限公司申报的“木兰溪仙游段河道原位生态修复技术开发与示范推广”项目，获省补助经费40万元、市补助30万元；莆田市原水有限公司申报的“东圳水库水生态内循环与藻类稳定性研究”项目，获省补助经费40万元、市补助30万元；莆田市东圳水环境治理有限公司申报的“木兰溪流域大型水库入库河流的水生态系统评价与生态修复技术集成体系构建及示范研究”项目，获省补助经费40万元、市补助30万元。

省科技特派员后补助项目：莆田市城厢区诚味食品有限公司申报的“速冻预调理肉食菜肴工业化生产关键技术集成与示范”项目，获省补助经费30万元。

市科技计划项目：技术开发与应用项目：福建省中灵农业发展有限公司申报的“菲律宾蛤仔杂交育种技术的研究及应用”项目，获市补助经费20万元；福建省莆田市玉叶家庭农场有限公司申报的“果园林下智能化种植红松茸的关键技术开发与示范”项目，获市补助经费20万元。

市科技特派员后补助项目：

莆田市宏耕农业发展有限公司申报的“‘中晚熟’优质枇杷引进及高效栽培实用技术研究”项目，获市补助经费 10 万元。

【科技活动】 2021 年，城厢区科技局鼓励支持企业申报国家级高新技术企业、科技小巨人领军企业、众创空间等，壮大创新型企业群体。新增蛤老大、新威邦电子等 17 家国家级高新技术企业；中伟体育、信唐智创等 42 家企业列入城厢区高企培育库；中科华宇、劲德电源等 19 家企业入库省科技“小巨人”企业，凯锐信息、大大科技等 40 家企业入库科技型中小企业；“洋溪汇跨境电商”获省级众创空间认定；蛤老大、天桂食品、亚明食品 3 家企业获省级星创天地认定。

2021 年，城厢区科技局落实《关于加强改进区级科研项目和资金管理的若干意见》，落实科技计划项目、高新技术企业等区级科研奖励补助资金配套 478.32 万元。其中，高新技术企业 11 家，每家奖励 20 万元；市级以上科技计划项目资金补助 9 家企业 26.3 万元；下达 2020 年度省级高新技术企业出入库奖补资金 43.61 万元；下达 2020 年度福建省企业研发经费补助清算资金 188.4 万元。

2021 年，城厢区科技局加强创新创业人才培养，科里思特、蛤老大等 3 家企业获“创业之星”人才和省创新创业大赛优秀企业奖。

2021 年，城厢区科技局推行科技特派员制度，组织选任省级科技特派团队 6 支、省级科技特派员 47 人、市级科技特派员 53 人，新建设东海镇、凤凰山、龙桥、霞林 4 个镇（街道）科技特派员工作站。

2021 年，城厢区科技局深化产学研协同创新，东圳水环境治理、蛤老大等 5 家企业获得省中科院 STS 计划配套项目立项，组织亚明食品、科龙环保 2 家企业对接清华大学研究生社会实践基地项目。

2021 年，城厢区科技局开展研究与试验发展（R&D）经费统计工作，全区研究与试验发展经费支出 9.27 亿元，占 GDP 比重（错年值）1.91%，同比增长 35.6%。

【科技宣传】 2021 年，城厢区科技局借助“科技活动周”“文化、科技、卫生三下乡”等大型科普活动，开展科技政策进企业、科技三下乡等宣传活动，赠送科技图书、科普资料、科技致富小册子等宣传资料 600 多份。5 月 22—28 日举办 2021 年城厢区科技活动周，以“百年回望：中国共产党领导科技发展”为主题，围绕党指引科技事业发展的光辉历史、科学家精神、疫情防控、食品安全、消防安全、节能环保、防震减灾、健康生活等热点问题，开展科技进企业、进社区等科普宣传活动，发放科技图书、科普小册子、宣传资料等 360 多份。

【科技管理】 2021 年，城厢区科技局推进科技管理工作的制度化和规范化，科技项目管理运行实现网上公开规范运作，实现公开项目申报条件与时间、向社会公布审批流程和结果并全程接受监督。加大项目实施的监管，不定期开展项目实施情况、资金使用检查，促进实施单位做好科技项目规范化管理，提高科技项目实施质量，按进度完成科技项目计划，顺利完成项目验收。

（林华、朱晖）

气　象

【概况】 2021 年，城厢区气象局铸牢“人民至上、生命至上”的理念，履行气象防灾减灾职责，践行“监测精密预报精准服务精细”的总要求，为建设“山水格局·人文宜居”新城厢提供气象保障。

【防灾减灾第一道防线】 2021 年，城厢区气象局聚焦重大转折性、关键性、灾害性天气和重大突发事件，加强气象灾害监测预报预警，做好决策气象服务和公众气象服务作为工作重点，为区委、区政府领导做好决策及时提供精细化服务。全区经历 12 场暴雨、27 次强对流、1 次寒潮、

2021 年 3 月 23 日，城厢区气象局到泗华小学开展气象日防雷科普讲座　（林楠 摄）

高温 43 天、3 个台风，发生 2 次气象干旱过程。城厢区气象局提升重大气象服务能力，制作发布春运、春节、春播、清明、“五一”国际劳动节、中高考等气象信息专报 39 期、下周天气 37 期，为节假日和重大活动的顺利举行保驾护航；通过电视、广播、App 等新闻媒体向公众发布各类气象灾害预警信号 324 次，为政府机关、人民群众防御气象灾害性天气提供服务保障。受第 9 号台风“卢碧”影响，2021 年 8 月 4—8 日，全区有 6 个镇（街道）降水量超过 250 毫米，其中以常太镇山坑村 507.7 毫米为最大。城厢区气象局加强值班值守，密切监测台风动态，及时向区委、区政府主要领导汇报台风相关情况，为保障领导决策提供科学依据，为人民群众生命和财产安全提供坚强保证。

【助力乡村振兴】　2021 年，城厢区气象局开展枇杷气候品质认证工作，深入华亭镇、常太镇主要枇杷产区、合作社，采集送检样本送省检测机构进行检测。主动联系枇杷种植合作社探索枇杷低温气象指数保险工作，探索“气象 + 保险”新模式，切实提高种植户风险承担能力。与城厢区农业农村局、人保财险城厢支公司和城厢区枇杷协会在城厢区宏耕智慧生态园共同开展“气象 + 保险”的试点工作，城厢区气象局升级改造观测站点，为枇杷低温气象指数保险提供重要的数据支持。开展“全国综合减灾示范社区”样板创建工作，华亭镇五云村被确立为全市创建“全国综合减灾示范社区”的样板社区，城厢区气象局多次深入五云村开展科普宣传、创建指导，成功通过省复核组的实地复核工作。

【气象科普宣传】　2021 年，城厢区气象局开展国际防灾减灾日、世界气象日等主题科普活动，不断增强公众防灾减灾意识和能力。抓好“3·23”世界气象日、“5·12”防灾减灾日和安全宣传月等时间节点走进社区、学校、企业开展形式多样的科普活动。加强与区融媒体的交流合作，宣传普及气象常识、气象灾害防御、气象预警等内容，全年通过区融媒体面向全区发布重要天气预警报告 3 篇，气象科普常识 5 篇。

【服务保障民生】　2021 年上半年全区降水量较常年异常偏少，水库蓄水量不足，多地出现不同程度的气象干旱，并曾两度达到气象重旱，城厢区气象局加强对旱情的动态监测和预报预警服务，在东圳水库开展 6 次人工增雨作业共发射 24 枚增雨火箭弹，有效缓解旱情。开展防雷、施放气球安全生产整治专项行动，严厉打击防雷和施放气球安全领域的各种违法违规行为。开展全区易燃易爆企业的防雷行政监督检查，对全区 19 家易燃易爆企业预案制订、安全演练、防雷设施安全、定期检测情况开展监督检查。开展施放气球活动的日常巡查，联合市气象局对辖区内违法施放气球活动开展执法，现场拆除违法施放系留气球 10 个。

（林楠）

文化事业

【概况】 2021年，莆田市城厢区文化体育和旅游局（以下简称“城厢区文旅局”）克服疫情影响、强化责任担当，聚焦以文塑旅、以旅彰旅，深入贯彻新发展理念、构建新发展格局，推动文化旅游事业高质量发展。是年，投入资金130万元修缮提升区图书馆配套设施，投入资金36万元对5家“党建+”邻里中心配套图书12000册和室内外健身器材20件，投入资金180万元新建全民健身多功能运动场所1个、室内健身房3个、室外健身点20处。

【公共文化】 2021年，城厢区文旅局在做好疫情防控的前提下，稳步有序地开展各项文艺活动。春节前夕，在华亭、下黄、顶墩等镇（街道）、社区组织3场义务写春联活动，组织作品参加市政协庆祝中国共产党成立100周年美术作品展。举办“丹青歌百年 翰墨颂辉煌”庆祝中国共产党成立100周年书画展览。组织创作、征集和评选“八闽丹青”美术作品展作品。举办“童心向党”庆祝中国共产党成立100周年少儿美术作品展览。在兴安小学举行“传承红色薪火献礼中国共产党成立100百周年”艺术节活动。7月协办“奋斗百年路 启航新征程”庆祝中国共产党成立100周年书画展，做好策展工作。8月与妇联联合组织征集“家家心向党 妙笔绘百年”少儿美术作品比赛，评选优秀作品20件。9月组织书画家创作作品参加“瓣香湄洲”海峡两岸书画名家作品展。组织排练赞句、快板、三句半节目，参加莆田市首届方言曲艺韵诵比赛活动（获二等奖1个、三等奖2个）。举办城厢区书画展“艺融同行”——迎春中国画邀请展和“新时代新征程新气象”莆田壬寅迎新春书画展。

【文化阵地建设】 2021年，城厢区文旅局把基层文化阵地建设作为文艺工作稳步发展的重中之重来抓。全区建成高标准乡镇宣传文化活动中心7个，农村文化活动室89个。同时，为基层文化站配送各种文化器材，如组合健身器材、电脑、图书、书橱、培训桌椅、棋牌桌椅、体育器材、音响、电视、乐器等演出和培训必用电器，按照标准规划指导各文化站的建设。承办基层文化骨干培训，提高农村文化工作队伍的素质，提升基层文化协管员的业务工作能力；扩大“农家书屋”的社会影响，让更多的人了解农家书屋、支持农家书屋、参与农家书屋建设。按照市区的新闻出版主管部门相关通知精神，对农家书屋进行更新、补充书柜、桌椅、图书、电子阅览（电脑）等报纸刊物。组织专职人员下乡了解督导各个村的“农家书屋”阅读活动情况，指导部署村级文化协管员如何管好“农家书屋”，让农民群众、儿童形成踊跃读书的浓厚氛围。

【文化市场管理】 2021年，城厢区文旅局落实监管工作，全面开展“扫黄打非”、旅游市场专项整治等工作，实行多部门综合执法联动机制，保障文旅市场规范有序。组织开展各类专项行动11次，出动执法人员165人次，日常巡查出动检查2150人次，检查813多家次，行政处罚立案调查15件，办结案件15件，罚款29000元，没收违法所得1284元，发放停业整顿通知书32份，没收盗版书籍316本。常态化开展文旅企业法律法规及安全培训、应急培训及演练；利用寒暑假、“五一”国际劳动节、“十一”国庆节等对文旅市场进行全面排查，督促企业落实整改安全隐患，与文旅企业签订守法经营承诺书82余份。充分利用综治宣传月、“3·15”国际消费者权益日、“5·19”中国旅游日和平安建设宣传活动等契机，开展系列宣传活动，发放宣传资料1000多份。

【文物保护】 2021年，城厢区印发《全区文物安全专项整治工作方案》，函告各征迁规划单位、七个镇（街道），落实基层文物安全保护责任主体，对涉及片区开发内的文保单位（文物点）进行有效保护、合理规划。投入省级专项资金15万元对梅峰寺进行抢救性维修工程，投入市级专项资金9万元对青龙书社、西岩寺、仁和庙进行文物保护修缮工程，启动第44届世界遗产大会项目保障经费20万元对林兆恩墓进行本体保养维护、周边环境整治以及展示利用。

2021年，城厢区文旅局明确职责，强化管理，认真落实文物的“四有”（有明显的保护标志、有一定的保护范围、有健全的保护组织、有科学的记录档案）工作。完成区级以上75处文物保护单位两线划定工作，公布万寿庵、龙德井等73处区级文物保护单位和一般不可移动文物的保护范围。对辖区内文物保护单位进行文物安全直接责任人挂牌保护，并与所有文保单位签订安全责任书；每季度随机抽9处以上文保单位，检查各单位的人员岗位分工、文物设施保护以及文物管理制度的贯彻落实，以确保全区文物的安全。配合区住建局、自然资源局对全区50年以上历史建筑、古树、古桥等文化遗产进行普查，在原有的基础上再发掘、再储备、再推荐申报一批文物保护单位、县（区）级文物保护单位和未定级不可移动文物。是年，新增3处莆田市第九批文物保护单位，新增2处区级第五批文物保护单位；通过组织专家现场勘察、评估、论证，推选“石室岩寺、宫保尚书祠、海头蔡元美墓、马思聪墓”4处具有较高的历史、艺术和科学价值文物点申报为莆田市第十批文物保护单位。

2021年，城厢区文旅局组织60余处文物保护单位负责人，举办安全生产和消防安全教育联合培训会议1场次，集中开展消防安全应急演练1次；组织文保单位利用LED显示屏播放、横幅悬挂文物保护宣传标语，开设文物保护安全专栏；开展“世界文化遗产日和安全生产日”宣传活动，分发“文物安全普法材料”和“什么是文物”宣传单2000多份；协助江西画报社出版释迦文佛塔、木兰陂等文物保护单位宣传册。

【文化场馆】 2021年，城厢区图书馆争取到中央下拨100万元专用资金，通过政府采购的方式用于修缮和购置流通设备；区财政预算30万元用于采购图书及报刊，实现与市图书馆、莆阳书房的互通互联，图书实现通借通还；建设霞林街道下黄社区图书馆分馆，打通服务群众“最后一公里”。

2021年，城厢区图书馆多功能厅内设有抗击新冠肺炎疫情感动中国人物图片展、莆田市新时代好少年图片展、莆田市道德模范与身边好人专题展，供读者和社会各界人士参观。举办“消防安全知识讲座”“疫情防控”等活动，提升干部职工的文化素养和生活质量。是年7月，城厢区图书馆被评为“莆田市创建第六届全国文明城市先进集体”。

【传统文化和习俗传承】 2021年，城厢区2个项目传统文化习

2021 年，城厢区图书馆大楼　（林逢春 摄）

俗（东海镇金沙宫上元祈福习俗和南门棕轿舞）参加线上“文化进万家——视频直播家乡年”活动，龙桥街道泗华村二月初一抢豆丸习俗开展线上直播活动。

2021 年，城厢区线下民俗活动精彩纷呈，华亭镇后塘村正月十二日开始家家户户设香案，摆斋菜点燃灶火，摆棕轿烧贡银，给法主仙妃“挂脰”祈福；常太东青村各户设六斋或十斋，“姑妈”游行时，有四小天尊各乘棕轿，人人举香迎接和举香跪拜、祈求健康平安；龙桥街道西山村西山社公游灯“跳火”；凤凰山街道筱塘社区跳棕轿舞，头扎箍巾，劲装绑腿；灵川镇东进村五帝出郊游，从东汾五帝庙出发，皂隶舞舞蹈开道，古朴庄重；东海镇东沙村东海圈灯，每家每户手扛木凳肩扛排灯，在龙头灯引领下行走于村舍阡陌间，恍若长龙，聚集于广场处绕圆成圈，犹如龙盘欢度新春佳节。

2021 年，城厢区开展传统武术传承基地表演活动，莆田南少林武术协会会长洪光荣（省级非遗代表性传承人）组织传统武术传承人 5 人在莆田南少林寺拍摄“三十六宝拳”专辑。

（廖娴娴、林志远、吴青青、林金海、林逢春）

旅游业

【概况】 2021 年，城厢区接待旅游人数 443.92 万人次，旅游收入 31.98 亿元，均位居全市第一。年内下达乡村振兴各级补助资金 74.74 万元，其中省级“百镇千村”补助资金 20 万元（常太镇溪南村、凤凰山街道林桥村每村各 10 万元），省级乡村振兴试点示范专项资金 44.74 万元（常太镇溪南村），市级专项补助资金 10 万元（华亭镇后角村林龙江文化广场）。6 月，绶溪公园由国家 AAA 级旅游景区提升为国家 AAAA 级旅游景区。10 月，常太镇被评为“省级全域生态旅游小镇”，常太镇溪南村被评为“省级金牌旅游村”。12 月，华亭镇五云村被评为“三星级乡村旅游村”。

【旅游服务】 2021 年，城厢区境内有旅游点 40 多个，其中包括国家 AAAA 级旅游景区 2 个（九龙谷生态景区、绶溪公园）、

AAA级旅游景区3个（御庄园度假村、马院人家和岭下美丽乡村旅游景区），以及凤凰山、木兰陂、钟潭景区等特色旅游景点；五星级饭店1家（希尔顿逸林酒店），四星级饭店3家（东方国际大酒店、阳光假日大酒店、明珠大酒店）、三星级饭店1家（壶兰大酒店）；有旅行社12家，占全市旅行社的60%，旅游从业人员2000多名，其中导游员110人，形成相对集中的旅游服务体系。此外，还有国际油画城、春晖艺术馆、庄严苑、百年复茂饼家等工业观光工厂资源；绶溪公园、木兰陂公园、钟潭公园、南湖公园等城市游憩资源；东圳水库、常太马院村、岭下村、凤办林桥村、灵川径里村、华亭五云村、园头村、埔柳村、东海坪洋村等乡村山水田园景观资源和东海、灵川的滩涂、码头等滨海旅游资源。

【旅游景点】 2021年，城厢区有木兰陂、广化寺、九龙谷景区、御庄园温泉度假村、绶溪公园、乡村岭下、红色马院人家、凤凰山公园等旅游景点。还拥有莆田新旧“二十四”景中的“木兰春涨”“石室藏烟”“梅寺晨钟”“绶溪钓艇”“三紫凌云”“钟潭噌响”“龙谷奔泉”“圳湖映碧”“龟洋积雾”等盛景。

福建九龙谷国家森林公园：位于福建省莆田市常太镇溪南村，距莆田市区32千米，总面积1091.5公顷，海拔717米，森林覆盖率95%以上，景区内负氧离子含量超过人类宜居标准6倍以上。景区交通便利，在1小时车程内有3个高速口和1个高铁动车站，2小时车程内有2座机场，30分钟内有2个三甲医院。地处海峡西岸区中东部，北通福州、浙江，南抵泉州、厦门、广东，西接三明、江西等，把旅游观光路线城市串联起来，属闽、浙、赣、粤休闲度假生活理想地，成为中国原生态疗养度假旅游胜地。公园先后被评为国家AAAA级旅游景区、国家森林公园、全国农业旅游示范点、全国生态文化教育示范基地、国家级水利风景区、中华诗词协会创作基地、福建省五星级森林人家、福建省休闲农业与乡村旅游示范点、福建省科普教育和艺术研究创作基地、福建省体育产业示范基地、福建省中小学生研学实践教育基地等。

御庄园温泉度假村：位于福建省莆田市“母亲河”—木兰溪北岸，与壶公山隔水相望，毗邻沈海高速莆田西出口处，与闽东南经济圈厦门、福州、泉州等车程在1.5小时之内，交通极其便利。由温泉度假中心、酒店会议中心和温泉别墅等项目组成；其中温泉度假中心由50余个露天园林温泉泡池、温泉木屋、至尊SPA房、特色蒸房、大型露天游泳池、造浪池、儿童水上乐园、室内温泉、中西式餐厅、江南茶艺馆、健身会馆等项目组成，是一家集温泉养生、休闲度假、商务会议、娱乐健身为一体的生态文化型主题温泉度假村，现为国家AAA级景区。

（廖娴娴、林志远、吴青青、林金海、林逢春）

卫生健康

【概况】　2021年，莆田市城厢区卫生健康局（以下简称“城厢区卫健局”）深入推进“健康城厢”建设，聚力抓重点、补短板、强弱项，持续推进深化医药卫生体制改革，抓紧抓实新型冠状病毒感染的肺炎疫情防控工作，完善公共卫生体系，预防控制重大疾病。全区公立医疗机构总数（不含村卫生所）7个（其中医院1个，镇卫生院3个，街道社区卫生服务中心3个），村卫生所87个，床位1283张；全区门急诊疗量达213.9万人次，住院量达20334人次。城厢区卫健局以促进人口均衡发展为主线，贯彻落实优化生育政策，推进生育关怀关爱，积极应对人口老龄化，在持续人口监测和形势分析下，全区人口发展呈现健康态势。年末全区总人口421018人，出生率6.56‰，死亡率4.23‰，自然增长率2.32‰，出生人口政策符合率95.21%，出生人口性别比（女=100）115.14。

【医药卫生体制改革】　2021年，城厢区持续深化医药卫生体制改革，进一步完善医疗卫生体制机制。实行办医领导体制，建立健全全区公立医疗机构管理委员会工作机制，区医管委办公室设在区卫健局，负责区医管委日常事务；实行“一归口、三下放”的公立医疗机构管理机制改革，由区医管委统一归口管理全区公立医疗机构的人事、业务、经费等事项，将内部人事管理权、经营权、分配权下放给公立医疗机构自主管理，实行院长负责制。实行绩效考核与院长年薪、职工收入分配“双挂钩”制度，设立院长年薪制区级财政专项资金，院长年薪总额由区医管委每年一核定，依据考核结果确定院长年薪档次、医疗机构绩效工资总额、医保支付、财政补助，引导收入分配向关键岗位、业务骨干和做出突出成绩的医务人员倾斜，推进现代医院管理机制建立。改革编制人事管理机制，以区为单位实行区属医疗机构的人员编制总量控制、统筹安排、动态调整，按常住人口变化情况及时调整核编，采取互补余缺的调整方式，在编制总量的控制总数内，调配机构人员编制数和总量控制数；按区医院、镇卫生院和社区卫生服务中心等级别分类统筹岗位设置管理，在岗位职位的控制总数内调配同类机构的三类岗位各等级岗位数。破除“以药补医”机制，控制医疗费用增长，所有公立医疗机构全面实施药品和耗材零差率销售制度，取消药品和耗材加成政策，全面延伸到一体化村卫生所。公立医疗机构全面实施国家基本药物制度，实行省级药品统一网上集中采购和网络平台监控工作。村卫生所纳入基本药物实施范围，各卫生院通过药品询标形式对辖区内卫生所实行“三统一”（统一药品目录、统一药品价格、统一购药渠道）管理。

2021年，城厢区健全完善分级诊疗体系，制定《关于进一步推进分级诊疗制度工作落实的通知》，通过完善机构功能定位、开通转诊绿色通道、推动家庭医生签约服务、城乡医院对口支援、建立医疗联合体等措施，全面推进分级诊疗制度落实。区医院先后与市第一医院医疗集团、省人民医院、厦门中山医院等三级医院建立合作共建机制，依托三甲医院的技术辐射，通过分级转诊和技术协作，提升区医院的慢性病科、消化内科、老年科、甲乳科及胃肠镜、内镜治疗等专科医疗服务能力。设置“名医工作室”，由上级专家定期驻院开展门诊、手术及技术指导，与市第一医院共建“联合病房”，累计收治病人100余例，人均费用减少46%；城厢区医院与各镇卫生院、社区卫生服务中心签订双向转诊协议；以乡村卫生服务一体化管理为基础，创新农村远程视频诊疗服务项目，实现农村患者在家门口享受城市医生服务，有力推进分级诊疗制度落实。

【乡村卫生服务一体化管理】 2021年，城厢区推动乡村卫生服务一体化管理，实行村卫生所建设、人员、业务、药械、财务、信息化、绩效考核等统一归口镇卫生院管理。一体化村卫生所全面纳入医保定点单位，同步落实药品、耗材零差率销售和一般诊疗费政策。截至年底，完成村卫生所一体化建设65家。建立农村远程视频诊疗平台，推动“互联网＋医疗”在一体化建设的村卫生所应用，由莆田移动公司建设视频诊疗信息平台，实现患者在村卫生所通过信息平台对接区医院专家在线问诊，城厢区医院医生通过信息系统调阅患者既往诊疗记录和影像资料，完成远程就诊活动。辖区内群众可在村卫生所自助查询个人健康诊疗档案。是年，全区远程视频诊疗服务上线的村卫生所65个，接受远程会诊患者累计8327人次。加强乡村医生队伍建设，优化卫生所人员配置，对村医不足的村卫生所由镇卫生院驻派医务人员，或从社会上具备执业（助理）医师、中专及以上学历的优先聘用。继续采取“订单定向”方式，每年由莆田卫生学校定向培养农村医学专业中专生，定向培养对象取得乡村执业（助理）医师证后进入村卫生所服务。村医可在镇范围内统一调配使用，实行统一管理和调配，提升村卫生所村医队伍专业技术能力。落实村医退岗制度，对年满60周岁的退岗村医，继续按该区城市居民最低生活保障的标准发放退岗养老生活补助，对符合条件的村医，一律组织参加养老保险制度，市区财政给予补助，2019年参加城镇企业职工养老保险的村医每人每月按2400元标准缴纳，参加财政城乡居民养老保险的村医每人每年按3600元标准缴纳，缴费档次补助标准按社保相关规定每年核定一次。

【基层卫生健康】 2021年，城厢区落实国家基本公共卫生服务均等化，推进基本公共卫生服务，结合家庭医生签约服务项目，以建立居民健康档案和免费健康体检为切入点，以专家坐诊、下乡宣传、定点义诊等形式多样的服务方式向城乡居民提供健康教育咨询服务，同步利用网站、微信公众号等开展宣传活动，及时登载国家基本公共卫生服务均等化政策、新闻动态、工作进展、公共卫生风采等，提升群众接受免费服务的知晓率和依从性。全区累计建立居民健康档案38.25万份，电子建档率达70%，覆盖所有镇（街道）村（社区）；人均基本公共卫生服务经费标准提高到79元／人，实现服务项目覆盖全区常住人口。落实家庭医生签约服务，以高血压、糖尿病等慢性病为抓手，依托区医院、镇卫生院、街道社区卫生服务中心和乡村医生等组建三级家庭医生管理团队，以社区为单位划分责任片区，实行网格化管理，推行家庭医生契约式服务。

【项目建设】 2021年，灵川镇中心卫生院东海分院投资460万元，开设内科、外科、儿科等科室，填补城厢区医疗卫生“空白镇”。华亭镇卫生院门诊大楼投入使用。凤凰山街道社区卫生服务中心与区红十字会联合打造集智慧健康小屋、红十字博爱驿站、市民便民驿站、优生优育中心等一体的社区医院，改造面积近500平方米。实施村卫生所改造提升工程，建立乡村卫生服务一体化管理新模式，完成65家一体化村卫生所建设。推进“互联网+健康医疗”服务，全面实现所有医疗卫生机构健康医疗信息化和一体化村卫生所远程视频诊疗服务全覆盖。

2021年，城厢区推进医疗健康产业发展，优化营商环境。开辟审批绿色通道，提供多层次多样化服务，放宽准入范围，简化优化行政审批，统一审批服务事项，二级及以下医疗机构取消医疗机构设置审批，实行设置审批与执业登记“两证合一”，加大力度消除社会办医的体制机制障碍。积极配合妈祖国际健康城示范中心项目建设，为在该区落地的爱丁堡友好医院、瑞斯康复医院、东南康复医院、明政医院、益民中医医院、伦琴第三方医学影像中心、博奥第三方医学检验中心等医疗机构提供准入政策咨询，指导科室设置。

【健康扶贫】 2021年，城厢区卫健局为建档立卡贫困人口提供家庭医生签约服务，通过入户随访、健康教育、组织免费体检等形式进行履约服务，建立个人健康档案。加强建档立卡农村贫困人口大病专项救治工作，建立大病救治分类台账，对建档立卡贫困对象大病人员救治情况进行全面追踪，并实时完善更新台账信息。同时，通过宣传栏、现场义诊、入户分发宣传材料等形式向建档立卡贫困对象宣传健康扶贫相关政策、家庭医生信息等，提高扶贫对象的政策知晓率；为贫困对象更新或新建电子健康档案；各医疗机构均设立综合服务窗口，开通建档立卡贫困人口专用绿色通道，实现“一站式”结算和先诊疗后付费等便民服务。

【妇幼健康保健】 2021年，城厢区开展孕前优生健康检查、农村妇女“两癌”（宫颈癌、乳腺癌）筛查、地中海贫血防控试点项目、育龄妇女增补叶酸、孕产妇免费产前筛查、艾梅乙母婴阻断等妇幼健康保健项目，成立危重孕产妇和危重新生儿救治中心，畅通救治“绿色通道”，保障母婴安全。开展全区户籍新生儿耳聋基因免费检测，对35—64岁农村妇女进行免费“两癌”筛查。2021年，新生儿耳聋基因免费筛查3000人，宫颈癌免费筛查4098例、乳腺癌4245例，落实免费优生健康检查项目742人次。全区孕产妇、婴儿和5岁以下儿童死亡率分别为57.01/10万、2.34‰、3.27‰，孕产妇早孕建册率91.68%，产后访视率97.21%，0—6岁儿童健康管理率95.2%；育龄妇女增补叶酸2628人。

2021年，城厢区在辖区内人流密集区域建设母婴设施，市第一医院、区医院等辖区6家公立医疗机构完成母乳喂养室设立，为妇女提供温馨的喂养环境。推进标准化、舒适型母婴设施建设，开展寻找“我最喜爱的妈妈小屋”活动，评选“我最喜爱的妈妈小屋”1个，助推母婴设施服务管理水平提升。开展婴幼儿照护服务试点，建成槟果托育中心省级托育服务试点项目及艾妞托育园龙桥社区托育点、万辉社区托育点省级托育服务试点项目，总投资795万元，新增托位265个。联合市妇幼保健院加强高危人群孕育过程的健康指导，举办准妈妈、准爸爸孕期、哺乳期、养育知识班，做好高风险夫妇孕前、孕期跟踪及妊娠结局随访等。

【疾病预防与控制】 2021年，城厢区坚持“预防为主”的工作方针，健全完善疾病预防控制体系，履行防病工作职能，落实重大疾病防控措施。加强慢性病综合干预与管理，密切监测慢性病发病、患病、死亡及危险因素，巩固结核病“三位一体”（定点医疗机构、基层医疗卫生机构、疾控机构分工明确、协调配合的防治服务新模式，集治疗、防治、管理于一体）综合防治模式，创建省级慢性病综合防控示范区。

扩大免疫规划工作，组织疫苗流通和预防接种管理，建立疫苗可追溯体系，落实疫苗冷链全程管理，在疫苗储存、运输的全过程中按要求定时监测、记录温度，保证疫苗质量；加强预防接种信息化管理，探索推进疫苗追溯信息系统建设，完善数字化预防接种门诊建设。加强疾控机构和哨点医院为主的食品安全风险监测体系及其能力建设，提高食源性疾病溯源能力和水平。落实严重精神障碍患者网格化“一历五单”〔“一历”指《精神障碍患者病例》，“五单”分别是患者家属通知单、乡镇（街道）卫生院（社区卫生服务中心）对接单、公安派出所告知单、乡镇（街道）综治中心提示单、村（社区）跟踪单〕救治管理模式，筑牢严重精神障碍患者管理防线。

2021 年，城厢区完善传染病防控及突发公共卫生事件管理，建立城厢区防治重大疾病工作局际联席会议制度，严格执行传染病报告制度，有效落实传染病病人、疑似病人流行病学调查、疫点处置和宣传健康。全年无甲类传染病报告，乙类传染病发病率为 279.31/10 万，丙类传染病发病率为 137.37/10 万；法定传染病总发病率为 416.68/10 万。城厢区卫健局加强突发公共卫生事件应急处置，完善卫健局突发公共卫生事件紧急医学救援领导小组、传染病疫情监测管理领导小组等应急组织机构制度。

2021 年，城厢区卫健局建立高效衔接的平急结合运转机制，严格执行零报告、日报告制度。严格医疗机构防控，通过健康宝、微信公众号等，推广分时段预约诊疗、预防接种，规范预检分诊设置，加强医院发热门诊管理。组织新冠病毒核酸检测，落实重点人群应检尽检、行业适时抽检，以村（社区）为单位安排 130 处核酸临时采样点，建成投用医院、区疾控中心 PCR（核酸检测）实验室，辖区最大检测量 4.15 万人份。辖区内现有 5 家核酸检测机构（市第一医院、城厢区医院、城厢区疾控中心、安泰医学检验实验室、博奥医学检验实验室）。城厢区医院、区疾控中心分别配备普通实时荧光定量 PCR（聚合酶链式反应）、核酸提取仪各 3 套、快检设备 1 套。开展新冠疫苗接种，组织制定接种方案及应急处置方案、技术方案、医疗救治预案、应急救治演练等，调查摸底各行业重点人员。组织爱国卫生运动和卫生消杀，开展以“文明健康绿色环保”为主题的第 33 个爱国卫生月活动，全面动员综合整治环境卫生；组织开展三轮大规模城乡统一的施药消杀活动，累计出动专兼职消杀人员 1630 余人次，消杀器械 1570 余台次；累计投放灭鼠毒饵 4.8 吨、杀虫剂原药 7700 千克，灭蟑药品 12 万包，有效控制“四害”病媒密度，城乡环境卫生面貌得到明显改观。

【综合监督】 2021 年，城厢区卫健局深化“放管服”改革。优化政务服务，推行“自己批网上办”审批服务新模式，实行综合窗口一窗受理。梳理精简部门事项申请材料，城厢区卫健局行政审批和公共服务事项 66 项全部入驻窗口，实现“一趟不用跑”事项 49 项，“最多跑一趟”事项 17 项；制定公开区卫生健康局权责清单，权责事项 365 项。全面推进“双随机、一公开”（在监管过程中随机抽取检查对象，随机选派执法检查人员，抽查情况及查处结果及时向社会公开）监管，对公共场所、学校卫生、生活饮用水、医疗卫生、消毒产品和传染病防治等专业序时监督；加强执法监督检查，采取专项治理与日常监督相结合方式，重点打击无证行医黑诊所、无行医资格的游医和借助虚假广告招摇行骗的行医者，开展辖区范围内餐饮具集中消毒监督检查、生活饮用水监督检查、食源性疾病监测、“一品一码”、食品安全风险监测及食品安全，严抓医疗卫生机构污水达标排放。2021 年，对辖区内 4 家集中式供水单位开展监督检查，进行水质采样检测，抽取出厂水、末梢水样品检测 60 份，合格率为 100%。出动执法监督人员 8796 余人次开展监督巡查，立案查处 40 起，处罚没款 84.6 余万元。

【开展生育关怀】 2021 年，

城厢区卫健局实施一系列生育关怀关爱活动，落实财政资金1398.46万元，兑现计生家庭奖励扶助、贡献奖励、特别扶助、独生子女奖励、农村二女奖励等13931人。落实财政资金14.9万元用于实施农村计生纯女户家庭房屋修缮资金补助、增加义务教育阶段寄宿生生活补助项目。为计生特扶对象缴纳城镇职工养老保险36.09万元，加发城乡居民基本养老保险金8.4万元，落实计生家庭参加城乡居民基本医疗保险财政补助49067人，为辖区60周岁以上农村独生子女、二女户父母提供免费健康体检1368人。推进计划生育特殊家庭联系人制度、就医绿色通道、家庭医生签约服务“三个全覆盖”。结合“两节”等一系列生育关怀救助帮扶活动，与区计生协会联合开展“温情母亲节，为贫困母亲送温暖”活动，现场免费测量血压、发放避孕药具等；为计生户学子减免高中学费，为142名农村独女、二女结扎计生家庭中考给予加分照顾，事业单位加分82人次。定期组织人员上门对失独或伤残家庭给予慰藉关怀，帮助他们重树生活信心。

【计生管理与服务】 2021年，城厢区卫健局深化计划生育服务管理改革，全面推行生育登记和再生育审批网上办理。全区登记一孩717对、二孩686对、三孩22对、办理再生育审批36对，其中网上登记合计1362对。落实首接负责制，推行承诺制、委托代办，实行限时办结，实现“一次不用跑”“最多跑一次”。开展生殖健康进校园、进课堂活动，为青少年提供性病、艾滋病预防及生殖健康咨询服务，开展生殖健康、避孕节育科普知识普及活动，进企业为务工育龄群众提供生殖保健咨询、避孕药具发放等优质服务。结合世界人口日、妇女节、“文化、科技、卫生三下乡”等开展义诊活动，解读优化生育政策，宣传卫生保健知识。探索“互联网+药具发放服务”的新型药具服务模式，拓展药具发放渠道，全区药具免费发放网点145个，在人流密集场所安装自动取套机17台，有效提高发放服务可及性、易得性和便捷性。

【职业健康】 2021年，城厢区卫健局组织开展职业健康专项执法行动，落实职业性尘肺病患者随访调查、工作场所职业病危害因素监测等专项监测工作，完成辖区20家工作场所职业病危害因素监测。

【老龄健康】 2021年，城厢区卫健局落实全区建立高龄老人补贴制度，申报核实2021年度该区新增的九旬、百岁老人名单，每季度发放高龄补贴和长寿营养补贴。全区发放高龄补贴1684人次，金额达202万元。凤凰山街道南门社区获“全国示范型老年友好社区”称号。落实以龙桥街道下磨社区为试点单位的老年人心理关爱项目，以120名老年人为调查对象。落实“银龄安康工程”，为全区户籍80周岁以上老年人（含80周岁，不含离退休人员）由政府统一购买人身意外伤害保险，由市、区按3∶7的比例承担保费。全区符合条件的7726人，金额15.452万元。开展“敬老月”系列活动，“温暖重阳”走访慰问百岁老人、困难老人，市级慰问困难老人、高龄老人、失能老人62人，区级走访慰问百岁老人42人、困难老人240人、老协会会长120人，慰问金达35万余元。开展百岁老人免费体检和巡诊活动、老年健康宣传周活动，利用公众号、海报传单新闻媒体，开设线上专家直播间，下乡送义诊、送知识等，向老年人讲解老年相关政策、签约服务等。累计LED显示屏幕宣传200多块，发放折页40多类1000多份，展板展示50多场次，横幅20余条，下乡义诊巡诊活动7场，接受村民免费咨询1000多人次，免费体检1500多人次。

【医养结合】 2021年，城厢区卫健局积极应对人口老龄化，推进医疗卫生与养老服务融合发展。医疗卫生与养老机构合作共建，常太镇卫生院与常太镇敬老院签订合作协议，选派专业医护人员开展巡诊，为入住老人提供医疗、护理、健康检查等服务；开通与上级医疗机构、老年康复疗养机构双向转诊。将灵川镇中心卫生院原职工宿舍楼与敬老院资产进行置换，按照养老机构标准进行升级改造，建筑面积1000多平方米，设置床位80张，完成项目升级改造、消防评估报告、养老许可备案，与涵江江口幸福养老院有限公司签订运营协议，于2021年3月正式开业运营，入住老人31人。华亭镇卫生院建设医养结合中心，建筑面积5000平方米、设置床位116张，完成项目建设，取得各部门许可，于2021年9月进入运营阶段。

（黄萍萍）

疾病预防控制中心

【概况】 2021年，莆田市城厢区疾病预防控制中心（以下简称“城厢区疾控中心”）全体干部职工团结一心，顾全大局，坚守一线不退缩，全力做好新冠肺炎疫情防控等工作。

【新冠肺炎疫情防控】 2021年，城厢区疾控中心对来自中高风险地区、解除医学观察、新冠肺炎出院患者等重点人群进行健康监测。对公园、超市、农贸（集贸）市场、公共卫生间、企业车间、集中隔离点等重点场所、重点部位新冠病毒外环境标本采集和检测13683份。全区开展四轮全员核酸检测，城厢区疾控中心转运近80万人份标本，并根据各核酸检测机构的标本接受量及时调度配送，“早送、勤送、快送”转运，避免标本积压。

【新冠病毒疫苗接种】 2021年，自5月1日开始启动大规模人群接种新冠病毒疫苗，城厢区累计接种新冠疫苗1016224剂，其中18周岁及以上第一针接种365188剂次，第二针接种362915剂次，第三针接种64535剂次；60周岁及以上第一针接种67431剂次，第二针接种69100剂次，第三针接种1319剂次；12—17周岁第一针接种45464剂次，第二针接种44839剂次；3—11周岁第一针接种70109剂次，第二针接种63174剂次。

【艾滋病防治】 2021年，城厢区疾控中心加大艾滋病防治工作力度，加强健康教育和行为干预，扩大检测范围，切实保障人民群众身体健康和生命安全。按现住址管理，该区病例146例，抗病毒治疗覆盖率为98.63%（144/146）。完成娱乐场所高危人群哨点监测400人和单位体检人群综合监测2000人的工作任务。城厢区妇幼、区疾控中心、莆田市第一医院3个VCT（艾滋病自愿咨询检测）门诊接受艾滋病自愿咨询检测924人次。与城厢区各部门联合开展艾滋病现场宣传、讲座等活动19场次。

【登革热监测】 2021年，城厢区疾控中心根据登革热监测工作方案，分别在7个镇（街道）进行登革热媒介监测户数2390户，阳性容器321个，平均布雷图指数为13.43。

【结核病防治】 2021年，城厢区肺结核病人新发报告登记活动性肺结核病人163例，其中病原学阳性患者73例，占比44.17%。登记活动性病人182例，诊断变更6例，转入耐多药2例，成功治疗162例，成功治疗率92.05%，完成任务要求。辖区非结防机构网络直报肺结核病人311例，其中转诊到位81例，转诊到位率26.05%；需结防机构追踪的网络直报肺结核病人为230例，开展追踪的病人数为230例，追踪率100%；其中追踪到位的病人数为214例，追踪到位率为93.04%；其他到位3人，总体到位298人，总体到位率为95.82%（298/311），完成95%的任务要求。

【食源性疾病监测】 2021年，城厢区5家哨点医院上报食源性疾病监测病例489例，超额完成辖区全年上报408例的目标。报告食源性疾病暴发事件2起，均按规范进行及时报告、调查和处置。

【饮用水监测和集中式餐具监测】 2021年，城厢区疾控中心检测水质320份，其中农村饮用水55份、自来水厂水质17份、城市二次供水25份、水源水监测（厂内）9份、贫困户安全饮水检测196份，其他水质检测18份。开展集中式餐具检测8家次96份。

【职业卫生】 2021年，城厢区完成20家企业职业病监测，及时进行网络录入上报。组织开展辖区尘肺病随访调查工作，入户调查辖区存活尘肺病例3例，完成网络录入和上报。全区有18家企业组织接触职业危害因素职工进行职业健康检查683人次，通过县（区）、市、省三级审核。

【健康教育】 2021年，城厢区疾控中心与区卫健局、莆田市盐务管理局及基层卫生医疗单位联合举办“儿童预防接种日、世界卫生日、碘缺乏病日、爱国卫生月”等主题日大型宣传活动8场，深入华亭中心小学、城厢区第二实验等8所小学开展碘缺乏病、地氟病健康教育。刊登新冠防治等宣传栏8期，普及新冠肺炎、碘缺乏病、高血压、糖尿病等各类健康知识。全年发放各类宣传资料2万多份，宣传品1000多份，悬挂主题横幅16条，展示展板32块48张，接受群众咨询300多人次，免费为群众量血压、测血糖300多人次。

（王永佳）

城厢区医院

【概况】 城厢区医院是该区集医疗、预防、教学为一体的二级综合性医院，占地面积2.5公顷，总建筑面积为26532平方米，总投资近2亿元，门诊楼、医技楼于2019年7月投入使用，病房楼于2021年12月投入使用。现有职工342人，卫技人员244人，其中：研究生学历6人，本科学历134人；高级职称36人，中级职称57人；临床医生90人，护士120人。医院以创建二级甲等医院为近期目标，开设内科（消化、心血管、内分泌等专科）、外科（普通外科、肛肠外科、甲乳外科）、妇科、儿科、口腔科、眼科、耳鼻咽喉科、中医康复科、皮肤科、预防接种中心等多个特色科室，重点设置慢病中心、口腔中心、眼科中心、体检中心、预防接种中心、远程会诊中心“六大医疗中心”，补齐产科、急诊科、ICU等空白科室。配有美国GE64排128层高端螺旋CT、新东方1000E全身DR数字成像系统、富士能4450HD胃肠镜、TC200模块化全高清三晶片宫腹腔镜、LOGIQE8高端彩色多普勒超声诊断仪、BS-2000M全自动迈瑞生化分析仪、SLC-2000B电子阴道镜、超声乳化仪、LEEP刀、激光治疗仪、红外治疗仪、飞顿黑金超光子嫩肤仪、CBCT（OP3DVision）口腔颌面锥形束计算机体层摄影设备等多台大中型先进医疗设备。经原市卫生局批准开设100张病床，实际开放70张床位。为进一步提高该院医疗服务水平，该院与福建省人民医院、厦门大学附属中山医院、莆田市第一医院等大型三甲医院建立医联体，2021年6月28日正式挂牌“莆田市第一医院医疗集团城厢区医院”。上级医院定期派驻高级职称专家80名以上，对该院内镜中心、中医科、外科（肛肠）、神经内科、妇产科、普外科等科室进行共建帮扶，带动该院多学科发展，打造医院重点特色专科，极大地提升医疗水平及服务质量，让群众切实获得医改红利。

【业务概况】 2021年，城厢区医院在积极做好疫情防控工作的同时，提高内涵质量，转变行业作风，在卫生健康工作中做出应有的贡献。

医院年总收入1.66亿元，实现医疗收入9658.66万元，医疗收入增长35.06%，医务性收入3512.6万元；门诊量35.23万人次，增长7.11%；住院人数2927人次，增长37.55%。药占比38.92%，同比下降19.33%；门诊人均费用167.05元，下降4.58%，住院人均费用4254.49元。

【疫情防控】 2021年9月，面对本土新冠肺炎疫情，城区医院全体职工连续奋战20多天，用实际行动践行“舍小家、顾大局”的精神。157位核酸采样人员冒着被感染的风险，保障全区四轮全民核酸检测采样、重点人群上门采样、标本转运及支援仙游大规模核酸采集任务；54名医护人员重点保障14个隔离点；17名发热门诊医护人员用严格的流程守好发热门诊“前哨”；PCR实验室保持“人停机不停”，工作人员轮班开展核酸检测；组建核酸样本转运组，40名转运专员累计执行转运任务近5000趟次，转运近100万人份核酸检测标本，取得转运、送检“零”差错的成绩；医院后勤部门每天点对点配送采样点、转运组及20多个隔离点大量所需货物，承担医院职工、志愿者、转运司机、保洁保安近400人的三餐供应，院内环境消杀等大量的后勤保障工作。医院迎接国家专项督查、省、市、区疫情防控督导检查20余次，获得各级单位的充分认可与赞扬。

2021年9月，城厢区医院组织人员参与城厢区四轮区域核酸采样

（朱碧英 摄）

【疫苗接种】 2021年，城厢区医院安排近80人团队全力保障新冠疫苗接种工作，增设8个登记台、12个接种台，协助开展人员疏导、秩序维护、疑惑解答、信息采集等工作，确保疫苗接种秩序井然，截至年底接种超20万针剂。此外，为做好新冠疫苗接种禁忌证评估服务工作，城厢区医院设置新冠疫苗接种点禁忌证专家评估组，在现场还增派数名流动医务人员为群众提供健康咨询，让群众正确识别禁忌证，放心接种。为应对酷暑、暴雨等恶劣天气，医院增加遮阳棚，安装洒水降温装置等，让群众享受便捷的纳凉服务。开展优质服务，在排队等候区、留观区设置饮水机，满足群众饮水需求，为老年群众精心准备菊花茶、面包等食品。在阴雨天准备爱心雨伞、伞套、铺设防滑地毯、设立防滑标识等便民设施，开通老年人、残障人士绿色通道，临近开学该院还设置15—17岁学生接种专场、3—11岁儿童新冠接种专场，切实保障人民群众生命安全和身体健康。

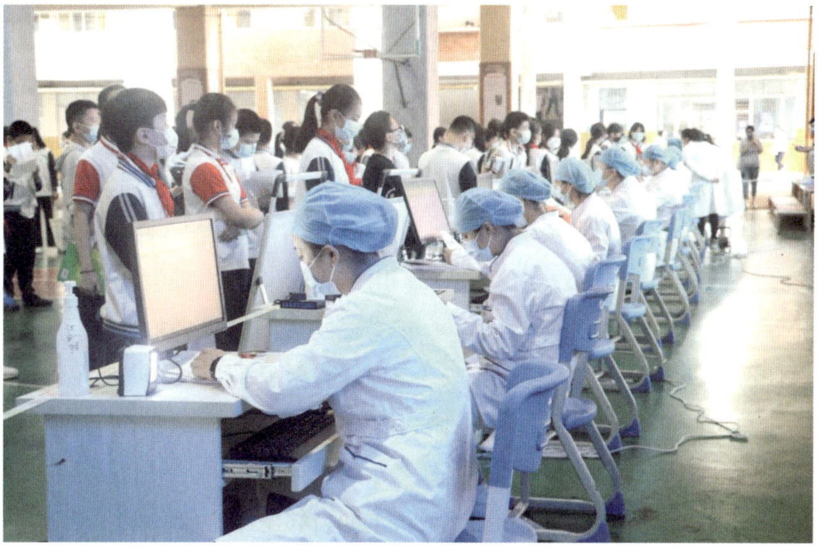

2021年7月30日，城厢区医院在南门学校开设接种新冠疫苗学生专场

（区医院 供）

【防控救治体系】 2021年，城厢区医院重构医院支持保障体系，提升突发公共卫生事件保障能力。提升医院硬件设施、后勤服务以及物资保障，结合疫情需要，对住院部按“三区两通道”（清洁区、污染区和半污染区，医务人员通道、病人通道）要求作调整，扩建PCR实验室、调整物资储备用房等，储备一定数量的防疫物资。加强人员队伍建设，组建隔离点医疗保障队、医疗救治队、核酸采样队、核酸转运队、核酸检测队、后勤保障队6支训练有素的团队，形成一套组织协调、协同管理的体制机制。以练养战，开展新冠肺炎疫情下突发事件应急演练4场，模拟病房拟收治人员为新冠患者，通过演练加强协作联动，规范疫情处置程序，有效提高医护人员预防和处置突发事件的意识和能力。抓实抓细常态化疫情防控，召开各类新冠肺炎疫情防控专题工作部署会10余次。加强预检分诊和发热门诊管理，住院部严格执行“一人一证一陪护”制度，落实全员核酸检测，开展每日院感督导检查，持续加压，确保院内无感染。

【手术诊疗】 2021年，城厢区医院医技楼手术室投入使用以来，手术总例数2772例，比上年增加927例，同比上涨37.7%。其中住院手术778例，比上年增加436例，同比上涨101.8%；门诊手术1994例，比上年增加491例，同比上涨21.6%。其中腹腔镜手术，实现从无到有的跨越，分别有腔镜疝气、腔镜阑尾、腔镜胆囊、腔镜胸椎肿瘤、腔镜精索静脉、腔镜卵巢切除及腔镜阴式子宫切除等。同时，2021年新开展的3级4级手术有：腰椎骨折切开复位内固定术及半髋、全髋关节置术、四肢骨折内固定手术等，手术实现质与量的双重飞跃。麻醉科开展超声引导下神经阻滞麻醉、动脉穿刺及动脉压监测、术中体温监测等新项目，正式启用手术麻醉系统以及麻醉病历系统，进一步提升医疗服务水平、提高医疗质量、保障医疗安全。

【发热门诊建设】 2021年，城厢区医院发热门诊改建项目顺利通过市卫健委专家组评审验收，以全新面貌正式开诊。新发热门诊实现环境和功能“双升级”，更好发挥“哨点”作用，为全面、精准、有序开展各项筛查诊疗工作，有效应对新冠肺炎疫情和防控秋冬季传染病夯实基础、提供有力支持。发热门诊按儿科门诊及成人门诊分2个诊室，设有3间独立留观室、1台发热门诊专用CT机、1台自助发药机，基本实现发热门诊患者的全程闭环管理，有效避免交叉感染，保障患者安全。

【助力邻里中心】 2021年，城厢区卫生院领办下黄社区卫生服务站，创新医疗资源下乡“1+2+3”模式。即每月1次省级专家坐诊日，每周2次市一医院专家巡诊，每周3日区医院全科医生、专科医生及中医科医生轮流坐诊。通过省、市、区、街四级联动，实现优质医疗资源的纵向流动，真正实现医疗服务群众“零公里”。全年诊疗200多人次，开具处方44张，组织开展“规律睡眠健康未来”世界睡眠日等义诊活动4场，服务群众约400人次。

【医疗改革】 2021年6月，城厢区医院正式加入莆田市第一医院医疗集团，在医疗集团的框架内，双方进行医疗、教学、临床实践等多方位的支持和合作。运用双主任制、联合病房、市医院专家门诊以及科室共建等一系列新型管理手段，不断提高集团内医院的能力和实力。通过市医院呼吸内科、老年科、妇科、外科等30余名专家带教坐诊，年门诊量增加8000多人次，其中包括临床泌尿外科、甲乳科、肾内科、风湿内科等空白科室。帮扶开展手术371例，共建联合病房收治患者46人次，人均费用4934元，人均自费1762.8元，费用减少比率达52%。与宁夏回族自治区同心县中医医院签订对口支援协议，从专科建设、人才培养、技术提升、科室管理等领域开展支援工作。在宁夏发生新冠肺炎疫情后，援宁医生沈秀香主任医师主动请缨奔赴抗疫一线参加抗疫工作，为当地的疫情防控工作贡献力量。凤凰山分院一二层完成改造，一层设有智慧健康小屋、红十字博爱驿站、爱心角等，二层设有中医科、中医内科、腰腿痛专科、心血管科、儿科、妇科等诊室、中医理疗区、抢救室等区域，进一步完善社区环境建设。分院与市一医院开展试点建设联合病房，由市一医院委派副主任职称以上业务骨干驻扎康复“联合病房”担任科主任，对联合病房科室内人、财、物及绩效分配统筹管理。依托市一院在医院管理、学科建设、医疗技术等方面的优势，康复病房组配备7名高年资医生、2名康复技师、2名护士配合联合病房工作，提供后续治疗、康复、护理服务，主动对接专家门诊坐诊、技能培训等。全省首家与GE公司合作开展早期肺癌低剂量CT筛查业务。

【医疗质量管理】 2021年，城厢区医院提升医院管理效率，运用PDCA（计划、执行、检查、处理）和HIS（医院信息系统）2个质量改进方法，组织各科室进行医疗质量的持续改进管理。进行11次医疗质量大检查，抽查医疗文书300余份，下发整改意见书100余份。严格药品管理，医务科针对麻精药品的申请、发放和审核进行全流程的再细化，制定麻精药品专用病历，将麻精药品管理严格落实到位。妥善处理医疗纠纷投诉，开展销号处理。开展依法执业自查，制定依法执业自查工作制度、依法执业自查内部公示制度、依法执业自查奖惩制度，成立医院依法执业自查自纠领导小组与依法执业自查自纠职能办公室，加强医疗质量安全相关培训。开展医疗培训，通过邀请上级医院专家到该院授课的方式，开展城厢区医院法律讲座、新冠病毒疫苗接种不良反应应急处置培训、优化架构，推进基层医院高质量发展、DIP培训等主题培训10余场。开展“三基三严”（基本理论、基本知识、基本技能，严格要求、严密组织、严谨态度）考核，组织2场“三基”理论考试，合格率均大于80%。开展11场义诊公益性活动，走进九龙小区、下黄社区、万达广场、华亭镇园头村、灵川镇径里村等场所开展送医送药下乡义诊活动，接受咨询诊疗人数2000余人次，发放健康教育宣传单500余份。年内派出医护人员156人次参与考试、两会、市运动会等医疗保障，派出医护人员692人次参与新冠疫苗接种医疗保障工作。先后2次修订新冠常态化防控工作方案和应急预案，开展9场新冠救治培训，4场应急演练，牵头制定《新冠肺炎疫情常态化防控督查及问责制度》，按制度要求每日对院内疫情防控落实情况进行督查162次，下发整改反馈单307份。

【护理服务】 2021年，城厢区医院加强护理质量过程控制，继续实行护理质量二级管理体系，完善护理工作规章制度、工作流程、岗位职责、应急预案78份，充实护理质量与安全管理委员会成员19名，建立完善护理管理层级，结合医院实际重新梳理、修订护理质量考核和检查标准9份。选派护理骨干参加院外培训。组织全院护理人员和新进人员进行三基理论知识和技术操作考核10场，举行2021年新进护士岗前培训22场。按计划选派护理人员分别到莆田市第一医院进修。选派护理人员参加莆田市护理学会举办的各类比赛，内科病房护士林秋香荣获莆田市2021年外周静脉输液治疗护理创新演讲比赛二等奖，内科病房护士曾楚凡荣获福建省护理学会第一届门诊护理“安采大使”风采展示预选莆田赛区二等奖。举行“百年荣光医心向党”——急救技能心肺复苏团队比赛，规范急救操作，增强急救意识及应急能力，切实提高护理人员的急救水平。

【院感工作】 2021年，城厢区医院对院感制度、新冠肺炎疫情防控相关工作方案、制度、流程、预案等进行修订增补，制定防控督导检查表2版（8个督查表），形成新冠肺炎常态化防控院感手册（含14个附件），制定、修订新冠肺炎防治应急预案3版并进行应急演练，调整充实院感督导小组、新冠肺炎疫情防控应急消杀小组、院感科人员。

加强医院感染管理质量控制，采取科室每月自查、院感科人员定期或不定期每月到各科室督查等方式，对医院感染管理质控督查。加强医院感染监测及监管，监测在院病例 2612 人，报告医院感染率 0.31%。每季度对重点部门空气、物表、医务人员手进行监测，并将监测结果进行汇总分析。全年监测空气、物体表面等各类标本 633 份，合格 628 份，合格率 99.21%。开展住院病人现患率调查，由感染专职人员和内科医生采取床旁调查和病案调查相结合，实查率 100%，医院感染现患率为 5.41%。监测手术 706 台，其中一类切口 248 台，无切口感染；二类切口 123 台，无切口感染；三类切口 27 台，无切口感染；零类切口 307 台，无切口感染。加强重点科室、重点环节感控管理。参与新建、改建建筑布局设计，对 PCR 实验室、发热门诊、橙码核酸采集点、急诊缓冲抢救室、影像科、医疗废物暂存间及即将新开感控重点部门（ICU、血透室、产房、新生儿科等）的布局图纸提出建议，并请相关专家对图纸进行论证审核。加强医疗废物、污水管理，确保环境安全。

【队伍建设】 2021 年，城厢区医院推进与市一医院科室共建，聘请市一医院学科专家、管理专家，全面提升业务水平及管理能力。主动与厦门中山医院内镜中心建立协作关系，由陈建民主任带领的博士团队每周六来该院坐诊。与福建中医药大学附属人民医院签订医联体合作协议，在医院二楼门诊开设肛肠科“名医工作室”，聘请省人民医院的肛肠科专家教授定期坐诊，以专家门诊、手术示教、教学查房等方式全方位深入合作。建设名医工作室，内分泌科和口腔科分别与福建省立医院温俊平团队和福建医科大学附属口腔医院苏柏华团队成立名医“师带徒”工作室。通过门诊坐诊、义诊活动、主任查房、座谈交流会、专业技能培训会等多种形式开展医疗技术帮扶工作。

【设备投入】 2021 年，城厢区医院在全市首家公立医院引进口腔 CBCT（锥形束投照计算机重组断层影像设备），提高诊断能力。骨科手术中投入使用 C 形臂数字影像系统，广泛应用于医院骨科、外科、妇科等科室。皮肤科引进莆田首台飞顿黑金超光子嫩肤仪，可以“一站式”解决色素、红血丝、细纹、粗糙等多种皮肤问题。该院初步成型数字化医院，200 多台计算机同时运行，信息系统主要包括门诊医生工作站、住院医生工作站、住院护士工作站、电子病历系统、医技管理系统、检验系统、医学影像系统、体检系统、病案归档系统、手术麻醉系统、药库药房管理系统、门诊住院收费系统、医院资源管理系统等，支撑涵盖病人到院就诊、药品、设备、物资、卫材管理等各个环节的管理。

【新址建设】 城厢区医院病房楼于 2021 年 12 月底投入使用，补齐产科、血透科、骨科等空白科室，落实病房分区，引用一批高端大型医疗设备，如高端 DR（数字 X 线摄影）、移动彩超等，推动医疗科学技术进步，满足患者多层次医疗服务需求。

（陈志军）

2021 年 6 月 28 日，莆田市第一医院医疗集团城厢区医院揭牌仪式举行

（陈志军 摄）

体 育

【概况】 2021年，城厢区被国家体育总局授予“全国群众体育先进集体”，特别是在莆田市第五届运动会（青少年部）中包揽总金牌（含带牌）全市第一、现场金牌数全市第一、总分（含带分）全市第一、现场比赛总分全市第一的“四个第一”，取得建区以来最好成绩。

【群众体育】 2021年，城厢区完善全民健身基础设施建设规划，加强中小型公共体育设施建设，支持足球场地设施、中小型居民健身中心、农民体育健身工程等建设。全区投入180万元新建多功能运动场所1个、室内健身房3个、室外健身点20处。构建区、镇（街道）、行政村（社区）三级群众身边的全民健身设施网络和城市15分钟健身圈，形成与绿道网慢行系统等相互串联的体育设施网络，全区人均场地面积达到2.06平方米。举办城厢区全民健身运动会乒乓球、羽毛球、篮球、足球、围棋等15个项目比赛和庆祝中国共产党成立100周年暨城厢区全民健身展演活动4场次，参与人数不断增加，全民体质持续增强，体育消费稳步加大。

【竞技体育】 2021年，城厢区组队参加莆田市第五届运动会（青少年部），507名运动员参加15个大项、396个小项的比赛，获得总金牌（含带牌）全市第一、现场金牌数全市第一、总分（含带分）全市第一、现场比赛总分全市第一的“四个第一”好成绩。承办莆田市第五届运动会6个大项（青少年部3项排球、游泳、皮划赛艇，群众部2项健身气功、气排球，行业部1项游泳）的办赛工作。

城厢区在2021年莆田市第五届运动会破纪录人员名单

表4

项目	运动员	比赛名称	参赛项目
游泳	王善海	莆田市第五届运动会	男甲100米蛙泳
游泳	李晨颢	莆田市第五届运动会	男甲200米蝶泳
游泳	陈露颖	莆田市第五届运动会	女甲400米个人混合泳
田径	陈　昇	莆田市第五届运动会	男甲5000米
田径	连宣铭	莆田市第五届运动会	男甲5000米
田径	陈博言	莆田市第五届运动会	男甲5000米

（廖娴娴、林志远、吴青青、林金海、林逢春）

劳动就业管理

【概况】 2021年，城厢区全面落实就业优先政策，加强高校毕业生等重点群体就业创业服务，大力推进职业技能提升行动，积极开展劳动监察，实施根治欠薪行动，构建多元劳资纠纷调处体系，切实维护劳动者合法权益。

【就业目标任务】 2021年城厢区城镇新增就业人员7498人，完成年计划指标的154.6%；帮助城镇失业人员再就业3162人，完成年计划指标的210.8%；就业困难人员再就业105人，完成年计划指标的105%，期末全区城镇登记失业率3.2%。

【稳就业工作】 2021年，莆田市城厢区人力资源和社会保障局（以下简称“城厢区人社局”）坚持稳企稳岗稳就业一体联动协同推进，综合实施减税降费、援企稳岗、金融支持等扶持政策，稳市场主体、稳就业岗位、稳职工队伍。全年减免失业保险费2969.52万元，受理稳岗返还企业申请1720家，发放金额264.61万元。为41家符合条件的规上企业拨付疫情防控期间一次性稳岗稳工奖补85.71万元。落实灵活就业人员社保补贴、技能提升补贴等稳就业补贴资金127.49万元，兑现春节期间连续生产稳就业奖补、员工留莆过年奖补等各类补助资金302.55万元。

【高校毕业生就业渠道】 2021年，城厢区人社局始终把高校毕业生就业摆在突出位置，深入挖掘就业岗位，实施“三支一扶”（大学生在毕业后到农村基层从事支农、支教、支医和扶贫工作）招募计划、基层公共管理和社会服务招聘计划、事业单位公开招聘等，不断拓宽就业渠道。征集2021年度“三支一扶”岗位15个，招聘事业单位工作人员112人、“党建+”邻里中心和便民服务中心基层公共服务岗位工作人员59人。组织申报大中专毕业生创业省级资助项目43个，占全市的46.74%，申报项目数创历史新高。2个项目获选市级资助一等奖，1个项目获选市级资助三等奖。征集就业见习岗位967个，130名青年参加就业见习，累计发放见习补助136.02万元。离校未就业高校毕业生就业率98.74%，排名全市一。

【困难群体就业保障】 2021年，城厢区人社局统筹做好巩固脱贫攻坚成果同乡村振兴有效衔接，对乡村公益性岗位补贴政策期满的脱贫户实行一年缓冲期，实施银发劳务服务政策，帮助119名就业困难人员、脱贫户在公益性岗位、银发脱贫劳务服务岗位实现就业。对吸纳脱贫人口跨省就业给予补助，补贴企业180家4770人。

【优化公共就业服务】 2021年，城厢区人社局精准对接重点企业，依托“城厢网上人才市场”，常态化推进线上线下招聘活动，累计提供岗位8650个。深入推进闽宁劳务协作，与宁夏同心县签订劳务合作协议书，设立首家对口帮扶县在城厢的就业见习基地。开展闽宁劳务协作网络招聘会，征集8家企业就业岗位561个。组织参加人社部举办的第三届全国创业就业服务展示交流活动，与海峡人才联合打造的“海峡闽宁劳务”品牌成功入选人社部“典型劳务品牌宣传推广建议名单”，并获得“创新发展类劳务品牌”称号。

【根治欠薪行动】 2021年，城厢区人社局进一步压紧压实属地责任、行业部门监管责任、用人单位主体责任，畅通和规范劳动者诉求表达、利益协调、权益保障通道，全年处置劳资纠纷投诉件165件，帮助547名农民工讨回被拖欠工资396.84万元，受理“12345”欠薪诉求件1211件，为1568人解决被拖欠工资1550.37万元，劳动保障监察投诉案件结案率96.08%、拖欠农民工工资举报投诉案件结案率98.3%。“12345”诉求件及时回复率100%，及时查阅率100%，满意率99.93%，提前回复率54.05%，回访满意率98.93%，反馈答复率97.93%。城厢区人社局开展“在建工程项目拖欠农民工工资问题”点题整治活动，列入“我为群众办实事”实践活动项目之一，排查问题49个，全部整改到位；发现8个问题线索，全部办结。

【工资支付诚信体系建设】 2021年，城厢区人社局开展用人单位的劳动保障守法诚信等级评价，将5家企业列入C级暨严重失信单位名单。对4起重大劳动保障违法行为予以社会公布。力奴鞋业等4家企业获选2021年度市级劳动关系和谐企业。

【构建多元劳资纠纷调处体系】 2021年，城厢区人社局加大劳资纠纷调处力度，将调解工作贯穿于庭前、庭中、庭后，能调尽调，受理劳动争议仲裁案件291件，案外调解41件，案内调解成功130件，调解成功率53%，结案率97%，涉及人数395人，金额790多万元。办结工伤认定案件362件，应诉行政诉讼案件18件，其中胜诉17件、1件未结案，涉案金额300余万元，有效维护工伤保险基金安全和劳动者合法权益。完善用人单位劳动争议协商解决机制，夯实基层工作基础，聘用劳动保障协理员、劳动关系协调员等镇街、园区基层公共服务和社会管理岗工作人员16名。设立华林园区劳资工作站，推动劳动纠纷就地就近解决。

【劳动保障法律法规宣传】 2021年，城厢区人社局利用多种方式广泛宣传劳动保障法律法规知识，定期在区政府门户网站向社会公布重大劳动保障违法行为、拖欠农民工工资“黑名单”等，进一步强化社会舆论监督，促进用人单位遵守劳动保障法律、法

2021年12月11日，城厢区人社局在南湖公园广场开展“根治欠薪法制宣传暨集中接访日”活动　　（陈雨昕　摄）

规和规章，在全社会营造依法用工和自我维权的舆论氛围。5 月 19 日，由城厢区根治拖欠农民工工资工作领导小组办公室主办、区人社局承办的《保障农民工工资支付条例》专题宣传日活动在凤凰山广场举行。12 月 11 日，"根治欠薪法制宣传暨集中接访日"活动在南湖公园广场举行。

2021 年 12 月 13 日，城厢区人社局在城厢区闽医堂海峡职业培训学校会议室开展美发师技能提升培训班 （苏燕艺 摄）

人力资源管理

【概况】 2021 年，城厢区强化创新人才支撑作用，落实人才优惠政策，健全人才服务体系，完善人才评价激励机制，强化职业技能培训，开展竞赛选拔培养，实现人才引领创新发展。

【人才集聚发展平台】 2021 年，城厢区建成全市首家省级工业园区职业技能提升中心。鼓励各类企事业单位申办民办职业培训机构、就业见习基地、技能大师工作室，全年新增民办职业培训机构 2 家、就业见习基地 7 家、技能大师工作室 5 家、市级人才驿站 2 家。全区有民办职业培训机构 8 家，占全市近三分之一，数量为全市之最。人力资源服务机构 11 家，占全市近四分之一。市级人才驿站 2 家，技能大师工作室 10 家，国家级技能大师工作室 1 家。2021 年成功推荐 6 名技能人才获选全市首批莆田市企业首席技师。

【人才优惠政策】 2021 年，城厢区人社局组织事业单位高层次及重点紧缺专业人才招聘，聘用高层次人才 3 人，审核通过 22 名高层次人才入住七中山人才公寓。

【专项能力考核认定】 2021 年，城厢区人社局规范鉴定行为，提高鉴定质量，开展专项职业能力考核鉴定二期，其中鞋面车缝

2021 年 12 月 1 日，城厢区人社局在莆田市力奴鞋业有限公司二厂四楼举办 2021 年度"莆田工匠"职业技能大赛暨城厢区鞋面车缝职业技能竞赛活动 （陈群桑 摄）

63人，面包烘焙55人，拨付技能鉴定补贴0.7万元。

【职业技能提升】 2021年，城厢区人社局继续将职业技能提升工程列入2021年度区委区政府为民办实事项目，全年开展各类补贴性训6180人次，完成年计划的150.73%。全面推广职业技能电子培训券，累计制发培训券1314张。

【竞赛选拔培养】 2021年，区人社局积极开展各类职业技能竞赛活动，成功主办美食烹饪、西式烘焙、鞋面车缝业技能竞赛3场次，组织近270名技能劳动者参与，对获得竞赛中获得第一名的选手授予“城厢区职业技术能手”称号，对成绩合格的选手颁发相应工种职业资格证书。对成功举办的企业，按《莆田市职业技能竞赛管理办法》规定给予竞赛经费补助。

（徐媛清）

社会保障与组织管理

【概况】 2021年，城厢区健全社会救助机制，逐步提高城乡低保、孤残儿童、特困供养等补助标准，将救助范围向低收入家庭等边缘困难群体延伸，兜牢基本民生保障底线。城厢区民政局严把审批关口，严格依法登记，加强社会组织管理。

【城乡低保保障】 2021年，城厢区城乡低保标准“提标扩面”，加强主动发现和监测预警，及时将符合条件的困难群众纳入低保或特困供养，落实低保标准与最低工资标准挂钩的动态调整机制。全区城市低保保障标准为754元/月（9048元/年），现有的农村低保补助水平为381元/月（4572元/年），城市低保补助水平为580元/月（6960元/年）。1—12月发放城乡低保金2646.04万元，救助1996户4596人：城市发放252.97万元，救助148户333人；农村发放2393.08万元，救助1848户4263人。1—12月救助特困对象284人，发放救助金550.46万元：全自理108人，半护理127人，全护理49人，集中供养率达95.45%。

（欧智杰）

【社会组织管理】 2021年，城厢区民政局依法登记社会组织，严把审批关口，审批社会组织成立登记24个，变更登记10个，注销登记9个，出具社会组织开设临时账户申请33个。在抓好审批工作的同时，积极开展社会组织年度报告工作。使用全省社会组织年报系统，开展2020年度全区性社会团体和社会服务机构工作报告，实现全流程网上申报。全区91家社会组织年符合2020年度年报，其中76家社会组织按时申报，剩余15家未按时限参加年报。

（欧智杰）

【实施全民参保计划】 2021年，城厢区人社局大力推进基本养老保险精准扩面，推动常住人口参保对象养老保险全覆盖，不断提升养老保障层次，加大企业职工养老保险参保政策宣传，紧盯精准扩面对象，积极引导新业态从业人员、灵活就业人员、高校毕业生、退役军人、农民工等有条件的适龄城乡居民参加企业职工养老保险。

【困难群体援助帮扶】 2021年，城厢区人社局落实城乡居民养老保险费代缴政策，为5681名特殊群体代缴基本养老保险费113.62万元，应保应缴特殊群体100%到位。继续实施失业保险保障扩围政策，阶段性扩大农民工失业保险保障范围，对符合发放条件人员及时发放失业人员失业保险金、失业补助金及临时生活补助，全年发放失业金809人，金额345.46万元；发放失业补助金5905人次，金额421.4万元。

（徐媛清）

社会救助

【概况】 2021年，城厢区健全社会救助机制，逐步提高城乡低保、孤残儿童、特困供养等补助标准，将救助范围向低收入家庭等边缘困难群体延伸，兜牢基本民生保障底线。

【开展点题整治培训】 2021年，城厢区民政局为更好地保障特殊群体基本生活需要，围绕基层民政社会救助工作中的重点难点热点，深入120个村（居）走访宣传，积极开展“漏保”“漏救”点题整治业务培训，发放宣传册5000册，推进困难群众“漏保”“漏救”问题点题整治工作，确保落实“应保尽保、应救尽救、应帮尽帮”。

【特殊困难群众救助】 2021年莆田新冠肺炎疫情防控期间，城厢区民政局使用临时救助资金59884元购买防疫物资，为城乡低保对象、特困对象、宗教场所儿童、养老机构等困难群体发放医用外科口罩12万个、84消毒液4700瓶、橡胶外科手套700双、一次性帽子鞋套320个、免洗洗手凝胶70瓶等防疫物资，做好困难群众“守护人”，坚决打赢疫情防控阻击战。

【构建社会救助体系】 2021年，城厢区民政局严格落实“四个不摘”（摘帽不摘责任、摘帽不摘政策、摘帽不摘帮扶和摘帽不摘监管）要求，保持农村社会救助政策持续稳定，推动巩固拓展脱贫攻坚兜底保障成果同乡村振兴有效衔接，切实兜住兜牢兜好基本民生保障底线。牵头联合农业农村局、教育局和各镇（街道）等37个责任单位出台《莆田市城厢区改革完善社会救助制度实施方案》（莆城委办发〔2021〕5号）。按照保基本、兜底线、救急难、可持续的总体思路，改革完善社会救助制度体系。

（欧智杰）

居民生活

【概况】 2021年，城厢区持续实施就业优先政策，以落实“六稳、六保”工作为重点，以实现更加充分、更高质量就业为目标，统筹推进高校毕业生、农村劳动力、退役军人等各类重点群体就业，不断增加城乡居民收入水平。

【主要指标】 2021年，城厢区城镇居民人均可支配收入50854元，比上年增长8.0%，增速位居全市第三。分季度看：一季度城镇人均可支配收入比上年同期增长10.1%，上半年人均可支配收入比上年同期增长10%，前三季度人均可支配收入比上年同期增长9.2%，全年人均可支配收入比上年同期增长8.0%，全年呈现加速上涨的良好态势。城镇居民人均生活消费支出30526元，增速位居全市第二。农村居民人均可支配收入25444元，比上年增长10.3%，增幅居全市第三位。区农村居民人均生活消费支出19209元，比上年增长17.09%。

（黄裕模）

基层组织建设

【概况】 2021年，城厢区精细组织，稳步推进，全面完成村级组织换届；深化城乡社区议事协商工作，加强议事协商创新试点工作，稳步推动基层组织建设，不断强化基层治理工作。

【村（居）换届选举工作】 2021年，城厢区华亭镇西湖村作为莆田市村（居）委员会换届选举试点村，10月中旬全市首个完成村民委员会选举试点工作，成功选举出新一届村委会成员。是年11月，城厢区龙桥街道3个建制村、8个社区全部完成村（居）委会换届选举工作，以100%的成功率一次性选举出让群众满意的领导班子。12月，在典型引领下，全区换届选举工作营造学有榜样、做有标杆，122个村（居）完成换届选举工作，全部实现书记主任“一肩挑”。

【民主协商工作】 2021年，城厢区民政局围绕村级议事协商机制建设、议事协商形式创新、民生事业建设等内容，通过“征询民意、确定内容、组织协调、民主决策、公示公开、实施监督”六个步骤，增强村级议事协商的可操作性和规范性，指导和推进城厢区华亭镇埔柳村创建全国村级议事协商创新试验试点工作。12月8日，该村入选全国村级议事协商创新实验试点单位。

（欧智杰）

社会福利和慈善事业

【概况】 2021年，城厢区持续深化居家和社区养老服务改革试点，鼓励社会资本参与农村养老运营中心提升改造，形成具有城厢特色的农村幸福院运营模式。大力开展儿童、残疾人等社会福利事业，推进新时代公民道德建设，支持工会、共青团、妇联、工商联等人民团体广泛参与社会治理和公共服务，助推慈善事业高质量发展，营造文明有序的社会发展环境。

【养老服务】 2021年，城厢区民政局通过对幸福院和社区日间照料中心（长者之家）内设食堂进行改造提升，建设10个“长者食堂”，并引进专业化养老服务公司莆田禾康运营，探索农村养老服务设施“公建民营”新模式。2021年8月，全区“长者食堂”项目在省民政厅、发改委联合组织的养老服务改革创新案例征集及评选活动中入选福建省养老服务改革创新案例。建设并运营7个“党建+”邻里中心长者之家，通过创星提升为老服务工作（评级四星级长者之家5个、三星级长者之家2个），为辖区内的老年人提供生活照料、精神慰藉、文化娱乐、法律咨询等服务，切实提升老年人生活幸福感。

【儿童福利】 2021年，城厢区成立城厢区未成年人保护委员会，加大协作力度，由区民政局牵头落实，拟联合出台《莆田市城厢区未成年人保护委员会工作规则》《加强未成年人保护工作的实施方案》等文件，促进青少年健康成长。同时，结合未成年人保护法宣传月，对全区7名儿童督导员、120名儿童主任开展5期业务培训，重点宣讲未成年人保护法相关政策，实现业务提升培训全覆盖。2021年，区民政局为及时掌握儿童动态和需求，链接合适资源，转介到相关单位帮扶。各村（社区）儿童主任主动协同网格员、社工定期排查、走访留守（困境）儿童，建档造册，实现动态管理，做到底数清、情况明。及时采集新增人员信息，严格落实退出机制，实时更新数据信息。是年，全区有农村留守儿童148人，困境儿童1358人。全年按时发放孤儿基本生活保障补助资金118300元、事实无人抚养儿童基本生活保障补助资金2386411元。城厢区民政局加强监督宗教活动场所，严格落实各项安全措施，引导督促宗教活动场所做好收留抚养孤弃儿童日常生活。指定镇（街）、村（居）干部各1名结对挂钩，实行日常走访了解情况，建立健全报告制度，逐级报备本辖区宗教活动场所收留儿童的生活、学习等情况。是年，成功动员宗教场所收留抚养孤弃儿童送往儿童村1人，满18周岁退出监管名单4人，有34个宗教场所收养77名孤弃儿童，纳入事实无人抚养儿童72人。城厢区民政局整合教育等部门优质资源，建设4个农村留守儿童特色基地。组织青年志愿者，参照“社工+志愿者”和“网格+留守（困境）儿童关爱保护网格化”模式，利用植树节、“六一”国际儿童节等节点开展多主题的关爱留守（困境）儿童系列活动，分发宣传手册1000余份，为8位留守儿童发放助学礼包、78名宗教场所儿童发放防疫物品。

【残疾人福利】 2021年，城厢区民政局全面落实残疾人“两项补贴”（困难残疾人生活补贴和重度残疾人护理补贴）标准动态调整机制，不断提高制度运行效率，确保精准识别、精准发放。全年发放残疾人生活补贴资金5522356元、重度残疾人护理补贴发放资金6508458元。2021年，区民政局加强同区救助站、社工站协作，联合进行“情系救助爱在寒冬”街面流浪乞讨人员寒冬送温暖专项行动。社工、环卫工和志愿者通过分发宣传单、爱心救助卡，录制救助方言广播等方式向群众进行救助政策宣传，以及普及发现流浪人员的应急解决方法。

【“双节”送温暖】 2021年“双节”期间，城厢区民政局安排主要领导奔赴各镇街、各困难群众家里慰问，送上慰问金和政府关怀。累计走访慰问困难群众580余户，向生活方面有困难的群众发放预算总计40.54万元，其中区领导走访慰问城厢困难群众13户，发放慰问金2.6万元(含慰问五老遗偶5户，发放慰问金1万元)；慰问老区贫困户9户，发放慰问金1万元；慰问市福利中心等业务关联单位4家，发放慰问金2万元；慰问低保、特困、建档立卡贫困户、事实无人抚养儿童等103户，发放慰问金7.45万元。宣传部“科技三下乡”走访慰问困难群众6户，发放慰问金1.4万元，武装部走访慰问困难民兵19户，发放慰问金1.14万元。另外，下拨各镇街慰问资金26.5万元，乡镇（街道）自行入户走访慰问低保、特困、建档立卡贫困户、事实无人抚养儿童等困难群众530户，发放慰问金26.5万元。

【收养工作】 2021年，根据省市级有关文件精神及市领导的指示批示要求，城厢区进一步细化工作要求，排查出34个宗教活动场所收留抚养孤儿弃婴，其中32个在民宗部门备案，2个未备案。上述宗教场所收留抚养76个孤弃儿童，该76名儿童全部为女童，其中签订代收养协议儿童74人，未签订2人。残疾儿童及重病儿童3人，纳入事实无人抚养儿童保障71人，纳入低保保障27人，纳入残疾人“两项补贴”保障0人，人户分离儿童12人，无户籍儿童1人（被拐儿童）。76名儿童均在城厢民政建立台账，登记造册。所有儿童正常就学，未发现儿童辍学情况。与公安机关积极配合，全面基因对比，着力解决落户问题。落实场所登记，签订代养协议。加强动态监测管理，从而实现闭环管理、常态管理。

【“阳光1+1”牵手计划】 2021年，在推进产业扶贫、帮助老区村补齐基础设施短板等方面，城厢区枇杷协会向常太镇东青村提供枇杷接穗330根，并提供枇杷种植技术支持；莆田市城厢区库区移民后期扶持协会向常太镇溪南村提供资金支持，用于溪南村五星桥至九龙谷河道景观建设。

（欧智杰）

婚姻 家庭

【概况】 2021年，城厢以建设新型婚育文化为目标，坚持以人为本的发展理念，着眼于转变群众婚育观念和为群众提供优质服务，加强文明婚育新风进万家，不断深化社会主义精神文明建设。

【婚姻登记】 2021年，新冠肺炎疫情常态化防控及重要节点期间，为避免登记对象聚集，城厢区婚姻登记处实行电话预约制度，要求登记对象做好安全防护、

2021年8月27日，城厢区民政局开展社会救助“漏保”“漏救”知识竞赛

（欧智杰 摄）

2021 年 10 月 22 日，城厢区民政局到东海镇指导村委会换届工作

（欧智杰 摄）

测量体温以及出示“八闽健康码”入场。另外，打造移风易俗宣传窗口，向群众倡导喜事新办、树文明节俭新风。1—12 月办理婚姻登记 2793 件，其中国内结婚登记 1876 对，补领结婚证 344 对，国内离婚登记 499 对，补领离婚证 68 对，涉外结婚登记 6 对；涉外离婚申请 894 对。

【家庭教育】 2021 年，城厢区妇联在华亭镇涧口社区启动城厢区首个家庭教育宣传周活动，活动当天还举办“好婆媳互夸传承好家风创建文明家庭”主题活动，通过现场表彰、生活小视频分享、婆媳互夸、默契考验等形式，发挥示范引领作用，传递正能量。邀请省、市家教讲师团成员深入各个学校及“党建 +”邻里中心等开展家庭教育讲座 12 场，邀请樊登读书会的杨杨老师开展家庭教育活动，通过互动参与等多种形式，分享正面管教育儿方法，引导家长树立正确的家庭教育观念。在下黄社区、北磨社区、筱塘社区、龙桥社区、太平社区、肖厝社区、五云村等“党建 +”邻里中心，在城厢区第一实验幼儿园、逸夫实验小学、东海中心小学、华林学校等，分别开展“万家学党史・永远跟党走”家庭教育主题实践系列活动等 15 场次，通过诵读红色经典、亲子红歌联唱、红色知识问答、赠送红色书籍、分享红色故事、制作红色书签等特色方式将红色文化融入日常生活，用党史正家风、育后人。

（欧智杰）

社会公共服务

【概况】 2021 年，城厢区健全高质量的公共服务供给，加强地名牌证登记，推进殡葬改革，大力加强老区建设，实现公共服务均等化、普惠化、便捷化、优质化。

【地名牌证信息】 2021 年，城厢区民政局落实推进街路牌更新维护工作，做好不规范地名的清理整治；做好日常门牌号编排、门牌证发放，发放门牌证 3721 本；助力创建文明城市工作，局地名办每周开展街路牌巡查，检查维修、维护街路牌 118 块；城厢区划地名中心在全国地名信息政务管理平台上更新 15 条村改居、乡镇人口等信息、新增 2 条地名信息；全面推行二维码标准地址门牌，做好日常二维码门牌管理系统的申报、核准，2021 年申报、核准二维码门牌 14675 条。

【殡葬管理】 2021 年，城厢区民政局提倡接地生态安葬，革除丧葬陋俗，统筹推进村级公益性骨灰楼堂项目建设。通过下拨村级骨灰楼堂建设资金 490 万元，督促已审批的 20 个村级公益性骨灰楼堂建设。年内动工 9 个项目，其中建好 6 个（华亭镇郊溪村、西许村、五云村、埔柳村、后塘村，灵川镇西墩村）。2021 年，城厢区民政局对照《关于印发开展殡葬业价格秩序和公益性安葬设施建设经营专项整治工作实施方案的通知》（闽民事〔2021〕118 号）文件要求，大力整治全区殡葬业价格秩序混乱、公益性安葬设施建设经营存在的各种违法违规行为。年内发现个别村（居）新增各类违建坟墓3座、个别公墓存有宣传内容不一致、墓位使用面积说明不规范和价格构成说明不明晰3处问题，落实整改到位。城厢区民政局按照《莆田市人民政府办公室关于印发莆田市免除城乡困难群众基本殡葬服务费实施办法的通知》（莆政办〔2012〕241号）、《莆田市人民政府办公室关于印发莆田市免除基本殡葬服务费实施办法的通知》（莆政办〔2020〕10号）文件要求，针对低保、五保和残疾人等12类人员实行惠民政策，全年免除基本殡葬服务费188.35万元。

【老区建设】 2021年，城厢区老区办积极向上争取项目资金支持，申报革命遗址保护利用资金148万元、老区扶建资金45万元，补助8个老区村基础设施建设项目：其中中央衔接推进老区乡村振兴补助资金20万元，用于华亭镇埔柳村路灯项目建设及灵川镇青山村路灯项目建设；省级革命遗址保护利用专项资金40万元用于常太镇马院村中共闽中特委遗址修缮；市级革命遗址保护利用专项资金108万元，其中常太镇渡里村闽中工农游击队外坑驻地旧址暨雷光熙烈士故居修缮100万元，马院村闽中工农游击队驻地旧址管护专项资金5万元，常太镇洋边村闽中游击队洋边革命展览馆管护专项资金3万元；区级老区扶贫发展资金25万元，用于灵川镇青山村幸福路道路硬化工程及华亭镇柳村骨灰堂建设工程。城厢区老区办每月定时跟踪革命遗址及扶建项目修缮进展，并积极采取有效措施。

（欧智杰）

民族宗教事务

【概况】 2021年，莆田市城厢区民族宗教事务局（以下简称“城厢区民宗局”）重视少数民族群众的民生问题，克服户数少、居住散的困难，用活用足各项民族帮扶政策。为常太镇金川村太阳能路灯采购及安装采购项目建设申取9万元民族资金补助，为少数民族群众解决生产生活当中的一些实际困难和问题。主动对接区教育局，做好高考少数民族学生成分的资格审查工作，帮助少数民族学生享受招生优惠政策，依法保障少数民族群众子女就学的合法权益，为少数民族考生出具证明27人次。

【爱国主义宣传教育】 2021年，城厢区民宗局结合新修订《宗教事务条例》《福建省宗教事务条例》的宣传贯彻，举行寺院升国旗仪式，引导宗教界人士和广大信教群众正确认识和处理国法和教规的关系。5月20—26日，城厢区民宗局组织佛教协会开展“砥砺初心爱我中华”系列活动，有200多名信教人员参加活动；20—22日组织佛教界人士行走红色基地，到古田会议遗址重温革命足迹；24日，在石室岩寺举行升国旗仪式，学习党史，崇德明理，接受初心使命教育；24—26日开展翰墨书香，弘扬中华传统文化活动，颂党百年佳绩，抒发爱党爱国爱社会主义热情。

【宗教活动场所新冠肺炎疫情防控】 2021年，城厢区民宗局迅速行动，多措并举，切实做到安排部署到位、防控措施到位、社会发动到位、政策宣传到位，助力打赢全区疫情防控歼灭战。印发《关于进一步做好新冠肺炎疫情防控工作的通知》《关于进一步做好疫情防控工作的补充通知》《关于做好国庆期间疫情防控和安全防范工作的通知》等文件，要求全区宗教场所实行“双暂停”管理，即暂停对外开放、暂停聚集性活动，做好场所通风消毒，维护好场所环境卫生，严格落实各项防护措施，确保安全。不定期深入宗教场所督查常态化疫情防控工作，坚决克服松懈麻痹思想，把疫情防控工作贯穿于场所日常管理和监督工作之中。动员宗教界大力弘扬爱国爱教、乐善好施、扶危济困的优良传统，积极发挥宗教界正向引导作用，募捐30多万元款物，用实际行动助力抗疫一线，为全区疫情防控工作贡献力量。

【宗教活动场所安全管理】2021年，城厢区委统战部（民宗局）坚持“安全第一、预防为主”的方针，将安全列入和谐宗教重要内容。扎实推进安全生产百日行动，落实“严排查、严整治、严监管”要求，开展“严整治、促提升”专项行动，全年无发生重大安全事故。1月18日，在莆田梅峰寺举办宗教代表人士培训，部署疫情防控和安全工作。6月17日，在梅峰寺举办消防培训和“政策宣传月”工作会议，镇（街）统战委员、统战干事和宗教活动场所管理组织人员及教职人员等100多人参加。会议邀请市民宗局党组成员、四级调研员黄祖洪就《福建省宗教事务条例》、新修订的《宗教事务条例》《宗教教职人员管理办法》作专题培训讲座；邀请区消防救援大队教官重点讲解宗教活动场所火灾隐患的自查和排查方法及消防设施器材的使用方法，并组织与会人员参与现场演练。

（佘梅珍）

关心下一代工作

【概况】2021年，莆田市城厢区关心下一代工作委员会（以下简称“城厢区关工委”）以立德树人为根本，以党建带关建为着力点，围绕中心，服务大局，发挥优势，主动作为，坚持战疫情、促发展“两手抓、两手硬”，着力做好“基层建设提升年”工作，较好地完成目标任务。3月10日，全国人大常委会原副委员长、中国关心下一代工作委员会主任顾秀莲一行到下黄社区“党建+”邻里中心调研关心下一代工作，充分肯定下黄关工委在青少年普法教育、创建“零犯罪社区”等方面的工作成效。

【思想政治建设】2021年，城厢区各级关工委坚持把学习贯彻落实习近平新时代中国特色社会主义思想、习近平总书记对关心下一代工作的重要指示和中共十九届六中全会精神等作为首要政治任务，采取领导带头学、集中辅导学、座谈交流学、个人自主学等形式，组织集中学习12场次，举办培训班1场次，培训“五老”（老干部、老战士、老专家、老教师、老模范）骨干130余人次。报告团团长郭景国根据中小学生、机关、社区特点，亲自制作宣讲课件。同时，各级关工委组织报告团、宣讲团、报告员，开展思政课“六进”（进机关、进校园、进社区、进农村、进企业、进家庭）宣讲活动12场次，受众青少年达4000余人次。

【主题教育】2021年，结合党史学习教育“再学习、再调研、再落实”活动，城厢区各级关工委围绕青少年培育和践行社会主义核心价值观的主线，组织“五老”在全区青少年中广泛开展“扣好人生第一粒扣子”“两史三爱”“传承红色基因、争做时代新人”、学雷锋志愿服务、清明祭英烈、“中华魂”读书、“关爱明天·普法先行”、文明创城等庆祝中国共产党成立100周年系列活动16场次，接受教育的青少年达1.2万余人次。南门学校参加全市关工委举办的“中华魂”演讲比赛中获得二等奖；区关工委副主任郭景国“热血男儿当报国莫辞艰险护神州”在全省“大手牵小手，永远跟党走”思政理论优质课程评审展示活动中获得初中组二等奖。顶墩学校模拟法庭参加全市比赛荣获三等奖。

【“五老”关爱工程】2021年，城厢区各级关工委主动助力脱贫攻坚，以“五失”（失学、失管、失足、失亲、失业）青少年、农村留守儿童、困境儿童等为重点，配合有关部门，扎实开展爱心助学、助困、助孤、助残、助业和爱心帮教“五助一帮”行动，为青少年解难事、办实事。组织动员党员干部和“五老”结对帮扶贫困留守儿童30余人，帮助他们解决入学、就业、医疗等实际困难；发动爱心企业、爱心人士捐款30余万元开展奖学助学活动，帮助贫困家庭学生60余人次。努力动员社会力量贡献传导爱心，区佛教协会捐赠2万元为10位家庭有困难的大学生助学。积极开展“种子工程”建设，依托福建复茂“种子工程”示范点，实施中焙烤“英才计划”，成功开展 12 余批次培训，累计培养 2000 余名连锁烘焙技艺人才，此项目荣获“教育部成果二等奖”及福建省教委成果一等奖；莆田市宏耕农业发展有限公司渡里基地申请作为福建省农村青年致富“种子工程”示范基地。

【社会治理载体】 2021 年，城厢区各级关工委主动助力疫情防控，广大“五老”主动参加疫情防控志愿服务队，郭景国、陈金宝、蔡春水等一批“五老”党员在疫情防控一线发光发热；在全区各中小学开展普法宣传教育 15 场，充分发挥各中小学综治副校长的作用，区法院法官以新修改的未成年人保护法和预防未成年人犯罪法在线上线下开课；区检察院在学校开展检察“开放日”的防校园欺凌霸凌活动；各级公安民警开展法制安全，远离毒品教育等，对辖区青少年的行为规范和遵纪守法都起到了有力的推动作用。与区妇联联合各有关部门关爱留守儿童和外来工子女，帮助有困难的青少年，送去爱心和温暖。与区教育局关工委大力推进两减，延时服务，“四点半”学校深受外来工家长的欢迎。充分利用社会、社区资源，主动融入 16 家“党建 +”社区、乡村、园区邻里中心建设，持续打造南门学校少年军校夏令营、“四点半”学校、家长学校、“模拟法庭”、“法官姐姐开讲啦”、“零犯罪社区、学校”等校外青少年教育基地 100 余个；广泛组织关爱工作团、校外辅导员、社区矫正等志愿者队伍，为 30 多名青少年开展心理疏导、安全保护等活动，开辟青少年喜欢、家长放心、社会满意的“第二课堂”。区法院刑事审判员、区关工委报告团成员林燕梅作为全国青少年普法教育优秀辅导员候选人上报参加评选。

2021 年 11 月 30 日，城厢区关工委联合市老年大学开展“大手牵小手”传承女红手艺实践活动 （林云景 摄）

【组织建设】 2021 年，城厢区关工委深入贯彻落实“党建带关建”工作机制，大力推进关工委网络、班子、队伍建设，不断提升各级关工委组织力。通过建优组织网络、建强领导班子、建好五老队伍等形式，全区各级关工委全面开展“基层建设提升年”工作，注意调整创建战略，按照一镇一品牌，一村一特色，因地制宜，以“六有”（有班子、有队伍、有制度、有场地、有经费、有活动）为基础，以“五好”（领导班子建设好、五老作用发挥好、制度健全执行好、积极探索创新好、经常活动效果好）为目标，统筹规划、整体推进创“五好”活动，全区在原有的基础上完成增加 14 个达标“五好”关工委的创建目标。区关工委为基层各创建单位制作制度牌，并为爱心书屋添书籍等，促进基层创建工作提升。城厢区关工委班子成员先后开展三轮大型调研，深入 7 个镇（街道）村（社区）关工委组织，了解情况，指导解决问题，促进基层“五好”创建工作纵深进展。区关工委副主任陈仙珍参加全省关工委网络家长学校推广培训班，该区作为市的试点单位；省电视台《金秋》栏目拍摄下黄社区关工委常务副主任林国栋关心下一代工作典型事迹。

（林云景）

社会科学界联合会

【概况】 2021年，莆田市城厢区社会科学界联合会（以下简称“城厢区社科联”）紧紧团结和依靠全区社科工作者，充分发挥社科联的组织协调、桥梁纽带、宣传普及、咨询服务作用，开展各类社科活动，促进全区哲学社会科学事业繁荣发展，为建设“山水格局·人文宜居”新城厢贡献力量。

【社科普及宣传周活动】 2021年，城厢区社科联开展贯彻落实《福建省社会科学普及条例》，充分发挥社会科学“认识世界、传承文明、创新理论、资政育人、服务社会”功能作用，以“永远跟党走谱写新篇章”为主题，制定并下发《关于印发〈城厢区2021年社会科学普及宣传周活动方案〉的通知》，开展内容丰富、形式多样的系列活动。12月1日，在区政府机关大院一楼开展百年党史主题油画展，展出体现中国共产党成立100年来奋斗历程的油画作品30幅，其中有定格历史画面的《红船》《开国大典》，有致敬英雄的《董存瑞》《焦裕禄》《原鲁山》，有象征中华民族精神的《女排精神》《航天精神》《抗洪精神》等。视频展播《中国共产党精神谱系》32帧，立体展示中国共产党人崇高的理想信念，坚定的奋斗探索，伟大的精神力量。12月4日，联合区妇联等单位在南湖公园举行城厢区社会科学普及宣传活动周活动暨“弘扬宪法精神 深化防拐教育”活动，举行“我与宪法合个影”、宪法知识灯谜猜猜看、发放宣传单和观看展板以及各单位代表成员、社工、志愿者一同宣读宪法条例等系列活动，宣传社科知识，营造全民学宪知宪、反对拐卖的社会氛围，促进文明和谐城市建设。组织参加市委宣传部、市社科联开展的第16、17期百题网络知识竞答活动，号召广大干部群众广泛参与，丰富社科普及活动形式，扩大社科普及活动范围及影响力。

【社科普及基地建设】 2021年，城厢区社科联推动社科普及基地规范化管理，促进“闽中游击区革命纪念馆”“华亭镇乡愁记忆馆”等市、区级社科类展馆长期面向社会公众免费开放。指导并推荐区档案馆“闽中游击区渡里纪念馆”向上申报2021年度市级社会科学普及基地。

【开展新思想宣讲】 2021年，城厢区社科联组织举办2021年福建省百场社会科学专题报告会，12月4日，邀请市委宣传部副部长、社科联主席做社科讲坛专场报告会。开展理论进百村、理论进百企、理论进百校、理论进百庙等理论进基层“四个百”活动，通过组织宣讲报告、学术交流、课题研究等形式广泛宣传贯彻中共十九大和十九届历次全会精神。配合市委宣传部开展“百村百场图片巡展”活动，把党的光辉历程宣传到最基层。

【调研文章征集活动】 2021年，城厢区社科联始终把围绕中心服务大局的课题研究作为社科工作的主攻方向，发动全区社科理论和实际工作者努力进行现实问题的调查和研究，发挥区委区政府“思想库”作用。联合区党史教育办公室、区委宣传部、区直机关党工委开展关于“征集庆祝中国共产党成立100周年暨学习贯彻习近平总书记‘七一’重要讲话精神理论调研文章”活动，收集征文42篇。经组织审核，择优收编17篇。联合区委组织部开展关于“不忘初心、牢记使命”庆祝中国共产党成立100周年征文活动，征集理论文章22篇，组织专家评审并择优向上参评，1篇文章荣获市级一等奖，1篇文章荣获市级三等奖，并在市社科联“湄洲论坛”发表。12月31日，联合区党史教育办公室、区委宣传部召开学习贯彻中共十九届六中全会精神和习近平总书记“七一”重要讲话精神征文评选结果交流会。总结2021年征文评审工作并部署安排2022年征文工作，与会论文获奖者在会上作交流发言，展现城厢近年来经济社会发展所取得的巨大成就。

（林琦媛）

库区移民

2021 年 11 月 12 日，城厢区移民发展中心工作人员深入常太镇了解水库移民区后期扶持项目建设情况 （陈统 摄）

【概况】 2021 年，莆田市城厢区水利水电移民发展中心（以下简称“区移民发展中心”）坚持以移民为中心的发展理念，精准开展后期扶持、持续加强后扶项目监督管理、全力维护库区安全稳定，取得较好成效。

【后期扶持】 2021 年，区移民发展中心严格按照工程基建程序，认真落实项目法人制、招投标制、建设监理制、项目实施承诺制和工程质量通报制，按照大中型水库移民区后期扶持项目管理流程和省、市移民局出台的完善项目管理的规定要求，深入各项目实地，协调解决项目实施过程中的问题，对照各个项目的单元工程，施工组织方案，施工计划安排，质量评定，加强后扶项目的实施管理、监督管理和验收管理，推进各个项目顺利实施，让移民群众参与项目前期、项目实施的全过程，促进各个项目保质保量完成。截至年底，全区有大中型水库移民后期扶持项目 233 个，未动工项目 9 个，占项目总数的 3.8%；实施中项目 10 个，占项目总数的 4.2%；完工项目 214 个，完工率 92%；验收 197 个，验收率 92%。累计拨付项目资金 2786.75 万元，结存项目资金 4992.1 万元。

【示范区建设】 2021 年 2 月，福建省水利厅正式批复城厢区（常太镇莒溪片区）为全省“十四五”大中型水库移民后扶示范区项目，区移民发展中心协调相关部门，持续推动项目进展。示范区建设于 12 月 29 日正式开工，第一时间成立项目指挥部，对示范区入口、研学中心、桐花漫道（房屋里面改造）3 个部分进行勘察和施工图设计；龙鳞湿地、凤羽图画、八卦古厝建设实施方案在深化设计中。

【补助资金管理】 2021 年，城厢区大中型水库后期扶持直补移民 19074 人，于 6 月 28 日发放直补资金 1144.44 万元。积极引导移民将直补资金运用到生产开发上。

【小额贷款贴息】 2021 年，城厢区持续做好库区移民小额贷款贴息工作，区移民局审核移民贷款贴息申请材料 764 份，拨付 302.64 万元。

（陈统）

龙桥街道

【基本情况】 龙桥街道位于城厢区东部，东北、东南与荔城区西天尾镇、拱辰街道办事处、镇海街道办事处接壤，西北、西南与常太镇、凤凰山街道办事处接壤。辖区面积20.6平方千米，下辖龙桥、太平、北磨、下磨、兴安、万辉、雅颂居、圳湖8个社区居委会和泗华、延寿、洋西3个村委会，常住人口6万人。

2021年，龙桥街道坚持稳中求进工作总基调，牢固树立新发展理念，奋力推进高质量发展，统筹疫情防控和经济建设，经济社会各项事业取得较快成效。

【经济发展】 2021年，龙桥街道坚持稳中求进的总基调，强化责任、干在实处，从变化中捕捉机遇，在逆境中创造条件，打好项目攻坚战，推动街道经济平稳增长。是年，街道限额以上批发零售业累计销售额123.77亿元，完成年计划的111.50%，同比增长34.4%；规模以上工业产值累计完成8156.49万元，完成年计划的127.45%，同比增长128.6%；限额以上住宿和餐饮业累计完成9746万元，完成年计划的103.68%，同比增长18.5%；固定资产投资累计完成42.2亿元，完成年计划的93.7%；财政收入完成121351万元，完成年度计划的100.66%，同比增长14.41%。

【项目建设】 2021年，龙桥街道围绕“强突破、促提升、争先行”精神，以“抓经济、攻项目、保稳定、促发展”为主线，发挥区位优势，抢抓机遇，凝心聚力，攻坚克难，稳步推进项目建设。是年，街道项目建设58个，年度总投资259亿元。文献北片区改造项目一期涉及龙桥街道部分总征迁建筑面积约42.63万平方米，民房1948户，完成签约1947户，签约率99.9%，拆除到位1740户，拆除住宅房屋面积约29.77万平方米，拆除率89%。单位（企业）公产32家，全部完成测绘和评估，完成面积确认24家，拆除到位21家。二期涉及龙桥街道部分民房数约493户、公产单位（企业）9家，完成签约民房448户，签约率90.87%，公产单位签约8家，签约率88.89%。泗华孔里安置房（荷塘雅苑）项目建筑面积约11万平方米，总投资约9.6亿元，拟建设10栋837套安置型回购商品房。九华学校新建工程总投资24200万元，一期工程完成竣工验收，9月投入使用，截至年底二期工程正在装饰装修。

【商贸服务业】 2021年，龙桥街道通过项目招商工作开展，做到项目对接不断线，企业服务不断联，力促项目落地生根，取得实质性进展。2021年成功签约中胜药械网平台、泗华水上公园配套设施和学必达文教广场3个项目。中胜药械网平台项目是致力于服务民营医疗机构药品采购的线上平台，将不断吸引众多医药生产厂家授权平台，并同步吸引全国民营医院医药代表向平台集聚，实现全国民营医疗机构药品采购业务逐步向平台转移，项目预期目标是每年实现入库税收增量不低于5000万元；泗华水上公园配套设施项目总投资额约3000万元，用地面积30100平方米，主要建设建筑大楼及办公楼，并配套建有垃圾收集站、地下车库、亲子游乐场、研学基地、绿化景观带、美食街等，建成后将作为泗华水上公园的配套项目，进一步提升城北住宅区品质；学必达文教广场项目吸引优质企业入驻，打造新城市文娱中心，实现文化建设与文体艺术、儿童教育、休闲娱乐相融合的智慧教育生态链，建设综合型文教广场，致力于打造成城厢区知名文化产业品牌企业。街道利用辖区内排查出的15.5万平方米的闲置楼宇资源，围绕现代商贸、总部经济、软件信息、金融服务、科技研发等产业集群建设，精准对接总部、平台类项目12个。

【社会事业】 2021年，龙桥街道完成城乡居民养老保险参保登记人数6477人，缴费人数3968人，领取人员资格认证1891人；城乡居民医保参保登记23065人，缴费人数16344人。城市和农村（社区）民最低生活保障工作良性运作，动态管理准确及时。截至2021年11月，街道农村低保有30户63人，月保金额30351元；城市低保57户135人，月保金额85954元；特困3户3人，月保金额8230元，特困人员6户6人，月保金额9308元。街道对未（无）纳入低保兜底保障的建档立卡对象、重疾苦难家庭（人员）、残疾困难家庭（人员）、因学致贫家庭（人员）、困难职工以及其他可能符合低保条件的困难群众开展全面“大起底、大排查”，排查320户855人，录入低保核查系统39户121人。农村低保符合条件纳入低保1户2人，城市低保10户22人。全年街道救助194人，发放临时救助资金26.65万元，其中教育救助4人16000元，寒潮期间为困难群众发放棉被15床，协助大病群众2人申请区级救助、大病医疗救助。

【党的建设】 2021年，龙桥街道把学习贯彻习近平新时代中国特色社会主义思想、中共十九届六中全会精神与各级党代会精神为主线，组织读书班6场，专题研讨3场，专家辅导1场，集中学习5场，有力推进思想教育往深里走、往实里走。街道成立65个小区党支部，实现小区党支部的全面覆盖，确保基层社会治理工作方向不偏、常态长效。下磨社区、兴安社区、泗华村3个“党建+”邻里中心的建设基本完成。8月底，街道启动村级党组织换届选举工作，实行分批换届，至10月17日结束，实现村级党组织组成成员年龄低、学历高的要求。

【扫黑除恶专项斗争】 2021年，龙桥街道按照中央、省、市、区委关于扫黑除恶常态化工作部署及要求，结合街道实际，认真安排部署，采取宣传、摸排、打击、源头治理同步进行的方式，全力推进扫黑除恶专项斗争向纵深发展，不断增强人民群众获得感、幸福感、安全感。龙桥派出所破获涉恶案件15起，抓获涉恶犯罪嫌疑人35人，其中在逃人员14人。同时，龙桥派出所把辖区内宾馆、酒吧、KTV、养生会所、洗浴中心等娱乐场所作为重点，进行专项治理，加强信息员建设，实行有奖举报制，动员社会各界积极参与提供案件线索，努力营造全社会共同参与、齐抓共管的良好氛围。

【安全生产】 2021年，龙桥街道在摸清辖区内存在的安全隐患情况下，25个安全专项整治指挥部各司其职、各负其责，积极联合消防、公安、市场监管、交管、安监、综治、城建等相关部门展开专项整治，确保安全专项整治取得显著成效。查出静静家山里货、黄庆明茶叶商行、大明什杂店、郑建雄海鲜商行、瑞鸿食品商行、妈祖小吃店、文华食杂店、元梅废品回收、铁件加工、梅香废品店、望宇佳餐饮店、成记卤面馆、梁红小吃店等“三合一”“多合一”经营场所27家，全部整改到位。截至年底，累计出动人员312人次，检查生产经营单位490家，查出安全隐患545条，整改到位523条，安全隐患整改率达95%以上。

【信访工作】 2021年，龙桥街道成立信访化解评理机制，及时协调解决信访问题。综合采用法律、政策、经济等多种手段进行化解，构建多元化矛盾纠纷排查化解机制。对排查出来的信访突出问题，还未办结息访的案件，强调要对上访人诉求合理的要解决到位，对诉求过高的要教育到位，对越级非正常上访的要处理到位。切实把矛盾稳控化解在基层。梳理信访案件，提高化解率，降低信访事项，成立化解专班，逐人逐案做好疏导化解。把认真把解决群众实际问题作为矛盾纠纷排查化解工作的重中之重，积极推进“事要解决”的主要原则。

【生态环保】 2021年，龙桥街道加大大气环境整治力度，街道环卫及时对道路渣土清理、扬尘每天进行3—5次的洒水作业。2部雾炮车每日3次（分别为9点、12点、15点）进行喷洒作业，一次2小时，有效改善辖区内的扬尘污染。街道建立巡查机制，按照“村居周巡查街道月检查”工作机制，要求各村居环保联系人每周对小散乱污企业情况进行巡查并及时上报。加强生活垃圾分类工作，不断总结封闭式小区、安置房小区和开放式小区3种类型示范小区的经验做法，分析学校、酒店、医院生活垃圾分类工作的不同特点，全面铺开生活垃圾分类工作。加强禁燃烟花爆竹工作，大力开展烟花爆竹禁放宣传工作，提高城市居民文明素养；加大劝阻打击力度，街道组织干部及派出所民警等在春节、元宵期间开展禁炮宣传和治安安全巡逻。

2021年，龙桥街道按照市委、市政府总体部署，以“政府主导、多方统筹、试点引导、全民参与”为工作目标，按照“科学规划、因地制宜、重点覆盖、方便居民”的原则，在要求时间内有序推进23座分类屋（亭）建设工作，配备专职督导员17人。街道新购或改装24个部分类收运车辆，建立63名收运队伍，合理规划垃圾收运线路，在全街道区域设置140组四分类垃圾桶，实现分类收容器全覆盖。与此同时，街道以社区为单位规划9条收运路线，形成可回收物、有害垃圾、厨余垃圾（餐厨垃圾）和其他垃圾四大收运体系，有力巩固城厢环境综合整治效果，增强人人参与分类、区区争当示范的垃圾分类良好氛围。

【精神文明建设】 2021年，龙桥街道开展中国共产党成立100周年氛围布置以及创建全国文明城市的宣传工作，制作横幅1000多条，大型广告5个，宣传栏10块等；公益广告更换内容20多个，主次干道中间栏杆公益广告修补及更新130多块，路灯公益广告200多张。安排辖区各村（居）以及沿街店面LED屏播放创城宣传标语、爱国卫生运动宣传，加大力度宣传创城的意义和重要性。

【疫情防控】 2021年，龙桥街道贯彻落实省市区防控新冠肺炎疫情的文件精神，在“外防输入内防反弹”的工作要求下，严格落实包片包村干部管理责任制，落实村“两委”属地责任，建立由包片领导、包村干部、村“两委”干部三级负责制；时刻保持清醒头脑，牢固树立疫情防控意识，加强境外及国内中高风险人员的排查管控工作，及时精准把握重点人员信息。成立全民新冠疫苗接种工作专班，对照区新冠病毒疫苗接种任务，明确工作任务，制定各村居全员新冠疫苗接种任务数，制定新冠疫苗接种进度周通报制度。截至年底，街道在爱丁堡友好医院、区妇幼保健院接种131896人次疫苗，其中一针接种62582人次，二针69314人次。

（陈梅荔）

霞林街道

【基本情况】 霞林街道位于城厢区东南部，面积17平方千米，总耕地面积161.25公顷（其中水田149.66公顷，水浇地10.63公顷，旱地0.96公顷），人均耕地面积0.006公顷；园地107.89公顷；林地69.95公顷。最低海拔50米以下，最高海拔277.9米，位于云洞山峰。气候属南亚热带海洋性季风气候；年平均气温20.2℃，年平均降雨量1200—1700毫米。主产蔬菜、水果、食用菌等作物；主要资源有以温泉为代表的地下水。街道办事处所在地沟头社区，距城区1千米。

霞林街道辖木兰、铁岭2个村民委员会，霞林、沟头、棠坡、莆糖、肖厝、坂头、下黄、顶墩、屿上9个社区居民委员会，182个村（居）民小组，22个自然村。2021年末，霞林街道总人口31202人，全年出生人口257人，死亡120人，自然增长率4.41‰，死亡率3.86‰。

【经济发展】 2021年，霞林街道累计完成规模以上工业产值23.4亿元，同比增长14.33%；住宿和餐饮业营业额5.4亿元，同比增长11%；固定资产投资98.37亿元，同比增长4.25%；批发零售业销售额累计完成41.38亿元，同比增长8%；服务业销售额3.87亿元，同比增长19.1%。财政收入完成93434万元，同比增长11.48%。

【项目建设】 2021年，霞林街道项目建设实现突破。商住项目：玖玺正荣府一期、钟潭一期竣工验收。城厢区商务楼、西城国际竣工并投入使用。坂头地块九、十、十一地块项目扫尾阶段，年底竣工验收。玖玺二期、玖玺三期、沟头新城、沟头地块一、沟头地块二、地块三盛中梁首府按序时推进。城市片区项目：木兰铁岭片区基本完成征迁，拆除旧房面积约72万平方米，涉及两个企业搬迁完成初步评估。坂头西片区完成签约769户，签约率99.87%，拆除旧房27.7万平方米。沟头片区形成净地，地块一、地块二正在动工建设。钟潭南片区改造项目指挥部于11月10日挂牌成立，涉及民房15户（约1.4万平方米）和4家民营企业全部完成丈量。棚户区改造项目：顶墩下黄片区整村改造安置建设主体建设至24层，坂头地块一安置房土建收尾及水电施工，坂头地块二、三安置房申请联合验收，坂头地块四安置房完成装修95%，霞林地块七建设完工，坂头西安置房正在前期规划。

【社会事业】 2021年，霞林街道有高中2所、初中2所、公办小学7所、公办幼儿园8所、民办幼儿园10所、特殊教育班1个，其中九年一贯制学校2所。街道坚持优先发展教育，多次召开专题办公会议、现场调研，研究解决校园建设、安全整治等问题，不断改善各学校办学条件，缓解街道办学压力，促进街道的

2021年11月5日，市专项组调研坂头西片区、万达南、木兰铁岭片区、坂头东片区安置房项目进展情况 （孙俊伟 摄）

教育事业更快、更优发展。街道办事处向南门教育集团捐赠20万元用于教师节奖优励学工作，向顶墩实验学校捐赠5万元用于教师节奖优励学工作、拨付2万元用于校园文化建设，辖区各村（社区）筹资36150元用于“金秋助学情暖学子”等助学活动，全力营造良好尊师重教氛围。

2021年，霞林街道开展志愿服务活动320场，其中疫情防控志愿服务活动150场，爱国卫生志愿服务活动22场，平安入户志愿服务活动60场，文化志愿服务活动18场，其他志愿服务活动50场。街道有志愿者1500人，其中党员志愿者600人。街道荣获省级“文明单位”，同时辖区内3个省级“文明社区”（霞林社区、下黄社区、莆糖社区），1个市级“文明社区”（沟头社区），3个区级“文明社区”（肖厝社区、顶墩社区、棠坡社区），2个区级“文明村”（木兰村、铁岭村）。

2021年，霞林街道加快推进城市垃圾分类处置，完成36个开放式、老旧小区智能化建设，农村垃圾无害化处理100%，新增投入使用垃圾分类屋15座。街道持续推进两违整治，组织拆除41宗，拆除面积约3990平方米。查处卫片和乱占耕地7宗，查处率100%。对下黄社区5幢民房因中建海峡工地施工造成的安全隐患制定整改方案，对居住人员进行再安置。巩固木兰溪安全治理成果，落实河长制巡河制度，全年通报的45个问题整改到位。投资10万多元实施棠坡沟零星截污工程。抓好环保督察反馈9个问题整改，守好自然生态安全边界。

2021年，霞林街道实行“三集中、三偏向”政策，即集中人力、物力、财力，在工作中领导主要精力偏向计生工作，评先表彰时偏向计生干部，干部分工时偏向计生口。年末总人口31202人，育龄妇女7411人，已婚育妇5505人；出生人口257人，出生人口性别比107.2（女=100）；死亡120人，自然增长率4.41‰，死亡率3.86‰。政策内出生249人，计划外上报8人，政策符合率为96.89%。年度登记跨省流动人口12486人，省内流入人口4703人，无跨省流动人口本地出生，流出人口1341人，协查反馈率100%。

2021年，霞林街道有城乡低保249人，低保覆盖率0.54%；特困人员29人，特困人员集中供养率60%，发放临时救助225924元，救助对象398人。跟踪帮扶26户贫困户，对3户自主经营产业的贫困户每户补助2000元，帮助23名贫困户入股经营综合超市1家，实现年收益不低于15%。续聘公益性岗位4个。霞林街道老年人日间照料中心、霞林社区“党建+”邻里中心长者之家、下黄社区“党建+”邻里中心长者之家交予第三方养老服务机构运营并完成四星级评定。

2021年，霞林街道调整充实安全生产工作领导小组，下设安全生产工作办公室和11个专项整治领导小组，进一步明确安全生产“党政同责”“一岗双责”工作职责，认真开展安全生产大检查和重点整治百日行动。开展消防安全大检查，对11个村（社区）全面开展消防安全大排查、大整治专项行动，出动执法人员685多人次，排查消防安全隐患256家，发出整改通知书102份，查封7家。同时，加强夏季消防安全与专项检查相结合，坚持严查严防严打，对“三合一”（住宿与生产、仓储、经营一种或一种以上使用功能违章混合设置在同一空间内的建筑）沿街店铺经营与住宿合用场所、劳动密集型企业、彩钢板建筑安全隐患，开展专项整治活动，出动执法人员106多人次，排查“三合一”28家，沿街店铺经营与住宿合用场所26家，劳动密集型企业2家，彩钢板15家，发出整改通知书75份，查封13家。开展危险化学品安全大检查，对10家油漆店进行安全检查，联合区安监局查封1家无证涂料加工点，3家油漆仓库。雪津啤酒二厂、恒源制冰厂、龙升农副产品深加工冷冻库等3家涉氨企业继续跟踪，督促整改。对辖区内的2家气体供应站、2家爱迪斯精细化工、1家加油站进行联合检查，发现安全隐患4条，下发限期整改单2份，基本整改到位。开展危化品、城镇燃气、道路交通、房屋结构、自然灾害等领域的安全联合大检查和执法专项行动，开展联合执法行动18次，消除各类安全隐患58处，集中攻坚整治5个较大安全隐患。在万达广场开展安全咨询日活动，接受群众咨询300人次。结合“安全月”活动发放各类宣传单2000多份，悬挂横幅标语45条，制作大型广告牌1处，开展安全业务培训3场，组织开展村居危险区域群众转移演练8场。开展电动车“飞线”充电专项整治，在9个小区设置集中充电口682个。

【党的建设】 2021年，霞林街道党工委构建城市“家党建”体系，推动区域内党组织各类资源的全面整合、积极磨合和有效融合，建立共驻共建共享机制，打造城市基层党建共同体。全面推进小区党支部建设，截至年底，成立小区党支部60个，覆盖率达94%。推行“近邻”党建模式，由党员担任楼栋长，亮明身份，紧密联系服务居民，推进党建引领下的社区居民委员会、业主委员会、物业服务企业协调运行机制，用“红色引擎”驱动社区治理活力。在肖厝佳园小区建设党建文化园的基础上，新建九龙小区党建文化园，营造浓厚的小区党建氛围。深化社区“大党委”机制，霞林社区、下黄社区分别与市城市执法管理局、市人社局等单位挂钩联系，通过组织共建、活动共联、资源共享、机制共创等方式，构建城市基层党建共同体。社区先后与30个市、区级部门共建，以邻里中心为依托，采取“你点单、我配送”形式，开展各项公益活动。以莆田市劳动关系协会党支部为依托，在原来的基础上再投资15万元，打造金海湾楼宇党群服务中心，为驻莆商会党员及驻外流动党员提供全新的学习和服务场所，促进两新组织党建与社区党建的“互补互强”。

2021年，霞林街道推进社区工作者职业化改革，摸清现有135名社区聘用工作者底数，逐一登记备案。根据社区总户数全面核定11个社区聘用工作者总职数68人，有序稳妥推动资格审查、套转招考、考察公示等一系列工作，做到任务明确、措施到位、责任到人，顺利完成57名社区聘用工作者的任职资格认证和履职能力评定，为有效破解基层治理力量薄弱、能力不足等难题奠定基础。

【精准脱贫】 2021年，霞林街道落实扶贫资金4.21万元，其中春节慰问金1.3万元，健康扶贫资金0.15万元，产业奖励金0.45万元，疫情防控补助金1.19万元，中央财政衔接推进乡村振兴资金0.6万元，用水补助0.52万元。帮助4名大中专学生申请雨露计划，每人每年3000元，开发公益性岗位4个。帮助4名大学生申请教育补助，每人每年5000元。依托农村日有喜村联公司为23户脱贫户开办“一家综合超市”，让脱贫户固定享受不低于年15%的收益。全面加强帮扶协作工作，街道与河西镇和兴隆乡签订一对一帮扶协议，发动7个社区与同心县7个村一对一帮扶。

【社会治理】 2021年，霞林街道推进“六清”（线索清仓、黑财清底、逃犯清零、案件清结、行业清源、伞网清除）行动，强化电信诈骗、“套路贷”等问题整治，依托日常监管、“12345”投诉平台、信访件等渠道，持续开展涉黑涉恶线索排查，未发现有涉黑涉恶线索。扎实推进社会治安问题专项治理，深化信访积案大排查大化解，落实“四门四访”（开门接访、进门约访、登门走访、上门回访）措施。打造霞林街道“综治+”社区治理中心，整合社区、网格、企业、单位等资源力量，开展矛盾纠纷联调、社区服务联建、行动执法联合、基层平安联创、应急处置联动等六联工作，强化对各社会治理要素的精准管控，健全网格化管理、精细化服务、信息化支撑、开放共享的基层服务管理体系。

【邻里中心建设】 2021年，霞林街道党工委着力提升党建引领基层治理水平，按照“1+6+X”

的模式，打造“一刻钟”便民利民生活圈，建成肖厝、霞林、下黄社区3个试点并投入使用，建设面积约4000平方米，总投资约500万元，设置便民服务中心、“四点半”学校、长者之家、多功能培训室、邻里调解室、文化驿站、健康小屋、室内健身、义工之家、生鲜超市等近邻“微空间”，引入金善堂、蓝风铃文化艺术、北尚教育、日有喜扶贫超市等第三方运营机构。先后举办中共十九届五中全会精神宣讲、普法宣传、暑期关爱青少年、全民健身、情暖重阳、共建美满家庭、健康讲座、体检义诊、“文脉如缕”摄影图片展、“寻找最美红团”等公益性的主题活动30场次。中心的长者之家为社区老人提供食堂服务，便民代办点每月服务群众办事1500件。霞林社区、下黄社区分别被评为五星级、四星级邻里中心。

【生态文明建设】 2021年，霞林街道落实河长制，河长、河段长巡河421人次，河道专管员巡河2394人次，累计发现和整改问题71个。街道累计投资447万元，实施北渠及钟潭溪等处污水管道修复及水毁修复工程7个，下游清淤、护岸修复及污水收集工程5个，建设污水泵站2个，排查入河排污口141，投入资金127万元，完成整治率100%。街道建立“村周巡查、街月检查”制度，对80家“小散乱污”落实“一月二核查”长效管理。通过“新建市场、引摊入位、规范管理”等方式，从根本上解决顶墩村与荔城区天九湾市场交界处石板桥长期存在的污水横流、垃圾乱排等现象。采取“撤除垃圾堆放点、增加清运频次”等办法，最大限度解决幸福家园入口处粉尘扰民现象。开展以村庄卫生清洁行动、农村“厕所革命”、农村污水治理和禽畜养殖整治为主要内容的农村人居环境整治，完成3处公厕建设并投入使用，不断提升村容村貌。

（孙俊伟）

凤凰山街道

【基本情况】 凤凰山街道位于城厢区西南部，面积21.1平方千米。气候属南亚热带气候；主产水稻、花生、蔬菜等作物；镇（街）政府所在地莆阳西路，属于城区内。街道辖南门、南园、龙德井、筱塘、月塘、新塘6个居委会及林桥、朱坑、白洋3个村居委员会，有居民小组34个及11个自然村，24个村居民小组。截至2021年末，街道常住人口总数为45451人，出生人口数为302人，出生率为6.64‰；死亡人口数为144人，人口自然增长率为3.47‰。

【工业农业】 2021年，凤凰山街道规模以上工业累计产值3.28亿元，完成年计划的91.11%，同比下降20.81%。农业总产值达2420万元，同比增长6.1%，其中种植业产值2370万元，林业产值50万元，粮食产量455吨，水果产量4520吨，蔬菜产量155吨，各项经济指标均超序完成。

2021年，凤凰山街道按照“产业兴旺、生态宜居、乡风文明、治理有效、生活富裕”的总要求，引导发展高产值农业。林桥、朱坑、白洋三个村实施枇杷品种改良，接穗“贵妃白”“三月白”等高价值品种，鼓励村民用好电商平台，线上线下结合销售。着力推动产业发展，白洋村引进优质香菇品种，建设香菇基地，发展特色食用菌产业，开展直播助农等活动，拓展产品销路，促进村集体经济增收。推进“破壳消薄”，切实落实市区有利政策，立足精准脱贫，有效推进村集体经济增收“破壳消薄”行动，实现三个山区村固定收益，每村每年村财超过10万元。

【商贸服务业】 2021年，凤凰山街道限额以上批发零售业累计销售额113.22亿元，完成年计划的102.46%，同比增长31.52%。限额以上住宿和餐饮业累计营业额6.86亿元，完成年计划的100.88%，同比增长12.63%。规模以上服务业累计完成投资额12.63亿元，完成年计划的88.94%。固定资产投资累计完成436684万元，完成年计划的97.04%。

【项目建设】 龙德井片区危旧房改造项目：该项目东临胜利南街，西临学园南街，南临南门西路，北临文献西路，涉及南门、龙德井及筱塘三个社区。项目涉及拆迁户约2212户、单位37家，用地面积约26.22公顷，拆迁建筑面积约58.2万平方米。截至年底，国网莆田供电公司4栋建筑尚未拆除，其余全部净地并交付建设。安置房建设方面，9月由中建国际中标承建，4个地块正在进行主体结构施工。土地出让方面，龙德井地块A(4.27公顷）正在进行主体施工，楼盘完成销售80%；龙德井地块B（0.56公顷）建设模式正在探讨。

文献北片区改造项目（凤凰山部分）：该项目分为两期，文献北一期涉及民房357户，全部完成签约，签约率100%；涉及公产单位7家，全部完成面积确认签约；涉及企业3家，尚余莆田市工业贸易有限公司、泰然百货等2家对接协商中。二期涉及凤凰山街道部分民房数约209户、单位（企业）30家。民房累计签约191户，签约率91.3%，单位（企业）累计签约27家，签约率90%。

月塘南片区改造项目：月塘南片区位于凤凰山街道，涉及筱塘、月塘2个社区，项目东至学园南街，西至荔城南大道，南至莆阳西路，北至新梅路、凤凰路，项目分为两期，一期项目侨雄安置地块于11月2日由区经发集团有限公司竞得，完成总图设计，正在进行“三通一平”（水通、电通、道路通和场地平整）施工；出让地块林凤飞名下富邦房地产公司、莆田市经济开发总公司机械基础工程公司4处地块未签约。二期项目天妃出让地块实现净地，择期进行拍卖；安置地块才子公司正在对接组织签约。

老旧小区改造提升工程项目：该项目涉及南门国防楼集资房、南门市医院集资房及月塘新季小区。改造内容涉及小区周边道路提升、雨污水管分流、管线综合整治、增设停车位、配套建设休闲、绿化空间等。截至年底，南门国防楼集资房、南门市医院集资房改造提升项目全部完工，月塘新季小区正在扫尾。

【社会事业】 2021年末，凤凰山街道辖区内有公办九年一贯制学校1所，公办小学1所，民办小学1所，教育部门办幼儿园3所，其他部门办幼儿园1所和民办幼儿园4所。辖区内适龄儿童学前三年教育入园率100%，小学学龄人口入学率为99.8%，小学在校生辍学率为0%，初中学龄人口入学率98.7%，初中在校生辍学率为0%，6—14岁三类残疾人口义务教育入学率为95%。街道将扫盲教育与技能培训相结合，协调农技等相关业务人员，广泛开展实用技术培训和劳动力转移培训，进一步加快发展社区教育。截至年底，街道全面扫除15—50周岁人口的文盲。

截至2021年末，凤凰山街道常住人口总数为45451人，已婚育龄妇女数为7800人；出生人口数为302人，出生率为6.64‰，其中男孩162人，女孩140人，出生婴儿性别比115.71（女=100）；死亡人口数为144人，人口自然增长率为3.47‰。2021年办理一孩登记128对，其中网上登记84对；办理二孩登记132对，其中网上登记89对；办理三孩登记4对，其中网上登记2对；再生育（三孩）5对，其中网上登记1对；委托办证共6对。全发放各类计生药具80000余份，年度法定奖励及利益导向优惠政策全面兑现，城乡部分计划生育家庭免费居民医疗保险覆盖4100余人，部分计划生育家庭城乡居民基本养老保险补助覆盖1100余人，各类计划生育家庭奖励扶助覆盖800余人。联合街道社区卫生服务中心举办“7·11”世界人口日、“世界母乳喂养周”等主题活动2场，健康讲座2场。

2021年，凤凰山街道开展一系列劳动政策的宣传和咨询工作。1—12月，为群众办事服务160人次，负责认定就业失业人员登记56人，办理城镇灵活就业人员养老社会保险申请18人，个人社会保障情况咨询服务86人。为做好公益性岗位开发，推进精准扶贫对象、就业困难人员、零就业家庭和老兵就业，结合街道实际情况续签6名公益性岗位人员，续聘一名银发公益性岗位人员。组织推荐1名人员参加2021全省初级保健按摩培训班，进行就业年龄段职业技能培训需求摸底，报送17人参加职业技能培训。通过巡查纠正用人单位存在的各类违法侵权行为，妥善处理用人单位拖欠工资，依法保障职工的合法权益。做好农民工工资清欠工作，协助城厢区劳动监察中队妥善处理劳资纠纷，配合开展企业劳动合同签订方案，开展农民工工资支付专项和是否非法雇用童工检查，在抽查中没有发现拖欠工资和非法雇用童工情况。

2021年，凤凰山街道巩固脱贫攻坚成效，以社会保障兜底，通过促进就业、实施公益性岗位、加大保障产业带动等措施，实现脱贫户家庭增收。21户建档立卡脱贫户人均年收入2.47万元。深化闽宁合作，9月底街道与同心县豫海镇、丁塘镇签订对口协作帮扶协议。截至年底，街道采购同心县相关农特产品33880元，对接爱心企业向两个镇捐赠200双运动鞋。

2021年，凤凰山街道对完成整改的28家“散乱污”、14家“两无”企业、2家涉VOCs企业进行定期巡查，经巡查未发现有反弹或反复现象发生。同时，街道组织各村（社区）开展排查，年内未有发现新的“散乱污”涉VOCs企业及“两无”（无安全生产条件，无环保生产条件）企业。截至年底，街道辖区内有730家餐饮业（经营户），处于关门停业状态的74家，在营餐饮户中，督促完成安装油烟净化器581家，无油烟无须安装的72家，油烟净化器安装率为99.5%；去除关门停业的，督促完成安装油水分离器（含三格化油池）656家，安装率达100%。街道环保站配合区生态环境局加大对辖区汽修、洗车业的污染整治，部分污染防治设施落后的汽车服务企业主动搬离。截至年底，现有汽车服务企业14家，其中7家涉及洗车的，全部督促完成沉淀池设置，洗车污水全部经沉淀后排入市政污水管网；涉及汽车维修的，督促建设危废间，签订《危废回收合同》，杜绝有毒有害的废油偷排入雨水管或污水管。

2021年，凤凰山街道创新党建工作模式，以党建引领为核心，探索党建工作与社区邻里中心建设有机统筹、深度融合。年内，筱塘社区“党建+”邻里服务中心投入使用，为社区居民群众提供多元、优质、贴心的服务。做好村级组织换届工作，以配强班子、选好能人为目标，坚持“一高一低”即学历高年龄低的要求，严格按照换届工作的程序要求，严格把关候选人资格，扎实推进村级党组织换届工作。截至10月21日，街道完成6个社区和3个村级党组织换届工作。

2021年，凤凰山街道抓好平安创建工作，组织开展“拥抱法治新时代踏上平安新征程”主题宣传、“千名干部进村户、排忧解难保平安”、扫黑除恶专项斗争等宣传活动，通过整合宣传资源，结合实际采取多种形式进行法治宣传，利用手机彩信、超级短信、微信短视频宣传发送信息20余万条，分发《平安城厢》《平安凤办》、“防范电信诈骗”宣传彩页20余万份，发放笔记本、圆珠笔、购物袋、厨裙等宣传品4万多件，切实提升辖区居民法治观念、法治意识和公共安全、平安创建意识。抓好安全生产工作，全年组织3次消防知识讲座，组织3次消防演练活动，干部群众消防安全意识得到加强。对5家鞋服加工企业、闽海加油站、危化品经营店等重点企业开展安全隐患排查，制作执法检查记录32份，提出整改意见53条，确保辖区经济持续安全发展。第20个全国“安全生产月”活动期间，街道分别在筱塘市场、闽海加油站开展应急演练，86人参加灭火、疏散逃生等安全事故应急演练，现场分发各种安全生产宣传册1000余份，进一步提高了参与人员的应急逃生能力。积极化解矛盾纠纷，凤凰山街道发扬“枫桥经验”，规范村居调解会建设，健全调解队伍，配备人民调解员及矛盾纠纷信息员47人。健全和完善2个行业调解会，规范筱塘市场调解工作机制，调整充实街道与市医院医患纠纷联动联调工作协调领导小组，对依法处置医患纠纷和惩治“医闹”等方面取得了良好效果。全年接到纠纷调解申请56起，受理56起，成功调解56起，其中邻里纠纷35起，其他纠纷21起，为当事人挽回各类经济损失105.14万元。

【民生保障】 2021年，凤凰山街道有3013人享受基本养老金，累计发放金额391.32万元。对扩面未参保人员1530人次核实参保登记手续，完成缴费人员3448人次100.96万元。街道采取以政府主导，以“民生工作”定位居民医保，城镇居民基本医疗保险参保人数23159人，缴费6484520元。街道与建档立卡户签订家庭医生协议，签约率已达100%，实现对建档立卡户的全覆盖；结合60周岁以上农村计生家庭对象免费体检项目，开展健康进山村义诊活动3场。街道城乡低保对象实现应保尽保，城市低保对象48户108人，农村低保对象44户135人，全护理、半护理、全治理特困户6户6人，其中2人安排在涵江幸福养老院，2人在莆田慈康医院，2人在家中全面治理。事实无人抚养儿童16户16人，其中寺庙事实无人抚养儿童9人，各村（社区）上报7人，补贴按月全部发放到位。街道城乡医疗救助有序开展，按照“扶贫帮困分类施救”的指导思想，将城乡低保户、特困户、家庭重病户、重点优抚对象等作为救助的重点，在救助资金和救助力量上尽量倾斜，发放城乡临时救助资金377666万元。

2021年，凤凰山街道辖区有残疾人558人。其中，一级残疾人94人，二级残疾人182人，其他等级残疾人282人。春节期间街道慰问残疾人6人，每人1000元；区领导慰问1人，慰问金2000元；慈善救助贫困残疾人2人，每人5000元。全年发放一户多残补助资金36户74人90000元，发放残疾人“两项补贴”（贫困残疾人生活补贴和重度残疾人护理补贴）6444人次619000元，其中生活补贴2940人次，补贴金额270480元，护理补贴3504人次，补贴金额348520元。全年发放残疾人托养补助区级15人，省级12人，每人补助资金2000元；发放扶助困难残疾人创业就业1人，补助资金5000元；全国助残日期间慰问4人，每人500元。发放第三代残疾证近500张，受理群众申请发放残疾证47本，进行残疾人数据动态更新。引导辖区残疾人在网上进行辅助器具补贴的申请，申报2名残疾人进行无障碍改造，安排第一批3名医生上门进行康复训练指导。组织推荐1人参加全省初级保健按摩培训班，进行就业年龄段职业技能培训需求摸底，报送17人参加职业技能培训（盲按和电子商务）。

【精神文明建设】 2021年，凤凰山街道坚持以制度建设推进创建工作的正常化、规范化，制定督促检查等一系列规章制度，明确工作制度和岗位职责，确保各项工作落实到位。坚持贯彻落实《公民道德建设实施纲要》，进行社会公德、家庭美德、职业道德教育，提高群众道德素质，为建设文明和谐社会奠定思想理论基础。通过“请进来讲”的方式，邀请相关专家学者上门开展中共十九届五中、六中全会，党风廉政建设辅导讲座，不断增强防腐拒变的能力。结合社区特点，为居委会制订学习计划、配送音像制品、组织讨论、撰写影评等一系列方式，引发基层党员群众对主旋律影片人物、故事、主题的讨论和思考的热情，丰富基层群众爱国主义教育的形式。组织开展便民、利民的广场活动，其中“为老摄影”项目、社区学校的现场书画展示等各项活动深受居民欢迎。开展“好人”推荐评比活动，事迹汇编结束后进行宣传表彰，营造社区内向身边的好人学习的氛围。切实做好文明路口创建和交通文明志愿者工作，引导市民参与路口交通文明宣传劝导活动。推荐评选11名社区居民为文明交通志愿行动先进个人和2名志愿服务之星。充分发挥社区文化活动中心、社区学校等宣传主阵地作用，结合元宵、端午等传统节日以及各类重要节点，广泛开展系列群众性活动，引导市民在兴趣交流、才艺展示、大众讲台、在线沟通等多元参与中增强认知。

（许格）

华亭镇

2021 年 7 月，华亭镇在绿丰园艺开展党史学习教育宣传活动

（张丽媛 摄）

【基本情况】 华亭镇位于城厢区西部，东邻新度镇，西毗仙游县，南接灵川镇，北靠常太镇，总面积 135 平方千米，下辖 32 个村，3 个社区，全镇总户数 33177 户，总人口 112205 人，其中男性 56878 人，女性 55327 人，基层党组织 70 个，中心村党委 3 个，党员 4327 名。华亭镇是城厢区的人口大镇、工业重镇、重点侨乡、水果之乡，是省级卫生乡镇、文明镇、经济开发区，市级小城镇综合改革、“城乡一体化”建设的试点镇，城厢经济社会发展的次中心。物产资源丰裕富饶，盛产龙眼、枇杷、橄榄等名特优水果，是居四大名果之首的龙眼在全国乃至东南亚地区的干果集散地，素有“华亭桂圆甲天下”的美誉，果树种植面积达 0.43 万公顷。境内蕴藏丰富优质的矿石资源，主要有叶脂石、花岗石等，探明可开采出口的花岗石储量达 1000 多万立方米。自然景观得天独厚，境内有莆田二十四景之一的“三紫凌云”、莆田四大丛林之一的龟山寺以及将军岩等名胜古迹近 20 处。历代乡贤名人辈出，是莆田市第二重点侨乡，全镇涉侨的村有 25 个，其中华人 30017 人、华侨 2182 人和港澳台胞 1466 人，归侨侨眷 10531 人。华亭镇历来注重兴教育人，先后培养出中科院院士洪茂椿、龚旗煌，北斗导航项目、旅居德国的科学家许国昌，省住建厅原厅长龚友群等一大批名人、专家和精英。华亭人有着经商办企业的传统，城厢区在上海、江苏、浙江的商会会长均为华亭籍企业家。

【农业】 2021 年，华亭镇持续扶持壮大利农现代农业综合园、绿丰花卉苗圃以及城厢花卉世界等农业龙头产业项目；先后引进天桂龙眼产业园、农产品冷链物流中心等农业产业项目，助力现代农业提质增效，166.67 公顷高标准农田有序推进。华亭镇全面落实粮食安全行政首长责任制，粮食安全得到有效保障。

【工业】 2021 年，华亭镇统筹抓好强产业、兴城市、惠民生、优生态、保稳定、重党建等各项工作，在坚决打赢疫情防控保卫战的同时，高质高效推进复工达产，全镇经济有序复苏、持续向好，较好地完成镇十八届六次会议确定的各项目标任务，完成规上工业企业总产值 14.22 亿元，同比增长 22.6%。

【商贸服务业】 2021 年，华亭镇完成限额以上批发和零售业销售额 49.07 亿元，同比增长 20.38%，完成规模以上其他营利性服务业营业收入 4.57 亿元，同比增长 10.16%；完成限上商贸业零售额 34.83 亿元，同比增长 12.87%。

【社会事业】 2021 年，华亭镇全面推进常态化疫情防控工作，新冠疫苗累计接种量达到

171234剂次。9月莆田新冠肺炎疫情期间，全镇开展4轮全员核酸检测，采样451383人；对于行动不便的群众，安排医护人员上门入户采样，确保全员核酸，不漏一人。华亭镇不断完善创新矛盾纠纷调处机制，按照抓早抓小要求，认真开展矛盾纠纷的排查和调处工作，成功调解矛盾纠纷100件，切实发挥维稳“第一道防线”作用。深入开展食品药品安全和安全生产专项整治，加大安全隐患排查治理力度，全年累计排查各类生产单位、场所440家，排查各类安全隐患332项，整改到位332项。以党建为引领，深化“六联”（矛盾纠纷联调、社区服务联建、社会治安联防、行政执法联合、基层平安联创、应急处置联动）基层社会治理工作新模式，城厢区首家创新建立“X+综合执法”机制，全镇72个单元网格，配备专兼职网格管理员35人，组建4支网格巡逻队，实现巡逻无死角、监控全覆盖，全面推进华亭平安创建工作，维护全镇安定稳定。深化落实全市防范电信诈骗“一十百千万”（推进“四个一”：关注一个公众号（莆田反诈骗）、关注一个视频号（国家反诈中心）、观看一部防骗视频、填写一份问卷调查；举办十场反诈防骗户外宣传活动：在乡镇街道举办十场户外宣传活动，大张旗鼓地开展形式多样、内容丰富的线上和线下宣传活动；创建百个全年无诈骗案件的社区（村）单元；建立千个“防骗宣传微信群”：各县区、各乡镇（街道）在开展面对面推进“四个一”宣防举措的同时，全市建立千个“社区群众防骗宣传”微信群，最终在微信群实现“以一传百，进千家万户”的宣传目标；成立万名防骗志愿者队伍：通过充分调动各级各部门万名干部的积极性，在各单位各领域成立防骗志愿团体，以主人翁姿态积极参与反诈防骗宣传，力争形成良好宣传氛围）活动、金钟罩推广活动，对电信网络诈骗防范起到一定的作用，电信网络诈骗的发案率有所下降。

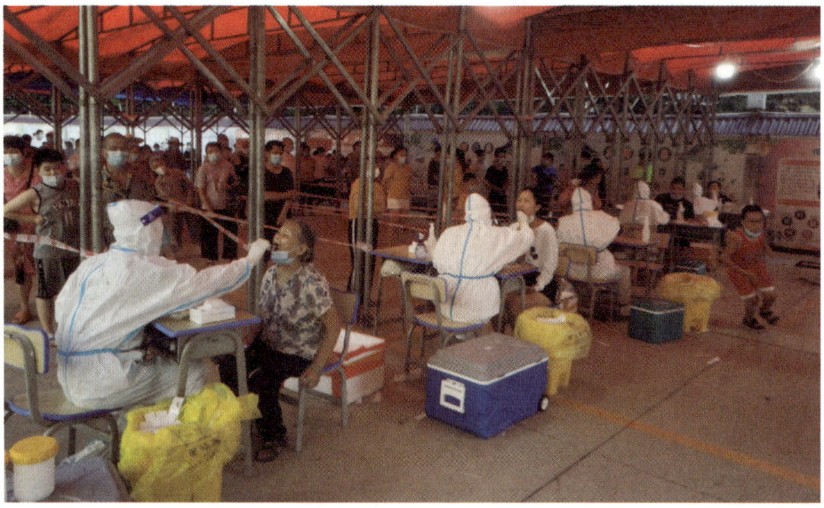

2021年9月20日，华亭镇组织全员核酸采样现场　（李玲　摄）

【基础设施建设】 2021年，华亭镇强化筑巢引凤，主动融入城市总体规划，大力推进片区改造，为产业发展提供物理空间，为便民惠民提供设施保障，力促

2021年6月15日，华亭镇组织网格巡逻队和网格员进行夜间治安大巡逻　（刘建波　摄）

产城融合，为强城市、兴产业“双轮”驱动注入新动力。全镇重点项目43个，其中，樟林片区项目莆田·中电科创城产业园完成控规和成片开发方案，建工·木兰府动工建设；西许片区项目“三所一中心”（莆田市第二看守所、莆田市拘留所、莆田市强制隔离戒毒所和莆田市公安局执法办案管理中心）、莆田市机动车驾驶人考试场实现竣工，电子信息产业园、大唐5G产业东南总部基地（西许）完成项目征迁46公顷。华亭镇着力改善道路通行环境，累计完成324国道、356国道周边99个农村交叉路口“五有”（有减速垄、警示牌、路中隔离、监控、路灯照明）工程建设。结合“攻坚两个月奋战六十天”专项行动，全力攻坚木兰大道（三期）、龟山路重点项目；对部分校园周边交通设施进行增设，完成对13座桥梁增设警示标牌及波形护栏，并对园头至南湖主干道路进行养护提升。

【小城镇建设】 2021年，华亭镇高起点编制镇村规划，立足现有基础条件和区位及资源特点，按照山水宜居幸福华亭城市综合体的目标，科学布局产业发展区，居住发展区，重点景观区和生态功能区，合理安排建设用地，处理好生产、生活、休闲、交通四大要素的关系，精心塑造富有特色的小城镇形象。结合华亭镇作为国土空间规划试点镇契机，精心谋划上下联动做好规划编制工作，起到良好的示范作用。完成西许片区控制性详细规划及后山、万坂、走马亭、园头、南湖、郊溪、顶埕、后塘村庄规划编制工作，助力华亭乡村振兴新发展。广泛开展文明卫生创建活动，全面提高试点镇管理水平，促进镇容村貌根本改观。推进基础设施建设，重点解决农村污水、生活垃圾处理等项目，加强畜禽养殖业污染防治，改善农村人居环境和村容村貌。

【拆迁安置】 2021年，华亭镇全面推进安置区建设，樟塘、山牌、后枫、兴沙、坪坂、濑溪、西许安置区回迁，后山安置区进场施工，惠及群众近300户。

【民生保障】 2021年，华亭镇坚持把惠民利、帮民富、保民安作为头等大事，深入推进“我为群众办实事”实践活动，完成重点民生项目清单数56件，其他惠民利民实事16件；持续推进民生工程建设，完成西湖溪、长岭溪生态安全水系一期项目建设，实现河畅、水清、岸绿、景美；率先在后塘村创办“长者食堂”，为后塘村65周岁以上老年人每周4天供应早餐；建设走马亭农村区域性养老服务中心，实现投产运营，实现供给床位180个；建设华侨医院医养结合项目，完成竣工验收并投产运营；夯实教育强基础，莆田科技学校实训楼、华林学校宿舍配套等工程相继完工。

【精神文明建设】 2021年，华亭镇从严落实好意识形态工作责任制，坚持以镇党委中心组、华亭夜校、“学习强国”App为主要载体，结合“三会一课”、主题党日活动等，及时传达学习各级党代会精神和省委十一届一次全会精神，组织深入学习习近平

2021年6月24日，华亭镇组织木兰大道一期后枫安置户集中回迁

（俞清 摄）

2021 年 3 月 31 日，华亭镇结合党史学习教育，组织党员干部观看《建党伟业》 （刘建波 摄）

新时代中国特色社会主义思想、习近平总书记来闽考察重要讲话及中共十九大和十九届五中、六中全会精神等，深化党员干部思想政治教育。全年邀请专家学者围绕党史、中共十九届六中全会精神等作 8 场次专题讲座，召开镇党委中心组学习 14 次、专题学习研讨 6 场次，累计开展示范教育、警示教育等 10 场次。华亭镇积极推动常态化创城，扎实开展精神文明创建活动，通过宣传专栏、宣传标语、宣传车及志愿者走街串巷等多种途径大力开展文明创建宣传；加强基层文化阵地建设，提升园头勤廉广场、“云里风”故居、新时代文明实践站、所等文化阵地功能，广泛宣传习近平新时代中国特色社会主义思想、中共十九大精神和扎实开展党史学习教育等。4 月，华亭镇被省委、省政府授予“第十四届（2018—2020 年度）文明乡镇”称号。

（刘建波）

常太镇

【基本情况】 常太镇位于城厢区西北部，南北长 18 千米，东西宽 16.3 千米，总面积 201 平方千米。土地总面积 1.62 万公顷，人均耕地面积 0.012 公顷亩，复种指数 100%；人均山地 0.39 公顷，森林覆盖率 87.3%。最低海拔 80 米，境内最高峰位于内东坪村古山寨，海拔 832 米；最低点位于松峰村虎岐底，海拔 45.2 米。主产枇杷、龙眼、橄榄、香蕉等作物。气候属南亚热带海洋性季风气候；年平均气温 17℃—20℃，年平均降雨量 1446 毫米。主要矿产资源有铁、镍、蛇纹岩、滑石等，镇政府所在地常太村利洋 1 号，距城区 14 千米。

常太镇有光荣的革命历史，早在 20 世纪 30 年代中期即为闽中革命根据地之一（现有老区基点村 27 个）。其境内山峦起伏，著名的东圳水库（莆田新二十四景为圳湖映碧）横卧境内，还有国家级森林公园九龙谷 AAAA 风景区（莆田新二十四景为龙谷奔泉）。

常太镇辖松峰、利车、照车、东太、东青、山门、汀洋、侯山、常太、坑洋、霞山、渡里、金川、马院、党城、顶坑、外东坪、内东坪、南川、过溪、下莒、埔头、溪南、溪北、山坑、洋边、长基、岭下等 28 个村（居）民委员会，320 个村（居）民小组，246 个自然村。2021 年末，全镇总户数 9689 户，总人口 40578 人，其中男性 20182 人，女性 20396 人。

【农业】 2021 年，常太镇水果种植面积 2025.8 公顷，其中枇杷面积 1756.07 公顷（品种有“解放钟”“早钟 6 号”“长红”“白梨”“贵妃白梨”“三月白”“亚舜本”“白雪早”“香妃”），产量 8364 吨；龙眼面积 168.47 公顷，产量 1539 吨；橄榄面积 28.53 公顷，产量 531 吨；香蕉面积 44.93 公顷，产量 435 吨；其他水果 27.8 公顷，产量 982 吨。4 月举办第二届“云上枇杷节”，通过央视频移动网、新华社现场云等多平台进行直播，实现线上销售枇杷近 3000 千克，线上观看人数达50万。同时，发布“圳湖”农副产品品牌，举行省农科院农业科学技术转化基地揭牌仪式、万亩枇杷品种改良启动仪式、“圳湖”枇杷衍生品销售签约仪式，向莆田市儿童医院赠送价值3万元的圳湖枇杷衍生品——果干、果酱产品等，为首批合作社种植和技术大户进行枇杷种植匠“圳品”认证授牌。

【社会事业】 科技 2021年，常太镇启动万亩改良计划，增加“白雪早”“三月白”“香妃”等多样优质品种，加快常太枇杷品种更新换代，提升科技水平。与省农业科学院与城厢区常太镇进行合作签约，共同揭牌成立枇杷龙眼科技转化基地。建设“5G”智慧果园，应用物联网技术，建成智能化生产环境采集系统，实时监测果园生产现场气象、土壤、水源环境。

教育 常太镇有5所完全小学，5所公办幼儿园，2个幼儿园教学点；2021—2022学年，全镇适龄儿童入园率达100%，小学学龄入学率为100%，初中学龄儿童入学率为100%，初中年辍学率0%；6—14周岁三类残入学率100%；教育资金到位率为100%。召开第37个庆祝教师节暨表彰大会，表彰奖励优秀教师18人、优秀班主任13人、优秀教育工作者6人；持续推进常太学校扩容建设，教学基础设施更新换代，提升教育教学水平，增强乡村教育成效。

文化体育 常太镇辖区内有1个镇级农民文化广场和6个村级农民文化广场，农家书屋28个；积极开展“我们的节日”专题系列活动，在莒溪“党建+”乡村邻里中心举办重阳节健康义诊活动、清明节“文明祭祀·平安清明”专题活动、母亲节亲子实践活动等；全镇有省级文物保护单位1个、市级文物保护单位3个、区级文物保护单位1个、文物点1个，市级非物质文化遗产（常太山歌——俚歌、方氏家酿）2个。

2021年4月9日，常太镇第二届“云上枇杷文化节”暨第23届枇杷节在常太镇莒溪“党建+”乡村邻里中心举行　（范达晶　摄）

卫生 2021年，常太镇环卫工作实现企业化、市场化运作，支出环卫资金800多万元，全镇有垃圾压缩中转站1座，密闭式垃圾清运车7辆、公路清扫车3辆，聘用环卫工作人员143名，生活垃圾实现日产日清。

疫情防控 2021年，莆田仙游发生新冠肺炎疫情期间，常太镇组建排查管控组、物资保障组、流调小组、消杀组等，各小组具体落实到人头，确保高效有序运转。每村居同步成立志愿者队伍，落实24小时疫情防控值班制度，由村居主干、工作队驻村在岗带班，开展全员核酸检测4次。组建镇村党员先锋队，设置6个疫情防控卡口，安排专人轮班值守，邻近仙游区域的在汀洋、侯山、内东坪、溪南村设置4个卡口硬隔离，人员、车辆均不允许通过；在进入松峰、利车2个卡口在县道设置路障进行排查登记，劝返车辆700余辆，有效防范外来风险人员输入。为保障居家隔离人员隔离期间正常生活，常太镇按照“五包一”（即1户居家隔离人员由1名镇干部、1名村干部、1名医务人员、1名包片民警、1名网格员）模式成立居家隔离人员服务队，建立居家医学观察台账，提供健康监测服务及生活必需品，满足居家隔离人员的正常需求。

计划生育　2021年，常太镇依法兑现奖扶，全面落实三孩政策及法律法规规定的计划生育各项奖励优惠政策，利用各种措施手段，不断扩大计划生育家庭奖励优惠政策的覆盖面。全年落实享受贡献奖194人，农村奖扶939人，城镇奖扶20人，特别扶助9人，二女扎奖1368人。独生、二女免费参加医保8407人，为60岁以上独生、二女户加发养老金有1030人。安居修缮工程21户，每户2000元。计生协会开展“两节”慰问计生困难户13户13000元（市、区各慰问1000元），母亲节慰问5人5000元（每人1000元），慰问失独家庭6户9000元（每户1500元）。计划生育政策落实率100%；开展“生育关怀计生家庭意外伤害保险”活动，缴纳1606户16万元。

社会治安综合治理　2021年，常太镇持续推进扫黑除恶专项斗争，开展干部进村入户大走访活动，整治学校交通安全、九龙谷景区摆摊等乱点乱象问题，进一步巩固扫黑除恶专项斗争成果。加强普法宣传，推进“一户一个法律明白人”活动，通过法律讲座、送法进村居、每村聘请一名律师等方法，加强法治建设，提高群众法律意识，营造良好的社会环境。深入开展信访治重化积，化解黄伟国等信访积案，有效维护社会安定稳定。

安全生产工作　2021年，常太镇严格落实“党政同责，一岗双责”，以整治消防、食品安全、道路交通、危化品、烟花爆竹及农村住房安全隐患为重点，以防范和遏制重大事故为目标，落实安全生产主体责任，加强安全隐患排查整改，全面推动安全生产整治攻坚。全镇排查房屋14518幢，发现重大隐患房屋202幢，全部整治完毕（拆除160幢、修缮42幢）。

武装工作　2021年，常太镇全面坚持党管武装工作的光荣传统；加强教育培训，提高武装干部队伍和民兵队伍的素质；全面完成年度民兵预备役组织整顿、国防潜力调查工作，提高国防后备力量建设水平；抓实民兵预备役训练，抓好武装机构规划建设；高标准抓好兵员征集工作，优先征集大学生士兵，保质保量完成新兵征集任务数。

旅游　2021年，常太镇以九龙谷AAAA景区为龙头，岭下村、马院村为支点的全域旅游初具规模，于10月获评福建省“全域生态旅游小镇”，累计旅游收入5000万元，接待游客近250万人次；推动九龙谷景区与溪南村合作开发移动民宿项目，入选全国森林康养基地试点单位，溪南村背靠九龙谷景区流量，于10月获评福建省“金牌旅游村”；莒溪片区借力九龙谷AAAA级景区流量优势，提炼祈梦、龙凤等IP，结合一、二、三产，策划打造悠然栖梦小镇暨省级移民示范区，一期工程正在建设，同时积极对接研学机构进驻，整合研学资源，开发红色主题研学基地，推进莒溪生态研学活动；围绕环库路，提升整合“半浮生”、“又见一炊烟”等网红打卡点，环库

2021年4月10日上午，常太镇“党建引领 砥砺耕耘”乡村振兴嘉年华分会场——常太镇首届“慢生活”休闲产业文化节活动在松峰村半浮生文创园举行　（范达晶　摄）

区打造集文创、茶室、餐饮不同业态的“慢生活带”；岭下村积极发展以“立谷听涛，乡野岭下”为主题的生态乡村休闲旅游；马院村建成闽中游击区（马院）革命史展示馆，对接莆旅文化等研学机构，展示馆年访问量达100万人次以上。

【民生保障】 民政优抚　2021年，常太镇提升改造镇敬老院，持续推进镇敬老院公建民营，优化现有21个村农村幸福院硬件配置；为农村老人提供养老平台；镇政府免费为农村籍90周岁以上老年人统一缴纳基本医疗保险费；全面落实低保提标扩面，全镇临时救助25户101人，发放救助金29.6106万元（其中上报区级9户37人，发放救助金22.176万元，镇级救助15户64人，发放救助金7.4346万元）。

社会保障　2021年，常太镇范围内机关、企事业单位干部、职工全部纳入医疗保险范畴，参保率100%。大力推进企业退休人员管理服务社会化工作，对企业退休人员情况进行跟踪管理，切实做好退休保障工作。城乡居民基本医疗保险和养老保险参保率均达98%以上，发放残疾人两项补贴约63万元。

生态环境保护　2021年，常太镇开展畜禽养殖污染整治“回头看”活动，落实主体责任，加强日常巡查，依法开展畜禽养殖反弹复养行政执法活动。集中整治管控九龙谷公园外的餐饮污染、砂石加工场、生猪屠宰点等污染源，清理一级保护区违规种植，26家餐饮服务业全部安装油烟净化器和油水分离器。采取“三级沉淀、分片收集、加压抽取、集中处理”的技术模式，即统一将各村、各片区污水收集提升至污水主管网，再加压提升至市政管网，最终实现污水零排放，实现全镇污水收集全覆盖，累计新建三格化粪池户3255户，接管3255户，接管率100%；建设污水管网456.1千米；建设收集池72个，日收集污水400吨以上，并加强污水管网设备的运行维护。推广测土配方施肥，禁止滥用农药化肥，与省科研机构合作开展农业面源污染系统整治，完成宏耕生态园试点建设；持续实施东圳库区退果返林工程，累计投资5200多万元完成退果返林438.13公顷、封山育林110.67公顷、库区桉树林赎买并改造212.4公顷。累计投资1.1亿元完成延寿溪支流莒溪、溪北溪、珠口溪、院里溪、东太溪等10条河道生态整治；全面推进“六水共治”（治污水、保供水、排涝水、防洪水、抓节水、优海水），严格落实河长制，进一步推进河务监管网格化，实现河道流域监管全覆盖。

城乡一体化　2021年，常太镇莒溪片区以“悠然溪梦”为IP，谋划并落地建设“5G”智慧果园、民俗体验一条街、图图生态研学基地、布谷田农场等10多个项目，打造莒溪生态旅游、生态研学示范区；马院片区以打造省级党建重点培育项目为契机，挖掘马院闽中游击红色资源，辐射带动周边金川、渡里等村，实施党建研学、露营基地、红军路、烈士故居修缮等数10个红色文化项目，开发红色主题研学基地；环库区“慢生活带”，针对松峰、利车等环库区村实施“四个一”规范管理提升，创新“民宅合作社”，整合“半浮生”、“又见一炊烟”等网红打卡点，谋划“森林步道”，打通“半浮生”和天马阁的登山道，策划环库路各村产业布局，打造文创、茶室、餐饮不同业态的网红打卡集群，进一步丰富业态。

【基础设施建设】 2021年，常太镇实施生态河道整治、环境综合整治、道路设施建设、教育文化建设等各类重点项目；实施库区移民项目25个，补助资金5471.94万元；推进完善侯山村等村道建设，进一步改善人居环境。

【精神文明建设】 2021年，常太镇开展群众性文明创建活动，积极创建镇机关和东青、下莒、岭下、洋边4个村第十四届省级文明镇村；常太镇获评福建省“全域生态旅游小镇”，溪南村获评福建省“金牌旅游村”；常态化开展全国文明城市和省级文明城区创建活动；提升镇文化站建设，

2021 年 12 月 29 日，莆田市城厢区常太镇举行莒溪片区乡村振兴暨省级移民后扶示范区建设项目（一期）开工仪式　（范达晶 摄）

开展群众性文娱活动，举办“我们的节日”清明节、重阳节等传统节日活动，庆祝第 37 个教师节。

【美丽乡村建设】　2021 年，常太镇围绕“四美”（环境美、田园美、村庄美、庭院美）、“五清楚”（扫、拆、摆、分、粉）目标任务，集中开展环境卫生大扫除；结合库区移民村环境综合整治，推进洋边、坑洋等省级美丽乡村和马院、岭下、东青、下莒等 16 个美丽乡村建设；累计投资 1.56 亿元持续推进马院、岭下、东青、下莒等村“幸福家园”建设。

（周东、刘静霄、范达晶）

灵川镇

【基本情况】　灵川镇地处城厢区南部，东与秀屿区笏石镇、东庄镇接壤，南濒临湄洲湾内海，西与东海镇相邻，北与华亭镇毗连。全镇总人口 7.5 万人，下辖 14 个建制村、1 个社区。设基层党委 3 个、党支部 23 个，党员 2196 名。灵川镇总面积 56 平方千米，海岸线长 13.71 千米，耕地面积 1546.67 公顷，主要作物有甘薯、花生、大豆等。林业用地 3200 公顷，滩涂浅海面积 820 公顷，淡水域面积 91 公顷，海域资源丰富。灵川镇紧邻秀屿深水码头，径里、桂山 2 个水库，篁山溪、书峰溪等 5 条溪长度 54 千米；辖区内“三横”（沈海高速、滨海大道、笏枫路）、“两纵”（联十一线、灵华线）等交通大动脉横贯境内。灵川镇有东进村后院山新石器、宋代陶器笼口山古窑址、省级文物保护单位东汾五帝祖庙、清朝壶南书院等名胜古迹。明代状元柯潜、为中国核工业发展做出重大贡献的高级工程师王正杰等均出自灵川镇。

【经济发展】　2021 年，灵川镇规模以上工业产值 14.55 亿元，同比增长 16.1%；固定资产投资 15.1 亿元，同比增长 8.7%；批发零售业销售额 10 亿元，同比下降 12.9%；财政收入完成 0.914 亿元，同比增长 13.9%。

【工业】　2021 年，灵川镇把工业作为实现灵川加快崛起、跨越发展的根本支撑，实施“工业强镇”战略，通过华源纺织城等企业增加投产提高对规上工业增加值贡献。打造工业新走廊，即依托滨海大道项目建设，打开工业腹地，策划生成落地一批龙头带动型、基地扩张型临港产业项目。加强重点产业培育，依托临近铁路港湾站等优势，重点发展保税仓储、冷链配送、电商快递等现代物流；依托天喔、万得福等食品龙头企业，重点发展休闲食品产业；依托赛博思钢结构，重点引进新型建材产业链上下游产业；依托华源纺织城，重点发展纺织上下游产业；依托华骏鞋业、中伟等龙头企业，重点发展鞋服产业。

【农业】　2021 年，灵川镇扎实推进乡村振兴，15 个村基本完成管网建设，铺设管网 453 千米，完成率 103.6%；新建化粪池

1692个，完成率103%；村民自建化粪池9896个，接管9841个，接管率99.4%，PPP（政府和社会资本合作）项目遗留未接户管1410个全部完成。引导扶持下尾、桂山、书峰、西墩4个村因地制宜，把发展壮大村级集体经济与产业现状、资源状况、群众需求结合起来，打造农产品和海产品交易中心，实现群众增收与村集体增收“双赢”。以生产基地化为目标，以发展集约型农业为重点，巩固和培育一批农业产业化龙头企业，真正把灵川镇建设成为现代农业示范镇。发挥农产品基地的优势，因地制宜发展农贸市场、超市，实现农超对接。大力推进莆田首家全封闭智能化蛋鸡项目、桂山现代农业种植养殖基地项目、温氏家禽养殖小区项目，积极引进食品工程新技术，培育发展食品产业集群，带动名优果品、水产品精深加工，延长产业链，增加附加值。

【商贸服务业】 2021年，灵川镇推动第三产业培优培强，发展休闲旅游产业，打造“四村一庙一园”（径里休闲垂钓，桂山农业观光，下尾特色海鲜餐饮，书峰海边宿营，五帝庙两岸宗教文化体验，台兴现代食品园参观）旅游新平台。桂山、径里幸福家园试点村立足山水自然资源，大力发展乡村生态、农业观光旅游；下尾村依托“花蛤之乡”品牌，逐步形成海鲜吃、购一条街；柯朱村挖掘文化资源，扎实推进苏山状元文化新城前期工作；同时整合东进五帝庙、何寨街区、书峰渔港等有利资源，发展娱、购、游为一体的滨海旅游度假基地。规划建设工业旅游线路，发展工业旅游，促进第三产业繁荣。促进产业转型升级，以实施乡村振兴战略为总抓手，健全农产品加工、流通、销售等产业链。探索“互联网＋农产品”模式，鼓励和发展农产品电商产业，拓展直播电商、社交电商等新型营销方式，提高农产品产销转化能力。加快灵川镇东进三级渔港前期手续办理，引进莆田市海水贝类育种创新基地项目，提升改造东进、下尾等沿海村养殖池，以花蛤养殖为支撑，扩大养殖海蛎、蛏等品种，利用现有资金渠道对符合政策的渔业等农业龙头企业技改项目予以支持，加快海洋渔业产业融合发展，建设休闲游艇、渔港超市、渔船避风、休闲走廊，推进水产品精深加工，做大休闲观光渔业。

【社会事业】 2021年，灵川镇19所中小学校安配套工程不断完善，中心幼儿园改扩建，硋灶小学校舍修缮，书峰、下尾2所校园教学楼外立面改造工程推进顺利，书峰、径里2所基层小学省级义务教育管理标准化评估验收顺利完成。全镇九年级过半考生被普高录取，青山学校考生一级达标校录取达21%，第十八中学被授予“莆田市2020年度平安校园”“莆田市第二届文明校园”等荣誉称号，5名教师和11名教师受到市区嘉奖。灵川中心小学在莆田市小学生篮球赛中男队、女队均获得较好名次。坚持教育优先发展，不断巩固提高九年制义务教育质量和水平，高度重视学前教育，推动城乡义务教育均衡发展。重点跟进青山学校宿舍楼改扩建项目、灵川镇中心幼儿园改建工程、灵川镇中心卫生院综合大楼建设项目、第十八中学教学楼宿舍食堂等改扩建项目。坚持党管武装原则，把加强党对国防后备力量建设的领导作为一项严肃的政治任务来抓，区委、区政府考评党管武装工作，灵川镇总分第一名。积极做好社会救济和优抚保障工作，切实帮助解决困难群众的基本生产生活需要。

【基础设施建设】 2021年，灵川镇对接省市区产业布局，坚持任务项目化、项目清单化、清单具体化，人员全部压到指挥部一线，集中精力攻坚省、市、区重点项目。灵华线项目顺利推进，完成投资2.9亿元，完成进度72.5%。福厦客运专线项目作为城厢段陆地征迁工作的主战场，第一时间完成下尾村、青山村全线163户房屋9.2万平方米征迁工作，全市第一家完成净地。现代智能化蛋鸡项目投入资金近亿元。苏山取土点项目完成施工临时运输便道、临时堆场征迁工作和路面平整，向滨海大道供土18万多立方米。滨海大道项目复工以来填土近四千米。太湖工业园项目完成土地征迁丈量约100公顷。联十一线、笏枫公路拓宽等一批重大交通路网项目加快扫尾。太湖园区田厝片排涝工程、篁山溪综合治理工程基本完成。东进下尾农田渠系重建项目、沿海片防洪挡潮工程西墩海堤、太青联合堤投入使用。

【小城镇建设】 2021年，灵川镇全力实施城镇建设，按照“拉开框架、完善功能、提升品位、集聚人气”的要求，高标准规划改造何寨集镇，完善集镇配套功能，加快建设宜居宜业的中心集镇。以创建文明集镇为抓手，加强集镇管理，加大集镇环境整治力度，严肃整顿占道经营行为，使集镇美起来、靓起来。用足用好“旧村庄、旧厂房、旧棚区”改造政策，依托滨海大道、太湖工业园区，认真规划并适度推进园中村改造和安置新村建设，着力培育实力较强、带动明显的中心村。持续改善生态环境，保持打击“反弹复养”高压态势，严格落实畜禽养殖污染防治“村周巡查、镇月检查”长效工作机制，严厉打击“反弹复建”行为。全面落实包片责任制，强化责任落实，坚决做到发现一家取缔关闭一家，杜绝反弹复建行为发生。对区级巡查发现问题第一时间核实，及时作出整改11处。开展入海排污口专项整治，配合城厢生态环境局排查47处排污口，继续加大上游污水收集、企事业排污口等整治工作。对海漂垃圾投放点进行选址，打造“海上环卫”，切实解决群众身边海漂垃圾污染问题，实现岸滩河流入海口和近岸海域垃圾治理常态化。

2021年12月30日，灵川镇中心卫生院综合大楼施工现场

（林伟清 摄）

【民生保障】 2021年，灵川镇着重围绕产业发展，促进脱贫户增收，全镇为建档立卡脱贫户累计发放58.9万元产业补助资金；积极谋划扶贫项目，申请120万元为云庄村进行村容村貌改造提升和山塘修复建设，申请20万元为青山村建设道路及路灯；为脱贫户发放春节慰问金、用水补助12.49万元，发放防疫物资8.4万元；为13名脱贫户中高职学生申请加入雨露计划，所有脱贫户均享受国家医疗报销补助和精准扶贫医疗叠加补助政策，同时均购买办理意外伤害保险。全镇有低保409户，低保覆盖率1.45%，发放518.45万元补助资金；特困人数35人，集中供养28人，集中供养率达80%；临时救助发放25.75万元，受助53户，200人次；何寨日间照料服务中心被市民政局列入2021年城厢区居家养老服务示范点建设项目。强化督查考核，有效提升基本公共服务水平，灵川中心卫生院综合大楼启动建设。全面提升人居环境，全镇15个村（社区）积极开展环境卫生综合整治行动，清理卫生死角261处，垃圾52吨，清理水塘数量3口，清理村内沟渠2千米，每月组织发动农民群众参与村庄清洁行动160余人次。全镇有农村公厕有29座，集镇公厕6座，旅游公厕2座，均落实专人管理、保洁，将公厕保洁员与公益性岗位人员、保洁员兼职相结合。

【精神文明建设】 2021年，灵川镇整合镇文明实践所、村文明实践站、农家书屋等资源，广泛开展群众喜闻乐见的文体活动。坚持重心下移，加强社会治理创新，进一步规范提高村民自治和服务功能。为切实做好“平安三率”（群众安全感满意率、扫黑除恶好评率、群众对政法机关和政法队伍执法工作满意率）的宣传推广活动，不断推动参与平安创建确保群众安全感、平安建设群众参与率和电信网络诈骗犯罪防范知识知晓率的提升，全镇15个村居每天3小时分上午、下午两次播放反诈骗广播，各村、沿街店面LED显示屏滚动播放反诈骗标语，各村制作悬挂反诈骗宣传横幅285幅，张贴户外反诈骗海报286张。入户张贴反诈骗小海报5000多份；各村工作队、包片民警、网格员及反诈骗宣传志愿队入户宣传发放讲解《万名基层干部与百万人民群众面对面防骗知识大宣传》宣传单10000多份，切实有效提升镇“平安三率”整体水平，灵川镇获得莆田市市级一类平安乡镇荣誉称号。

（刘一薪）

东海镇

【基本情况】 东海镇地处城厢区南部，东与灵川镇相邻，南临湄洲湾内海与秀屿港隔海相望，西至仙游县枫亭镇交界，北与华亭镇毗连。辖区东西最大距离6.4千米，南北最大距离8.9千米，总面积96平方千米，其中陆地面积47平方千米，水域面积49平方千米。森林面积30.09平方千米，森林覆盖率较高。下辖12个行政村和1个社区，51个自然村，户籍人口5.8万余人，基层党组织24个，党员1709人。

东海镇是北宋庆历名臣蔡襄后裔的聚居地，拥有金沙宫、石梯寺等一批文物保护单位、一个市级爱国主义教育基地蔡襄纪念馆、一批市级非遗项目。“万人圈灯”民俗文化活动历史悠久，享誉海内外，多次被各级新闻媒体报道。蔡襄文化园项目占地面积7.33公顷，规划建设蔡襄主题公园、文化活动中心、廉政教育及书画展厅、蔡襄文化商业街、万平休闲广场及配套服务设施等，一期工程占地面积4公顷，投资1.68亿元，蔡襄主题公园、文化活动中心及万平休闲广场建成并投入使用，形成东海镇新的地标性文化建筑。结合石梯旅游景区、上图采摘园基地、东海初之源农场、上亭高铁沿线特色建筑风貌优化建设等农文旅资源，创建蔡襄文化园乡村一日游线路，打造人文特色鲜明的蔡襄文化旅游景点，加快推进乡村振兴建设进程。

2021年东海镇获评莆田市先进基层党组织、莆田市第十五届文明乡镇、莆田市“关爱女性健康”活动先进单位；辖区上亭村获评全国文明村，蔡厝村、东海村、海头社区获评省级文明村，上图村、大埔村获评市级文明村，东沙村、利角村、东朱村、西厝村、西黄村获评区级文明村。

【自然条件】 东海镇地处湄洲湾畔，地理条件优越。整体地形依山面海。经镇有国道G15沈海高速公路、国道228线笏枫公路、福厦铁路、省道201线即联十一线、新建福厦铁路客运专线，交通便捷。东海镇道路基础设施建设不断完善升级，先后完成国道228线笏枫公路拓宽改造工程，实现全线6车道竣工通车，进一步带动沿街店面住宅规范整治，提升集镇形象。

东海镇整体地势自北向南倾斜，海堤总长度7.2千米。境内最高处位于西北部的山峰西柳山太子峰，海拔660米；最低处为平地，海拔5米。境内属南亚热带气候，年平均气温21.8℃，年平均降雨量1663毫米。境内河道属自然流域，主要河道有团结溪、海头溪、蔡厝溪、西黄溪、蔡亭溪、横沟等6条，河流总长度20.75千米。境内最大的河流为海头溪，从海头水库至海头溪流经境内利角、海头、东海村直至出海口，总长3.65千米，总库容158.4万立方米。境内主要矿产资源有铝、铁、锰、黄铁矿等金属矿，但储量较少；还有高岭土、蛇纹石、滑石、叶蜡石、花岗石、钾长石、硅线石、铝土、石油、明矾等非金属矿藏。主产水稻、地瓜、花生、大豆等作物。境内主要自然灾害有地震、台风、洪涝、干旱、暴雨、寒害、冰雹和雷击等。台风灾害年均发生约4次，主要发生在每年5月至10月。

【经济发展】 2021年，东海镇累计完成工业产值57.72亿元，同比增长12.99%，完成年度计划的100.3%；固定资产投资完成12.3亿元，完成年度计划的101%；建筑业产值完成12.12亿元，完成年度计划的100%；财政收入全年完成1.1亿元，完成年度计划的100%。

【工业】 东海镇是城厢区工业企业发展较早的乡镇之一，下辖东朱、海头、东沙3个工业集中地，入驻工业企业120多家，其中规模工业企业34家，形成以才子服饰股份有限公司、嘉裕华制鞋工业企业等为龙头的鞋服产业链。2021年，东海镇产业规模不断壮大，在现有工业小区的规模上，新增东海鞋服科技产业园，占地面积33.33公顷，计划建设鞋服、纺织、科创信息、电子高端产业集群，概算投资20亿元。进一步拓展轻工业发展空间，正在编制占地面积66.67公顷的成片土地开发方案。

【农业】 2021年，东海镇拥有专业合作社10家，家庭农场5家，蔡厝村等3个村建设高标准农田项目。辖区内牛樟芝种植基地位于西头和狮峰，占地面积68.33公顷，栽植8万株牛樟树。高科技花蛤育苗项目落户东海村，占地面积2.14公顷，建设育苗池250池计10000平方米，可投放花蛤小苗600亿只。火龙果种植基地位于东海村东港。上图村智慧果园基地巨峰葡萄种植项目占地面积20公顷，建成葡萄园一期6.67公顷，打造农业"休闲+观光+采摘+体验"的模式。西黄石头蛎基地项目规划用地33.33公顷，下一步将扩建形成西黄村、蔡厝村、西厝村连片66.67公顷的海洋牧场，用于发展无公害生态养殖，依托人工沙滩、海路观光垂钓、海鲜品尝等模式，打造东海乡村一日游线路，延伸农文旅产业链。

2021年东海镇中小河流清淤疏浚项目，组织实施横沟清淤工程，基本完成横沟流域6.7千米的清淤疏浚任务，完成投资约302万元。东海镇大埔溪清淤工程，项目计划投资280万元，完成清理河道流域约0.3千米，护坡修复16米等。全年排查临河搭建养殖场18处，拆除面积200多平方米。

【商贸服务业】 2021年东海镇限上批零业产值完成情况：现有限上批零8家，全年完成8.10亿元，累计增长30.36%，完成年度计划的101.25%。规模以上营利性服务业产值完成情况：现有规上营利性企业1家，全年完成0.37亿元，完成年度指标的100%。

【社会事业】 疫情防控工作 2021年，东海镇组建以党委政府主导，卫健、公安、交通办、宣教办、市场监管等多部门组成的若干个常态化疫情防控工作专班，实施提级指挥、扁平化管理，在辖区内设立2个大网格站，大网格以下划分28个小网格，网格范围覆盖全镇13个村（社区）。建立居家隔离防控监督微信群，采取"线上检查+线下督导"工作方式，不定时地通过语音视频连线、微信定位等方式，确保居家隔离人员足不出户的措施要求；"台账式"滚动管理，对中高风险地区、境外返乡人员及密接、次密接全部建账管理，专人负责，每日至少更新一次，要求"一人一本台账"，做到数据清、情况明。全年排查到省外返乡人员11256人次（其中省外重点地区返乡人员1225人），省内重点地区返乡2329人，境外返乡58人，3周岁以上常住人员接种新冠疫苗34521人。

卫计常规工作 2021年12月卫计年报中，全镇总人口61722人，出生427人，其中男孩223人，女孩204人，出生性别比为109.31（女=100）。对农村独生子女、二女医保补助2459人。对计生户意外伤害保险补助1130

户3320人、保费11.3万元，慰问计生困难及失独家庭22人次、慰问金2.3万元。

文化体育 2021年，东海镇持续开展文体活动，组织“全民K歌”活动、“非物质文化遗产进校园”活动、庆祝中国共产党成立100周年文艺晚会等，活跃群众性文化氛围。依托节日文化载体，持续开展节日文化活动，组织清明节文明祭扫志愿活动、端午节慰问环卫工活动、教师节庆祝表彰活动、重阳节敬老慰问活动等。

安全生产情况 2021年，东海镇深入开展安全生产大排查大整治工作，组织大型执法8次，部门执法118人次。检查各类企业116家，查出安全隐患236项，整改到位218项，整改率92%，家庭式小作坊26家，排查存在安全隐患36条，即查即改31条，另有5条下发整改通知书，要求限期整改到位。

矛盾纠纷排查化解情况： 2021年，东海镇排查各类矛盾纠纷117件，其中婚姻家庭纠纷28件，邻里纠纷27件，损害赔偿纠纷5件，房屋宅基地纠纷7件，债务纠纷1件，山林土地纠纷2件，其他纠纷48件，调处成功117件，调处成功率100%。

综治＋社区治理中心建设及网格化管理工作 2021年，东海镇出动护学岗约480人次，治安巡逻约1450人次；开展基层常态化信息采集更新：常住人口25731条，流动人口1749条，房屋信息17626条，涉疫人员信息3461条，社情民意676条，沿街工单1799条，人社73条，民生诉求咨询服务172条，求助服务47条，代办服务785条，专业服务5条，邻里家家亲注册人数12794人，发放平安宣传、扫黑除恶、电信防诈骗、禁毒、反邪教、疫情防护等宣传单15000多份等工作。

2021年6月18日，东海镇在蔡襄文化园广场庆祝中国共产党成立100周年晚会现场举办“光荣在党50年”纪念章颁发仪式

（黄益彬 摄）

信访化解情况 2021年，东海镇通过梳理过筛、分析研判，提出化解预案，成立工作专班，同时注重把好“治理关”，全力做好治重化积工作。全镇接待群众来信来电来访561件，其中初信初访296件，重复265件，化解初信初访254件，息访息诉8件。

打击电信网络诈骗工作 2021年，东海镇结合进村入户大走访活动、以疫苗接种为契机，广泛发动、大力开展反诈宣传，持续落实各项宣防举措，大力推进“金钟罩”防诈骗系统注册关注工作，推进构建全民反诈格局。开展缅北窝点人员劝返工作，落实管控举措，确保及时逼投劝返。发动村居和群防群治力量，通过对其近亲属加强政策攻势，劝促其本人尽快回国投案自首。开展涉诈重点人员拉网式大排查、大整治，进一步加强滞留境外涉诈人员审查深挖，细化摸排，认真落实信息采集，逐人分类甄别境外回流人员，严密管控动向，严防回流人员再次出境作案，对仍滞留境外的本地籍人员摸排劝返。经核查，国务院下发辖区涉诈重点人员，核查率88.6%。

禁毒、反邪教宣传教育情况 2021年，东海镇创建集中宣传教育阵地、村（居）宣传教育阵地、校园禁毒宣传教育阵地，提高辖区群众拒毒防毒及防范邪教意识。

群防群治工作　2021年，东海镇成立巡防队伍，提高见警率，形成全面覆盖的巡防网络。建立镇村两级平安志愿者队伍，基本达到辖区每户一个人的标准，做到信息掌握到位、矛盾化解到位、治安防控到位、便民服务到位。

"平安三率"工作　2021年，东海镇深入开展"百名干部进村户，排忧解难保平安"活动，按辖区所有户数进行造册包干，其中固定电话用户由区、镇干部及民警牵头入户，确保百分之百入户到位。印制《2021年公众安全感测评电话调查模拟卷》及《东海平安专刊》、《扫黑除恶宣传小手册》、《防范电信诈骗》手册、《预防电信（网络）诈骗》广告贴纸等宣传单各1万多份，逐户进行分发宣传。结合进村入户大走访活动、以疫苗接种为契机，广泛发动、大力开展反诈宣传，持续落实各项宣防举措，大力推进"金钟罩"防诈骗系统注册关注工作，推进构建全民反诈格局。

【基础设施建设】　2021年，笏枫公路拓宽改造工程扫尾项目顺利推进，其项目主要是道路两边人行道、路灯断接问题，经过积极协调项目业主、施工单位，抓紧推进施工进度，截至年底路灯断接全部完成顺接，全线亮灯，道路标识标线、测速卡点、限速路面斑点全部完成施工，人行道路缘石施工基本完工。新建福厦铁路客运专线（东海段）顺利完成架桥施工，路面铺轨全部推进。该段全长4486米，桥墩112根，为跨海大桥段，全部完成桥墩架梁施工，桥面无砟轨道铺轨工程全力推进。金桥路工程建设顺利推进，该路全长1.31千米，按市政道路兼三级公路标准进行设计，规划路幅宽度24米，概算总投资5900万元，土地农转用手续基本完成，施工图设计进行初设论证，土地正在有序征迁。利角至石梯段道路拓宽改造工程稳步推进，全长7.5千米，规划路幅宽度7.5米，按四级公路标准进行改造设计，预计总投资2900万元。先后完成道路拓宽使用林地省级批复手续，完成路基拼宽刷坡施工，路面工程施工图进一步完善设计。溪道清淤治理工程有序推进，海头溪、横沟、大埔溪清淤工程先后完成设计、招投标，总投资约500万元，海头溪、横沟清淤顺利完工，其余段生态治理有序推进，有效改善东海镇河道生态环境。城乡供水一体化"一户一表"改造项目有序推进，项目总投资7000多万元，为EPC（指公司受业主委托，按照合同约定对工程建设项目的设计、采购、施工、试运行等实行全过程或若干阶段的承包）投资模式，利角、上图、大埔、蔡亭4个村段推进施工，累计切割主路面达27千米，铺设管道4千米长等。污水管网建设全面完成，全镇污水管网设计长266千米，完成污水管网铺设269千米；全镇PPP（政府和社会资本合作）项目三格式化粪池需接管1142个全面完成；群众自建三格式化粪池9938个，接管8728个。镇域污水管网建设实现完工，正在组织验收及竣工结算。

【小城镇建设】　2021年，东海镇完成东海鞋服片区控制性详细规划成果市政府批复工作，对东海集中地片区控制性详细规划进行委托编制，先后完成成果论证、公示程序，顺利完成东海鞋服片区控制性详细规划批复工作，为下一步鞋服政府储备地块出让盘活打下坚实基础。

2021年，东海镇完成东海鞋服辅料生产基地海域使用权证换发国有土地使用权证工作。东海鞋服辅料生产基地海域使用权证书换发工作，经过工作专班跟踪办理，于5月26日顺利获批为政府储备地进行土地收储批文（闽政土〔2021〕51号文件），完成业主变更，实现由太湖工业园发展有限公司作为持证单位转变为市土地储备中心作为登记单位，作为市政府储备地块进行不动产权登记。

2021年，城厢区国投公司正式接盘东海鞋服政府储备地盘活开发建设工作。东海鞋服政府储备地块登记土地面积30.4公顷，分4块组成，区财政专门安排园区开发专项债2亿元，支持储备地块开发建设工作，区国投公司作为区政府下派机构，正在进行前期概念规划和方案设计，将按照批后控制性详细规划指标要求，扎实做好规划条件下达、地价评估和土地拍卖出让工作。

2021年，天誉首府房地产（三期）项目土建工程全部完工，项目占地面积2.67公顷，规划建设4幢高层建筑及1幢幼儿园，总规划建筑面积为112792.6平方米，其中高层建筑24层1幢、32层建筑3幢及4层1幢幼儿园。截至年底，三期土建工程全部完成施工，进入设施工程配套施工阶段。

2021年7月开始，东海镇根据上级要求，自加压力，建立一支常态化执法巡逻队伍，对“两高”沿线新增裸房、违章搭建等行为进行严查严控，发现违章行为及时制止，查处，先后对新增裸房5户进行彻底查处，限期整治到位，对可视范围内的环境综合整治进行维护保养。

2021年，东沙幸福家园建设先后完成建筑方案评审、日照分析、总评规划论证，进入土地农转用报批程序，累计拆除旧房228户，平整旧房区土地达2公顷，累计动工建设安置房16幢66直（每2直为一户套），其中土建封顶6幢14直、钢筋施工至基础圈梁10幢19直。

坪洋西头幸福家园建设拆除旧房115户，拆除到位112户，剩余3户未拆除。动工建设安置区1个，占地面积0.5公顷，先后完成安置区现状地形测量、总体方案调整、卫片检查处罚，补办土地农转手续正在协调，累计动工建设安置房6幢，其中3幢主体工程封顶，另3幢分别建至第3层、第4层主体框架。

2021年，东海镇规划占地面积50.98公顷的东海土地成片开发方案完成初稿设计。

2021年，东海镇通过策划生成乡村振兴财政衔接项目，累计争取乡村振兴项目建设补助资金达300多万元。

【民生保障】 东海镇全力做好社会兜底，继续落实低保提标扩面工作，定期“回头看”，滚动管理增减员。2021年排查因病因残导致的低收入家庭361户1082人次。全镇有低保387户889人，新增低保52户93人，低保转特困6人，低保覆盖率达1.5%以上。临时救助127户56.3万元。特困集中供养人员11人，集中供养率83%。全年发放残疾人“两项补贴”（贫困残疾人生活补贴和重度残疾人护理补贴）170余万元。全面落实为民办实事项目，东海卫生院顺利完工并作为疫苗接种点启用，填补东海镇没有卫生院的空白，同时继续加大资金投入，不断完善医疗软硬件设施建设，保障群众能就近享受到医疗服务。

2021年，东海镇围绕巩固拓展“两不愁三保障”（稳定实现农村贫困人口不愁吃、不愁穿；保障其义务教育、基本医疗和住房安全）成果，确保主要帮扶政策不中止、不断档、不留空白。全年发放产业补助资金4.3万元，吸收脱贫户参与公益性岗位18人，落实各年龄段贫困学生教育补助70户115人，发放健康扶贫资金5.88万元，下发15.71万元用于辖区内11户脱贫户房屋修缮补助，发展日有喜生态农场、上图葡萄园、牛樟芝基地产业基地等特色生态农业。全镇101户295人享受低保，76户114人享受残疾人补贴，临时救助36人发放13.43万元，帮助11户脱贫户办理小额信贷合计11万元，稳定脱贫3户11人。

2021年，城厢区下达东海镇各级财政衔接推进乡村振兴补助资金193.52万元。全镇乡村振兴项目7个，分别是蔡亭村西张公厕建设、利角村沟道修复及村道顺接建设工程、海头社区沟溪治理及村道顺接工程、东海村机耕路维修硬化工程、蔡厝村海防路与村道路连接、西黄村横沟护岸工程、西厝村道路硬化工程，项目全部完工，资金全部支出到位。

2021年，东海镇乡村振兴工作发挥特色优势，积极对接跟进台湾牛樟芝、高科技花蛤育苗、火龙果产业基地、蔡亭村党建综治＋邻里中心等项目落地。观音（妈祖）海上文化公园，前期投入650万元，正完善妈祖公园整

2021 年 12 月 24 日，城厢区东海镇举行结对帮扶宁夏同心县预旺镇、马高庄乡帮扶物资捐赠仪式　（黄益彬 摄）

体范围绿化围墙、园区树木园区步道等提升工程；东沙村幸福家园建设，规划占地面积 5.79 公顷，建设 16 幢多层，3 幢 9 层小高层，完成场地平整和基础的土方开挖、部分多层的基础圈梁建设。

2021 年，东海镇加强农村公厕管理，建成公厕 40 座，其中 3 座旅游公厕。筹划新增一批公益性骨灰楼堂，西黄村、东沙村完成规划及审批。建立健全全镇污水管网“管养监”队伍建设，规范审查养殖场养殖，对企业乱排污现象坚决治理，主要污染物排放总量持续减少，生态环境持续改善，生态安全屏障更加牢固，人居环境明显改善。

2021 年，东海镇闽宁协作工作开展情况，与同心县预旺镇和马高庄乡进行视频连线，探讨如何进一步加强沟通协作，初步建立相关交流沟通制度及相应的具体举措。东海镇才子服饰股份有限公司、鞋顺鞋业有限公司分别向宁夏同心县预旺镇、马高庄乡捐赠 200 件才子羽绒服（价值 259800 元）、180 双鞋子（价值 36000 元）；海头社区向所挂钩帮扶的马高庄村捐赠才子休闲裤 100 条（价值 29900 元）、大埔村向所挂钩帮扶的白阳洼村捐赠才子休闲裤 100 条（价值 29900 元）、东海村向所挂钩帮扶的贺家塬村捐赠夹克棉衣 100 件（价值 36800 元）、东沙村向所挂钩帮扶的赵家树村捐赠 T 恤 100 件，（价值 39900 元）、利角村向所挂钩帮扶的邱家渠村购买当地特产 22230 元，东海镇工会采购同心县特产（枸杞、红枣、特等米）26680 元。

【精神文明建设】　2021 年，东海镇文明创建工作提档升级，成效较为明显，镇村面貌和单位形象得到提升。4—10 月开展常态化创城工作，全镇镇村干部、党员、志愿者积极参与，通过出动宣传车、悬挂横幅、LED 显示屏滚动播放等形式，其中出动宣传车 150 余次，悬挂横幅 500 余条，发放宣传单 5000 余份，营造浓厚文明创建氛围。

（黄益彬）

2021 年城厢区好人好事人物表

表 5

姓名	工作单位	荣誉称号	授予单位	表彰级别	授予时间
林金星	莆田市力奴鞋业有限公司	福建好人诚实守信类别	福建省委文明办	省级	2021 年 6 月

（区委文明办 供）

2021 年城厢区百岁以上老人名表

表 6

序号	姓名	性别	出生年月	民族	居住地
1	魏他妹	女	1912 年 12 月	汉族	龙桥街道泗华村
2	周明香	女	1921 年 5 月	汉族	龙桥社区欢喜庵
3	蔡亚秀	女	1920 年 1 月	汉族	霞林街道木兰村
4	林顶听	女	1921 年 5 月	汉族	霞林街道坂头社区
5	宋启宁	男	1917 年 12 月	汉族	霞林街道下黄村
6	程亚幼	女	1916 年 8 月	汉族	华亭镇濑溪村
7	林亚水	男	1917 年 10 月	汉族	华亭镇后枫村
8	卓大张厝	女	1917 年 1 月	汉族	华亭镇后塘村
9	张福清	男	1919 年 11 月	汉族	华亭镇长岭村
10	郑吓阻	女	1917 年 12 月	汉族	华亭镇霞皋村
11	石尾厝	女	1920 年 6 月	汉族	华亭镇霞皋村
12	林云加	男	1920 年 1 月	汉族	华亭镇霞皋村
13	许南门申	女	1920 年 6 月	汉族	华亭镇兴沙村
14	刘瑞英	女	1920 年 6 月	汉族	华亭镇西许村
15	王尾张厝	女	1920 年 5 月	汉族	华亭镇华亭社区
16	卢玉连	女	1920 年 4 月	汉族	华亭镇濑厝村

续表 6

序号	姓名	性别	出生年月	民族	居住地
17	刘冬厝	女	1920 年 2 月	汉族	华亭镇西湖村
18	辛亚妹	女	1921 年 8 月	汉族	华亭镇埔柳村
19	曾东厝	女	1921 年 11 月	汉族	华亭镇西许村
20	卢吓娘	女	1921 年 12 月	汉族	华亭镇濑厝村
21	方木治	女	1921 年 12 月	汉族	华亭镇南湖村
22	石子英	男	1921 年 4 月	汉族	华亭镇南湖村
23	王吓金	女	1920 年 7 月	汉族	常太镇候山村
24	谢吓冬	女	1921 年 7 月	汉族	常太镇顶坑村
25	张刘密	女	1921 年 1 月	汉族	常太镇长基村
26	沈四妹	女	1919 年 5 月	汉族	灵川镇柯朱村
27	杨秋妹	女	1918 年 9 月	汉族	灵川镇桂山村
28	许春玉	女	1921 年 11 月	汉族	灵川镇桂山村
29	林玉梅	女	1919 年 10 月	汉族	灵川镇硋灶村
30	詹珍珠	女	1920 年 12 月	汉族	灵川镇东进村
31	黄文全	男	1920 年 11 月	汉族	灵川镇西墩村
32	梅亚冬	女	1921 年 12 月	汉族	灵川镇径里村
33	郝吉仔	女	1918 年 8 月	汉族	东海镇西黄村
34	蔡姐治	女	1920 年 6 月	汉族	东海镇西黄村
35	蔡三姐	女	1921 年 8 月	汉族	东海镇西黄村
36	陈金烟	女	1920 年 10 月	汉族	东海镇坪洋村
37	黄元治	女	1921 年 4 月	汉族	东海镇坪洋村
38	蔡桂清	男	1919 年 11 月	汉族	东海镇利角村
39	朱瑞姐	女	1920 年 12 月	汉族	东海镇东海村
40	朱吓尾	女	1920 年 6 月	汉族	东海镇上图村
41	蔡吓拾	女	1920 年 12 月	汉族	东海镇蔡亭村
42	江元佬	男	1921 年 9 月	汉族	东海镇西厝村

（区卫健局 供）

2021 年城厢区获评高级专业技术职称人员名表

表 7

姓名	工作单位	技术职称	获任职资格时间
蔡梅玉	城厢区纪委监委	副研究馆员	2021 年 7 月
陈　旭	城厢区行政服务中心	副研究馆员	2021 年 7 月
黄益彬	东海镇乡村振兴发展中心	副研究馆员	2021 年 7 月
涂秀华	城厢区医院	主任医师	2021 年 12 月
范珍辉	灵川镇中心卫生院	主任医师	2021 年 12 月

（各相关单位 供）

名 录

2021 年城厢区在职副科级及以上干部名录

表 8

姓名	现单位及职务、职级	性别	民族	籍贯	出生年月	参加工作时间	任现职务时间
			区委				
王文才	区委书记	男	汉族	秀屿东庄	1972 年 6 月	1991 年 9 月	2016 年 6 月起
王文晖	区委副书记 区政府党组书记 区长	男	汉族	福建泉州	1986 年 7 月	2014 年 8 月	2021 年 6 月起 2021 年 12 月起
朱建阳	区委副书记 区委党校校长（兼）	男	汉族	荔城黄石	1977 年 6 月	1999 年 8 月	2021 年 7 月起 2021 年 8 月起
黄美光	区委常委 区政府党组成员	男	汉族	荔城镇海	1965 年 2 月	1986 年 8 月	2018 年 12 月起 2013 年 7 月起
苏德权	区委常委、 宣传部部长	男	汉族	秀屿东庄	1977 年 11 月	2000 年 8 月	2021 年 1 月起
许琦阳	区委常委、纪委书记 监委主任	女	汉族	涵江白塘	1975 年 10 月	1995 年 8 月	2021 年 4 月起 2021 年 12 月起
刘大鹏	区委常委、 组织部部长 区直机关党工委书记、总工会主席	男	汉族	河南扶沟	1980 年 9 月	2010 年 7 月	2021 年 1 月起 2021 年 2 月起
谢长征	区委常委 挂职宁夏回族自治区吴忠市同心县委常委、副县长	男	汉族	莆田城厢	1974 年 11 月	1993 年 10 月	2021 年 7 月起 2021 年 8 月起
欧国民	区委常委、 统战部部长 政协党组副书记(兼)	男	汉族	福建莆田	1971 年 12 月	1990 年 8 月	2021 年 7 月起 2021 年 8 月起

续表 8

姓名	现单位及职务、职级	性别	民族	籍贯	出生年月	参加工作时间	任现职务时间
郭健明	区委常委、 区政府党组副书记 区政府副区长	男	汉族	涵江涵东	1970 年 1 月	1991 年 11 月	2021 年 7 月起 2021 年 10 月起
于迎伟	区委常委、 区委政法委书记	男	汉族	江苏涟水	1970 年 12 月	1989 年 11 月	2021 年 7 月起
刘艳	区委常委（挂职） 宁夏回族自治区同心县委常委、 宣传部部长	女	汉族	宁夏固原	1984 年 8 月	2007 年 10 月	2021 年 10 月起 2021 年 8 月起
林江波	区政府党组成员(兼) 区委常委、 区人武部上校政委	男	汉族	漳州漳浦	1983 年 8 月	2004 年 6 月	2021 年 3 月起 2021 年 12 月起
肖志雄	区委常委区政府副区长、党组副书记 区政协党组书记、 主席	男	汉族	涵江国欢	1964 年 7 月	1987 年 8 月	2016 年 6 月至 2021 年 7 月 2020 年 12 月起
人大常委会							
肖志雄	区人大党组书记 主任	男	汉族	涵江国欢	1964 年 7 月	1987 年 8 月	2021 年 7 月起 2021 年 12 月起
王国太	区人大二级巡视员	男	汉族	仙游鲤南	1962 年 6 月	1982 年 8 月	2021 年 10 月起
林晋居	区人大副主任 党组副书记	男	汉族	荔城西天尾	1964 年 4 月	1980 年 9 月	2016 年 12 月起 2021 年 12 月起
王乌妹	区人大副主任	女	汉族	秀屿平海	1967 年 9 月	1986 年 8 月	2011 年 12 月起
陈颖珊	区人大党组成员 副主任	女	汉族	秀屿平海	1971 年 4 月	1991 年 8 月	2021 年 7 月起 2021 年 12 月起
林俊杰	区人大党组成员 副主任	男	汉族	城厢凤凰山	1974 年 9 月	1995 年 12 月	2021 年 7 月起 2021 年 12 月起
黄光明	区人大三级调研员	男	汉族	城厢凤凰山	1962 年 5 月	1984 年 8 月	2021 年 8 月起
林少敏	区人大副主任、 党组成员	男	汉族	城厢霞林	1969 年 10 月	1993 年 9 月	2015 年 1 月至 2021 年 7 月
政府							
王文晖	区委副书记 区政府党组书记 区长	男	汉族	福建泉州	1986 年 7 月	2014 年 8 月	2021 年 6 月起 2021 年 12 月起
黄美光	区委常委 区政府党组成员	男	汉族	荔城镇海	1965 年 2 月	1986 年 8 月	2018 年 12 月起 2013 年 7 月起
郭健明	区委常委、 区政府党组副书记 区政府副区长	男	汉族	涵江涵东	1970 年 1 月	1991 年 11 月	2021 年 7 月起 2021 年 10 月起

续表 8

姓名	现单位及职务、职级	性别	民族	籍贯	出生年月	参加工作时间	任现职务时间
林福全	区政府副区长、 党组成员 区公安分局局长、 党委书记	男	汉族	秀屿平海	1969 年 7 月	1991 年 11 月	2020 年 4 月起 2020 年 4 月起
许玉树	区政府党组成员 副区长	男	汉族	秀屿东峤	1977 年 3 月	1995 年 10 月	2021 年 7 月起 2021 年 8 月起
蒋万顺	区政府党组成员 副区长	男	汉族	城厢灵川	1977 年 6 月	1999 年 12 月	2021 年 7 月起 2021 年 8 月起
肖娴	区政府副区长	女	汉族	仙游龙华	1983 年 3 月	2002 年 9 月	2021 年 9 月起
何辉	区政府党组成员 副区长	男	汉族	福建惠安	1983 年 11 月	2004 年 7 月	2021 年 7 月起 2021 年 9 月起
王刚	区政府党组成员 副区长	男	汉族	秀屿平海	1972 年 10 月	1994 年 11 月	2021 年 7 月起 2021 年 10 月起
张伟国	区政府党组成员	男	汉族	荔城黄石	1971 年 12 月	1990 年 8 月	2011 年 11 月起
陈丽萍	区政府党组成员	女	汉族	秀屿山亭	1966 年 11 月	1987 年 8 月	2012 年 12 月起
林江波	区政府党组成员(兼) 区委常委、 区人武部上校政委	男	汉族	漳州漳浦	1983 年 8 月	2004 年 6 月	2021 年 3 月起 2021 年 12 月起
杨碧静	区政府副区长、 党组成员	女	汉族	仙游榜头	1973 年 8 月	1991 年 8 月	2016 年 6 月至 2021 年 7 月
郭国辉	区政府副区长、 党组成员	男	汉族	莆田秀屿	1966 年 8 月	1991 年 8 月	2017 年 4 月至 2021 年 7 月
陈国忠	区政府副区长、 党组成员	男	汉族	莆田秀屿	1974 年 10 月	1997 年 11 月	2019 年 2 月至 2021 年 7 月
肖志雄	区委常委 区政府副区长、 党组副书记 区政协党组书记、 主席	男	汉族	涵江国欢	1964 年 7 月	1987 年 8 月	2016 年 6 月至 2021 年 7 月 2020 年 12 月起
莫彩华	区政府科技副区长 (挂职) 党组成员 常太镇党委书记 (兼任)	男	汉族	浙江长兴	1990 年 9 月	2018 年 8 月	2018 年 8 月至 2021 年 6 月 2020 年 2 月至 2021 年 5 月
				政协			
陈四海	区政协党组书记 主席	男	汉族	莆田涵江	1969 年 6 月	1991 年 8 月	2021 年 7 月起 2021 年 12 月起
欧国民	区委常委、 统战部部长 政协党组副书记(兼)	男	汉族	福建莆田	1971 年 12 月	1990 年 8 月	2021 年 7 月起
林素香	区政协副主席 党组副书记	女	汉族	城厢凤凰山	1964 年 10 月	1984 年 8 月	2016 年 12 月起 2019 年 3 月起
郑尚庆	区政协副主席	男	汉族	涵江梧塘	1965 年 2 月	1988 年 9 月	2011 年 12 月起

续表 8

姓名	现单位及职务、职级	性别	民族	籍贯	出生年月	参加工作时间	任现职务时间
黄斌华	区政协副主席 党组成员	男	汉族	城厢灵川	1966 年 9 月	1989 年 9 月	2016 年 12 月起 2016 年 7 月起
何剑锋	区政协副主席	女	汉族	福州福清	1966 年 1 月	1987 年 8 月	2016 年 12 月起
公安局、检察院、法院							
曾奋乐	区法院院长、 党组书记 区委政法委员会委员、区法院审判委员会委员 四级高级法官	男	汉族	涵江三江口	1969 年 10 月	1989 年 9 月	2020 年 12 月起 2020 年 12 月起 2018 年 5 月起
林少雄	区检察院检察长、 党组书记 区委政法委员会委员、区检察院检察委员会委员 四级高级检察官	男	汉族	秀屿东峤	1967 年 7 月	1989 年 8 月	2020 年 12 月起 2020 年 12 月起 2018 年 7 月起
林福全	区政府副区长、 党组成员 区公安分局局长、 党委书记	男	汉族	秀屿平海	1969 年 7 月	1991 年 11 月	2020 年 4 月起 2020 年 4 月起
陈朝辉	区公安分局政委、 党委副书记(副处级)	男	汉族	仙游龙华	1974 年 1 月	1996 年 8 月	2019 年 6 月起
人大内设机构							
陈敬阳	区人大党组成员、 办公室主任	男	汉族	荔城拱辰	1980 年 4 月	2001 年 10 月	2021 年 12 月起
郑国树	区人大监察和司法工作委员会主任 一级主任科员	男	汉族	秀屿月塘	1972 年 12 月	1995 年 10 月	2021 年 12 月起 2020 年 6 月起
林德龙	区人大财政经济工作委员会主任 一级主任科员	男	汉族	秀屿埭头	1965 年 12 月	1985 年 8 月	2020 年 8 月起 2020 年 6 月起
程秀莲	区人大华侨工作委员会主任 一级主任科员	女	汉族	荔城黄石	1971 年 12 月	1973 年 8 月	2021 年 12 月起 2021 年 3 月起
陈铁山	区人大人事代表工作室主任 一级主任科员	男	汉族	城厢常太	1971 年 11 月	1995 年 9 月	2012 年 4 月起 2020 年 6 月起
孙曙文	区人大农业和农村工作委员会主任 一级主任科员	男	汉族	山东寿光	1967 年 10 月	1989 年 9 月	2021 年 12 月起 2021 年 1 月起
林荣聪	区人大环境与城乡建设工作委员会主任 一级主任科员	男	汉族	涵江新县	1969 年 11 月	1994 年 10 月	2021 年 12 月起 2021 年 3 月起

续表 8

姓名	现单位及职务、职级	性别	民族	籍贯	出生年月	参加工作时间	任现职务时间
黄建山	区人大教育科学文化卫生工作委员会主任	女	汉族	荔城镇海	1971 年 5 月	1990 年 8 月	2020 年 8 月起
林丽	区人大社会建设工作委员会主任	女	汉族	荔城镇海	1977 年 3 月	1995 年 8 月	2020 年 8 月起
翁福铭	区人大常委会委员（正科长级） 一级主任科员	男	汉族	城厢灵川	1965 年 7 月	1988 年 9 月	2019 年 6 月起 2021 年 3 月起
陈庆中	区人大办四级调研员	男	汉族	城厢龙桥	1966 年 1 月	1988 年 8 月	2019 年 6 月起
刘祖耀	区人大四级调研员	男	汉族	涵江江口	1962 年 5 月	1985 年 8 月	2019 年 6 月起
何福水	区人大四级调研员	男	汉族	荔城新度	1963 年 3 月	1988 年 8 月	2019 年 6 月起
卓永安	区人大四级调研员	男	汉族	仙游园庄	1963 年 10 月	1984 年 8 月	2019 年 6 月起
陈建国	区人大办公室副主任	男	汉族	城厢霞林	1969 年 7 月	1996 年 9 月	2013 年 3 月起
郭凤祥	区人大办公室副主任	男	汉族	秀屿东峤	1986 年 5 月	2010 年 8 月	2019 年 9 月起
政协内设机构							
蔡玉坤	区政协党组成员 办公室主任	男	汉族	城厢霞林	1966 年 9 月	1989 年 8 月	2019 年 6 月起 2020 年 6 月起
陈剑冰	区政协提案委员会主任 一级主任科员	男	汉族	荔城拱辰	1976 年 10 月	1995 年 10 月	2015 年 3 月起 2020 年 6 月起
章建平	区政协农业与农村委员会主任、 四级调研员	男	汉族	涵江梧塘	1969 年 11 月	1992 年 9 月	2019 年 6 月起
黄黎明	区政协常委、 四级调研员	男	汉族	涵江涵西	1964 年 12 月	1984 年 8 月	2019 年 6 月起
詹雄志	区政协四级调研员	男	汉族	秀屿平海	1971 年 2 月	1990 年 8 月	2019 年 6 月起
黄志汉	区政协社会法制民族宗教和港澳台侨外事委员会主任	男	汉族	荔城西天尾	1969 年 8 月	1991 年 9 月	2020 年 7 月起
陈德胜	区政协科技和人口资源环境委员会主任	男	汉族	秀屿月塘	1972 年 2 月	1994 年 9 月	2021 年 3 月起
龚金忠	区政协二级主任科员	男	汉族	城厢凤凰山	1973 年 12 月	1994 年 9 月	2019 年 6 月起
区纪委监委							
许琦阳	区委常委 纪委书记 监委主任	女	汉族	涵江白塘	1975 年 10 月	1995 年 8 月	2021 年 4 月起 2021 年 12 月起
吴智杰	区纪委副书记 区监委副主任 一级主任科员	男	汉族	城厢龙桥	1974 年 12 月	1996 年 10 月	2016 年 7 月起 2017 年 12 月起 2020 年 6 月起
林建华	区纪委副书记、 监委副主任	男	汉族	秀屿东峤	1982 年 8 月	2007 年 9 月	2020 年 12 月起
陈颖珊	区纪委常委 区委巡察办主任	女	汉族	秀屿平海	1971 年 4 月	1991 年 8 月	2019 年 7 月至 2021 年 12 月

续表 8

姓名	现单位及职务、职级	性别	民族	籍贯	出生年月	参加工作时间	任现职务时间
林清华	区纪委常委（正科长级） 监察委委员 一级主任科员	男	汉族	秀屿埭头	1973 年 12 月	1995 年 10 月	2016 年 7 月起 2017 年 12 月起 2021 年 3 月起
陈宜宓	区纪委常委（正科长级） 区监委委员	男	汉族	涵江白沙	1972 年 8 月	1992 年 9 月	2017 年 12 月起 2017 年 12 月起
黄晨宇	区纪委常委（正科长级）	男	汉族	荔城黄石	1982 年 10 月	2005 年 8 月	2020 年 8 月至 2021 年 7 月
林国煌	区纪委常委	男	汉族	秀屿埭头	1986 年 6 月	2008 年 2 月	2021 年 7 月起
陈碧金	区纪委常委 区纪委监委案件审理室主任	女	汉族	秀屿平海	1976 年 4 月	2006 年 1 月	2021 年 7 月起 2018 年 12 月起
柯立	组织和宣传部部长 三级主任科员	男	汉族	城厢灵川	1981 年 8 月	2000 年 8 月	2017 年 8 月至 2021 年 5 月 2021 年 3 月起
傅建彬	区监察委员会委员 三级主任科员	男	汉族	仙游赖店	1965 年 11 月	1980 年 8 月	2021 年 11 月起 2022 年 2 月起
方晖	区监察委员会委员（正科长级）	男	汉族	城厢灵川	1979 年 7 月	2000 年 12 月	2021 年 12 月起
林航	区纪委监委信访室主任	男	汉族	仙游鲤城	1984 年 5 月	2007 年 1 月	2020 年 7 月起
吴海婷	区纪委监委纪检监察干部监督室主任	女	汉族	涵江涵东	1985 年 3 月	2012 年 3 月	2019 年 9 月起
余晨	党风政风监督室主任	男	汉族	城厢凤凰山	1992 年 6 月	2015 年 7 月	2019 年 9 月起
刘武生	区纪委监委第一纪检监察室主任	男	汉族	龙岩武平	1973 年 7 月	1992 年 12 月	2019 年 9 月起
戴智宇	区纪委监委第二纪检监察室主任	男	汉族	城厢凤凰山	1988 年 11 月	2010 年 9 月	2018 年 7 月起
傅建彬	第三纪检监察室主任	男	汉族	仙游赖店	1965 年 11 月	1980 年 8 月	2018 年 7 月至 2021 年 11 月
吴俊熹	区纪委监委第四纪检监察室主任	男	汉族	秀屿东庄	1990 年 2 月	2012 年 9 月	2020 年 8 月至 2021 年 5 月
陈鹏远	区纪委监委第四纪检监察室主任	男	汉族	涵江涵东	1982 年 8 月	2009 年 8 月	2021 年 11 月起
李健	区纪委监委第五纪检监察室主任	男	汉族	荔城西天尾	1988 年 4 月	2010 年 11 月	2018 年 7 月起
林世忠	区纪委监委驻区委办公室纪检组副组长 三级主任科员	男	汉族	城厢龙桥	1969 年 8 月	1991 年 11 月	2017 年 8 月起 2021 年 3 月起

续表 8

姓名	现单位及职务、职级	性别	民族	籍贯	出生年月	参加工作时间	任现职务时间
潘建生	区纪委监委驻区人大常委会机关纪检监察组组长（正科长级）	男	汉族	城厢霞林	1970 年 11 月	1993 年 9 月	2019 年 9 月起
陈杰	区纪委监委驻区人大常委会机关纪检组副组长 三级主任科员	男	汉族	浙江萧山	1972 年 7 月	1991 年 12 月	2017 年 8 月起 2021 年 3 月起
郑冠群	区纪委监委驻区政府办公室纪检监察组组长（正科长级）	男	汉族	城厢凤凰山	1973 年 3 月	1996 年 10 月	2019 年 9 月起
黄青锋	区纪委监委驻区政府办公室纪检组副组长 三级主任科员	男	汉族	荔城镇海	1971 年 1 月	1993 年 12 月	2017 年 8 月起 2021 年 1 月起
苏新添	区纪委监委驻区政协机关纪检监察组组长（正科长级）	男	汉族	秀屿东庄	1974 年 4 月	1998 年 12 月	2019 年 9 月起
欧许晖	区纪委监委驻区委宣传部纪检监察组组长（正科长级）	男	汉族	荔城镇海	1982 年 2 月	2007 年 2 月	2019 年 9 月起
许丽莉	驻区政协机关纪检组副组长	女	汉族	秀屿东峤	1976 年 8 月	1994 年 10 月	2017 年 8 月起
陈金凤	区纪委监委一级主任科员	男	汉族	荔城拱辰	1963 年 9 月	1984 年 8 月	2021 年 3 月起
唐金辉	区纪委监委一级主任科员	男	汉族	秀屿东峤	1963 年 9 月	1984 年 8 月	2021 年 3 月起
吴朝阳	区纪委监委二级主任科员	男	汉族	涵江涵西	1968 年 12 月	1991 年 9 月	2019 年 6 月起
区委巡察办							
陈颖珊	区纪委常委 区委巡察办主任	女	汉族	秀屿平海	1971 年 4 月	1991 年 8 月	2019 年 7 月至 2021 年 12 月
陈天疆	区委巡察办副主任	男	汉族	秀屿埭头	1975 年 7 月	1996 年 10 月	2017 年 4 月至 2021 年 3 月
区委巡察组							
田林华	区委巡察一组组长、一级主任科员	男	汉族	涵江涵西	1965 年 7 月	1985 年 7 月	2018 年 7 月起
吴立锋	区委巡察二组组长	男	汉族	荔城黄石	1968 年 6 月	1991 年 11 月	2018 年 7 月起
何震宇	区委巡察三组组长	男	汉族	城厢灵川	1977 年 12 月	1997 年 8 月	2018 年 7 月起
陈贤仁	区委巡察一组副组长 三级主任科员	男	汉族	涵江新县	1970 年 9 月	1991 年 8 月	2018 年 7 月起 2021 年 3 月起
叶晨曦	区委巡察二组副组长	女	汉族	荔城北高	1988 年 5 月	2008 年 9 月	2018 年 7 月起
陈文林	区委巡察三组副组长	男	汉族	安溪桃舟	1976 年 2 月	1996 年 11 月	2018 年 7 月起

续表 8

姓名	现单位及职务、职级	性别	民族	籍贯	出生年月	参加工作时间	任现职务时间
				法院			
曾奋乐	区法院党组书记、院长 区委政法委员会委员、区法院审判委员会委员 四级高级法官	男	汉族	涵江三江口	1969 年 10 月	1989 年 9 月	2020 年 12 月起 2020 年 12 月起 2018 年 5 月起
林文兴	区法院党组副书记 三级高级法官	男	汉族	秀屿平海	1962 年 3 月	1981 年 6 月	2020 年 6 月起 2022 年 3 月起
郑炳素	区法院党组成员、审委会委员 副院长 四级高级法官	女	汉族	仙游鲤城	1971 年 2 月	1995 年 8 月	2007 年 11 月起 2009 年 7 月起 2019 年 8 月起
余金灿	区法院副院长 党组成员 四级高级法官	男	汉族	秀屿东峤	1978 年 12 月	2000 年 6 月	2013 年 9 月起 2019 年 9 月起
陈静	区法院副院长 党组成员 审委会委员 四级高级法官	女	汉族	荔城镇海	1973 年 3 月	1990 年 7 月	2020 年 6 月起 2016 年 1 月起 2016 年 3 月起 2020 年 10 月起
钟丽华	区法院专职审判委员会委员 党组成员 四级高级法官	女	汉族	涵江国欢	1964 年 12 月	1985 年 12 月	2012 年 4 月起 2003 年 3 月起 2018 年 5 月起
陈玲亚	区法院党组成员 政治部主任、三级主任科员	女	汉族	仙游龙华	1977 年 5 月	1996 年 8 月	2021 年 1 月起 2020 年 12 月起
林少斌	区法院专职审委会委员 四级高级法官	男	汉族	秀屿平海	1970 年 7 月	1989 年 3 月	2010 年 10 月起 2018 年 5 月起
曾可嘉	区法院执行局局长 审判委员会委员 四级高级法官	男	汉族	城厢凤凰山	1984 年 10 月	2006 年 7 月	2016 年 3 月起 2020 年 10 月起 2020 年 10 月起
陈建郭	区法院刑事审判庭庭长、正科级审判员 审判委员会委员 四级高级法官	男	汉族	荔城镇海	1965 年 10 月	1988 年 8 月	2013 年 1 月起 2013 年 9 月起 2018 年 5 月起
方新福	区法院民事审判庭（家事少年审判庭）庭长、 审判委员会委员 正科级审判员 四级高级法官	男	汉族	仙游榜头	1965 年 1 月	1990 年 9 月	2019 年 6 月起 2012 年 3 月起 2018 年 5 月起

续表 8

姓名	现单位及职务、职级	性别	民族	籍贯	出生年月	参加工作时间	任现职务时间
陈俊武	区法院灵川人民法庭庭长 审委会委员 四级高级法官	男	汉族	秀屿东庄	1968 年 5 月	1989 年 9 月	2016 年 1 月起 2020 年 6 月起 2020 年 10 月起
宋立强	区法院综合办公室（司法警察大队）副主任（司法警察大队副大队长） 区法院四级高级警长	男	汉族	荔城拱辰	1962 年 4 月	1980 年 1 月	2020 年 10 月起 2019 年 6 月起
徐荟	城厢区人民法院行政审判庭（综合审判庭）一级法官	女	汉族	涵江国欢	1970 年 12 月	1990 年 8 月	2021 年 7 月起
魏新华	区法院司法警察大队政委 一级警长	男	汉族	河北临城	1971 年 11 月	1989 年 3 月	2012 年 3 月起 2020 年 9 月起
吴晨	刑事审判庭副庭长、四级法官助理	男	汉族	荔城黄石	1972 年 9 月	1991 年 9 月	2013 年 1 月至 2021 年 10 月
许国珍	区法院民事审判庭（家事少年审判庭）一级法官	男	汉族	涵江三江口	1965 年 10 月	1988 年 9 月	2021 年 7 月起
陈颖盈	区法院综合办公室（司法警察大队）主任、四级主任科员	女	汉族	秀屿平海	1984 年 10 月	2006 年 7 月	2019 年 6 月起
林吉辉	区法院立案庭（诉讼服务中心）庭长 审判员 一级法官	男	汉族	泉州安溪	1983 年 5 月	2009 年 9 月	2019 年 6 月起 2013 年 3 月起 2019 年 3 月起
何冠荔	区法院行政审判庭（综合审判庭）庭长 审判员 一级法官	女	汉族	荔城新度	1985 年 8 月	2005 年 8 月	2019 年 6 月起 2019 年 4 月起
王少甫	区法院立案庭（诉讼服务中心）一级法官 审判员	男	汉族	荔城镇海	1967 年 6 月	1991 年 9 月	2016 年 10 月起 2014 年 1 月起
检察院							
林少雄	区检察院党组书记，检察长 区委政法委员会委员、区检察院检察委员会委员 四级高级检察官	男	汉族	秀屿东峤	1967 年 7 月	1989 年 8 月	2020 年 12 月起 2020 年 12 月起 2018 年 7 月起
康青永	副检察长 党组成员 四级高级检察官	男	汉族	涵江梧塘	1964 年 12 月	1987 年 8 月	2005 年 11 月起 1999 年 9 月起 2018 年 7 月起

续表 8

姓名	现单位及职务、职级	性别	民族	籍贯	出生年月	参加工作时间	任现职务时间
张丽琼	副检察长、党组成员、四级高级检察官	女	汉族	荔城新度	1973 年 12 月	1995 年 8 月	2010 年 8 月起 2008 年 2 月起
沈威	副检察长、党组成员、四级高级检察官	男	汉族	秀屿笏石	1978 年 9 月	2000 年 11 月	2015 年 10 月起 2014 年 5 月起
杨金春	区检察院纪检组组长 党组成员 四级调研员	男	汉族	秀屿东埔	1967 年 8 月	1990 年 9 月	2015 年 10 月起 1999 年 9 月起 2019 年 6 月起
陈予方	区检察院政治部主任（保留原职级待遇） 党组成员	女	汉族	涵江涵东	1974 年 2 月	1996 年 5 月	2020 年 2 月起 2015 年 10 月起
林国华	区检察院专职检委会委员、党组成员、四级高级检察官	男	汉族	城厢龙桥	1965 年 3 月	1985 年 9 月	2020 年 3 月起
徐金模	区检察院专职检委会委员 四级高级检察官	男	汉族	荔城黄石	1973 年 2 月	1997 年 12 月	2017 年 7 月起 2020 年 1 月起
吴智群	区检察院第二检察部主任 检察委员会委员 正科级检察员 一级检察官	男	汉族	荔城黄石	1970 年 5 月	1991 年 8 月	2020 年 4 月起 2013 年 9 月起 2015 年 10 月起 2017 年 2 月起
刘国富	区检察院第四检察部主任 检察委员会委员 正科级检察员 一级检察官	男	汉族	涵江秋芦	1973 年 6 月	1996 年 5 月	2020 年 4 月起 2013 年 3 月起 2015 年 10 月起 2017 年 2 月起
张春阳	区检察院司法警察大队大队长 一级警长	男	汉族	城厢凤凰山	1968 年 7 月	1985 年 10 月	2006 年 5 月起 2019 年 4 月起
张纪英	区检察院综合业务部副主任 正科级检察员 一级检察官	女	汉族	荔城黄石	1973 年 1 月	1994 年 12 月	2020 年 4 月起 2014 年 1 月起 2017 年 2 月起
游龙熙	办公室主任 四级主任科员	男	汉族	宁德古田	1983 年 8 月	2003 年 4 月	2017 年 7 月起 2019 年 6 月起
佘晓冬	区检察院第一检察部主任 一级检察官 检察委员会委员 检察员	女	汉族	涵江江口	1985 年 9 月	2006 年 7 月	2020 年 4 月起 2017 年 6 月起 2018 年 12 月起 2011 年 8 月起
区委办							
陈福平	区委办主任	男	汉族	仙游榜头	1977 年 12 月	2001 年 1 月	2014 年 6 月至 2021 年 11 月

续表 8

姓名	现单位及职务、职级	性别	民族	籍贯	出生年月	参加工作时间	任现职务时间
黄晨宇	区委办主任	男	汉族	荔城黄石	1982 年 10 月	2005 年 8 月	2021 年 11 月起
林平凡	区委办副主任（保留正科长级待遇）、台港澳办主任 四级调研员	男	汉族	城厢常太	1966 年 10 月	1988 年 9 月	2019 年 6 月起 2019 年 6 月起
郭雪寒	区委办公室副主任	男	汉族	秀屿平海	1984 年 4 月	2007 年 4 月	2015 年 1 月起
许震	区委办副主任	男	汉族	城厢华亭	1986 年 12 月	2012 年 8 月	2020 年 7 月起
徐志群	区委办副主任	男	汉族	城厢常太	1976 年 12 月	1998 年 8 月	2021 年 1 月起
陈士忠	副主任（兼） 区政府信访局局长	男	汉族	城厢凤凰山	1977 年 1 月	2000 年 1 月	2019 年 6 月起 2018 年 10 月起
陈文桂	区委办一级主任科员	男	汉族	荔城拱辰	1963 年 3 月	1981 年 9 月	2021 年 1 月起
林凤棋	区委办室务会成员 区委督查室主任、区国家保密局局长 一级主任科员	男	汉族	荔城新度	1967 年 12 月	1991 年 10 月	2013 年 5 月起 2015 年 1 月起 2021 年 3 月起
黄敢力	二级主任科员 区机要局局长	男	汉族	仙游榜头	1973 年 6 月	1995 年 9 月	2019 年 6 月起 2015 年 3 月起
雷碧霞	区委办室务会成员 区档案馆四级调研员	女	畲	城厢常太	1965 年 3 月	1983 年 8 月	2019 年 6 月起 2019 年 6 月起
区政府信访局							
陈士忠	区政府信访局局长 副主任（兼）	男	汉族	城厢凤凰山	1977 年 1 月	2000 年 1 月	2018 年 10 月起 2019 年 6 月起
陈丽娟	区政府信访局副局长、党组成员	女	汉族	涵江新县	1969 年 2 月	1990 年 8 月	2019 年 3 月起
连益斌	区政府信访局副局长、三级主任科员	男	汉族	涵江白沙	1970 年 11 月	1992 年 11 月	2019 年 3 月起 2021 年 3 月起
蔡剑鸣	区政府信访局四级主任科员 党组成员	男	汉族	仙游枫亭	1970 年 8 月	1994 年 12 月	2015 年 12 月起 2019 年 3 月起
组织部							
刘大鹏	区委常委、区委组织部部长 区直机关党工委书记 总工会主席	男	汉族	河南扶沟	1980 年 9 月	2010 年 7 月	2020 年 12 月起 2021 年 2 月起
陈珊珊	区委组织部部务会成员（正科长级） 四级调研员	女	汉族	涵江涵西	1965 年 5 月	1985 年 7 月	2019 年 4 月起 2019 年 6 月起
林祖宪	常务副部长 一级主任科员	男	汉族	秀屿笏石	1973 年 11 月	1996 年 10 月	2019 年 6 月起 2020 年 6 月起
林鸿伟	凤凰山街道党工委副书记、办事处主任 组织部副部长	男	汉族	城厢灵川	1987 年 12 月	2008 年 7 月	2021 年 5 月起 2019 年 7 月起

续表 8

姓名	现单位及职务、职级	性别	民族	籍贯	出生年月	参加工作时间	任现职务时间
吴凌燕	区委组织部二级主任科员	女	汉族	城厢龙桥	1978 年 10 月	1995 年 10 月	2019 年 6 月起
张少俊	区委组织部部务会议专职成员	男	汉族	荔城新度	1981 年 10 月	1999 年 4 月	2021 年 3 月起
陈毓卿	区委组织部部务会议专职成员	女	汉族	秀屿平海	1987 年 6 月	2011 年 8 月	2021 年 11 月起
陈秀模	区委组织部四级主任科员	女	汉族	秀屿平海	1971 年 1 月	1993 年 9 月	2019 年 3 月起
区委非公有制企业和社会组织工作委员会服务中心							
胡宏	区委非公有制企业和社会组织工作委员会服务中心主任	男	汉族	城厢凤凰山	1983 年 11 月	2005 年 9 月	2021 年 1 月起
关工委							
蔡朝晖	区关工委秘书长 二级主任科员	男	汉族	城厢灵川	1969 年 9 月	1991 年 8 月	2013 年 1 月起 2019 年 6 月起
宣传部							
苏德权	区委常委、 宣传部部长	男	汉族	秀屿东庄	1977 年 11 月	2000 年 8 月	2020 年 12 月起
郑国树	常务副部长 一级主任科员	男	汉族	秀屿月塘	1972 年 12 月	1995 年 10 月	2019 年 6 月起 2020 年 6 月起
许国清	区委宣传部副部长（兼） 文明办主任 四级调研员	男	汉族	涵江秋芦	1970 年 10 月	1992 年 9 月	2012 年 4 月起 2019 年 6 月起
陈斌	区委宣传部一级主任科员	男	汉族	荔城西天尾	1968 年 5 月	1991 年 8 月	2021 年 1 月起
陈俊奇	区委宣传部二级主任科员	男	汉族	城厢华亭	1968 年 1 月	1991 年 8 月	2019 年 6 月起
林少勇	区委宣传部部务会成员 区委文明办一级主任科员	男	汉族	荔城镇海	1970 年 1 月	1992 年 10 月	2013 年 5 月起 2021 年 3 月起
郑碧樊	区委宣传部副部长	女	汉族	城厢龙桥	1982 年 4 月	2000 年 8 月	2021 年 11 月起
融媒体中心							
翁丽霞	区融媒体中心副主任	女	汉族	秀屿埭头	1990 年 4 月	2013 年 5 月	2021 年 1 月起
文明办							
许国清	区委宣传部副部长（兼） 文明办主任 四级调研员	男	汉族	涵江秋芦	1970 年 10 月	1992 年 9 月	2012 年 4 月起 2019 年 6 月起
李晓忠	区委文明办副主任	男	汉族	涵江江口	1970 年 10 月	1991 年 9 月	2020 年 7 月起

续表 8

姓名	现单位及职务、职级	性别	民族	籍贯	出生年月	参加工作时间	任现职务时间
林少勇	区委文明办一级主任科员 宣传部部务会成员 市民素质教育办主任	男	汉族	荔城镇海	1970 年 1 月	1992 年 10 月	2021 年 3 月起 2013 年 5 月起 2013 年 5 月起
许秋兰	区委文明办二级主任科员	女	汉族	秀屿月塘	1972 年 10 月	1992 年 9 月	2019 年 6 月起
社科联							
林其委	区社科联主席	男	汉族	仙游榜头	1976 年 12 月	1996 年 10 月	2017 年 4 月起
林琦媛	区社科联副主席 二级主任科员	女	汉族	秀屿笏石	1968 年 4 月	1990 年 9 月	2020 年 7 月起 2019 年 6 月起
吴金世	区社科联二级主任科员	男	汉族	秀屿埭头	1970 年 12 月	1991 年 9 月	2019 年 6 月起
文联							
林宗哲	区文联主席 四级调研员	男	汉族	荔城镇海	1964 年 8 月	1984 年 8 月	2009 年 1 月至 2021 年 11 月 2019 年 6 月起
张珍发	区文联副主席 二级主任科员	男	汉族	秀屿南日	1965 年 3 月	1983 年 10 月	2013 年 1 月起 2019 年 6 月起
统战部							
欧国民	区委常委、 统战部部长	男	汉族	福建莆田	1971 年 12 月	1990 年 8 月	2021 年 7 月起
黄锦南	区委统战部常务副部长、区民宗局局长、四级调研员	男	汉族	荔城镇海	1966 年 5 月	1988 年 9 月	2019 年 6 月起
叶建平	区委统战部副部长（正科长级） 四级调研员	男	汉族	荔城黄石	1965 年 7 月	1989 年 9 月	2017 年 3 月起 2019 年 6 月起
黄国祥	区委统战部部务会成员（正科长级） 四级调研员	男	汉族	城厢龙桥	1969 年 10 月	1990 年 8 月	2019 年 3 月起 2019 年 6 月起
程文革	区委统战部部务会成员 三级主任科员	男	汉族	荔城黄石	1967 年 12 月	1992 年 8 月	2019 年 3 月起 2021 年 1 月起
林文桃	区委统战部四级调研员	男	汉族	秀屿东峤	1965 年 10 月	1989 年 8 月	2019 年 6 月起
宋超英	副部长、四级调研员 工商联党组书记、常务副会长	女	汉族	荔城黄石	1964 年 7 月	1986 年 8 月	2017 年 3 月起 2015 年 3 月起 2017 年 3 月起
孙桂芳	区委统战部四级调研员	男	汉族	城厢灵川	1965 年 2 月	1988 年 8 月	2021 年 3 月起
林素玉	区委统战部二级主任科员	女	汉族	秀屿埭头	1968 年 9 月	1989 年 8 月	2019 年 9 月起

续表 8

姓名	现单位及职务、职级	性别	民族	籍贯	出生年月	参加工作时间	任现职务时间
黄元清	区委统战部二级主任科员	男	汉族	荔城新度	1972 年 11 月	1994 年 10 月	2021 年 1 月起
工商联							
宋超英	副部长、四级调研员 工商联党组书记、 常务副会长	女	汉族	荔城黄石	1964 年 7 月	1986 年 8 月	2017 年 3 月起 2015 年 3 月起 2017 年 3 月起
谢金灿	区工商联党组成员 一级主任科员	男	汉族	仙游游洋	1964 年 9 月	1984 年 8 月	2017 年 7 月起 2021 年 1 月起
吴迈	区工商联四级主任科员	女	汉族	荔城拱辰	1978 年 11 月	1996 年 10 月	2019 年 6 月起
归国华侨联合会							
陈玉萍	区侨联主席、 一级主任科员	女	汉族	涵江江口	1968 年 7 月	1990 年 8 月	2012 年 4 月起
李永鑫	区侨联副主席	男	汉族	涵江江口	1974 年 3 月	1995 年 10 月	2019 年 9 月起
政法委							
于迎伟	区委常委、区委政法委书记	男	汉族	江苏涟水	1970 年 12 月	1989 年 11 月	2021 年 7 月起
俞学军	区委政法委常务副书记 区法学会党组书记 一级主任科员	男	汉族	荔城镇海	1970 年 2 月	1993 年 9 月	2020 年 7 月起 2020 年 8 月起 2020 年 6 月起
姚正扬	区委政法委副书记、 二级主任科员	男	汉族	涵江国欢	1966 年 12 月	1988 年 8 月	2021 年 3 月起
蔡爱国	区委政法委委务会成员（正科长级）	男	汉族	荔城黄石	1965 年 11 月	1985 年 9 月	2019 年 3 月起
黄永国	区委政法委副书记	男	汉族	城厢东海	1975 年 1 月	1997 年 8 月	2021 年 1 月起
柯锦扬	政法系统党委专职副书记	男	汉族	城厢霞林	1970 年 6 月	1995 年 10 月	2017 年 6 月起
林清发	区委政法委四级调研员	男	汉族	秀屿东埔	1965 年 10 月	1987 年 8 月	2019 年 6 月起
林伟	区委政法委二级主任科员	男	汉族	荔城镇海	1970 年 3 月	1991 年 8 月	2019 年 6 月起
王岩清	区委政法委三级主任科员	男	汉族	仙游盖尾	1971 年 10 月	1992 年 10 月	2021 年 3 月起
许燕桢	区委政法委政治处主任	女	汉族	荔城拱辰	1985 年 6 月	2006 年 8 月	2021 年 11 月起
编办							
阮剑文	区委编办主任 一级主任科员	男	汉族	秀屿平海	1970 年 6 月	1993 年 9 月	2012 年 4 月起 2020 年 6 月起
郑开荣	区委编办副主任	男	汉族	荔城新度	1976 年 8 月	1996 年 9 月	2015 年 12 月起

续表 8

姓名	现单位及职务、职级	性别	民族	籍贯	出生年月	参加工作时间	任现职务时间
事业单位登记管理局							
陈俊洪	事业单位登记管理局局长 三级主任科员	男	汉族	荔城西天尾	1974 年 10 月	1996 年 9 月	2009 年 8 月起 2021 年 1 月起
区直机关党工委							
傅元泉	区委区直机关党工委常务副书记 四级调研员	男	汉族	城厢凤凰山	1965 年 9 月	1984 年 8 月	2015 年 3 月至 2021 年 11 月 2019 年 6 月起
孙翠	区直机关党工委委员 二级主任科员	女	汉族	荔城拱辰	1972 年 8 月	1992 年 8 月	2013 年 2 月起 2019 年 6 月起
吴国晖	区直机关党工委党工委委员三级主任科员	男	汉族	仙游鲤城	1979 年 12 月	2003 年 3 月	2013 年 1 月起 2021 年 3 月起
林德	区直机关党工委二级调研员	男	汉族	城厢霞林	1962 年 7 月	1980 年 1 月	2019 年 6 月起
党校							
朱建阳	区委副书记 区委党校校长（兼）	男	汉族	荔城黄石	1977 年 6 月	1999 年 8 月	2021 年 7 月起 2021 年 8 月起
林晓伟	区委党校常务副校长	男	汉族	秀屿东峤	1973 年 10 月	1997 年 10 月	2019 年 9 月起
陈建辉	区委党校副校长 三级主任科员	男	汉族	秀屿埭头	1966 年 10 月	1992 年 12 月	2009 年 1 月起 2021 年 3 月起
林志勇	区委党校四级主任科员	男	汉族	仙游郊尾	1973 年 11 月	1995 年 12 月	2013 年 12 月起
档案馆							
黄世高	区档案馆馆长	男	汉族	荔城西天尾	1971 年 11 月	1995 年 8 月	2021 年 3 月起
黄淑霞	区档案馆副馆长	女	汉族	北岸山亭	1980 年 10 月	2000 年 1 月	2019 年 1 月起
陈夏莉	区档案馆副馆长 三级主任科员	女	汉族	荔城镇海	1978 年 12 月	1996 年 12 月	2019 年 3 月起 2021 年 1 月起
雷碧霞	区档案馆四级调研员、区委办室务会成员	女	畲	城厢常太	1965 年 3 月	1983 年 8 月	2019 年 6 月起
马炳臻	区档案馆四级调研员	男	汉族	涵江新县	1963 年 7 月	1986 年 8 月	2019 年 6 月起
总工会							
陈开水	区总工会常务副主席、党组书记 一级主任科员	男	汉族	荔城新度	1967 年 1 月	1992 年 9 月	2013 年 6 月起 2020 年 6 月起
庞丽香	区总工会副主席 党组成员 一级主任科员	女	汉族	荔城拱辰	1968 年 11 月	1991 年 8 月	2015 年 1 月起 2017 年 7 月起 2021 年 3 月起
翁文理	区总工会党组成员 一级主任科员	男	汉族	荔城北高	1966 年 3 月	1989 年 8 月	2017 年 7 月起 2021 年 1 月起

续表 8

姓名	现单位及职务、职级	性别	民族	籍贯	出生年月	参加工作时间	任现职务时间
连炳辉	区总工会党组成员 一级主任科员	男	汉族	涵江梧塘	1964 年 5 月	1987 年 8 月	2017 年 7 月起 2021 年 3 月起
				团区委			
许志勇	团区委书记	男	汉族	秀屿东峤	1989 年 6 月	2012 年 3 月	2021 年 1 月起
林琳	团区委副书记	女	汉族	城厢龙桥	1990 年 6 月	2013 年 7 月	2019 年 1 月起
				妇联			
谢芳菁	区妇联党组书记 区妇联主席	女	汉族	荔城镇海	1972 年 12 月	1991 年 9 月	2019 年 6 月起 2019 年 7 月起
林琳	区妇联副主席 区妇联党组成员 一级主任科员	女	汉族	秀屿月塘	1967 年 6 月	1988 年 8 月	2015 年 5 月起 2017 年 12 月起 2021 年 3 月起
陈丽琴	区妇联党组成员 一级主任科员	女	汉族	秀屿埭头	1968 年 3 月	1991 年 8 月	2019 年 6 月起 2021 年 3 月起
林丽洪	区妇联副主席（挂职） 区委党史和地方志研究室副主任三级主任科员	女	汉族	涵江梧塘	1974 年 10 月	1992 年 8 月	2020 年 8 月起 2019 年 9 月起 2021 年 3 月起
				科协			
林荣聪	区科协主席 区科协党组书记	男	汉族	涵江新县	1969 年 11 月	1994 年 10 月	2015 年 5 月至 2021 年 12 月 2017 年 12 月起
范弦歌	区科协党组成员 四级调研员	男	汉族	涵江庄边	1962 年 8 月	1984 年 8 月	2017 年 12 月起 2019 年 6 月起
王伟	区科协党组成员 一级主任科员	男	汉族	荔城镇海	1965 年 12 月	1987 年 7 月	2019 年 6 月起 2021 年 3 月起
翁朝晖	区科协党组成员、 区科协副主席	男	汉族	荔城镇海	1970 年 12 月	1994 年 9 月	2021 年 11 月起
				残联			
林美华	区残联理事长、 区残联党组书记	女	汉族	秀屿东庄	1972 年 2 月	1996 年 6 月	2021 年 1 月起
欧奇翔	区残联副理事长、区残联党组成员	男	汉族	城厢霞林	1982 年 8 月	2004 年 1 月	2017 年 12 月起
				政府办			
蔡建志	主任、四级调研员 政府办公室党组书记 政府党组成员	男	汉族	城厢东海	1972 年 12 月	1995 年 12 月	2010 年 8 月起 2017 年 12 月起 2010 年 12 月起
吴胜飞	区政府办副主任 外侨办主任 区政府办党组成员 一级主任科员	男	汉族	荔城镇海	1974 年 10 月	1996 年 8 月	2005 年 11 月起 2015 年 5 月起 2019 年 6 月起 2021 年 3 月起

续表 8

姓名	现单位及职务、职级	性别	民族	籍贯	出生年月	参加工作时间	任现职务时间
陈敬阳	区政府办副主任、 二级主任科员 党组成员	男	汉族	荔城拱辰	1980 年 4 月	2001 年 10 月	2010 年 9 月至 2021 年 12 月 2016 年 1 月起 2017 年 12 月起
郑英杰	区政府办副主任	男	汉族	仙游榜头	1983 年 5 月	2007 年 9 月	2019 年 9 月起
陈爱媛	区政府党组成员（挂职）、区政府办副主任（挂职）	女	汉族	仙游	1973 年 2 月	1996 年 2 月	2020 年 7 月起
沈军	区政府办党组成员 一级主任科员	男	汉族	秀屿埭头	1972 年 10 月	1994 年 8 月	2017 年 12 月起 2021 年 1 月起
肖超雄	区政府办党组成员 一级主任科员	男	汉族	仙游盖尾	1973 年 12 月	1996 年 10 月	2019 年 6 月起 2021 年 3 月起
姚子镰	区政府办党组成员 一级主任科员	男	汉族	湄洲岛	1968 年 10 月	1991 年 9 月	2019 年 6 月起 2021 年 3 月起
林金维	区政府办党组成员 二级主任科员	男	汉族	涵江新县	1972 年 12 月	1995 年 8 月	2017 年 12 月起 2021 年 1 月起
徐志群	四级主任科员 区政府办党组成员	男	汉族	城厢常太	1976 年 12 月	1998 年 8 月	2016 年 1 月起 2017 年 12 月至 2021 年 1 月
审计局							
涂铁军	区审计局局长 党组书记 一级主任科员	男	汉族	城厢常太	1968 年 7 月	1989 年 9 月	2017 年 2 月起 2019 年 3 月起 2020 年 6 月起
孙倩	区审计局副局长、 党组成员	女	汉族	荔城拱辰	1976 年 6 月	1996 年 9 月	2020 年 7 月起
九龙谷管委会							
陈洄	九龙谷管委会主任	女	汉族	荔城镇海	1978 年 4 月	2002 年 2 月	2018 年 7 月起
发展和改革局							
陈志军	区发改局局长、 党组书记 一级主任科员	男	汉族	荔城拱辰	1978 年 2 月	1997 年 11 月	2019 年 6 月起 2020 年 6 月起
郑灵辉	区发改局党组副书记 （正科长级） 一级主任科员	男	汉族	仙游园庄	1965 年 11 月	1983 年 8 月	2019 年 5 月起 2021 年 1 月起
程秀莲	区发改局副局长 党组成员 一级主任科员	女	汉族	荔城黄石	1971 年 12 月	1993 年 8 月	2013 年 7 月至 2021 年 12 月 2017 年 12 月起 2021 年 3 月起
蔡庆明	区发改局副局长 党组成员	男	汉族	城厢东海	1987 年 3 月	2009 年 8 月	2019 年 9 月至 2021 年 5 月
林梅红	区发改局副局长	女	汉族	仙游盖尾	1983 年 9 月	2008 年 9 月	2020 年 7 月起

续表 8

姓名	现单位及职务、职级	性别	民族	籍贯	出生年月	参加工作时间	任现职务时间
蔡东明	区发改局党组成员 二级主任科员	男	汉族	城厢灵川	1966 年 10 月	1988 年 8 月	2017 年 12 月起 2019 年 6 月起
陈成瑞	区发改局党组成员 二级主任科员	男	汉族	仙游郊尾	1973 年 11 月	1995 年 11 月	2019 年 9 月起
郑宪星	一级主任科员	男	汉族	涵江	1962 年 2 月	1976 年 12 月	2021 年 3 月起
刘德新	区发改局局务会成员 （副科长级）	男	汉族	仙游	1962 年 4 月	1981 年 8 月	2019 年 5 月起
人力资源和社会保障局							
沈国发	区人社局局长 党组书记 一级主任科员	男	汉族	秀屿埭头	1975 年 10 月	1996 年 8 月	2018 年 12 月起 2019 年 3 月起 2020 年 6 月起
林思壮	区人社局副局长 党组成员 三级主任科员	男	汉族	荔城镇海	1973 年 10 月	1994 年 10 月	2015 年 5 月起 2017 年 12 月起 2020 年 1 月起
林天虎	区人社局副局长、 党组成员 三级主任科员	男	汉族	荔城西天尾	1976 年 11 月	1999 年 4 月	2021 年 1 月起 2021 年 3 月起
胡晨耀	区人社局党组成员 二级主任科员	男	汉族	秀屿埭头	1973 年 7 月	1994 年 9 月	2017 年 12 月起 2019 年 6 月起
蔡玉美	区人社局四级主任 科员	女	汉族	秀屿南日	1981 年 9 月	2000 年 8 月	2020 年 8 月起
机关事业单位社会保险中心							
彭尚智	区机关事业单位社会 保险中心主任	男	汉族	荔城黄石	1985 年 1 月	2006 年 9 月	2020 年 12 月起
林献焰	区机关事业单位社会 保险中心保留原职级 待遇干部	男	汉族	仙游郊尾	1969 年 12 月	1993 年 9 月	2018 年 7 月起
统计局							
曾锋	区统计局局长、 党组书记	男	汉族	城厢凤凰山	1980 年 1 月	2001 年 10 月	2019 年 6 月起
蔡金铭	区统计局副局长 党组成员 三级主任科员	男	汉族	城厢灵川	1968 年 6 月	1990 年 8 月	2013 年 7 月起 2017 年 12 月起 2021 年 3 月起
陈光豹	区统计局党组成员 二级主任科员	男	汉族	秀屿平海	1967 年 11 月	1988 年 8 月	2017 年 12 月起 2019 年 6 月起
蔡国珍	区统计局党组成员 二级主任科员	男	汉族	城厢灵川	1966 年 7 月	1988 年 9 月	2017 年 12 月起 2019 年 6 月起
经调队							
吴俊勇	区经济综合调查队 队长	男	汉族	仙游郊尾	1984 年 9 月	2008 年 8 月	2020 年 7 月起

续表 8

姓名	现单位及职务、职级	性别	民族	籍贯	出生年月	参加工作时间	任现职务时间
			工业和信息化局				
陈旭清	区工信局局长 党组书记	男	汉族	仙游赖店	1977 年 6 月	2001 年 12 月	2021 年 3 月起
谢铁群	区招商局局长 区工信局副局长、 党组成员、 三级主任科员	男	汉族	仙游郊尾	1971 年 8 月	1994 年 8 月	2018 年 2 月起 2019 年 3 月起 2021 年 1 月起
蔡金平	区工信局党组成员、 副局长 三级主任科员	男	汉族	城厢霞林	1971 年 11 月	1996 年 10 月	2021 年 11 月起 2021 年 1 月起
吴碧娟	区工信局副局长、党 组成员 三级主任科员	女	汉族	城厢常太	1981 年 9 月	2004 年 7 月	2019 年 3 月起 2021 年 3 月起
方碧娴	区工信局副局长 三级主任科员	女	汉族	城厢华亭	1979 年 9 月	2001 年 1 月	2019 年 3 月起 2021 年 3 月起
马成誉	区工信局副局长 （挂职） 宁夏回族自治区同心 工业园区招商服务科 副科长	男	回	宁夏同心	1985 年 2 月	2010 年 9 月	2021 年 10 月起 2020 年 10 月起
林国春	区工信局党组成员 二级主任科员	男	汉族	秀屿埭头	1971 年 9 月	1994 年 10 月	2019 年 3 月起 2019 年 6 月起
潘宏程	区工信局党组成员 一级主任科员	男	汉族	涵江秋芦	1966 年 8 月	1987 年 8 月	2019 年 3 月起 2021 年 1 月起
吴建荣	区工信局党组成员 三级主任科员	男	汉族	荔城新度	1971 年 11 月	1996 年 10 月	2019 年 3 月起 2021 年 3 月起
王益敏	区工信局四级主任 科员	男	汉族	仙游郊尾	1978 年 3 月	1997 年 10 月	2020 年 8 月起
			商务局				
杨智伟	区商务局局长 党组书记	男	汉族	仙游榜头	1981 年 3 月	2003 年 2 月	2021 年 2 月起 2021 年 1 月起
汤国恩	区商务局副局长 党组成员 三级主任科员	男	汉族	荔城新度	1969 年 5 月	1990 年 9 月	2015 年 5 月起 2017 年 12 月起 2021 年 3 月起
黄志伟	区商务局党组成员、 副局长 三级主任科员	男	汉族	城厢龙桥	1972 年 5 月	1993 年 10 月	2021 年 11 月起 2021 年 1 月起
林君	区商务局副局长 党组成员	女	汉族	荔城镇海	1985 年 11 月	2007 年 9 月	2015 年 5 月起 2017 年 12 月起
黄元清	二级主任科员 区商务局党组成员	男	汉族	荔城新度	1972 年 11 月	1994 年 10 月	2017 年 3 月起 2017 年 12 月至 2021 年 1 月

续表 8

姓名	现单位及职务、职级	性别	民族	籍贯	出生年月	参加工作时间	任现职务时间
				广化寺佛教名胜区管委会			
郑圣柏	广化寺佛教名胜区管委会副主任、 发改局党组成员	男	汉族	仙游游洋	1973 年 9 月	1996 年 9 月	2018 年 7 月起 2017 年 12 月起
陈永光	广化寺佛教名胜区管委会副主任	男	汉族	城厢龙桥	1985 年 2 月	2008 年 9 月	2018 年 8 月起
				安福电子商务管委会			
杜子雄	安福电子商务管委会党工委书记主任（聘任） 莆田国际油画城管委会负责人	男	汉族	湄洲岛	1977 年 8 月	1997 年 12 月	2017 年 7 月起 2017 年 12 月起 2013 年 5 月起
许文泉	安福电子商务管委会党工委专职副书记	男	汉族	城厢常太	1976 年 8 月	1997 年 8 月	2019 年 1 月至 2021 年 3 月
郑颖瑛	安福电子商务管委会副主任、党工委委员 霞林街道党工委副书记（挂职）	女	汉族	涵江涵西	1983 年 11 月	2005 年 7 月	2013 年 12 月起 2021 年 11 月起
陈慕珊	安福电子商务管委会副主任、党工委委员 龙桥街道办事处副主任（挂职）	女	汉族	城厢龙桥	1993 年 7 月	2018 年 8 月	2019 年 10 月起 2020 年 1 月起
				莆田中电科创城管理委员会			
许文泉	莆田中电科创城管理委员会主任	男	汉族	城厢常太	1976 年 8 月	1997 年 8 月	2021 年 3 月起
詹丽明	莆田中电科创城管理委员会副主任	男	汉族	城厢灵川	1978 年 7 月	1997 年 12 月	2021 年 2 月起
吴正兴	莆田中电科创城管理委员会副主任	男	汉族	仙游大济	1965 年 6 月	1983 年 10 月	2021 年 3 月起
				应急管理局			
刘国文	区应急管理局局长 党组书记	男	汉族	秀屿埭头	1971 年 7 月	1996 年 12 月	2018 年 12 月起
戴志朋	区应急管理局副局长 党组成员 三级主任科员	男	汉族	秀屿东埔	1974 年 10 月	1997 年 10 月	2019 年 9 月起 2021 年 3 月起
庄且静	区应急管理局副局长 党组成员	女	汉族	涵江梧塘	1983 年 7 月	2005 年 11 月	2020 年 7 月起

续表 8

姓名	现单位及职务、职级	性别	民族	籍贯	出生年月	参加工作时间	任现职务时间
黄顺华	区应急管理局党组成员、副局长、三级主任科员 凤凰山街道党工委副书记（挂职）	男	汉族	城厢龙桥	1971 年 11 月	1995 年 10 月	2021 年 11 月起
黄国武	区地震办主任 区应急管理局党组成员	男	汉族	秀屿东庄	1971 年 10 月	1995 年 9 月	2019 年 9 月起
郑国庆	区应急管理局一级主任科员	男	汉族	荔城北高	1966 年 11 月	1990 年 9 月	2021 年 3 月起
潘金珍	区应急管理局二级主任科员	男	汉族	湄洲岛	1972 年 7 月	1994 年 3 月	2019 年 9 月起
黄俊飞	区应急管理局二级主任科员	男	汉族	城厢灵川	1972 年 8 月	1995 年 10 月	2020 年 7 月起
防汛抗旱指挥部办公室							
吴洪云	防汛办主任(副科级）	男	汉族	秀屿埭头	1977 年 10 月	1996 年 11 月	2013 年 1 月至 2021 年 3 月
地震办							
黄国武	区地震办主任 区应急管理局党组成员	男	汉族	秀屿东庄	1971 年 10 月	1995 年 9 月	2019 年 9 月起
易振环	区地震办二级主任科员 区应急管理局党组成员 （借调融媒体中心）	男	汉族	涵江庄边	1973 年 3 月	1995 年 8 月	2019 年 6 月起
郭玉章	区地震办二级主任科员 区应急管理局党组成员	男	回	涵江大洋	1968 年 3 月	1988 年 8 月	2019 年 3 月起
黄慧娟	区应急管理局党组成员 区地震办三级主任科员	女	汉族	荔城镇海	1974 年 5 月	1999 年 12 月	2019 年 3 月起 2019 年 9 月起
贸促会							
郭樱	区贸促会会长	女	汉族	涵江涵西	1978 年 6 月	2000 年 8 月	2020 年 7 月起
茅良杰	区贸促会副会长 三级主任科员	男	汉族	仙游鲤南	1971 年 10 月	1997 年 12 月	2017 年 2 月起 2021 年 3 月起
朱金焰	区贸促会二级主任科员	男	汉族	荔城镇海	1963 年 6 月	1988 年 10 月	2019 年 6 月起

续表 8

姓名	现单位及职务、职级	性别	民族	籍贯	出生年月	参加工作时间	任现职务时间
				财政局			
林春生	区财政局党组书记 局长 四级调研员	男	汉族	秀屿东峤	1970 年 7 月	1991 年 8 月	2021 年 11 月起 2021 年 12 月起 2021 年 3 月起
陈屹楠	区财政局副局长、 党组成员	男	汉族	北岸山亭	1988 年 7 月	2009 年 12 月	2019 年 9 月起
黄敏	区财政局副局长、 党组成员	女	汉族	城厢灵川	1985 年 9 月	2008 年 9 月	2021 年 3 月起
张茂元	区财政局党组成员 二级主任科员	男	汉族	仙游郊尾	1964 年 11 月	1986 年 8 月	2017 年 12 月起 2019 年 6 月起
周东明	区财政局四级主任科员、党组成员	男	汉族	荔城新度	1977 年 5 月	1996 年 10 月	2019 年 9 月起
				交通运输局			
宋朝阳	区交通运输局党组书记、一级主任科员 区交通运输局局长	男	汉族	秀屿平海	1976 年 2 月	1996 年 10 月	2021 年 11 月起 2021 年 12 月起
林建兴	区交通运输局副局长 党组成员	男	汉族	秀屿埭头	1976 年 4 月	1997 年 2 月	2009 年 11 月起 2017 年 12 月起
苏啟泰	区交通运输局副局长 党组成员 三级主任科员	男	汉族	涵江萩芦	1969 年 6 月	1992 年 11 月	2015 年 2 月起 2017 年 12 月起 2021 年 3 月起
陈志杰	区交通运输局党组成员 二级主任科员	男	汉族	城厢龙桥	1971 年 12 月	1996 年 7 月	2017 年 12 月起 2019 年 6 月起
郭妙桑	区交通运输局总工程师（副科级） 项目前期办副主任	女	汉族	荔城北高	1972 年 12 月	1994 年 10 月	2015 年 10 月起 2013 年 1 月起
				交通运输管理所			
吴正兴	区交通运输管理所所长 区交通运输局党组成员	男	汉族	仙游大济	1965 年 6 月	1983 年 10 月	2015 年 2 月至 2021 年 3 月 2017 年 12 月起
				市场监督管理局			
李德奋	区市场监管局党组书记 局长 一级主任科员	男	汉族	涵江白塘	1971 年 12 月	1993 年 8 月	2019 年 5 月起 2019 年 6 月起 2020 年 6 月起
胡志海	区市场监管局党组副书记（正科长级） 四级调研员	男	汉族	秀屿平海	1965 年 10 月	1986 年 8 月	2019 年 5 月起 2019 年 6 月起

续表 8

姓名	现单位及职务、职级	性别	民族	籍贯	出生年月	参加工作时间	任现职务时间
陈凤英	区市场监管局党组成员 四级调研员	女	汉族	秀屿笏石	1965 年 10 月	1984 年 8 月	2019 年 5 月起 2019 年 6 月起
戴建雄	区市场监管局党组成员、副局长 二级主任科员	男	汉族	城厢龙桥	1969 年 3 月	1991 年 9 月	2019 年 5 月起 2019 年 6 月起
林美华	党组成员（副科级，负责纪检工作）	女	汉族	秀屿东庄	1972 年 2 月	1996 年 6 月	2019 年 5 月至 2021 年 1 月
陈育飞	区市场监管局党组成员、副局长 三级主任科员	男	汉族	城厢霞林	1973 年 1 月	1996 年 9 月	2019 年 5 月起 2021 年 3 月起
魏金发	区市场监管局党组成员 二级主任科员	男	汉族	湄洲岛	1973 年 11 月	1994 年 10 月	2019 年 5 月起 2019 年 6 月起
宋仁洪	区市场监管局副局长	男	汉族	荔城新度	1973 年 4 月	1995 年 8 月	2019 年 5 月起
张国胜	区市场监管局一级主任科员	男	汉族	秀屿东峤	1962 年 8 月	1979 年 11 月	2021 年 3 月起
黄志良	区市场监管局二级主任科员	男	汉族	荔城黄石	1969 年 12 月	1990 年 12 月	2019 年 6 月起
曹金中	区市场监管局副局长	男	汉族	江苏通州	1974 年 4 月	1993 年 9 月	2019 年 5 月起
柯福星	区市场监管局副局长	男	汉族	城厢常太	1981 年 12 月	2003 年 6 月	2019 年 5 月起
林锦煌	区市场监管局四级调研员	男	汉族	荔城黄石	1964 年 3 月	1984 年 8 月	2019 年 6 月起
陈金树	区市场监管局四级调研员	男	汉族	秀屿南日	1965 年 7 月	1983 年 10 月	2019 年 6 月起
唐顺英	区市场监管局四级调研员	男	汉族	荔城新度	1962 年 6 月	1980 年 11 月	2019 年 6 月起
林建英	区市场监管局副局长	女	汉族	秀屿埭头	1974 年 4 月	1994 年 1 月	2019 年 5 月起
陈军峰	区市场监管局食品药品安全总监	男	汉族	城厢华亭	1971 年 5 月	1989 年 3 月	2019 年 5 月起
林东波	区市场监管局副局长	男	汉族	秀屿埭头	1981 年 4 月	2002 年 11 月	2019 年 5 月至 2021 年 1 月
杨佳嘉	区市场监管局四级主任科员	男	汉族	仙游榜头	1982 年 12 月	2005 年 11 月	2019 年 6 月起
舒易刚	区市场监管局华亭市场监管所所长、二级主任科员	男	汉族	湖南溆浦	1970 年 10 月	1990 年 3 月	2021 年 1 月起
卢朝阳	区市场监管局常太市场监管所所长	男	汉族	城厢华亭	1973 年 2 月	1996 年 4 月	2021 年 1 月起
吴继胜	区市场监管局灵川市场监管所所长	男	汉族	荔城拱辰	1970 年 12 月	1992 年 9 月	2021 年 1 月起

续表 8

姓名	现单位及职务、职级	性别	民族	籍贯	出生年月	参加工作时间	任现职务时间
陈建锋	区市场监管局东海市场监管所所长	男	汉族	仙游盖尾	1979 年 11 月	2004 年 1 月	2021 年 1 月起
吴礼敏	区市场监管局龙桥市场监管所所长	男	汉族	仙游榜头	1977 年 9 月	1996 年 12 月	2021 年 1 月起
李清雄	区市场监管局霞林市场监管所所长	男	汉族	涵江三江口	1985 年 10 月	2008 年 2 月	2021 年 1 月起
蔡冠清	区市场监管局凤凰山市场监管所所长	男	汉族	城厢东海	1974 年 12 月	1998 年 9 月	2021 年 1 月起
黄继华	区市场监管局华亭市场监管所保留副科长级待遇干部	男	汉族	建宁黄坊	1980 年 9 月	2005 年 1 月	20210 年 1 月起
陈盛字	区市场监管局常太市场监管所保留副科长级待遇干部	男	汉族	仙游赖店	1979 年 2 月	2002 年 12 月	2021 年 1 月起
欧建武	区市场监管局霞林市场监管所保留副科长级待遇干部	男	汉族	秀屿平海	1976 年 3 月	1996 年 8 月	2021 年 1 月起
叶榕霞	区市场监管局龙桥市场监管所保留副科长级待遇干部	女	汉族	城厢龙桥	1972 年 10 月	1992 年 11 月	2021 年 1 月起
曾叶峰	区市场监督管理局龙桥市场监督管理所三级主任科员	男	汉族	城厢龙桥	1961 年 12 月	1979 年 9 月	2021 年 3 月至 2021 年 12 月
陈建平	区市场监管局霞林市场监管所保留副科长级待遇干部	男	汉族	秀屿笏石	1962 年 10 月	1979 年 11 月	2021 年 1 月至 2021 年 12 月
唐淑婷	区市场监管局凤凰山市场监管所保留副科长级待遇干部	女	汉族	秀屿月塘	1982 年 3 月	2004 年 12 月	2021 年 1 月起
吴文才	区市场监督管理局华亭市场监督管理所四级主任科员	男	汉族	荔城新度	1976 年 9 月	2003 年 11 月	2019 年 6 月起
刘天盘	区市场监督管理局灵川市场监督管理所四级主任科员	男	汉族	仙游榜头	1971 年 1 月	1992 年 12 月	2019 年 6 月起
黄莉莉	区市场监督管理局办公室四级主任科员	女	汉族	仙游社硎	1972 年 6 月	1992 年 10 月	2019 年 6 月起
教育局							
刘永贤	区教育局局长、 党组书记 一级主任科员	男	汉族	涵江江口	1967 年 12 月	1989 年 8 月	2014 年 7 月起 2017 年 12 月起
佘智敏	区教育局副局长 党组成员 一级主任科员	男	汉族	荔城拱辰	1972 年 12 月	1990 年 8 月	2010 年 9 月起 2017 年 12 月起 2021 年 1 月起

续表 8

姓名	现单位及职务、职级	性别	民族	籍贯	出生年月	参加工作时间	任现职务时间
陈进	区教育局副局长 党组成员 二级主任科员	男	汉族	城厢华亭	1976 年 7 月	1998 年 8 月	2015 年 2 月起 2017 年 12 月起 2019 年 6 月起
张宁建	区教育局局务会成员 党组成员 教师进修学校校长 党支部书记	男	汉族	城厢龙桥	1977 年 12 月	1999 年 9 月	2014 年 6 月起 2017 年 12 月起 2013 年 12 月起 2017 年 12 月起
黄玉成	区教育局党组成员 二级主任科员	男	汉族	荔城拱辰	1963 年 10 月	1984 年 8 月	2017 年 12 月起 2019 年 6 月起
教育督导室							
胡洪九	区教育督导室主任 区教育系统党委委员	男	汉族	秀屿埭头	1977 年 10 月	2001 年 2 月	2019 年 6 月起 2020 年 7 月起
柯金芳	区教育督导室副主任	男	汉族	城厢灵川	1969 年 1 月	1989 年 10 月	2019 年 9 月起
教师进修学校							
张宁建	区教师进修学校校长 党支部书记 教育局局务会成员 党组成员	男	汉族	城厢龙桥	1977 年 12 月	1999 年 8 月	2013 年 12 月起 2017 年 12 月起 2014 年 6 月起 2017 年 12 月起
陈金荣	区教师进修学校党支部副书记	男	汉族	荔城新度	1973 年 11 月	1995 年 8 月	2019 年 1 月起
俞聪妹	区教师进修学校 副校长 妇联兼职副主席	女	汉族	城厢霞林	1974 年 12 月	1994 年 9 月	2019 年 3 月起
赖翩京	区教师进修学校 副校长	女	汉族	涵江大洋	1970 年 12 月	1988 年 8 月	2019 年 1 月起
莆田五中							
吴志明	莆田五中校长	男	汉族	涵江涵西	1962 年 4 月	1982 年 8 月	2002 年 10 月起
黄家红	莆田五中党委书记	女	汉族	涵江涵西	1971 年 8 月	1992 年 8 月	2003 年 2 月起
郑毓青	莆田五中副校长	男	汉族	城厢华亭	1965 年 10 月	1985 年 8 月	2000 年 11 月起
陈国勇	莆田五中副校长 文献中学校长	男	汉族	荔城新度	1971 年 1 月	1994 年 8 月	2011 年 2 月起 2013 年 8 月起
梁宏晖	莆田五中副校长	男	汉族	荔城镇海	1969 年 1 月	1992 年 8 月	2014 年 8 月起
傅锦国	莆田五中党委副书记	男	汉族	城厢凤办	1971 年 12 月	1995 年 9 月	2014 年 8 月起
莆田三中							
丁彬彬	莆田三中校长 （副科级）	男	汉族	湖北广水	1983 年 4 月	2005 年 8 月	2017 年 9 月起
荣秀庆	莆田三中党支部书记	男	汉族	城厢华亭	1969 年 11 月	1990 年 8 月	2014 年 8 月起
陈彬	莆田三中副校长 （副科级）	男	汉族	仙游游洋	1980 年 1 月	2003 年 8 月	2017 年 9 月起

续表 8

姓名	现单位及职务、职级	性别	民族	籍贯	出生年月	参加工作时间	任现职务时间
韩志勇	莆田三中副校长	男	汉族	城厢霞林	1968 年 10 月	1991 年 8 月	2010 年 10 月起
俞为民	莆田三中副校长	男	汉族	荔城西天尾	1969 年 6 月	1992 年 8 月	2012 年 3 月起
文化体育和旅游局							
许淑珍	区文旅局局长 党组书记 一级主任科员	女	汉族	秀屿平海	1972 年 5 月	1993 年 9 月	2018 年 12 月起 2019 年 3 月起 2021 年 1 月起
程正中	区文旅局副局长、 党组成员 三级主任科员	男	汉族	仙游枫亭	1962 年 10 月	1985 年 9 月	2019 年 3 月起 2021 年 3 月起
姚正扬	区文旅局党组成员 二级主任科员	男	汉族	涵江国欢	1966 年 12 月	1988 年 8 月	2019 年 3 月至 2021 年 3 月 2019 年 6 月起 至 2021 年 3 月
许建平	区文旅局一级主任科员	男	汉族	秀屿月塘	1963 年 8 月	1984 年 8 月	2021 年 3 月起
林劲松	区文旅局党组成员 二级主任科员	男	汉族	城厢华亭	1967 年 3 月	1987 年 9 月	2019 年 3 月起 2019 年 6 月起
旅游事业局							
林双法	区旅游事业局局长 区文化体育和旅游局党组成员	男	汉族	仙游园庄	1973 年 5 月	1997 年 12 月	2016 年 1 月起 2019 年 3 月起
黄荔民	区旅游事业局副局长 区文化体育和旅游局党组成员	女	汉族	荔城镇海	1976 年 10 月	1996 年 9 月	2014 年 1 月起 2019 年 3 月起
蒋荔明	区文化体育和旅游局党组成员 区旅游事业局一级主任科员	女	汉族	秀屿笏石	1967 年 10 月	1991 年 8 月	2019 年 3 月起 2021 年 3 月起
曾景德	区文化体育和旅游局党组成员 区旅游事业局一级主任科员	男	汉族	荔城拱辰	1963 年 5 月	1988 年 8 月	2019 年 3 月起 2021 年 3 月起
卫生健康局							
陈清汉	四级调研员	男	汉族	秀屿平海	1969 年 12 月	1992 年 9 月	2021 年 1 月起
林的华	区卫生健康局局长 党组书记	男	汉族	秀屿埭头	1978 年 4 月	1995 年 10 月	2021 年 2 月起 2021 年 1 月起
林东波	区卫生健康局副局长、党组成员	男	汉族	秀屿埭头	1981 年 4 月	20021 年 1 月	2021 年 1 月起
黄顺华	副局长 霞林街道党工委副书记（挂职） 三级主任科员	男	汉族	城厢龙桥	1971 年 12 月	1995 年 10 月	2019 年 3 月至 2021 年 11 月 2015 年 10 月起 2021 年 3 月起

续表 8

姓名	现单位及职务、职级	性别	民族	籍贯	出生年月	参加工作时间	任现职务时间
张建峰	区卫生健康局党组成员 二级主任科员	男	汉族	涵江涵东	1967 年 9 月	1989 年 8 月	2019 年 3 月起 2019 年 6 月起
陈清	区卫生健康局四级调研员	男	汉族	秀屿平海	1969 年 12 月	1992 年 9 月	2019 年 6 月起
林文富	区卫生健康局党组成员 三级主任科员	男	汉族	荔城黄石	1966 年 11 月	1989 年 12 月	2019 年 3 月起 2021 年 3 月起
蔡妹玉	城厢区卫生健康局党组成员、 三级主任科员	女	汉族	荔城镇海	1967 年 11 月	1989 年 4 月	2021 年 11 月起
郑友山	区卫生健康局四级主任科员 党组成员	男	汉族	城厢灵川	1971 年 7 月	1992 年 12 月	2019 年 6 月起
计生协会							
许文龙	区计生协会常务专职副会长、党组书记	男	汉族	秀屿笏石	1970 年 1 月	1991 年 8 月	2019 年 9 月起
郑友洪	区计生协会专职副会长 党组成员 二级主任科员	男	汉族	荔城拱辰	1971 年 7 月	1990 年 12 月	2017 年 2 月起 2017 年 12 月起 2019 年 6 月起
吴元开	区计生协会党组成员 二级主任科员	男	汉族	城厢灵川	1971 年 11 月	1995 年 9 月	2017 年 12 月起 2019 年 6 月起
陈玉爱	区计生协会党组成员 四级主任科员	女	汉族	荔城新度	1972 年 11 月	1997 年 3 月	2017 年 12 月起 2019 年 6 月起
区医院							
刘华山	区医院院长 区医院党委书记	男	汉族	涵江国欢	1976 年 3 月	1998 年 4 月	2013 年 7 月起 2021 年 11 月起
吴武中	党支部书记	男	汉族	秀屿埭头	1971 年 9 月	1991 年 9 月	2010 年 10 月至 2021 年 1 月
潘仁东	区医院副院长	男	汉族	秀屿月塘	1978 年 1 月	2001 年 7 月	2021 年 2 月起
郑丽舟	区医院副院长 区医院党委委员	女	汉族	仙游榜头	1973 年 8 月	1990 年 9 月	2021 年 2 月起 2021 年 11 月起
蔡宁	区医院副院长 区医院党委委员	男	汉族	城厢霞林	1976 年 12 月	1998 年 12 月	2021 年 3 月起 2021 年 11 月起
疾控中心							
郭伟	区疾控中心主任	男	汉族	城厢凤凰山	1970 年 11 月	1991 年 11 月	2010 年 9 月起
吴武中	区疾控中心党支部书记 保留原职级待遇干部	男	汉族	秀屿埭头	1971 年 9 月	1991 年 9 月	2021 年 1 月起

续表 8

姓名	现单位及职务、职级	性别	民族	籍贯	出生年月	参加工作时间	任现职务时间
红十字会							
吴敏红	区红十字会常务副会长 三级主任科员	女	汉族	荔城黄石	1971 年 9 月	1995 年 10 月	2021 年 3 月起 2021 年 3 月起
科学技术局							
陈天疆	区科学技术局局长 党组书记	男	汉族	秀屿埭头	1975 年 7 月	1996 年 10 月	2021 年 3 月起
陈平越	区科学技术局副局长 党组成员 二级主任科员	男	汉族	城厢华亭	1966 年 11 月	1989 年 8 月	2013 年 1 月起 2017 年 12 月起 2019 年 6 月起
陈宝卫	区科学技术局党组成员 一级主任科员	男	汉族	荔城拱辰	1966 年 7 月	1990 年 12 月	2017 年 12 月起 2021 年 3 月起
苏美金	区科学技术局党组成员 一级主任科员	女	汉族	仙游度尾	1966 年 8 月	1991 年 8 月	2017 年 12 月至 2021 年 8 月 2021 年 3 月起
民政局							
石志坤	区民政局局长、党组书记	男	汉族	城厢华亭	1977 年 12 月	1999 年 6 月	2019 年 6 月起
黄国生	区民政局副局长 党组成员 二级主任科员	男	汉族	城厢常太	1970 年 4 月	1993 年 8 月	2015 年 5 月起 2017 年 12 月起 2019 年 6 月起
陈毓卿	区民政局副局长 党组成员	女	汉族	秀屿平海	1987 年 6 月	2011 年 8 月	2019 年 9 月至 2021 年 11 月
陈金华	区民政局党组成员 二级主任科员	男	汉族	秀屿平海	1967 年 6 月	1992 年 12 月	2017 年 12 月起 2019 年 6 月起
曾秋泉	区民政局党组成员、副局长	男	汉族	秀屿湄洲	1968 年 7 月	1992 年 9 月	2021 年 11 月起
司法局							
陈志平	局长、党组书记、一级主任科员	男	汉族	荔城拱辰	1969 年 11 月	1989 年 8 月	2012 年 2 月起 2017 年 12 月起
林长春	区司法局副局长 党组成员 三级主任科员	男	汉族	城厢灵川	1975 年 2 月	1993 年 12 月	2015 年 1 月起 2017 年 12 月起 2021 年 3 月起
施荔红	区司法局党组成员 四级调研员	女	汉族	秀屿笏石	1966 年 5 月	1988 年 8 月	2017 年 12 月起 2019 年 6 月起
郑黎明	区司法局一级主任科员	男	汉族	荔城新度	1968 年 4 月	1990 年 8 月	2021 年 11 月起
林朝阳	区司法局二级主任科员、党组成员	男	汉族	秀屿埭头	1971 年 10 月	2003 年 10 月	2021 年 3 月起
柯子鹏	区司法局二级主任科员、党组成员	男	汉族	涵江白沙	1968 年 7 月	1994 年 8 月	2019 年 9 月起

续表 8

姓名	现单位及职务、职级	性别	民族	籍贯	出生年月	参加工作时间	任现职务时间
贾昱	区司法局政治处主任、党组成员 三级主任科员	男	汉族	江西萍乡	1976 年 2 月	1995 年 12 月	2021 年 1 月起 2021 年 3 月起
林毅	区司法局党组成员 三级主任科员	男	汉族	城厢华亭	1968 年 8 月	1991 年 12 月	2017 年 12 月起 2021 年 3 月起
吴章福	区法律援助中心一级主任科员	男	汉族	荔城拱辰	1963 年 12 月	1981 年 10 月	2019 年 10 月起
住房和城乡建设局（人防办）							
陈攀	区住建局局长、 人防办主任 党组书记	男	汉族	城厢霞林	1981 年 9 月	2004 年 2 月	2020 年 8 月起 2020 年 7 月起
林建东	区住建局副局长 党组成员	男	汉族	秀屿埭头	1972 年 8 月	1997 年 2 月	2015 年 3 月起 2017 年 12 月起
许晋芳	区住建局二级主任科员、党组成员	男	汉族	城厢华亭	1979 年 3 月	2000 年 12 月	2020 年 7 月起
龚勇	区住建局副局长、 二级主任科员、 党组成员	男	汉族	荔城新度	1972 年 9 月	1996 年 9 月	2021 年 1 月起
陈臻华	区住建局党组成员 三级主任科员	男	汉族	荔城镇海	1974 年 10 月	1996 年 8 月	2017 年 12 月起 2021 年 3 月起
退役军人事务局							
黄鹏远	区退役军人事务局局长、党组书记	男	汉族	城厢龙桥	1970 年 8 月	1996 年 10 月	2018 年 12 月至 2021 年 12 月 2019 年 3 月起
杨勇	区退役军人事务局副局长、党组成员	男	汉族	江苏海安	1974 年 12 月	1991 年 12 月	2020 年 7 月起
林丽清	区退役军人事务局党组成员、 四级主任科员	女	汉族	秀屿平海	1971 年 7 月	1993 年 9 月	2019 年 9 月起
城市管理行政执法局							
蔡智勇	区城市管理行政执法局局长、党组书记	男	汉族	城厢东海	1977 年 10 月	2000 年 11 月	2019 年 6 月起
陈翔	区城市管理行政执法局副局长 党组成员 三级主任科员	男	汉族	城厢东海	1975 年 1 月	1996 年 8 月	2013 年 7 月起 2017 年 12 月起 2021 年 3 月起
陈志辉	区城市管理行政执法局副局长 党组成员	男	汉族	仙游郊尾	1972 年 12 月	1990 年 3 月	2013 年 9 月起 2017 年 12 月起

续表 8

姓名	现单位及职务、职级	性别	民族	籍贯	出生年月	参加工作时间	任现职务时间
杨春锦	区城市管理行政执法局副局长、党组成员	男	汉族	仙游榜头	1981 年 3 月	2001 年 11	2019 年 1 月起
何国文	区城市管理行政执法局党组成员 二级主任科员	男	汉族	城厢华亭	1967 年 10 月	1987 年 11 月	2017 年 12 月起 2019 年 6 月起
许东平	区城市管理行政执法局党支部专职副书记	男	汉族	城厢东海	1975 年 11 月	1995 年 12 月	2021 年 1 月起
				环卫处（城管办）			
陈志锋	区环卫处主任（聘任）	男	汉族	仙游榜头	1975 年 8 月	1996 年 12 月	2019 年 9 月起
欧宗辉	区环卫处党支部书记	男	汉族	涵江庄边	1972 年 4 月	1999 年 6 月	2015 年 5 月起
				水利局			
许庆明	区水利局局长 党组书记	男	汉族	秀屿东峤	1978 年 9 月	1996 年 10 月	2020 年 8 月起 2020 年 7 月起
龚勇	区水利局副局长 党组成员 二级主任科员	男	汉族	荔城新度	1972 年 9 月	1996 年 9 月	2012 年 1 月至 2021 年 1 月 2019 年 3 月起 2019 年 6 月起
吴清松	区水利局副局长	男	汉族	城厢霞林	1976 年 11 月	1999 年 12 月	2019 年 9 月起
黄超群	区水利局副局长	男	汉族	秀屿平海	1985 年 9 月	2009 年 12 月	2021 年 3 月起
林密腾	区水利局党组成员 一级主任科员	男	汉族	城厢华亭	1968 年 7 月	1992 年 9 月	2019 年 3 月起 2021 年 3 月起
谢玉仙	区水利局总工程师（聘任，副科级）、党组成员	男	汉族	荔城拱辰	1977 年 6 月	1997 年 3 月	2019 年 3 月起
				移民局（水电站库区移民局）			
陈婷	区水电站库区移民开发局局长	女	汉族	荔城镇海	1986 年 11 月	2006 年 9 月	2020 年 7 月起
				农业农村局			
肖建耀	区农业农村局局长、党组书记	男	汉族	秀屿东庄	1971 年 11 月	1995 年 5 月	2019 年 6 月起
陈玉华	区农业农村局副局长、党组成员 三级主任科员	男	汉族	城厢霞林	1966 年 5 月	1989 年 9 月	2019 年 3 月起 2021 年 3 月起
胡元良	区农业农村局副局长、党组成员 华亭镇党委副书记（挂职）	男	汉族	仙游枫亭	1971 年 8 月	1996 年 11 月	2019 年 9 月起 2021 年 11 月起
吴国良	区农业农村局党组成员 二级主任科员	男	汉族	秀屿埭头	1971 年 9 月	1991 年 9 月	2019 年 3 月起 2019 年 6 月起
戴玉腾	区农业农村局党组成员、三级主任科员	男	汉族	城厢华亭	1967 年 4 月	1987 年 8 月	2021 年 11 月起

续表 8

姓名	现单位及职务、职级	性别	民族	籍贯	出生年月	参加工作时间	任现职务时间
自然资源局							
高奇峰	区自然资源局党组书记 四级调研员	男	汉族	涵江涵西	1963 年 5 月	1983 年 8 月	2019 年 5 月起 2019 年 6 月起
黄鹏远	区自然资源局局长 党组副书记	男	汉族	城厢龙桥	1970 年 8 月	1996 年 10 月	2021 年 12 月起 2021 年 1 月起
黄雪峰	区自然资源局副局长、党组成员	男	汉族	荔城拱辰	1974 年 3 月	1997 年 5 月	2020 年 7 月起
郑向高	区自然资源局二级主任科员、党组成员	男	汉族	秀屿山亭	1977 年 8 月	1998 年 10 月	2019 年 5 月起
陈志敏	区自然资源局二级主任科员、党组成员	男	汉族	秀屿笏石	1978 年 2 月	2001 年 1 月	2020 年 7 月起
陈建华	区自然资源局党组成员、副局长	男	汉族	城厢灵川	1975 年 5 月	1993 年 12 月	2021 年 11 月起
陈清龙	区自然资源局党组成员、副局长	男	汉族	城厢凤凰山	1968 年 9 月	2010 年 6 月	2021 年 11 月起
黄世高	党组成员 国土资源监察大队大队长	男	汉族	荔城西天尾	1971 年 11 月	1995 年 8 月	2019 年 5 月至 2021 年 3 月 2016 年 1 月起
海洋与渔业执法大队							
戴剑晗	海洋与渔业执法大队大队长 区自然资源局党组成员 东海镇党委副书记（挂职）	男	汉族	涵江江口	1984 年 6 月	2007 年 3 月	2013 年 7 月起 2019 年 5 月起 2021 年 11 月起
供销社							
林基立	区供销社主任	男	汉族	仙游鲤城	1975 年 1 月	1996 年 9 月	2016 年 1 月起
刘开贵	区供销社党支部书记	男	汉族	仙游度尾	1976 年 7 月	1996 年 11 月	2019 年 9 月起
林垒镕	区供销社副主任	女	汉族	涵江三江口	1986 年 7 月	2006 年 2 月	2013 年 7 月起
王晶	区供销社副主任	女	汉族	仙游鲤城	1987 年 10 月	2007 年 8 月	2019 年 1 月起
蔡腾达	区供销社四级主任科员	男	汉族	城厢东海	1976 年 6 月	1997 年 9 月	2019 年 9 月起
区委党史和地方志研究室							
林建如	区委党史和地方志研究室主任 一级主任科员	男	汉族	仙游游洋	1967 年 2 月	1988 年 8 月	2019 年 9 月起 2020 年 6 月起
林丽洪	区委党史和地方志研究室副主任 区妇联副主席（挂职） 三级主任科员	女	汉族	涵江梧塘	1974 年 10 月	1992 年 8 月	2019 年 9 月起 2020 年 8 月起 2021 年 3 月起

续表 8

姓名	现单位及职务、职级	性别	民族	籍贯	出生年月	参加工作时间	任现职务时间
谢彬	区委党史和地方志研究室四级主任科员	男	汉族	城厢霞林	1977 年 12 月	1997 年 11 月	2019 年 9 月起
行政服务中心管委会							
林清飞	行政服务中心管委会主任	男	汉族	仙游社硎	1971 年 5 月	1996 年 5 月	2019 年 6 月起
林雄峰	行政服务中心管委会副主任（聘任）	男	汉族	荔城镇海	1976 年 6 月	1994 年 8 月	2010 年 8 月起
郑秋焕	行政服务中心管委会副主任	女	汉族	秀屿东庄	1977 年 6 月	1999 年 6 月	2019 年 9 月起
颜颖频	行政服务中心管委会党支部专职副书记（聘任）	男	汉族	荔城拱辰	1970 年 2 月	1988 年 1 月	2015 年 10 月起
华林经济开发区							
张伟国	华林经济开发区党工委书记（副处级） 区政府党组成员	男	汉族	荔城黄石	1971 年 12 月	1990 年 9 月	2011 年 9 月起 2011 年 11 月起
陈丽萍	华林经济开发区党工委副书记 管委会主任(副处级) 区政府党组成员	女	汉族	秀屿山亭	1966 年 11 月	1987 年 7 月	2012 年 4 月起 2012 年 3 月起 2012 年 12 月起
苏顺琪	华亭镇党委书记 兼华林经济开发区管委会主任	男	汉族	城厢东海	1979 年 11 月	2000 年 12 月	2021 年 5 月起 2021 年 11 月起
陈峰	华林经济开发区党工委副书记、 纪工委书记	男	汉族	城厢华亭	1973 年 10 月	1997 年 11 月	2021 年 3 月起
詹雄志	党工委副书记(挂职)、区政协四级调研员(编制在政协)	男	汉族	秀屿平海	1971 年 2 月	1990 年 8 月	2019 年 6 月至 2021 年 11 月
吴奇伟	华林经济开发区党工委委员、 管委会副主任 灵川镇党委副书记（挂职）	男	汉族	荔城镇海	1985 年 12 月	2007 年 9 月	2021 年 1 月起 2021 年 11 月起
陈光青	华林经济开发区党工委委员 挂职龙桥街道党工委副书记	男	汉族	秀屿平海	1982 年 3 月	2005 年 8 月	2021 年 1 月起 2021 年 11 月起
周一娟	华林经济开发区党工委委员	女	汉族	城厢龙桥	1987 年 1 月	2008 年 9 月	2021 年 1 月起
陈国霖	华林经济开发区管委会副主任	男	汉族	秀屿笏石	1966 年 5 月	1989 年 8 月	2013 年 1 月起

续表 8

姓名	现单位及职务、职级	性别	民族	籍贯	出生年月	参加工作时间	任现职务时间
蔡国贤	华林经济开发区管委会副主任 华林工业园党委委员兼副主任	男	汉族	城厢东海	1965 年 11 月	1988 年 9 月	2013 年 1 月起
吴海东	华林经济开发区管委会副主任（聘任）	男	汉族	荔城新度	1973 年 1 月	1991 年 8 月	2016 年 1 月起
陈金明	华林经济开发区管委会副主任	男	汉族	荔城黄石	1983 年 1 月	2008 年 10 月	2019 年 1 月起
林剑杭	华林经济开发区管委会副主任	男	汉族	秀屿埭头	1990 年 10 月	2013 年 10 月	2021 年 2 月起
柳军英	华林经济开发区保留副科级待遇	女	汉族	北岸山亭	1972 年 5 月	1994 年 8 月	2020 年 8 月起
太湖工业园							
郑雄	太湖工业园党委书记兼管委会主任（聘任）	男	汉族	仙游榜头	1976 年 5 月	1996 年 12 月	2017 年 7 月起
陈继扬	太湖工业园党委委员 管委会副主任	男	汉族	荔城拱辰	1975 年 9 月	1997 年 11 月	2021 年 1 月起 2021 年 2 月起
吴奇伟	党委委员兼副主任	男	汉族	荔城镇海	1985 年 12 月	2007 年 9 月	2018 年 8 月至 2021 年 1 月
华林工业园							
张朝阳	华林工业园党委委员兼副主任（聘任，副科级）	男	汉族	仙游榜头	1973 年 11 月	1995 年 12 月	2013 年 1 月起
蔡国贤	华林工业园党委委员兼副主任 华林经济开发区管委会副主任	男	汉族	城厢东海	1965 年 11 月	1988 年 9 月	2013 年 1 月起
区级国有企业主要领导（三大集团董事长、总经理）							
吴洪云	城厢区国有资产投资集团有限公司董事长	男	汉族	秀屿埭头	1977 年 10 月	1996 年 11 月	2021 年 3 月起
许阳升	城厢区国有资产投资集团有限公司总经理	男	汉族	城厢华亭	1989 年 2 月	2013 年 10 月	2021 年 3 月起
谢晨风	城厢区城乡建设投资集团有限公司董事长	男	汉族	荔城镇海	1978 年 11 月	2001 年 5 月	2021 年 3 月起
林劲腾	城厢区城乡建设投资集团有限公司总经理	男	汉族	荔城镇海	1973 年 12 月	1996 年 9 月	2021 年 3 月起
陈麟	城厢区经济发展集团有限公司董事长	男	汉族	荔城拱辰	1974 年 9 月	1996 年 10 月	2021 年 3 月起
杨柏兴	城厢区经济发展集团有限公司总经理	男	汉族	仙游榜头	1989 年 5 月	2016 年 3 月	2021 年 3 月起

续表 8

姓名	现单位及职务、职级	性别	民族	籍贯	出生年月	参加工作时间	任现职务时间
				华亭镇			
苏顺琪	华亭镇党委书记 兼华林经济开发区管委会主任	男	汉族	城厢东海	1979 年 11 月	2000 年 12 月	2021 年 5 月起 2021 年 11 月起
杨少龙	华亭镇党委副书记 镇长	男	汉族	城厢常太	1985 年 5 月	2009 年 7 月	2020 年 7 月起 2021 年 11 月起
刘清伟	华亭镇党委委员 人大主席 区信访局党组书记 局长	男	汉族	仙游榜头	1978 年 12 月	2006 年 1 月	2021 年 1 月起 2021 年 4 月起 2022 年 1 月起 2022 年 2 月起
徐振海	华亭镇二级主任科员	男	汉族	城厢霞林	1974 年 11 月	1996 年 8 月	2019 年 6 月起
胡元良	区农业农村局副局长、党组成员 华亭镇党委副书记（挂职）	男	汉族	仙游枫亭	1971 年 8 月	1996 年 11 月	2019 年 9 月起 2021 年 11 月起
陈扬鑫	华亭镇党委副书记 政法委员	男	汉族	南平延平	1987 年 2 月	2009 年 4 月	2021 年 5 月起
陈森	华亭镇党委委员、纪委书记、 监察组组长	男	汉族	城厢常太	1989 年 6 月	2012 年 7 月	2020 年 8 月起
宋锋	华亭镇党委组织委员	男	汉族	荔城新度	1989 年 12 月	2012 年 7 月	2021 年 3 月起
陈珊	华亭镇党委宣传委员	女	汉族	涵江涵西	1981 年 10 月	2003 年 11 月	2021 年 5 月起
王谟兵	华亭镇党委委员、武装部部长 三级主任科员	男	汉族	江苏赣榆	1979 年 1 月	1998 年 12 月	2018 年 12 月起 2021 年 1 月起
黄伟泓	华亭镇党委统战委员、副镇长	男	汉族	城厢常太	1990 年 9 月	2013 年 7 月	2021 年 11 月起
林俊嘉	华亭镇副镇长	男	汉族	秀屿埭头	1987 年 9 月	2008 年 1 月	2018 年 8 月起
杨黎	华亭镇副镇长	女	汉族	荔城镇海	1989 年 6 月	2013 年 10 月	2020 年 9 月起
陈复资	华亭镇副镇长	男	汉族	城厢凤凰山	1989 年 3 月	2014 年 7 月	2021 年 11 月起
翁高武	区司法局华亭司法所所长	男	汉族	城厢华亭	1986 年 11 月	2010 年 7 月	2019 年 9 月起
黄世芳	华亭镇乡村振兴发展中心（社区建设发展中心）主任	女	汉族	城厢华亭	1976 年 2 月	1997 年 10 月	2021 年 1 月起
陈孙耕	华亭镇综合便民服务中心主任	男	汉族	涵江白沙	1970 年 4 月	1991 年 9 月	2021 年 1 月起
				常太镇			
莫彩华	区政府科技副区长（挂职） 党组成员 常太镇党委书记（兼任）	男	汉族	浙江长兴	1990 年 9 月	2018 年 8 月	2018 年 8 月至 2021 年 6 月 2020 年 2 月至 2021 年 5 月

续表 8

姓名	现单位及职务、职级	性别	民族	籍贯	出生年月	参加工作时间	任现职务时间
沈海霞	常太镇党委书记	女	汉族	城厢东海	1979 年 4 月	2004 年 7 月	2021 年 5 月起
林志伟	常太镇党委副书记 镇长	男	汉族	城厢灵川	1986 年 7 月	2009 年 7 月	2021 年 5 月起 2021 年 11 月起
柯立	常太镇党委委员 人大主席	男	汉族	城厢灵川	1980 年 3 月	2000 年 8 月	2021 年 5 月起 2021 年 11 月起
刘剑萍	常太镇二级主任科员	女	汉族	秀屿南日	1978 年 2 月	1997 年 12 月	2019 年 6 月起
林魁	常太镇党委副书记（挂职）、市发展和改革委员会二级主任科员	男	汉族	福建连江	1989 年 8 月	2018 年 12 月	2021 年 2 月起 2018 年 12 月起
许宇宙	常太镇党委副书记 政法委员	男	汉族	秀屿笏石	1988 年 12 月	2010 年 7 月	2019 年 9 月起
林葵华	区委党史和地方志研究室四级主任科员 常太镇党委副书记（挂职）	男	汉族	荔城镇海	1977 年 5 月	1996 年 8 月	2021 年 3 月起 2021 年 11 月起
方智	常太镇党委委员、纪委书记、监察组组长	男	汉族	荔城西天尾	1988 年 3 月	2009 年 9 月	2019 年 9 月起
林晨	常太镇党委组织委员	男	汉族	城厢华亭	1992 年 5 月	2014 年 7 月	2021 年 3 月起
许羡	常太镇党委宣传委员	女	汉族	城厢华亭	1989 年 11 月	2011 年 7 月	2020 年 7 月起
严烽伟	常太镇党委委员、武装部部长	男	汉族	仙游盖尾	1981 年 11 月	1999 年 12 月	2021 年 5 月起
黄志聪	常太镇党委统战委员 副镇长	男	汉族	城厢凤凰山	1982 年 12 月	2005 年 8 月	2020 年 8 月起 2020 年 12 月起
蔡仲清	常太镇副镇长、常太镇综合便民服务中心主任	男	汉族	城厢常太	1976 年 7 月	2006 年 11 月	2021 年 11 月起 2021 年 1 月至 2021 年 5 月
郑翰	常太镇综合执法队队长	男	汉族	荔城镇海	1977 年 12 月	2000 年 1 月	2021 年 1 月起
灵川镇							
刘都峰	灵川镇党委书记	男	汉族	秀屿笏石	1983 年 1 月	2006 年 8 月	2021 年 5 月起
黄智强	灵川镇党委副书记 镇长	男	汉族	仙游榜头	1982 年 10 月	2005 年 6 月	2021 年 5 月起 2021 年 11 月起
陈伟	灵川镇党委委员 人大主席	男	汉族	城厢凤凰山	1985 年 9 月	2007 年 3 月	2021 年 5 月起 2021 年 11 月起
江波	灵川镇党委副书记、政法委员	男	汉族	城厢龙桥	1981 年 5 月	2004 年 7 月	2021 年 5 月起

续表 8

姓名	现单位及职务、职级	性别	民族	籍贯	出生年月	参加工作时间	任现职务时间
姚剑雄	委员、纪委书记、监察组组长	男	汉族	荔城拱辰	1984 年 6 月	2008 年 10 月	2019 年 9 月起
吴奇伟	华林经济开发区党工委委员兼管委会副主任 灵川镇党委副书记（挂职）	男	汉族	荔城镇海	1985 年 12 月	2007 年 9 月	2021 年 1 月起 2021 年 11 月起
刘斌	灵川镇党委组织委员	男	汉族	秀屿东庄	1990 年 9 月	2014 年 3 月	2021 年 5 月起
张与望	灵川镇党委宣传委员	男	汉族	仙游鲤南	1991 年 2 月	2012 年 9 月	2020 年 8 月起
吕伍平	灵川镇党委委员、武装部长	男	汉族	江西广丰	1974 年 9 月	1991 年 12 月	2021 年 5 月起
林斌斌	灵川镇党委统战委员、副镇长	男	汉族	仙游大济	1989 年 2 月	2013 年 10 月	2020 年 8 月起
蔡赛梅	灵川镇副镇长	女	汉族	城厢霞林	1991 年 2 月	2016 年 7 月	2021 年 11 月起
郑宜立	灵川镇副镇长	男	汉族	仙游榜头	1984 年 12 月	2007 年 9 月	2020 年 8 月起
江波	委员 副镇长	男	汉族	城厢龙桥	1981 年 5 月	2004 年 7 月	2019 年 7 月至 2021 年 11 月
许志勇	副镇长	男	汉族	秀屿东峤	1989 年 6 月	2012 年 3 月	2018 年 11 月至 2021 年 1 月
蔡明华	区司法局灵川司法所所长、 三级主任科员	男	汉族	城厢东海	1974 年 3 月	1996 年 7 月	2013 年 7 月起 2021 年 1 月起
许琦猛	灵川镇综合便民服务中心主任	男	汉族	城厢灵川	1978 年 3 月	2009 年 8 月	2021 年 1 月起
林德清	灵川镇乡村振兴发展中心（社区建设发展中心）主任	男	汉族	城厢龙桥	1973 年 4 月	1996 年 11 月	2021 年 3 月起
林海斌	灵川镇正科长级干部	男	汉族	城厢霞林	1976 年 2 月	1995 年 9 月	2018 年 6 月起
王春树	灵川镇副科长级干部	男	汉族	北岸山亭	1978 年 10 月	1997 年 12 月	2018 年 6 月起
东海镇							
张飞虎	东海镇党委书记 一级主任科员	男	汉族	仙游盖尾	1977 年 12 月	2000 年 1 月	2020 年 3 月起 2020 年 6 月起
林宇	东海镇党委副书记 镇长	男	汉族	荔城黄石	1988 年 6 月	2011 年 4 月	2020 年 7 月起 2021 年 11 月起
蔡庆明	东海镇党委委员 人大主席	男	汉族	城厢东海	1987 年 3 月	2009 年 8 月	2021 年 5 月起 2021 年 11 月起
谢雨林	东海镇党委副书记、政法委员	男	汉族	城厢凤凰山	1991 年 1 月	2012 年 8 月	2021 年 5 月起

续表 8

姓名	现单位及职务、职级	性别	民族	籍贯	出生年月	参加工作时间	任现职务时间
罗斌	东海镇党委委员、纪委书记、监察组组长	男	汉族	江西赣州	1987 年 6 月	2012 年 8 月	2020 年 8 月起
戴剑晗	海洋与渔业执法大队大队长 区自然资源局党组成员 东海镇党委副书记（挂职）	男	汉族	涵江江口	1984 年 6 月	2007 年 3 月	2013 年 7 月起 2019 年 5 月起 2021 年 11 月起
徐炜	东海镇党委组织委员	男	汉族	城厢霞林	1989 年 1 月	2010 年 7 月	2020 年 8 月起
黄东胜	东海镇党委宣传委员	男	汉族	荔城黄石	1990 年 7 月	2013 年 7 月	2020 年 7 月起
沈庆海	东海镇党委委员 武装部部长	男	汉族	城厢东海	1976 年 8 月	1995 年 12 月	2019 年 9 月起
黄剑恒	东海镇党委统战委员 副镇长 三级主任科员	男	汉族	涵江白塘	1974 年 4 月	1995 年 10 月	2021 年 5 月起 2021 年 11 月起 2021 年 1 月起
蔡莉娜	东海镇副镇长	女	汉族	城厢常太	1983 年 7 月	2009 年 4 月	2021 年 11 月起
林凡	东海镇副镇长	男	汉族	仙游榜头	1984 年 4 月	2007 年 9 月	2020 年 8 月起
卢劲展	东海镇党委委员 东海镇副镇长	男	汉族	涵江梧塘	1978 年 11 月	1996 年 6 月	2020 年 8 月至 2021 年 5 月 2020 年 10 月起
阮成伟	东海镇副镇长	男	汉族	仙游郊尾	1975 年 11 月	2000 年 8 月	2019 年 7 月至 2021 年 11 月
蔡建文	东海镇综合便民服务中心主任	男	汉族	城厢东海	1976 年 8 月	2008 年 9 月	2021 年 1 月起
蔡金敏	区司法局东海司法所所长	男	汉族	城厢东海	1986 年 3 月	2008 年 8 月	2019 年 9 月至 2021 年 5 月
龙桥街道							
曾锋	区统计局局长、党组书记 龙桥街道党工委书记	男	汉族	城厢凤凰山	1980 年 1 月	2001 年 10 月	2019 年 6 月起 2021 年 5 月起
柳军勇	龙桥街道党工委副书记、办事处主任	男	汉族	北岸山亭	1980 年 11 月	2000 年 1 月	2021 年 5 月起
吴俊熹	龙桥街道党工委委员 人大主任	男	汉族	秀屿东庄	1990 年 2 月	2012 年 9 月	2021 年 5 月起 2021 年 6 月起
卢劲展	龙桥街道党工委副书记、政法委员	男	汉族	涵江梧塘	1978 年 11 月	1996 年 6 月	2021 年 5 月起
陈光青	华林经济开发区党工委委员 挂职龙桥街道党工委副书记	男	汉族	秀屿平海	1982 年 3 月	2005 年 8 月	2021 年 1 月起 2021 年 11 月起
吴少敏	龙桥街道党工委委员、纪工委书记、监察组组长	男	汉族	秀屿东庄	1984 年 11 月	2008 年 7 月	2020 年 7 月起

续表 8

姓名	现单位及职务、职级	性别	民族	籍贯	出生年月	参加工作时间	任现职务时间
陈志伟	龙桥街道党工委组织委员	男	汉族	秀屿平海	1990 年 9 月	2012 年 8 月	2020 年 7 月起
黄浦	龙桥街道党工委宣传委员	男	汉族	荔城西天尾	1990 年 7 月	2012 年 7 月	2021 年 5 月起
方自宏	龙桥街道党工委委员、武装部部长	男	汉族	安徽歙县	1974 年 7 月	1993 年 12 月	2021 年 5 月起
吴晨旭	龙桥街道党工委统战委员、办事处副主任	男	汉族	秀屿东庄	1988 年 8 月	2013 年 10 月	2021 年 5 月起
郑婷婷	龙桥街道办事处副主任	女	汉族	城厢龙桥	1986 年 2 月	2009 年 12 月	2021 年 5 月起
陈怡勤	龙桥街道办事处副主任	女	汉族	城厢霞林	1992 年 11 月	2015 年 7 月	2021 年 5 月起
谢雨林	龙桥街道办事处副主任	男	汉族	城厢凤凰山	1991 年 1 月	2012 年 8 月	2019 年 9 月至 2021 年 5 月
陈清龙	龙桥街道党工委委员 龙桥街道办事处副主任	男	汉族	城厢凤办	1968 年 9 月	2010 年 6 月	2020 年 7 月至 2021 年 5 月
陈慕珊	龙桥街道办事处副主任（挂职）、 安福电子商务城管委会副主任	女	汉族	城厢龙桥	1993 年 7 月	2018 年 8 月	2019 年 10 月起 2020 年 1 月起
方海英	区司法局龙桥司法所所长	女	汉族	荔城拱辰	1974 年 5 月	1994 年 10 月	2016 年 6 月起
蔡剑斌	龙桥街道社区建设发展中心（乡村振兴发展中心）主任	男	汉族	城厢东海	1990 年 8 月	2013 年 7 月	2021 年 1 月起
佘赛芬	龙桥街道综合便民服务中心主任	女	汉族	秀屿南日	1988 年 1 月	2010 年 9 月	2021 年 1 月起
				霞林街道			
陈元兴	霞林街道党工委书记 一级主任科员	男	汉族	荔城新度	1976 年 7 月	1997 年 10 月	2020 年 3 月起 2020 年 6 月起
胡彬伟	霞林街道党工委副书记、办事处主任	男	汉族	荔城黄石	1982 年 10 月	2004 年 9 月	2020 年 3 月起
林明钟	霞林街道党工委委员 人大主任	男	汉族	涵江新县	1982 年 5 月	2004 年 4 月	2021 年 4 月起
郑颖瑛	安福电子商务城管委会副主任、 党工委委员 挂职霞林街道党工委副书记	女	汉族	涵江涵西	1983 年 11 月	2005 年 7 月	2013 年 12 月起 2021 年 11 月起
林窕婧	霞林街道党工委副书记、政法委员	女	汉族	仙游鲤城	1989 年 9 月	2011 年 10 月	2021 年 5 月起

续表 8

姓名	现单位及职务、职级	性别	民族	籍贯	出生年月	参加工作时间	任现职务时间
关宇	霞林街道党工委委员、纪工委书记、监察组组长	男	汉族	涵江江口	1990 年 5 月	2013 年 10 月	2021 年 5 月起
宋奇鹏	霞林街道党工委组织委员	男	汉族	秀屿平海	1992 年 7 月	2015 年 8 月	2021 年 5 月起
郑荔涵	霞林街道党工委宣传委员	女	汉族	涵江涵西	1987 年 5 月	2009 年 7 月	2021 年 5 月起
张印忠	霞林街道党工委委员、武装部部长	男	汉族	河北巨鹿	1973 年 1 月	1991 年 12 月	2021 年 1 月起
沈剑芳	霞林街道党工委统战委员 办事处副主任	女	汉族	城厢龙桥	1988 年 12 月	2012 年 8 月	2019 年 9 月起 2021 年 5 月起
周自强	霞林街道办事处副主任	男	汉族	荔城镇海	1988 年 6 月	2011 年 4 月	2021 年 5 月起
阮成伟	霞林街道办事处副主任	男	汉族	仙游郊尾	1975 年 11 月	2000 年 8 月	2021 年 5 月起
黄志伟	霞林街道党工委委员 霞林街道办事处副主任	男	汉族	城厢龙桥	1972 年 5 月	1993 年 10 月	2019 年 3 月至 2021 年 5 月 2013 年 1 月起
郑婷婷	霞林街道办事处副主任	女	汉族	城厢龙桥	1986 年 2 月	2009 年 12 月	2016 年 6 月至 2021 年 5 月
郑荔涵	区司法局霞林司法所所长	女	汉族	涵江涵西	1987 年 5 月	2009 年 7 月	2019 年 9 月至 2021 年 5 月
朱玉龙	霞林街道综合执法协调中心主任（聘任）	男	汉族	秀屿东峤	1974 年 3 月	1996 年 12 月	2021 年 1 月起
唐武武	霞林街道社区建设发展中心（乡村振兴发展中心）主任	男	汉族	荔城黄石	1971 年 1 月	1993 年 9 月	2021 年 1 月起
凤凰山街道							
蔡辉彬	凤凰山街道党工委书记 一级主任科员	男	汉族	城厢东海	1976 年 8 月	1998 年 11 月	2021 年 2 月起 2020 年 2 月起
林鸿伟	凤凰山街道党工委副书记、办事处主任 组织部副部长	男	汉族	城厢灵川	1987 年 12 月	2008 年 7 月	2021 年 5 月起 2019 年 7 月起
陈丽丽	凤凰山街道党工委委员 人大主任	女	汉族	秀屿东埔	1984 年 10 月	2007 年 7 月	2021 年 5 月起 2021 年 6 月起
黄顺华	区应急管理局党组成员、副局长、三级主任科员 凤凰山街道党工委副书记（挂职）	男	汉族	城厢龙桥	1971 年 11 月	1995 年 10 月	2021 年 11 月起

续表 8

姓名	现单位及职务、职级	性别	民族	籍贯	出生年月	参加工作时间	任现职务时间
陈扬	凤凰山街道党工委副书记、政法委员	男	汉族	涵江国欢	1985 年 4 月	2010 年 2 月	2021 年 3 月起 2021 年 5 月起
姜大银	凤凰山街道党工委副书记	男	汉族	重庆开县	1976 年 11 月	1996 年 9 月	2021 年 11 月起
李春英	凤凰山街道党工委委员、纪工委书记、监察组组长	女	汉族	秀屿东庄	1989 年 9 月	2013 年 12 月	2021 年 5 月起
林金銮	凤凰山街道党工委组织委员	男	汉族	秀屿平海	1988 年 8 月	2012 年 5 月	2021 年 5 月起
林罕英	凤凰山街道党工委宣传委员	女	汉族	城厢龙桥	1982 年 5 月	2004 年 10 月	2020 年 7 月起
沈耀森	凤凰山街道党工委委员 武装部部长	男	汉族	漳州诏安	1973 年 12 月	1990 年 12 月	2018 年 12 月起
苏剑炜	凤凰山街道党工委统战委员、 办事处副主任	男	汉族	城厢龙桥	1975 年 10 月	1995 年 10 月	2021 年 5 月起
周荔山	凤凰山街道办事处副主任	男	汉族	城厢霞林	1972 年 11 月	1996 年 10 月	2016 年 5 月起
蔡金敏	凤凰山街道办事处副主任	男	汉族	城厢东海	1986 年 3 月	2008 年 7 月	2021 年 5 月起
陈扬	凤凰山街道党工委委员 凤凰山街道办事处副主任	男	汉族	涵江国欢	1985 年 4 月	2010 年 2 月	2020 年 7 月至 2021 年 4 月
蔡妹玉	凤凰山街道办事处副主任	女	汉族	荔城镇海	1967 年 10 月	1989 年 4 月	2013 年 7 月至 2021 年 5 月
崔建行	区司法局凤凰山司法所所长	男	汉族	秀屿月塘	1988 年 2 月	2011 年 3 月	2018 年 12 月起
黄智深	凤凰山街道四级主任科员	男	汉族	秀屿平海	1977 年 11 月	1996 年 10 月	2019 年 6 月起
王宏群	凤凰山街道综合执法协调中心主任	男	汉族	河南清丰	1975 年 11 月	1994 年 12 月	2021 年 1 月起

（区委组织部 供）

2021 年度市级以上先进单位荣誉榜

表 9

序号	被表彰单位	奖项名称	表彰单位	表彰时间	表彰级别
1	区市场监管局	全国食品安全工作先进集体	国务院食安委	2021 年 2 月	国家级
2	区检察院	全国检察宣传先进单位	《检察日报》社	2021 年 10 月	国家级
3	区教育局	全国青少年爱国主义读书教育活动优秀组织奖	教育部	2021 年 12 月	国家级
4	区退役军人事务局	全国双拥主题文艺作品三等奖	全国双拥办	2021 年 10 月	国家级
6	区残联	“卢某某申请人身安全保护令案”入选残疾人权益保护十大典型案例	最高人民法院与中国残疾人联合会	2021 年 12 月	国家级
7	区法院少年刑事审判庭	2019—2020 年度全国“青少年维权岗”	共青团中央、最高人民法院	2021 年 7 月	国家级
8	凤凰山街道南门社区	2021 年全国示范性老年友好型社区	国家卫健委、全国老龄办	2021 年 10 月	国家级
9	华亭镇埔柳村	设为全国村级议事协商创新实验试点单位	民政部	2021 年 12 月	国家级
1	城厢区	省级双拥模范城区“四连冠”	省委、省政府	2021 年度	省级
2	城厢区	省级文明城区“五连冠”	省委、省政府	2021 年度	省级
3	城厢区	2018—2020 年度省级文明城区	省委、省政府	2021 年 4 月	省级
4	区公安分局	2018—2020 年度省级文明单位	省委、省政府	2021 年 4 月	省级
5	区住建局	2018—2020 年度省级文明单位	省委、省政府	2021 年 4 月	省级
6	区市场监管局	2018—2020 年度省级文明单位	省委、省政府	2021 年 4 月	省级
7	区税务局	2018—2020 年度省级文明单位	省委、省政府	2021 年 4 月	省级
8	龙桥派出所	2018—2020 年度省级文明单位	省委、省政府	2021 年 4 月	省级
9	华亭镇	福建省脱贫攻坚先进集体	省委、省政府	2021 年 5 月	省级
10	华亭镇	第十四届省级文明乡镇	省委、省政府	2021 年 4 月	省级
11	常太镇	第十四届省级文明乡镇	省委、省政府	2021 年 4 月	省级
12	常太镇下莒村	第十四届省级文明村镇	省委、省政府	2021 年 4 月	省级
13	常太镇岭下村	第十四届省级文明村镇	省委、省政府	2021 年 4 月	省级
14	常太镇东青村	第十四届省级文明村镇	省委、省政府	2021 年 4 月	省级
15	常太镇洋边村	第十四届省级文明村镇	省委、省政府	2021 年 4 月	省级
16	凤凰山街道龙德井社区	全省先进基层党组织	省委	2021 年 6 月	省级
17	区公安分局治安大队党支部	全省先进基层党组织	省委	2021 年 6 月	省级
18	区住建局	文献北片区城市更新建设项目一期被评为“2021 年度全省和谐征收示范项目”	省住建厅	2021 年 12 月	省级
19	区委宣传部	省级宣传系统先进集体	省委宣传部、省人社局	2021 年 12 月	省级

续表 9

序号	被表彰单位	奖项名称	表彰单位	表彰时间	表彰级别
20	区纪委监委党政风室	全省扫黑除恶专项斗争先进集体	省扫黑除恶专项斗争领导小组	2021 年 5 月	省级
21	区法院	全省优秀法院	省高级法院	2021 年 2 月	省级
22	区法院刑事审判庭	全省法院扫黑除恶专项工作表现突出集体	省高级法院	2021 年 10 月	省级
23	区法院审管办	巾帼文明岗	省妇联	2021 年 3 月	省级
24	区法院灵川法庭	福建省青年文明号	省团委、省高级法院	2021 年 6 月	省级
25	区检察院	福建省检察机关扫黑除恶专项斗争（2018-2020）优秀集体	省检察院	2021 年 8 月	省级
26	区检察院第一检察院部	全省检察机关先进集体	省人社厅、省检察院	2021 年 6 月	省级
27	区公安分局	建党 100 周年庆祝活动福建省信访安全保障工作成绩突出集体	省信访联席办、省委信访局、省信访局	2021 年 7 月	省级
28	区公安分局刑侦大队	全省公安机关扫黑除恶专项斗争成绩突出集体	省公安厅	2021 年 9 月	省级
29	区公安分局网安大队	全省优秀公安基层单位	省人社厅、省公安厅	2021 年 12 月	省级
30	区公安分局网安大队	2021—2023 年省级青年文明号	省创建青年文明号活动组委会	2021 年 12 月	省级
31	区财政局	2016-2020 年全省财政系统先进集体	省人社厅、省财政厅	2021 年 6 月	省级
32	区生态环境局	全省生态环境系统先进集体	省人社厅、省生态环境厅	2021 年 4 月	省级
33	区市场监管局	2016-2020 年省普法工作先进单位	省委宣传部、省司法厅	2021 年 10 月	省级
34	区委编办	全省机构编制系统先进单位	省委编办、省人社厅	2021 年 9 月	省级
35	区市场监管局	省市场监管系统非公党建先进集体	省市场监管局	2021 年 6 月	省级
36	区人社局	全省人力资源和社会保障系统先进集体	省人社厅	2021 年 11 月	省级
37	区人社局	创新发展类劳务品牌	中国海峡人才市场	2021 年 12 月	省级
38	区信访局	涉疫信访事项办理工作成绩突出集体	省信访联席办	2021 年 10 月	省级
39	区司法局	2016-2020 年全省依法治理创建活动先进单位	省宣传部、省司法厅	2021 年 10 月	省级
40	区退役军人事务局	退役军人服务体系建设“五有”先进单位	省退役军人事务工作领导小组	2021 年 5 月	省级
41	区气象局	福建省气象系统（2018 ～ 2020 年度）精神文明建设工作先进集体	省气象局	2021 年 9 月	省级
42	区行政服务中心	2021 年福建省巾帼文明岗	省妇联	2021 年 3 月	省级

续表 9

序号	被表彰单位	奖项名称	表彰单位	表彰时间	表彰级别
43	区委史志室	《城厢年鉴（2020）》获省优秀年鉴三等奖	省委党史方志办	2021 年 12 月	省级
44	区贸促会	全省贸促工作先进集体	省贸促会	2021 年 10 月	省级
45	区海防办	2020 年度全省优秀海防工作集体	省海防办	2021 年 1 月	省级
46	龙桥消防救援站	2021 年度红旗团支部	省消防总队政治部	2021 年 4 月	省级
47	凤凰山街道退役军人服务站	退役军人服务保障体系建设“五有”先进单位	省委退役军人事物工作领导小组办公室	2021 年 5 月	省级
48	华亭镇	福建省卫生乡镇	省爱卫会	2021 年 12 月	省级
49	华亭派出所户籍室	省级“五一先锋号”荣誉称号	省总工会	2021 年 5 月	省级
50	常太镇	福建省“全域生态旅游小镇”	省文旅厅	2021 年 10 月	省级
51	常太镇溪南村	福建省金牌旅游村	省文旅厅、省发改委、省住建厅	2021 年 10 月	省级
1	凤凰山街道龙德井片区改造指挥部	市“双轮”驱动项目攻坚先进集体	市委、市政府	2021 年 2 月	市级
2	区财政局	市“双轮”驱动项目攻坚先进集体	市委、市政府	2021 年 2 月	市级
3	区城管执法局	对全国文明城市创建工作作出突出贡献集体三等功	市委、市政府	2021 年 7 月	市级
4	区公安分局经侦大队	集体三等功	市委、市政府	2021 年 6 月	市级
5	区环卫处	莆田市创建第六届全文明城市专项奖励——事业单位集体记功	市委、市政府	2021 年 7 月	市级
6	区公安分局刑侦大队	全市先进基层党组织	市委	2021 年 6 月	市级
7	凤凰山街道筱塘社区党委	全市先进基层党组织	市委	2021 年 6 月	市级
8	华亭镇后塘村党委	全市先进基层党组织	市委	2021 年 6 月	市级
9	区审计局党支部	全市先进基层党组织	市委	2021 年 6 月	市级
10	电商小镇产业发展中心机关党支部	全市先进基层党组织	市委	2021 年 6 月	市级
11	区应急局	2020 年度安全生产目标责任考核先进单位	市政府	2021 年 8 月	市级
12	凤凰山街道办事处	莆田市第四次全国经济普查奖励集体	市政府	2021 年 1 月	市级
13	区统计局	莆田市第四次全国经济普查集体嘉奖	市政府	2021 年 1 月	市级

（区委办 供）

城厢区2021年度市级以上先进个人荣誉榜

表10

序号	单位	姓名	奖项名称	表彰单位	表彰时间	表彰级别
1	区法院	翟威	人民法院司法警察先进个人	最高人民法院	2021年10月	国家级
2	区检察院	徐晋雄	入选全国检察机关扫黑除恶专项斗争优秀个人名单	最高检察院	2021年4月	国家级
3	区检察院	徐晋雄	入选最高检重罪检察人才库	最高检察院	2021年7月	国家级
4	区公安分局	陈伟宁	全国公安机关情报信息工作成绩突出个人	公安部	2021年9月	国家级
5	区公安分局	林成敏	全国公安机关扫黑除恶成绩突出个人	公安部	2021年5月	国家级
6	区司法局	方海英	全国司法所模范个人	司法部	2021年10月	国家级
7	区统计局	曾锋	第七次全国人口普查先进个人	国务院第七次全国人口普查领导小组办公室	2021年9月	国家级
8	区法院	陈静	2021年6月平安之星	中国长安网、中央政法委长安剑公众号	2021年8月	国家级
9	区检察院	游龙熙	2021年度全国检察宣传先进个人称号	《检察日报》社	2021年12月	国家级
1	华亭镇	林玉满	全省优秀党务工作者	省委	2021年6月	省级
2	区检察院	徐晋雄家庭	第二届福建省文明家庭	省委省政府	2021年4月	省级
3	区法院	柯清廉	主审案件判决书被评为2020年度涉黑恶案件十大精品文书	省高级法院	2021年2月	省级
4	区法院	黄金福	2016—2020年全省普法工作先进个人	省委宣传部、省司法厅	2021年11月	省级
5	区法院	杨幼卿	全省法院审判监督工作先进个人	省高级法院	2021年5月	省级
6	区法院	徐杭	全省法院扫黑除恶专项工作表现突出个人	省高级法院	2021年10月	省级
7	区法院	柯清廉	全省法院扫黑除恶专项工作表现突出个人	省高级法院	2021年10月	省级
8	区检察院	梁一鸣	全省检察机关先进个人	省人社厅、省检察院	2021年6月	省级
9	区检察院	郑艳	全省检察机关扫黑除恶专项斗争优秀个人	省检察院	2021年8月	省级
10	区公安分局	林福全	全省扫黑除恶专项斗争表现突出处级领导干部	省扫黑除恶专项斗争领导小组	2021年6月	省级
11	区公安分局	陈朝辉、吴芳芳、陈希慧	2020年度全省政法优秀新闻作品媒体融合类三等奖	省委政法委	2021年4月	省级
12	区公安分局	吴瑞珊	首届福建公安十佳刑警提名奖	省公安厅	2021年1月	省级
13	区公安分局	黄宇	全省“猎狐2020”成绩突出个人	省公安厅	2021年4月	省级

续表 10

序号	单位	姓名	奖项名称	表彰单位	表彰时间	表彰级别
14	区公安分局	林开荣、姚欢欢	福建省最美家庭名单	省妇联	2021 年 5 月	省级
15	区公安分局	陈希慧	荣登 2021 年“福建青年好网民”优秀故事名单	团省委、省网信办、省学生联合会	2021 年 8 月	省级
16	区公安分局	陈剑煌	全省公安教育训练工作成绩突出个人	省公安厅	2021 年 9 月	省级
17	区公安分局	吴志辉	全省公安机关扫黑除恶专项斗争成绩突出个人	省公安厅	2021 年 9 月	省级
18	区公安分局	吴瑞珊	福建省第四届“十大法治人物”	省委全面依法治省委员会办公室、省委宣传部、省委政法委、省人大常委会办公厅、省司法厅、省法学会	2021 年 12 月	省级
19	区公安分局	陈伟宁、郑国伟	全省优秀人民警察	省人社局、省公安厅	2021 年 12 月	省级
20	区公安分局	曾晓辉	个人二等功	省公安厅	2021 年 6 月	省级
21	华亭镇	苏顺琪	建党 100 周年庆祝活动福建省信访安全保障工作成绩突出个人	省信访局	2021 年 7 月	省级
22	区生态环境局	章丽红	2020 最美基层环保人	省生态环境厅	2021 年 7 月	省级
23	区生态环境局	柯晗	福建省 2020 年生态环境保护执法大练兵表现优异个人	省生态环境厅	2021 年 12 月	省级
24	区审计局	陈剑芳、刘晓妍、徐伟君	2021 年推荐参评全国优秀审计项目中审计质量较好的审计项目（城厢区财政局 2019 年度区本级预算执行及其他财政收支情况审计）	省审计厅	2021 年 10 月	省级
25	区市场监管局	李清雄	省市场监管系统扫黑除恶先进个人	省市场监管局	2021 年 12 月	省级
26	区残联	沈海娴	第十一届全省残疾人艺术会演辅导三等奖	省残联	2021 年 6 月	省级
27	区档案馆	雷碧霞	福建省档案专家	省档案局	2021 年 11 月	省级
28	区贸促会	郑继涌	全省贸促先进工作者	省贸促会	2021 年 10 月	省级
29	区文联	林宗哲	全省文联系统先进工作者	省人社厅、省文联	2021 年 9 月	省级
30	区工信局	吴宇新	2017-2020 年度全省工信系统先进工作者	省工信厅	2021 年 8 月	省级
31	凤凰山街道	林丽娟	全省计划生育协会新闻信息优秀通讯员	省计生协会	2021 年 7 月	省级
1	区府办	姚子镰	莆田市“双轮”驱动项目攻坚先进个人	市委、市政府	2021 年 2 月	市级

续表 10

序号	单位	姓名	奖项名称	表彰单位	表彰时间	表彰级别
2	区住建局	陈俊杰	莆田市“双轮”驱动项目攻坚先进个人	市委、市政府	2021 年 2 月	市级
3	区总工会	林烨	莆田市“双轮”驱动项目攻坚先进个人	市委、市政府	2021 年 2 月	市级
4	凤凰山街道	朱秋星	莆田市“双轮”驱动项目攻坚先进个人	市委、市政府	2021 年 2 月	市级
5	区法院	柯清廉	莆田市政法英模	市委、市政府	2021 年 8 月	市级
6	区检察院	徐晋雄	莆田市政法英模	市委、市政府	2021 年 8 月	市级
7	区住建局	陈麟	全国文明城市创建工作贡献个人专项奖励	市委、市政府	2021 年 7 月	市级
8	区环卫处	陈巍	全国文明城市创建工作贡献个人专项奖励	市委、市政府	2021 年 7 月	市级
9	区府办	蔡建志	全市优秀共产党员	市委	2021 年 6 月	市级
10	区检察院	林延丰	全市优秀共产党员	市委	2021 年 6 月	市级
11	区行政服务中心	郑秋焕	全市优秀共产党员	市委	2021 年 6 月	市级
12	凤凰山街道	蔡金敏	全市优秀共产党员	市委	2021 年 6 月	市级
13	华亭镇	林敏	全市优秀共产党员	市委	2021 年 6 月	市级
14	灵川镇	林伟清	全市优秀共产党员	市委	2021 年 6 月	市级
15	华亭镇	刘国枝	全市优秀党务工作者	市委	2021 年 6 月	市级
16	华亭镇	方俊武	全市优秀党务工作者	市委	2021 年 6 月	市级
17	灵川镇	蔡赛梅	全市优秀党务工作者	市委	2021 年 6 月	市级
18	电商小镇产业发展中心	林萍	全市优秀党务工作者	市委	2021 年 6 月	市级

（区委办 供）

2021 年城厢区工信荣誉表（省级以上）

表 11

序号	企业名称	荣誉	认定单位	认定时间
1	杰讯光电（福建）有限公司	国家重点“小巨人”企业	工业和信息化部	2021 年 1 月
2	杰讯光电（福建）有限公司	专精特新“小巨人”企业	工业和信息化部	2021 年 7 月
3	中电望辰科技有限公司	2021 年工业互联网 App 优秀解决方案	工业和信息化部	2021 年 12 月 27 日
4	中电望辰科技有限公司	2021 年国家四部委电子化报销试点单位	国家税务总局、国家档案局、财政部、商务部	2021 年 2 月 21 日
5	莆田杰木科技有限公司	第二批省产业领军团队	省委人才工作领导小组	2021 年 6 月 24 日
6	溢通环保科技（莆田）有限公司	第二批省产业领军团队	省委人才工作领导小组	2021 年 6 月 24 日
7	中电望辰科技有限公司	2021 年新一代信息技术与制造业融合发展典型应用案例	福建省工业和信息化厅	2021 年 7 月 23 日
8	中电望辰科技有限公司	2021 年“十四五”第一批省级服务型制造示范培育名单	福建省工业和信息化厅	2021 年 8 月 8 日
9	中电望辰科技有限公司	2021 年福建省级科技创新重点项目	福建省工业和信息化厅	2021 年 12 月 14 日
10	中电望辰科技有限公司	2021 年福建省工业互联网 App 典型应用案例	福建省工业和信息化厅	2021 年 11 月 26 日
11	福建省莆田嘉裕华制鞋工业有限公司	第 33 批省级企业技术中心	福建省工业和信息化厅	2021 年 12 月 21 日
12	福建省劲德电源科技有限公司	2021 年福建省级科技创新重点项目	福建省工业和信息化厅	2021 年 12 月 14 日
13	莆田凯达新材料有限公司	2021 年福建省级科技创新重点项目	福建省工业和信息化厅	2021 年 12 月 14 日
14	中电望辰科技有限公司	2021 年首届智能制造创新大赛决赛优秀奖	智能制造创新大赛决赛组委会	2021 年 12 月 21 日

（区工信局 供）

城厢区2021年国民经济社会发展统计公报

（城厢区统计局）

2021年是“十四五”开局之年，面对复杂多变的国内外经济形势，全区在以习近平新时代中国特色社会主义思想为指导，在区委、区政府的正确领导下，统筹抓好疫情防控和经济社会发展，扎实做好“六稳”工作要求，全面落实“六保”任务，全方位推动高质量发展超越，全区经济总体呈现平稳增长态势。

一、综合

初步核算，全年城厢生产总值538.76亿元，比上年增长7.7%，其中：第一产业增加值10.41亿元，增长2.8%；第二产业增加值200.62亿元，增长6.7%；第三产业增加值327.72亿元，增长8.5%。三次产业结构1.9∶37.3∶60.8，第三产业比重多年保持在六成以上。

二、农业

全年农林牧渔总产值21.02亿元，增长1.8%，其中：种植业产值3.86亿元，增长1.4%；林业产值0.77亿元，增长17.6%；牧业产值10.77亿元，增长2.3%；渔业产值3.87亿元，增长2.7%。

全年粮食产量12221吨，增长0.4%；肉类产量33649吨，增长0.2%，生猪出栏14.69万头，增长3.3%，活家禽出栏1499.28万只，下降2.6%，存栏349.11万只，增长15.0%；水产品产量59039吨，增长2.0%。

三、工业和建筑业

全年规上工业企业165家，规上工业增加值增长9.6%。分轻重看，规上轻工业企业产值占全区规上工业产值82.9%，增长13.5%；规上重工业占全区规上工业产值17.1%，增长29.5%。在全区20个工业大类中有18个行业实现增长，其中13个行业实现两位数增长，特别是规上金属制品业增长39.2%。其中鞋服行业占全区规上工业产值比重近五成，增长15.0%，拉动规上工业产值7.1个百分点。

按注册地算，118家资质内建筑企业完成产值161.69亿元，增长16.0%，高于全市平均水平6.8个百分点，增幅位次居全市首位（五县区，下同）。其中，本年新签合同额增长15.0%，外省产值增长50.0%。

四、固定资产投资

全年固定资产投资（不含农户）增长10.2%，其中：项目投资增长6.0%；房地产开发投资完成110.76亿元，增长17.5%。工业项目投资增长20.2%。

五、国内贸易

全年社会消费品零售总额完成627.79亿元，增长15.2%。其中，限上消费品零售额完成292.77亿元，增长17.1%。541家限上批零业企业完成销售额698.40亿元，增长26.1%；38家限上住餐业企业完成营业额13.23亿元，增长11.7%。

六、对外经济

全年实际利用外资总额完成17007万元，增长433.3%。

七、服务业

全年规上服务业营业收入增长7.6%。76家规上其他营利性服务业营业收入增长8.6%。其中，占比较大的租赁和商务服务业营业收入增长5.3%。

八、交通业

公路运输总周转量完成86889万吨千米，增长4.0%，其中：客运总周转量完成9815万人千米；货运总周转量完成85907万吨千米，增长5.0%。

九、居民生活

全年全区居民人均可支配收入44182元，增长9.3%；按常住地分，农村居民人均可支配收入25444元，增长10.3%；城镇居民人均可支配收入50854元，增长8.0%。

全年全区居民人均消费支出27296元，增长12.3%；按常住地分，农村居民人均消费支出19209元，增长17.0%；城镇居民人均消费支出30526元，增长10.8%。

十、教育

2021年，全区有各级各类学校159所，其中：幼儿园71所，小学68所，中学19所。全区各级各类学校在校生94495人，其中：小学46892人，初中19027人，高中7402人。

注：1.本公报所列数据为初步统计数；

2.本公报地区生产总值、各产业增加值、农林牧渔业总产值增长速度按可比价格计算。

（区统计局 供）

2021年1—12月全市及各县（区）主要经济指标

表1　　编制单位：城厢区统计局

指标名称		单位	全市	城厢区	涵江区	荔城区	秀屿区	北岸	湄洲岛	仙游县
1.地区生产总值（GDP）	总量	亿元	2882.96	538.76	639.42	618.81	402.25	104.76	20.62	558.34
	增幅	%	6.4	7.7	6.0	8.2	3.0	6.6	5.7	6.0
	增幅位次	位	—	2（2）	4	1	7	3	6	4
	占全市比重	%	100.0	18.7	22.2	21.5	14.0	3.6	0.7	19.4
2.农林牧渔业总产值	总量	亿元	256.80	21.02	32.89	32.02	90.18	29.06	8.56	43.07
	增幅	%	3.2	1.8	0.2	5.2	3.7	4.1	6.6	4.6
	增幅位次	位	—	6（4）	7	2	5	4	1	3
	占全市比重	%	100.0	8.2	12.8	12.5	35.1	11.3	3.3	16.8
3.规模以上工业增加值	增幅	%	7.0	9.6	6.9	9.9	3.6	6.5	—	5.6
	增幅位次	位	—	2（2）	3	1	6	4	—	5
4.建筑业总产值	总量	亿元	839.99	161.69	199.77	200.45	53.13	96.57	6.64	121.74
	增幅	%	9.2	16.0	9.4	6.1	-5.4	22.6	117.9	0.9
	增幅位次	位	—	3（1）	4	5	7	2	1	6
	占全市比重	%	100.0	19.2	23.8	23.9	6.3	11.5	0.8	14.5

续表 1

指标名称		单位	全市	城厢区	涵江区	荔城区	秀屿区	北岸	湄洲岛	仙游县
5. 固定资产投资	增幅	%	1.9	10.2	6.4	7.0	-13.0	5.5	-44.3	4.5
	增幅位次	位	—	1（1）	3	2	6	4	7	5
6. 财政总收入	总量	亿元	247.56	36.26	42.47	49.06	25.31	12.63	2.41	43.29
	增幅	%	7.0	5.9	5.7	6.1	10.8	-23.5	60.3	6.0
	增幅位次	位	—	5（4）	6	3	2	7	1	4
	占全市比重	%	100.0	14.6	17.2	19.8	10.2	5.1	1.0	17.5
#地方级收入	总量	亿元	153.78	25.13	23.61	30.62	15.01	7.21	1.35	26.72
	增幅	%	4.5	0.4	0.0	11.1	2.7	-19.4	38.1	-1.9
	增幅位次	位	—	4（3）	5	2	3	7	1	6
	占全市比重	%	100.0	16.3	15.4	19.9	9.8	4.7	0.9	17.4
7. 社会消费品零售总额	总量	亿元	1745.75	627.79	157.04	504.54	85.38	23.82	3.54	343.64
	增幅	%	8.3	15.2	-3.7	15.0	-7.0	12.5	-1.9	-1.5
	增幅位次	位	—	1（1）	6	2	7	3	5	4
	占全市比重	%	100.0	36.0	9.0	28.9	4.9	1.4	0.2	19.7
限上批零业销售额	总量	亿元	3352.27	698.40	633.89	875.74	240.90	293.03	0.09	610.23
	增幅	%	26.3	26.1	19.8	45.0	-19.4	30.7	-20.3	37.4
	增幅位次	位	—	4（3）	5	1	6	3	7	2
	占全市比重	%	100.0	20.8	18.9	26.1	7.2	8.7	0.0	18.2
限上住餐业营业额	总量	亿元	30.83	13.23	4.25	6.12	2.44	0.64	0.22	3.93
	增幅	%	12.5	11.7	5.3	15.3	19.8	28.2	-20.0	15.5
	增幅位次	位	—	5（4）	6	4	2	1	7	3
	占全市比重	%	100.0	42.9	13.8	19.9	7.9	2.1	0.7	12.7
8. 实际利用外资	总量	万元	109697	17007	40709	8558	24975	0	420	18028
	增幅	%	14.1	433.3	-27.1	-67.5	137.9	—	136.0	17928.0
	增幅位次	位	—	2（2）	5	6	3	—	4	1
	占全市比重	%	100.0	15.5	37.1	7.8	22.8	0.0	0.4	16.4
9. 规模以上其他营利性服务业营业收入(错月值)	增幅	%	8.2	8.6	-35.8	34.7	-11.1	19.9	19.6	16.2
	增幅位次	位	—	5（3）	7	1	6	2	3	4
10. 全体居民人均可支配收入	总量	元	34755	44182	39066	43560	27084	—	—	27562
	增幅	%	8.3	9.3	8.2	8.7	8.4	—	—	8.1
	增幅位次	位	—	(1)	4	2	3	—	—	5

注：1. 除地区生产总值（GDP）、农林牧渔业总产值、规模以上工业增加值增幅按照可比价格计算外，其他指标均按照现价计算。

2. 城厢区增幅位次括弧内为5个县区排名。

（区统计局 供）

2021 年全市及各县（区）居民人均可支配收入情况一览表

表 2

指标名称	计量单位	2021 年					
		全体居民		城镇居民		农村居民	
		实绩	比上年增长（%）	实绩	比上年增长（%）	实绩	比上年增长（%）
人均可支配收入	元	34755	8.3	44101	7.5	22892	9.9
#城厢区	元	44182	9.3	50854	8.0	25444	10.3
涵江区	元	39066	8.2	41987	7.5	21898	9.2
荔城区	元	43560	8.7	49300	7.0	26063	10.6
秀屿区	元	27084	8.4	36888	8.3	23756	9.3
仙游县	元	27562	8.1	37870	7.2	20643	9.9

（区统计局 供）

2021 年城厢区市级及以上新闻媒体报道题录

国家级媒体报道

新华社

2021.1.30　高铁建设工地上的提梁机司机：举重若轻高空中（新华网）

2021.2.2　“我们身上都有一股冲劲”——探访《山海情》在闽打拼的“麦苗”们（新华社客户端）

2021.2.2　（新春走基层·图片故事）爸爸过年不回家——忙碌的高铁建设工地

2021.2.3　他们西北种“仙草”奏“春天”，他带“麦苗”东南飞 闽宁对口扶贫路上，现实版《山海情》更加生动精彩（新华每日电讯 9 版）

2021.2.3　看《山海情》，寻找现实版的“凌一农”“娟子”“麦苗”（新华社新媒体）

2021.4.25　相约一起云踏春丨“土味”农活大赏，大叔大婶邀你一起拔萝卜（新华网客户端）

2021.4.29　福建莆田：创新引领鞋产业高质量发展（新华网客户端）

2021.5.1　【“飞阅”中国】福建莆田：大叔大婶“家门口”就业（新华网）

2021.8.17　快乐暑假 印刻“乡愁”（中国青年报第 01 版）

2021.8.16　福建爷爷带 11 个孙辈乡村过暑假（新华视频）

2021.10.15　民生项目奏响建设“复工曲”（新华社客户端）

人民日报

2021.5.7　福建莆田 枇杷成了致富果（18 版 ）

2021.8.21　各地接续推进农村人居环境整治提升行动 美丽乡村更宜居 群众生活更幸福（走进乡村看小康）（01 版）

中央电视台

2021.9.15	《福建莆田：核酸检测能力加强，莆田首轮核酸检测开始》（CCTV-13《朝闻天下》）
2021.9.15	《福建莆田首轮核酸检测正在进行》（CCTV-2《正点财经·新冠肺炎防控》）
2021.9.15	《莆田市首轮核酸检测正在进行》（CCTV-13《新闻直播间》）

中新社

2021.7.31	福建莆田：中学生集中接种新冠疫苗 （中新网）
2021.12.2	最高法与中国残联联合发布残疾人权益保护十大典型案例

光明日报

2021.12.16	鼓凌云壮志 绘就新时代中国文艺璀璨星空（7 版专刊）

省级媒体报道

福建日报

2021.1.13	11 版莆田观察	城厢区全力防范应对寒潮天气
2021.1.13	09 版莆田观察	莆田落实稳生产稳就业工作
2021.1.13	11 版莆田观察	“四季蜜”晚熟龙眼采摘上市
2021.1.13	11 版莆田观察	城厢：激活市场主体“一池春水”
2021.1.20	11 版莆田观察	15 分钟服务圈正稳步走来
2021.1.20	10 版莆田观察	落幕·崛起
2021.1.20	06 版经济	存量挖潜，“僵尸企业”土地焕生机
2021.1.27	11 版莆田观察	城厢：保障“两节”期间工业生产稳定运行
2021.2.3	09 版莆田观察头条	让“母亲河”成为幸福河——莆田市推进木兰溪流域治理提档升级
2021.2.3	09 版莆田观察	全省“十佳刑警”及提名奖名单揭晓 莆田 2 人榜上有名
2021.2.3	11 版莆田观察头条	唤回碧水清流——莆田市推进城市黑臭水体治理工作纪实
2021.2.3	11 版莆田观察	莆田警方端掉 138 处制售假鞋场所
2021.2.3	10 版莆田观察	东海万人圈灯
2021.2.3	11 版莆田观察	“真金白银”奖励就地过年员工
2021.2.14	01 版要闻	公园在门口游玩好去处
2021.2.24	10 版莆田观察	这个春节，温暖不打烊
2021.2.24	11 版莆田观察头条	莆田市推进绶溪公园片区开发建设，倾力打造“公园城市”城市，从公园里长出来
2021.2.24	11 版莆田观察	乡贤捐资 224 万元建便民服务中心
2021.3.3	11 版莆田观察	常太早钟枇杷成熟上市
2021.3.3	11 版莆田观察	城市有爱生活无碍——莆田市成功创建全国无障碍环境示范市

2021.3.3	10 版莆田观察头条	“综治 +”，为社区治理赋能
2021.3.3	09 版莆田观察	“莆田力量”迎春生长
2021.3.11	03 版要闻	顾秀莲来闽调研关心下一代工作
2021.3.17	09 版莆田观察	信用来帮忙台商台胞融资不再难
2021.3.24	09 版莆田观察	为乡村振兴注入金融“活水”
2021.3.24	11 版莆田观察	冬春连旱莆田不“渴”
2021.3.24	10 版莆田观察	木兰溪新建成两座水质自动监测站
2021.3.24	10 版莆田观察	莆田将再建 21 个社区卫生服务网点
2021.3.24	10 莆田观察头条	城厢：多方合力书写“平安”二字
2021.4.2	01 版要闻	莆田：党史教育进校园红色精神永流传
2021.4.2	06 版社会	祭英烈铸忠诚
2021.4.7	10 版莆田观察头条	城厢区深入开展“三再”活动，推动项目建设提速增效——项目作引擎 经济加速跑
2021.4.7	10 版莆田观察	图片新闻：城厢团区委组织青创协会会员举办“学党史 强信念 跟党走”主题宣讲活动。
2021.4.7	11 版莆田观察	轻微车损事故线上快处快撤
2021.4.7	12 版莆田观察	蔡襄文化园基地项目签约
2021.4.7	12 版莆田观察	闽中游击区革命纪念馆现场教学基地揭牌
2021.4.7	10 版莆田观察	缅怀革命英烈传承红色基因
2021.4.13	03 版奋斗百年路	启航新征程 红色征途——庆祝中国共产党成立 100 周年特别策划头条 闽中游击区：坚持斗争的革命“孤岛”
2021.4.13	03 版	记者手记深悟党史砥砺前行
2021.4.13	03 版	“红土地”奏响“绿乐章”
2021.4.13	03 版	一家三代的红色足迹
2021.4.21	10 版莆田观察	脑瘫患者无民事行为能力法院指定社会福利中心监护
2021.5.7	09 版视界头条	木兰溪治水样本见证沧桑巨变
2021.5.12	11 版莆田观察头条	看！常太镇的红黄蓝绿
2021.5.12	11 版莆田观察	首张红色旅游手绘地图出炉
2021.5.12	11 版莆田观察	图片新闻：8 日，一场以“感念母爱扬美德 · 饮水思源颂党恩”为主题的趣味亲子活动，在城厢区霞林街道下黄社区“党建 +”邻里中心举行。
2021.5.19	11 版莆田观察	城厢法院携手莆田学院共建实践基地
2021.5.19	09 版莆田观察	兴化桂圆要重振雄风了
2021.5.19	09 版莆田观察头条	“沉”到项目一线“驻”进群众心坎
2021.5.26	12 版莆田观察头条	钟楼见证，闽中革命可歌可泣
2021.6.1	08 版：科教文体	图片新闻：近日，2021 年莆田城厢区乡村学校少年宫文艺展演活动在华亭第一中心小学举办。

2021.6.9　10 版莆田观察　城厢：小型水库有了专属物业管家
2021.6.9　10 版莆田观察头条　学习路上 一件实事一个脚印
2021.6.9　09 版莆田观察　鞋业“智造”
2021.6.13　03 版要闻头条　科技赋能治水木兰溪水清又美　第
2021.6.23　11 版莆田观察　图片新闻：近日，莆田市公安局龙桥派出所社区民警在全市禁毒品牌社区——城厢区龙桥街道太平社区举办禁毒宣传专题活动。
2021.6.23　10 版莆田观察　“安全管家”进园区
2021.6.23　10 版莆田观察　图片新闻：近日，城厢区 2021 年“安全生产月”应急演练活动启动。
2021.6.30　12 版莆田观察　两岸书画精品联展举办
2021.6.30　10 版莆田观察　城厢排查地质灾害点安全隐患
2021.6.30　09 版莆田观察　城厢：食品产业有个党建联盟
2021.6.30　09 版莆田观察头条　两新组织，党旗飘扬
2021.7.1　13 版庆祝中国共产党成立 100 周年特刊·视界　莆田木兰溪综合治理，成为新中国水利史上“变害为利、造福人民”的实践典范。这是千年古陂——木兰陂航拍图。
2021.7.1　70 版庆祝中国共产党成立 100 周年巡礼特刊　城厢：山水格局人文宜居
2021.7.14　09 版莆田观察　首张“智助”审批电子证书线上发放
2021.7.14　11 版莆田观察　残疾人申请补贴“一趟不用跑”
2021.7.14　12 版莆田观察　莆田市未成年人“爱特”服务中心特教暑期试点班开班
2021.7.28　10 版莆田观察　城厢区商贸服务业上半年多项指标居全市第一
2021.7.28　10 版莆田观察　件件是实事 事事暖民心
2021.7.29　04 版要闻头条　莆田：强产兴城，“双轮”驱动
2021.8.4　11 版莆田观察　陈章粦：让“夕阳事业”向阳而生
2021.8.4　09 版莆田观察　莆田企业为何井喷式增长？
2021.8.4　12 版莆田观察　图片新闻，城厢交警举办暑期交警小记者半日营活动。
2021.8.5　02 版要闻　莆田：党建帮帮团合力送服务
2021.8.10　04 版经济　家门口就能上好学
2021.8.12　04 版奋斗百年路　启航新征程 红色征途——庆祝中国共产党成立 100 周年特别策划　木兰溪畔的幸福生活
2021.8.18　09 版莆田观察　电动自行车，该如何安放？
2021.8.18　09 版莆田观察　举报“砂霸”“矿霸”最高奖励 10 万元
2021.8.18　10 版莆田观察　城厢普查农作物种质资源
2021.8.18　10 版莆田观察　办好群众实事 写好为民文章——城厢区扎实推进党史学习教育走深走实
2021.8.18　11 版莆田观察　故事从乡村教室的小角落里开始……
2021.8.18　11 版莆田观察　城厢启用 34 个违停自动抓拍球机
2021.8.27　08 版要闻　一个上午都没有从接种席起身——莆田城厢区医院接种员的日常
2021.8.29　01 版要闻　跑好接力赛干出新业绩——全省县（市、区）党政正职培训班综述

2021.9.1　11 版莆田观察　城厢首次普查水产养殖种质资源
2021.9.2　04 版关注　这个开学典礼有点不一样
2021.9.9　07 版科教文体　图片新闻：莆田市城厢区组织首批新任青年教师前往莆田市群众艺术馆，参观“风雨苍黄百年路 清风正气满乾坤”廉政文化书画作品展
2021.9.14　04 版奋斗百年路　启航新征程 红色征途——庆祝中国共产党成立 100 周年特别策划 保护好水源守护好家园 讲述人：杨国腾 莆田市城厢区常太镇长基村村民
2021.9.14　04 版奋斗百年路　启航新征程 红色征途——庆祝中国共产党成立 100 周年特别策划 莆田东圳水库：艰苦奋斗铸成百姓的“大水缸”
2021.9.15　07 版要闻　白血病患儿药品将尽 多方联动紧急送药 疫情下的爱心接力
2021.9.17　02 版要闻　在莆田集中隔离点，涌动着火热的大爱 有温度的“战场”
2021.9.19　02 版要闻　齐心协力，把好战“疫”第一关
2021.9.20　02 版统筹推进疫情防控和经济社会发展 同心抗疫·福建在行动　无人机送来救命药
2021.9.20　03 版要闻　“疫”线战事急一线党旗红
2021.9.22　02 版统筹推进疫情防控和经济社会发展　同心抗疫·福建在行动　隔离点，有一群特殊的“外卖员”
2021.9.22　03 版要闻　图片新闻：莆田城厢区向抗疫一线工作人员送上特别制作的月饼。
2021.9.24　02 版统筹推进疫情防控和经济社会发展 同心抗疫·福建在行动　疫情防控中，不少大学生冲在一线，他们用行动证明——“‘00 后’也可以有担当”
2021.9.26　02 版统筹推进疫情防控和经济社会发展　同心抗疫·福建在行动　消防云梯车帮运物资
2021.9.30　06 版网事　网络同心战“疫”见证抗疫正能量
2021.10.3　02 版要闻　他们解除集中医学隔离观察回家啦！
2021.10.19　04 版社会　莆田全面恢复线下教学
2021.10.21　04 版社会　图片新闻：莆田市公安局凤凰山派出所以“社区民警专职化”为抓手，走进南门学校林则徐禁毒宣教室，为在校学生讲授禁毒知识。
2021.10.27　09 版莆田观察头条　城厢下一站：山水格局 人文宜居
2021.10.27　09 版莆田观察　加快“双轮”驱动推动提质升级——访城厢区委书记王文才
2021.10.27　09 版莆田观察　“实实在在为百姓造福”
2021.10.27　10 版莆田观察　市行政服务中心恢复延时和错时服务
2021.10.27　11 版莆田观察　莆田诞生两个全国示范性老年友好型社区
2021.10.27　11 版莆田观察　城厢推出军人退役“一件事”集成服务
2021.10.27　12 版莆田观察头条　莆田市博物馆：红色映照现实
2021.10.31　01 版要闻　统筹疫情防控和经济社会发展确保实现“双胜利”
2021.11.3　15 版莆田观察　城厢区实现课后服务全覆盖
2021.11.3　15 版莆田观察　潘秀钦：把群众的专车开好
2021.11.4　06 版关注　你好，更美更宜居的福建乡村
2021.11.17　08 版要闻头条　行使好公民权利，选出我心目中的好代表”——我省县乡人大换届选

		举首个投票日见闻
2021.11.17	15 版莆田观察头条	城厢区凤凰山街道南门社区入选全国示范性老年友好型社区 这里的老人真幸福！
2021.11.17	14 版莆田观察	城厢区推出 200 万元汽车消费补贴
2021.11.24	13 版莆田观察	全国示范性老年友好型社区 南门社区第 18 次调整养老金
2021.11.24	15 版莆田观察头条	城厢：勇当奋战排头兵 第
2021.12.1	11 版莆田观察	矛盾纠纷“多元”解题
2021.12.1	11 版莆田观察	图片新闻：莆田市公安局灵川派出所民警对涉毒前科人员进行辅助康复训练，
2021.12.8	10 版莆田观察	协调解决，服务队现场办公
2021.12.8	11 版莆田观察	城厢举办鞋面车缝职业技能竞赛
2021.12.8	12 版莆田观察	城厢区社会科学普及宣传活动周启动
2021.12.15	01 版要闻	描绘恢宏气象 书写人民史诗
2021.12.22	06 版关注	农村“喝好水”福建在攻坚
2021.12.22	12 版莆田观察	“中华妈祖情两岸一家亲”工艺精品展举办
2021.12.22	09 版莆田观察头条	城厢：重点项目跑出加速度
2021.12.27	04 版社会	残疾人遭遇家暴 残联代申请人身保护令
2021.12.29	10 版莆田观察	图片新闻：莆田市公安局灵川派出所指导辖区 3 所学校完成禁毒宣教室建设
2021.12.29	09 版莆田观察	民之所望 行之所向——奋力答好谱写福建篇章的莆田答卷

福建电视台

2021.5.6	莆田：小蘑菇做出乡村振兴大文章（福建新闻联播）
2021.5.7	党史学习教育在福建莆田：开展家庭教育“十个百”系列实践活动（福建卫视新闻）
2021.5.10	莆田：男子沉醉不知归路 跌入水沟无法自救（新晚报）
2021.5.10	莆田：中学生防震减灾知识电视大赛举行。（福建新闻联播）
2021.5.20	莆田：“好日子”里抢个好兆头“520”领红本儿（新晚报）
2021.6.1	习近平总书记给新安小学的回信在莆田市城厢区引起热烈反响（卫视）
2021.6.1	更人性更安全！音控红绿灯 方便盲人过马路（福建新闻频道）
2021.6.2	莆田：打造园中“. 季园”（乡村振兴 公共频道）
2021.6.2	莆田：注意！现场浓烟滚滚 一上午居然两发两期汽车自燃 （福建新闻频道）
2021.6.4	莆田：千人霸气呐喊 为高三学子“出征”助威福建新闻频道
2021.6.5	重温百年党史 传承红色基因（乡村振兴 公共频道）
2021.6.6	（全国爱眼日）莆田：举办“爱眼日”公益课堂助力学生爱护眼（全国爱眼日：五成“小眼镜”呼唤“睛”彩世界）（联播 A）
2021.6.6	莆田五中：近两万份“爱心营养餐”助力高考（联播）
2021.6.7	莆田：警用无人机空中巡逻 为高考护航（福建新闻频道）

2021.6.13	莆田：荷花 睡莲竞相开放（午间）
2021.6.13	荷花竞相绽放引客来（东报）
2021.6.14	莆田城厢：包粽子旱龙舟 品味民俗迎端午（卫视东报）
2021.6.16	莆田：跨车道酿事故 一辆卡车被撞侧翻 司机被困（福建新闻频道）
2021.6.18	莆田：万人同台 全民健身展演感党恩（福建新闻频道）
2021.6.20	莆田：开展公交“安全生产.”应急演练活动（联播）
2021.6.23	做顿饭上千万人围观！这位乡村大叔真“潮”（福建新闻频道）
2021.6.23	莆田：孩子昏厥抽搐命悬一线 交警紧急开辟生命通道（福建新闻频道）
2021.6.26	莆田：无毒世界你我守护 禁毒宣传进校园（联播）
2021.6.27	“智慧名片”便利多！法院传票首次附上二维码（福建新闻频道）
2021.6.28	莆田：花坛扮靓市区街头 庆祝建党100周年（联播）
2021.6.30	莆田：红歌“快闪”千名师生向党深情告白　联播
2021.7.13	莆田：一堂特别的党史课（乡村振兴公共频道）
2021.7.13	《风物福建》莆田市泗华溪畔绿道（乡村振兴公共频道）
2021.7.16	莆田：自在又惬意 炎热夏日带动夜经济升温（现场）
2021.7.19	莆田七旬老人迷失山林 民警深夜6小时接力成功搜救（第一帮帮团）
2021.7.19	莆田城厢：爱心暑期班开班 千名小学生共享公益课程（新晚报）
2021.7.20	莆田举办荔枝文化节 助力乡村振兴（东南晚报）
2021.7.31	莆田：高校学子捐15万爱心款志愿河南（福建卫视新闻）
2021.8.31	一个爷爷和11个孩子的暑假（现场）
2021.8.28	莆田：“智能发光斑马线”亮相（乡村振兴公共频道）
2021.8.27	莆田：前7个月累计对接产业类项目191个（福建新闻联播）
2021.8.18	几近晕厥！男子深夜掉入3米深井幸获及时救援（福建新闻频道第一现场）
2021.9.3	莆田：调整好的心态 避免开学“综合症”（第一帮帮团）
2021.9.5	莆田成功为29名务工人员追讨欠薪60余万元（第一帮帮团）
2021.9.7	莆田木兰溪流域系统治理规划获批（福建卫视新闻）
2021.9.10	今天是第37个教师节 别样祝福颂师恩（第一现场）
2021.9.16	爱心接力 为八名白血病患儿紧急运送药品（东南晚报）
2021.9.20	精准送到！莆田警用无人机给涉疫区域空投癌症靶向药（福建新闻频道《新晚报》栏目）
2021.9.21	莆田：1200名大学生变身话务员 协助公安开展流调　福建新闻频道
2021.9.22	精准送到 莆田警用无人机给疫区空投癌症靶向药　第一帮帮团
2021.9.21	莆田：“逆行”夫妻的别样中秋 东南卫视《福建卫视新闻》栏目
2021.9.28	莆田：“点对点”转运 全力做好运力保障 福建新闻频道《新晚报》栏目、《现场》栏目
2021.10.5	莆田：国省道、告诉公路全面恢复正常通行（福建卫视新闻）
2021.10.8	莆田：城市重启 烟火气再现（福建新闻联播）
2021.10.9	莆田：路畅人通 复市复课忙 公告交通有序恢复（第一现场）
2021.10.11	莆田、泉州：稳经济促发展 复工复产加速度（福建卫视新闻）

2021.10.12　莆田：大风造成书目护栏倾倒 多部门及时清理保畅通（第一现场）
2021.10.14　莆田：异木棉美丽绽放 赏心悦目（福建新闻频道·第一现场）
2021.10.13　生产生活有序恢复 城市重燃“烟火气”（福建卫视新闻 新晚报）
2021.10.15　厦门、莆田：复工复产加速度 奋力冲刺全年目标任务（福建新闻联播）
2021.10.26　莆田：200名环卫工人实现“微心愿”（福建卫视新闻）
2021.10.30　莆田：流感疫苗接种现小高峰（帮帮有一套）
2021.10.31　赵龙赴莆田调研统筹疫情防控和经济社会发展 确保实现“双胜利”（福建卫视新闻）
2021.11.1　让“方便”更方便 莆田有了首批“如厕专用”停车位（第一现场）
2021.11.1　莆田：直播+私人定制 油画产业“跨界”发展谋先机（福建新闻联播）
2021.11.5　莆田城厢：46个省市重点项目提前两个．完成全年投资计划（福建卫视新闻）
2021.11.9　设置首批“如厕专用”停车位（福建卫视新闻）
2021.11.14　莆田：“快检+检查”守护乡村学校舌尖上的安全（《乡村振兴进行时》栏目）
2021.11.14　“老妈妈”消防宣传队！穿梭社区宣传秋冬防火知识（第一现场）
2021.11.15　莆田：好险！双脚悬空 随风摇晃！一男子被困16层高楼窗外（第一现场）
2021.11.24　莆田：全面复工复产 全力以赴冲刺攻坚项目（福建新闻联播）
2021.11.27　又有孩子头被卡 消防员细心安抚并救援（第一现场）
2021.12.4　莆田：天气渐冷 动物园花式御寒保暖（帮帮团）
2021.12.4　莆田教育界党代表：传达贯彻省党代会精神 努力办好人民满意的教育（福建卫视新闻）
2021.12.13　莆田：初冬花海别样美（乡村振兴进行时）
2021.12.19　莆田埔柳村：推进乡村治理 打造美丽家园（福建新闻联播）
2021.12.25　莆田：开展森林防灭火宣传（乡村振兴进行时）
2021.12.28　莆田：冷空气来临 农作物加盖防寒保暖“被”（第一现场）

市级媒体报道

湄洲日报

2021.1.6	B2头条	铿锵前行进活力
2021.1.6	B3头条	重拳出击 打“伞”破“网”
2021.1.7	B1	城厢区省级设施渔业项目通过验收
2021.1.8	A1头条	从摘牌到开工仅用时4个
2021.1.8	A1头条	三利谱偏光片标准厂房及配套工程施工现场
2021.1.13	B8B5	强产兴城金鼓鸣 乘风破浪逐梦行
2021.1.14	B7	“绿产业”振兴“红土地”
2021.1.14	A5	凝聚合力 争当表率
2021.1.19	A1头条	改善流域 生态环境
2021.1.20	A2	全市首例“好意同乘”案宣判

2021.1.20	B2 头条	军民鱼水情更浓
2021.1.20	B2 头条	威利思食品有限公司捐赠的近千册图书
2021.1.20	B2 头条	传授果树、 蔬菜无公害栽培技术
2021.1.27	B2 头条	活力迸发立潮头
2021.1.28	A2	情系留莆过年职工
2021.1.28	B3 头条	宝剑“峰”从磨砺出
2021.1.29	B1	疾病治愈 依法收监
2021.1.31	1	城厢区获评全省第四轮第一批平安县区
2021.2.1	A2	为征迁户送新春祝福
2021.2.2	A1 头条	创新方式 加快进度
2021.2.3	B2 头条	安居乐业铸和谐
2021.2.4	A2 头条	拓展线上防控渠道
2021.2.4	A2 头条	动员外地员工留莆过年
2021.2.11	2	移风易俗文明过节
2021.2.13	1 头条	感受莆阳情
2021.2.18	1 头条	确保首季开好局
2021.2.18	2	猴头菇试种成功
2021.2.19	1 头条	城厢：坚持真抓实干
2021.2.20	1 头条	开展专题调研
2021.2.21	4	设计师驻村助振兴
2021.2.24	1 头条	开足马力促生产
2021.3.2	A2 头条	开启健康“心征程”
2021.3.2	B1 头条	龙德井危旧房改造项目全面复工
2021.3.3	B2 头条	春意盎然新风拂
2021.3.4	B1	及时兑现奖补政策
2021.3.4	B3	全警大练兵提高战斗力
2021.3.5	A1 头条	当年签约 当年动工
2021.3.8	B1 头条	巾帼心向党 奋进新时代
2021.3.9	A1 头条	培植财源 挖潜增收
2021.3.9	B1 头条	创服务品牌 展志愿风采
2021.3.10	A2	举办艺术插花活动
2021.3.10	B2 头条	剑指“微腐败”织牢“监督网”
2021.3.11	A2 头条	上门提供爱心义诊
2021.3.16	A2 头条	提高自我保护能力
2021.3.16	A3 头条	学深悟透全会精神 凝心聚力谱写新篇
2021.3.17	B2 头条	奋楫笃行开新局
2021.3.17	B3 头条	合同自起诉状副本送达对方时解除

2021.3.18	B3 头条	维护稳定第一防线 服务群众第一窗口
2021.3.24	B2 头条	传统产业焕新机
2021.3.25	B1 头条	入库超百亿 项目“开门红”
2021.3.29	A1	多形式学党史
2021.3.31	A2	成立金融纠纷诉非联动中心
2021.3.31	B2 头条	振奋精神攀高峰
2021.4.4	2	巡查库区护航“大水缸”
2021.4.7	B2 头条	打好财政组合拳
2021.4.9	A1	打造旅游发展新亮点
2021.4.9	A2	新系统助力鞋企“智造”升级
2021.4.12	A2	常太镇首批 500 株盆栽枇杷培育成功
2021.4.13	A2 头条	逆境孕新机 创新赢市场
2021.4.13	B1	让志愿服务 “零距离”服务居民
2021.4.14	A1	“空中交警”上路执勤
2021.4.14	A4 头条	“一颗枇杷”旺人气
2021.4.16	B1	“口袋公园”进农家
2021.4.20	A2	提高环评审批效率
2021.4.21	B2 头条	同心共筑红色邻里
2021.4.22	B1	土地流转试种水果萝卜
2021.4.23	A1	启动百场宣讲网络直播
2021.4.23	B1	跨国万里线上调解
2021.4.26	A2	青年手绘述党史
2021.4.27	A2 头条	政策东风助企发展
2021.4.27	A2	创新建立“亮单”制度
2021.4.27	B1 头条	沟头片区改造项目建设全面动工
2021.4.28	B2 头条	奋楫扬帆开新局
2021.4.29	B1 头条	打造桂圆示范基地
2021.5.7	A1	霞林 268 套安置房回迁
2021.5.7	A2	莆田首张红色旅游手绘地图出炉
2021.5.8	1	讴歌百年来党取得的伟大成就
2021.5.11	A2	小型水库物业管理
2021.5.11	A2	斩断“两卡” 开办贩卖产业链
2021.5.12	B2 头条	让书香润泽心灵
2021.5.18	A2	让党史故事走进课堂
2021.5.19	B2 头条	满城跃动“志愿红”
2021.5.19	B4 头条	文艺汇演 共学党史
2021.5.20	A1	“河小青”洁水护河

2021.5.24	A1 头条	重点项目建设快序时推进
2021.5.24	A2 头条	图为线下展演现场
2021.5.25	A1	检察官驿站 入驻华林智慧园区
2021.5.25	B1 头条	旧楼加装电梯“高处”出入不再难
2021.5.26	B2 头条	常怀为民之心 熔铸忠诚警魂
2021.5.26	B3 头条	优化服务措施 让群众“少跑路”
2021.5.27	B1	城厢区新增 市场主体 14353 户
2021.6.1	A1 头条	献礼党的百年华诞
2021.6.2	B2 头条	学思践悟铸铁军
2021.6.2	B2	一场催人奋进的 “思政大课”
2021.6.9	B2 头条	赓续精神葆本色
2021.6.9	B2 头条	听党话 感党恩 跟党走
2021.6.11	A2 头条	体验文化 传承美德
2021.6.15	A1 头条	挂钩帮扶以 . 保季
2021.6.16	B2	全国首届“读思达” 教改研讨会举行
2021.6.17	B3 头条	让红色“声”入人心
2021.6.18	A2	智能化蛋鸡项目拟投产
2021.6.21	A1 头条	精准调度优服务
2021.6.21	A2	入企业一线 驻项目现场
2021.6.22	B3 头条	弘扬妈祖文化 增进两岸情谊
2021.6.23	A1	开展“沉浸式”党史学 习教育
2021.6.23	A2	老兵进军营 讲红色故事
2021.6.23	B2 头条	赋能添色更出彩
2021.6.23	B3 龙桥专版	一湾溪水绿两岸荔枝红
2021.6.24	B3 头条	“将青春与汗水奉献给公安事业”
2021.6.25	B1 常太专版	红色引擎”激活老区“幸福密码
2021.6.28	A1 头条	时不我待 力促征迁
2021.6.29	A1 头条	补齐短板 增进福祉
2021.6.30	B3 头条	沐风栉雨解民忧
2021.7.7	A1 头条	八旬老人交特殊党费感党恩
2021.7.7	B2 头条	汇聚精神力量 奏响时代强音
2021.7.8	A1 头条	宣传贯彻掀热潮
2021.7.8	A2	水果玉米上市
2021.7.12	A2	残疾人申请补贴“一趟不用跑”
2021.7.12	B4 头条	传承红色精神 助力乡村振兴
2021.7.13	A1	突出开放招商促外资增长
2021.7.13	A2	开展多样 化的党史学习 教育活动

2021.7.14	B2 头条	扣好人生第一粒扣子
2021.7.14	B3 头条	打造常态化立体化智慧化解纷体系
2021.7.18	1 头条	两家企业获评省级产业领军团队
2021.7.19	A1 头条	推进木兰大道建设
2021.7.20	A2	打造廉洁文化示范点
2021.7.21	B2 头条	绿水青山画卷美
2021.7.22	B3 头条	群众无小事 点滴暖民心
2021.7.25	1 头条	招优商强产业 兑政策促增长
2021.7.27	A1	开辟绿色通道 方便老人接种
2021.7.27	A2	城厢区 5 家企业入选
2021.7.28	B2 头条	企稳向好活力显
2021.7.29	A1	爱心专车接送 提供营养点心
2021.7.29	A2	推出疫苗接种专线接送车
2021.7.30	B1 头条	从“有学上”到“上好学”
2021.8.2	A1 头条	用足政策增产增效
2021.8.2	A2	开展高温天气安全生产检查
2021.8.4	A2	专车接送 服务接种
2021.8.4	B2 头条	建设“山水格局、人文宜居”新城厢
2021.8.4	B2 头条	木兰溪环绕下的城市美景
2021.8.4	B2 头条	三利谱偏光片标准厂房建设快速推进
2021.8.6	A2 头条	防汛演练筑牢屏障
2021.8.10	A2 头条	用真诚传递法治温度
2021.8.12	A1 头条	优化环境 便民利企
2021.8.13	A1 头条	农村生活污水处理监管有了“千里眼”
2021.8.18	A1 头条	咬定目标攻坚不松劲
2021.8.18	A1 头条	地块二主体施工现场
2021.8.18	A2 头条	“网格包户”确保疫苗接种
2021.8.18	B2 头条	汲取精神伟力 解民忧增福祉
2021.8.18	B2 头条	“银发先锋”党史学习教育宣讲团进行宣讲
2021.8.20	A1 头条	镇街河湖长集中参训
2021.8.22	1 头条	培育做大平台经济
2021.8.24	A1	人性化服务推进疫苗接种“加速度”
2021.8.24	A2	设立疫苗接种学生专场
2021.8.25	A2	老人街头晕倒 众人上前救助
2021.8.25	B2 头条	木兰溪畔志愿红
2021.8.25	B2 头条	医务志愿服务队进社区为老年人测血压
2021.8.25	B2 头条	尊老助残“一元理发”义剪现场

2021.8.26	A1	争取今秋投用 改善办学条件
2021.8.27	A2	城厢区城市更新项目工地
2021.8.30	A1	护航平安“上学路”
2021.9.1	B2 头条	锐意进取开新局
2021.9.1	B2 头条	龙德井片区安置房建设现场
2021.9.2	B3 头条	捂紧群众“钱袋子”
2021.9.12	1	“无声”服务传递温暖
2021.9.15	B2 头条	与时间赛跑 与疫情赛跑
2021.9.15	B2 头条	区发改局工作人员到商场进行物价检查
2021.9.15	B2 头条	区医院医务工作者在东海镇进行核酸检测采样
2021.9.16	B3 头条	探索基层治理模式 提升居民“安全指数”
2021.9.29	3 头条	创建“无疫小区” 筑牢战“疫”防线
2021.9.29	3 头条	临时党支部驻扎在疫情防控最前沿
2021.9.29	3 头条	志愿者在核酸检测采集点维持秩序
2021.9.29	3 头条	热血战“疫”逆行而上
2021.10.3	2	“不见面”审批服务企业
2021.10.7	3 头条	抗疫一线贡献力量
2021.10.9	1 头条	抢工期不误进度
2021.10.12	A2 头条	加强管控
2021.10.13	A2	启动“平价商店”惠民生
2021.10.13	B2 头条	同心掬得满庭芳
2021.10.13	B2 头条	凤凰山街道整改后的新塘市场焕然一新
2021.10.16	B4/B1	全力以赴建设“ 山水格局 、人文宜居”新城厢
2021.10.17	A4 头条	融入大局 提质升级 ——访市党代表、城厢区委书记王文才
2021.10.20	A2	城厢区首届 直播电商节举办
2021.10.21	A2	发展新业态 培育增长点
2021.10.21	A2	一表申办就近办理
2021.10.21	A2	提供军人退役“一件事”集成服务
2021.10.25	A2	九旬老人不慎摔倒 执勤民警援手相助
2021.10.25	B1 头条	小渔村旧貌换新颜
2021.10.26	A1 头条	城厢：对标对表 担当作为
2021.10.26	B3 头条	火龙果采摘尝鲜正当时
2021.10.27	A2 头条	课后服务全覆盖
2021.10.27	A2	水稻科技示范主体 喜领“科技红包”
2021.10.27	A2	传递文明 助力创城
2021.10.27	A2	接种流感疫苗 老人享受补贴
2021.10.27	A2	欢送新兵入伍

2021.10.27	A2	深入开展 农产品质量安全检测
2021.10.27	B2 头条	追赶超越谱新篇
2021.10.27	B2 头条	正在建设中的三利谱偏光片项目
2021.10.27	B2 头条	复工复产“满血复活
2021.10.28	B3 头条	守护平安 护航发展
2021.10.30	1 头条	大干快上掀热潮
2021.10.31	2 头条	“百姓的小事也是大事
2021.11.2	B3 头条	全域化推进农村生活垃圾分类工作
2021.11.3	A1 头条	培育新产业新动能
2021.11.3	B2 头条	一支画笔绘宏图
2021.11.3	B2 头条	主播在直播中介绍油画作品
2021.11.3	B2 头条	油画师在绘制定制油画
2021.11.4	A2	基层设立检察官驿站
2021.11.5	B1	加装防护栏 村道更安全
2021.11.7	1 头条	力促早竣工早回迁
2021.11.8	A2	关心关爱环卫工人
2021.11.10	A2	便民惠企促消费
2021.11.10	A2	建设“无烟”办公环境
2021.11.10	B2 头条	额外的校园快乐时光
2021.11.10	B2 头条	下黄小学学生在操场上打篮球
2021.11.10	B2 头条	常太学校学生练习腰鼓
2021.11.10	B3	建立“党建+调解”机制 提升基层治理水平
2021.11.10	B4 头条	密切协作高效有序
2021.11.12	A2	全市首家“爱心助残驿站”成立
2021.11.14	2 头条	家家户户都平安
2021.11.15	A2	亲老服务 让“银发族”享便利
2021.11.17	B4 头条	铺就乡村振兴幸福路
2021.11.17	B4 头条	灵华线施工现场
2021.11.17	B4 头条	旧寨自然村村道
2021.11.17	B4 头条	优选农村客运通达路线
2021.11.18	A2	社区老人涨“工资”
2021.11.21	4 头条	梅花香自苦寒来
2021.11.22	A2	举行“城厢文脉”文艺采风
2021.11.23	B1	坚持常态化巡查 持续提升水环境质量
2021.11.24	A1 头条	持续发力 落地见效
2021.11.24	B2 头条	“四驾马车”扬鞭发力
2021.11.24	B2 头条	城厢区干部到企业指导创建无疫企业

2021.11.25	B1 头条	赓续血脉谋发展
2021.11.26	A1 头条	民房面积确认签约现场
2021.11.30	B1 头条	让群众出行更方便更安全
2021.12.2	A1 头条	力量沉下去 进度提上来
2021.12.2	A4 头条	主播正在进行直播，介绍产品
2021.12.2	B1	山村“赶集” 助力增收
2021.12.3	B4 头条	重拳利剑筑平安
2021.12.5	1 头条	深刻领会担当作为
2021.12.6	1 头条	海拔 600 米山村的“新生”
2021.12.9	B2 头条	凝聚奋进强大力量
2021.12.9	B2 头条	结合农技知识向群众宣讲全会精神
2021.12.9	B2 头条	向群众进行现场宣讲
2021.12.10	A1 头条	挖潜扩容 提质增效
2021.12.10	B1 头条	“双轮”驱动促提升
2021.12.14	A1 头条	开展“六进”活动深入解读
2021.12.15	B3	城厢区获评节水型 社会建设达标县（区）
2021.12.16	A1 头条	让征迁群众尽快住上新房
2021.12.16	A1 头条	坂头东片区改造安置房项目施工现场
2021.12.16	B2 头条	激活基层治理“红色引擎”
2021.12.18	A2	全市首个企业新型 学徒制培训班开班
2021.12.22	B3 头条	内河水质达标率 99.1%
2021.12.23	B2 头条	跑出发展“加速度”
2021.12.23	B2 头条	富力鞋业生产制造项目研发中心
2021.12.23	B2 头条	科里思特 （福建） 生物科技有限公司车间一角
2021.12.25	A1 头条	创新带来降本提效
2021.12.25	A2 头条	守护好东圳水库“大水缸”
2021.12.28	A1 头条	深入贯彻乘势而上
2021.12.28	A1	保供稳价惠民生
2021.12.28	A2	稳步推进网格化服务管理
2021.12.29	A2	巧用大数据 智慧护平安
2021.12.30	A2 头条	添置保暖设施
2021.12.30	A4 头条	春风化雨润幼苗
2021.12.30	A4 头条	乡村孩子表演的群舞 《千年之约》
2021.12.30	A4 头条	乡村学校少年宫学生们在训练篮球

（区融媒体中心 供）

索 引

说 明

一、本索引采用主题词分析法，按主题词首字汉语拼音字母顺序排列。

二、栏目、分目标题用黑体。“专记”“大事记”“人物”“名录”“附录”内容不作索引。

三、索引主题词后的数字表示页码。

四、空一字起排的款目为上一主题的“附见”。

C

D

E

F

G

H

J

K

L

M

N